A QUALIDADE DESDE O PROJETO

Dados Internacionais de Catalogação na Publicação (CIP)

(Câmara Brasileira do Livro, SP, Brasil)

Juran, J. M., 1904-2008
  A qualidade desde o projeto: novos passos para o planejamento da qualidade em produtos e serviços J. M. Juran; tradução de Nivaldo Montingelli Jr. – São Paulo: Cengage Learning, 2017.

12 reimpr. da 1 ed. de 1992.
Título original: Juran on Quality Design – The New Steps for Planning Quality into Goods and Services.
Bibliografia.
ISBN 978-85-221-0756-8

  1. Administração da produção – controle de qualidade 2. Controle de qualidade 3. Planejamento da qualidade I. Título.

00-4504   CDD-658.562

Índices para catálogo sistemático:
1. Controle de qualidade: Administração da produção 658.652
2. Qualidade dos produtos: Administração da produção 658.652

A QUALIDADE DESDE O PROJETO

NOVOS PASSOS PARA O PLANEJAMENTO DA QUALIDADE EM PRODUTOS E SERVIÇOS

J.M. JURAN

Austrália • Brasil • México • Cingapura • Reino Unido • Estados Unidos

A Qualidade desde o Projeto

J.M. Juran

Gerente editorial: Noelma Brocanelli

Editora de desenvolvimento: Viviane Akemi Uemura

Supervisora de produção gráfica: Fabiana Alencar Albuquerque

Título original: Juran on quality design: the new steps for planning quality into goods and services

Tradução: Nivaldo Montigelli Jr.

Revisão e indexação: Maria Dolores Sierra Mata

Diagramação e projeto gráfico: Triall Composição Editorial

Capa: Ventura Design e Triall Composição Editorial

Imagem da capa: Vitaly Korovin/Shutterstock

Especialista em direitos autorais: Jenis Oh

Pesquisa iconográfica: ABMM

Editora de aquisições: Guacira Simonelli

Impresso no Brasil
Printed in Brazil
12. reimpr. – 2017

© 1992 Juran Institute, Inc

© 1992 Cengage Learning Edições Ltda.

Todos os direitos reservados. Nenhuma parte deste livro poderá ser reproduzida, sejam quais forem os meios empregados, sem a permissão por escrito da Editora. Aos infratores aplicam-se as sanções previstas nos artigos 102, 104, 106, 107 da Lei no 9.610, de 19 de fevereiro de 1998.

Esta editora empenhou-se em contatar os responsáveis pelos direitos autorais de todas as imagens e de outros materiais utilizados neste livro. Se porventura for constatada a omissão involuntária na identificação de algum deles, dispomo-nos a efetuar, futuramente, os possíveis acertos.

A Editora não se responsabiliza pelo funcionamento dos links contidos neste livro que possam estar suspensos.

Para informações sobre nossos produtos, entre em contato pelo telefone **0800 11 19 39**

Para permissão de uso de material desta obra, envie seu pedido para
direitosautorais@cengage.com

© 1992 Cengage Learning. Todos os direitos reservados.

ISBN 13: 978-85-221-0756-8
ISBN 10: 85-221-0756-4

Cengage Learning
Condomínio E-Business Park
Rua Werner Siemens, 111 – Prédio 11 – Torre A
Conjunto 12 – Lapa de Baixo
CEP 05069-900 – São Paulo – SP
Tel.: (11) 3665-9900 Fax: 3665-9901
SAC: 0800 11 19 39

Para suas soluções de curso e aprendizado, visite
www.cengage.com.br

in memoriam

ENIO MATHEUS GUAZZELLI

(1924 – 1991)

SUMÁRIO

Prefácio e Agradecimentos..IX

1. Como Pensar a Respeito de Planejamento da Qualidade 1
2. Estabelecer Metas de Qualidade...27
3. Identificar os Clientes 45
   Apêndice: Ontem e Hoje em Controle de Qualidade................. 69
4. Determinar as Necessidades dos Clientes 73
5. Prover Medições 117
6. Desenvolver Características dos Produtos 161
7. Desenvolver Características dos Processos 221
8. Desenvolver Controles de Processos: Transferir para
   Operações 279
9. Planejamento Estratégico da Qualidade 305
10. Planejamento Multifuncional da Qualidade 339
11. Planejamento Departamental da Qualidade 369
12. Base de Dados, Motivação e Treinamento 413
13. Planejamento da Qualidade para o Taurus: Caso Exemplo 469
14. Decisões para o Índice de Preços ao Consumidor:
    Caso Exemplo 475
15. Replanejando o Processo de Desenvolvimento de Produtos:
    Caso Exemplo 489

Epílogo: O Que Faço a Seguir? 505

Glossário 511

Referências Bibliográficas 525

Índice Remissivo 535

PREFÁFIO E AGRADECIMENTOS

Este livro ficou em incubação por alguns anos, mas o primeiro esboço foi publicado em abril de 1985. Foram enviados exemplares a cerca de cinquenta organizações, nos Estados Unidos e em outros países, para crítica. A resposta foi gratificante; as críticas foram diretas e construtivas.

Essas críticas foram resumidas para servir como pauta principal para uma conferência de dois dias, realizada em Stamford, Connecticut, durante agosto de 1985. Dela participaram cinquenta pessoas, representando vinte e cinco organizações diferentes. Foi um evento memorável, devido à presença de tantas autoridades proeminentes e tantos pensadores expressivos no campo da gerência pela qualidade.

Um parecer da conferência de Stamford foi que o livro deveria ser concebido para ser genérico, isto é, de aplicação universal. Como consequência, os conceitos, os casos exemplos, as ferramentas e as técnicas são todos estruturados para serem universalmente aplicáveis:

- Para produtos em geral - tanto bens como serviços
- Para todos os níveis hierárquicos, do executivo chefe à força de trabalho
- Para todas as funções: gerência geral, desenvolvimento de produtos; ope- rações (escritório, fábrica e serviços); relações humanas; e assim por diante
- Para todas as indústrias: serviços e manufatura e também aos setores público e privado

Um passo à frente, neste novo livro de Juran, foi o teste prático da abordagem estruturada. Esse teste foi tomado possível pela cooperação continuada das organizações que haviam participado das críticas e da conferência em Stamford. Os testes de campo foram efetuados nas seguintes organizações:

X A QUALIDADE DESDE O PROJETO

- Divisão Automotiva, American Socicty for Quality Control.
- Caterpillar, Inc. (três projetos).
- General Motors Advanced Engineering Center.
- Juran Institute, Inc.
- Packaging Corporation of America (Grupo Tenneco).
- Instrument Group, Perkin-Elmer Corporation (dois projetos).

Em seu conjunto, as críticas, a conferência de Starnford e os testes de campo constituíram uma colaboração sem precedentes entre uma organização de consultoria e os gerentes que enfrentam as realidades. Essa colaboração forneceu muitos conhecimentos quanto à aplicabilidade de uma abordagem universal ao planejamento da qualidade. Essa mesma colaboração também serviu para classificar as funções a serem servidas por este livro.

Abaixo a nossa exemplificação dos símbolos do triângulo e da estrela usados nas margens do livro:

▲ Um *triângulo* é usado para designar um conceito de incomum importância – um conceito chave.

✱ Uma *estrela* é usada para designar tarefas para gerentes de níveis supenores.

Estamos gratos aos membros da equipe do Juran Institute, que participaram do preparo e da edição do texto, conduziram as pesquisas de apoio e prepararam os auxílios visuais, retirando assim uma pesada carga de nossos ombros. Nossos agradecimentos vão para:

- Marilyn M. Schmid, que tão bem integrou os diversos sistemas de processamento de texto usados na produção do livro .
- Caroline M. DeFilippis, que preparou muitas das tabelas e dos quadros.
- Laura E. Halloran, que organizou e coordenou a publicação do livro completo.
- Michael J. W. Gibson e Randolph Warren, por suas contribuições editoriais.
- Gabriel A. Pall e James F. Riley, por suas contribuições ao Capítulo 11, sobre o assunto de gerência de processos empresariais.
- Agradecimentos especiais a Laura A. Sutherland, nossa assistente, que com paciência e talento cuidou da datilografia, da paginação e de muitos outros detalhes envolvidos na organização e preparação do texto para publicação.

1 | COMO PENSAR A RESPEITO DE PLANEJAMENTO DA QUALIDADE

PROPÓSITO DESTE CAPÍTULO

Este capítulo explica por que é necessário um livro sobre planejamento da qualidade. Ele descreve o planejamento da qualidade e a maneira global pela qual as empresas gerenciam para obter qualidade.

POR QUE UM LIVRO SOBRE PLANEJAMENTO DA QUALIDADE?

Existem razões persuasivas para um livro sobre planejamento da quali- dade. Durante os anos 1960 e 1970, muitas empresas americanas perde- ram sua liderança em qualidade para novos e agressivos concorrentes. A consequência mais óbvia foi a perda de participação de mercado. Por exemplo, aqui está uma lista parcial de bens para os quais as impor- tações haviam conquistado uma participação significativa do mercado norte-americano por volta de 1980[*].

Componentes de sistemas de áudio	Equipamento atlético
Equipamento médico	Chips de computador
Televisores coloridos	Robôs industriais
Ferramentas manuais	Microscópios eletrônicos
Pneus radiais	Máquinas operatrizes
Motores elétricos	Equipamento ótico

---

[*] Adaptado de Stephen Wheclwright, Stamford University, 20 de março de 1984.

2 A QUALIDADE DESDE O PROJETO

As razões para a perda de participação de mercado estavam relacionadas principalmente à qualidade, em dois aspectos:

- Os produtos importados possuíam características de qualidade que eram percebidas como melhor atendendo às necessidades dos clientes.
- Os produtos importados não falhavam em serviço com a mesma frequência dos produtos feitos nos Estados Unidos.

▲ Tudo isso é concernente a "Por que um livro sobre Planejamento da Qualidade". *As características dos produtos e os índices de falhas são determinados, em grande parte, durante o planejamento para a qualidade.*

A perda de participação de mercado não é a única razão por trás de um livro sobre planejamento da qualidade. Uma segunda força importante foi o fenômeno da "vida por trás dos muros de qualidade". Aprendemos que viver em uma sociedade tecnológica nos deixa à mercê da operação continuada dos bens e serviços que tornam possível essa sociedade. Por sua vez, essa operação continuada depende, de forma absoluta, da qualidade embutida nesses bens e serviços. Sem essa qualidade, sofremos falhas de todos os tipos: interrupções no fornecimento de energia, nas comunicações e nos transportes, serviços públicos inoperantes. Essas falhas envolvem, na melhor das hipóteses, aborrecimentos e pequenos custos. Na pior, elas são aterradoras – Chernobyl, Bhopal.

▲ Uma terceira força importante foi a crescente conscientização, por parte das empresas, de que elas vinham suportando custos excessivos devidos a desperdícios crônicos, ligados à qualidade. Nos Estados Unidos, cerca de um terço daquilo que fazemos consiste na repetição de trabalhos "feitos" anteriormente. Essa repetição consiste na correção de erros, na reescrita de documentos, no descarte ou reprocessamento de bens industrializados, em responder às reclamações de clientes, e assim por diante.

Alguns gerentes questionam que essa proporção de um terço se aplique às suas próprias empresas. É claro que os números variam muito entre indústrias, empresas e processos. Entretanto, os enganos são fáceis neste particular.

- Em uma empresa, 2,4% das faturas eram protestadas pelos clientes. O atendimento a essas reclamações estava tomando cerca da metade do tempo da força de vendas.
- Em alguns bancos, somente 1,0% dos cheques (impressos com tinta magnética) deixam de ser processados pelo equipamento automatizado. Porém, o tempo necessário ao processamento manual desse 1% leva tanto tempo quanto o processamento mecanizado dos outros 99%.

NOSSOS PROBLEMAS DE QUALIDADE
FORAM ASSIM PLANEJADOS

Numerosas crises e problemas específicos de qualidade podem ser atribuídos à maneira pela qual a qualidade foi inicialmente planejada. Em certo sentido, *nós a planejamos assim*. Isso não quer dizer que os planejadores fossem incompetentes, mal-intencionados ou de alguma forma deficientes. Pelo contrário, eles eram, em geral, bastante experientes e dedicados. Mas enfrentaram múltiplos obstáculos: programações irreais, orçamentos apertados, bases de dados inadequadas. Entretanto, nenhum desses fatos diminui a validade da afirmação de que "planejamos assim a qualidade". Além disso, enquanto as condições do passado continuarem valendo, continuaremos a planejá-la dessa maneira.

- Nas fábricas, muitos projetistas desenvolviam novos produtos e passavam as especificações para o Departamento de Fabricação. Este reconhecidamente "atirava os projetos por cima do muro", uma vez que não havia participação por parte dos gerentes de fabricação. Essa prática criava, unilateralmente, severas crises para aqueles gerentes.
- Nos escritórios, o processamento eletrônico de dados abriu oportunidades para o processamento mais rápido das informações, e com menos erros. Porém, muitas empresas limitaram-se a converter seus sistemas manuais diretamente em sistemas eletrônicos, sem antes se livrarem das deficiências dos antigos sistemas. Como resultado, a confusão manual transformou-se em confusão automatizada.

O PLANEJAMENTO DA QUALIDADE TEM
SIDO FEITO POR AMADORES

Alguns dos obstáculos enfrentados pelos planejadores estão além do seu controle. Porém, um importante obstáculo se origina de uma deficiência que os planejadores podem remediar. Esse obstáculo é o "planejamento da qualidade por amadores", que é também uma das razões mais fortes para que este livro fosse escrito.

A pergunta "Quem faz o planejamento da qualidade?" é relevante para cada passo no mapa do planejamento da qualidade. O fator crítico é que *a maior parte do planejamento da qualidade tem sido feita por amadores* – por pessoas que não foram treinadas no uso das "disciplinas da qualidade".

Todos os planejadores se defrontam com a necessidade de atingir metas múltiplas: um orçamento, uma programação, uma especificação de qualidade, um procedimento obrigatório, uma regulamentação governamental e assim por diante. Os planejadores funcionais (como os responsáveis pelo desenvolvimento de produtos) são, em geral, peritos

4 A QUALIDADE DESDE O PROJETO

em sua função, mas carecem de experiência nas "disciplinas de qualidade" a metodologia, as habilidades e as ferramentas necessárias ao planejamento para a qualidade. Entretanto, eles se empenham nesse planejamento, uma vez que suas metas incluem aquelas de qualidade. E, pelo fato de não terem experiência nas disciplinas da mesma, eles são amadores no mais amplo sentido da palavra.

Muitas empresas têm tentado lidar com esse problema colocando especialistas em qualidade (engenheiros de qualidade e de confiabilidade) à disposição dos planejadores, no papel de consultores. Isso não tem funcionado muito bem. O que tem dado resultados muito melhores é treinar os próprios planejadores no uso das disciplinas da qualidade, isto é, treinar os amadores para que se tornem profissionais no planejamento da qualidade.

Uma importante decisão, a ser tomada pelos altos gerentes, relaciona-se a essa questão do "planejamento da qualidade por amadores". As principais opções são:

(a) Prover os amadores com serviços de consultoria, ou
(b) Treiná-los para que se tornem profissionais.

Pela experiência dos autores, as empresas que adotaram a opção (b) têm se saído melhor que aquelas que seguiram a opção (a). A decisão que os altos gerentes têm diante de si é de obrigar ou não os amadores a passar pelo treinamento, para que se tomem profissionais.

A MISSÃO DESTE LIVRO

A missão deste livro é auxiliar as empresas a alcançar a liderança em qualidade, através do domínio das disciplinas do planejamento para a mesma. Para executar essa missão, o livro está organizado da seguinte maneira:

- O Capítulo I (este capítulo) define o planejamento de qualidade como uma série universal de passos e mostra a relação entre essa série e a maneira global pela qual gerenciamos para a qualidade.
- Os Capítulos de 2 a 8 examinam essa série em detalhe, passo a passo.
- Os Capítulos de 9 a 11 mostram como implementar aquela série universal nos vários níveis de hierarquia da empresa.
- Os capítulos restantes apresentam metodologias de apoio e exemplos de casos de planejamento para a qualidade.
- O Epílogo inclui uma discussão a respeito de "O que devo fazer quando voltar?"

A Figura 1-1 mostra graficamente como o livro está organizado.

Capítulo	
1	Como pensar a respeito do planejamento da qualidade; a relação entre o planejamento da qualidade e a maneira pela qual gerenciamos para a qualidade.
2	Estabelecer metas de qualidade.
3	Identificar os clientes.
4	Determinar as necessidades dos clientes.
5	Prover medições.
6	Desenvolver características dos produtos.
7	Desenvolver característias dos processos.
8	Desenvolver controles dos processos; transferir para operações.
	Aplicações do Planejamento da Qualidade
9	Planejamento estratégico da qualidade.
10	Planejamento multifuncional da qualidade.
11	Planejamento departamental da qualidade.
12-16	Metodologias e exemplos de casos.
Epílogo:	Inclui "O que devo fazer quando voltar?"

Figura 1-1 – *Organização do planejamento para a qualidade,* 2ª edição.

A NECESSIDADE DE UNIDADE DE LINGUAGEM

A gerência para a qualidade tem passado, ao longo dos anos, por algumas mudanças profundas, especialmente durante o século XX. A Figura 1-2 relaciona muitas das principais forças que têm emergido no decorrer dos anos, juntamente com as estratégias responsivas adotadas pelas organizações afetadas. Essas forças e respostas têm exigido, inevitavelmente, revisões na linguagem. Por essa razão, iremos definir as palavras e frases chave no decorrer do livro. Um bom começo é com a palavra "produto".

Produto

Um produto é o resultado de qualquer processo. Os economistas definem "produtos" como sendo bens e serviços. Esta também é a definição adotada por este livro. O termo "produto" inclui várias subclassificações:

6 A QUALIDADE DESDE O PROJETO

Condições e Forças	Estratégias Adotadas na Gerência para a Qualidade
Fome, busca de alimento	Inspeção "de entrada" pelos consumidores
Divisão do trabalho – fornecedores de alimentos	Inspeção pelos consumidores nos mercados das vilas
Primeiros fabricantes; ascensão dos artesãos das vilas	Confiança nas habilidades e na reputação dos artesãos
Expansão do comércio além dos limites das vilas	Especificação por amostra; controles das exportações por inspeção; garantias
As guildas	Especificações: materiais, processos, produtos; controles de exportação, auditoriais
A Revolução Industrial	Especificações por escrito; medição, instrumentos, laboratórios de testes; extensão da inspeção; padronização
O Sistema de Taylor	Departamentos centrais de inspeção
Aumento do volume e da complexidade	Departamentos de garantia de qualidade; engenharia de qualidade; engenharia de confiabilidade
Segunda Guerra Mundial	Treinamento em controle estatístico de qualidade
Vida por trás dos muros da qualidade	Organização e processos especiais para proteger a sociedade; inspeções
A revolução japonesa em qualidade (estratégias japonesas)	Gerentes de níveis superiores pessoalmente encarregados Treinamento em gerência para a qualidade estendido a todas as funções Aperfeiçoamento da qualidade a um ritmo continuamente revolucionário Círculos de Qualidade
A revolução japonesa na qualidade (resposta dos Estados Unidos)	Esforços para restringir as importações Numerosas estratégias passando por testes

Figura 1-2 – Mudanças nas forças e nas estratégias de resposta.

Fonte: J. M. Juran, *Juran na Liderança pela Qualidade,* Editora Pioneira, 1990, p. 11.

- *Bens* são coisas físicas – lápis, televisores a cores.
- *Serviço* é o trabalho executado para alguém. Indústrias inteiras são estabelecidas para prover serviços na forma de energia central, transportes, comunicações, entretenimento e assim por diante. Os serviços incluem também os trabalhos executados para alguém *dentro* das empresas, por exemplo, preparação da folha de pagamento, recrutamento de novos funcionários, manutenção da fábrica. Tais serviços são, muitas vezes, chamados serviços de apoio.
- *Software* tem mais de um significado. Um dos mais importantes é: programas de instruções para computadores. Outro significado importante é informação em termos gerais: relatórios, planos, instruções, recomendações, ordens.

Características de produtos

Característica é uma propriedade que um produto tem, a qual pretende atender a determinadas necessidades do cliente e, assim, prover sua satisfação. As características dos produtos podem ser de natureza tecnológica; o consumo de combustível de um veículo, a dimensão de um componente mecânico, a uniformidade da voltagem de uma usina de força, um dicionário ortográfico ao lado de uma máquina de escrever. As características dos produtos podem assumir outras formas: rapidez de entrega, facilidade de manutenção, cortesia dos serviços. Uma definição mais técnica é "característica de qualidade".

Satisfação do cliente; satisfação com o produto

Satisfação do cliente é um resultado alcançado quando as características do produto correspondem às necessidades do cliente. Ela é, em geral, sinônima da satisfação com o produto. A satisfação com o produto é um estímulo à sua facilidade de venda. O *maior impacto é sobre a participação de mercado e, portanto, à receita de vendas.*

Deficiência do produto

Deficiência do produto é uma falha do mesmo que resulta em *insatisfação com o produto*. As deficiências dos produtos assumem formas como interrupções no fornecimento de energia, entregas fora do prazo, bens inoperáveis, má aparência ou desconformidade com as especificações. O *maior impacto está nos custos* incorridos para se refazer o trabalho anterior para atender às reclamações do cliente e assim por diante.

8 A QUALIDADE DESDE O PROJETO

Insatisfação do cliente; insatisfação com o produto

Em todos os casos, as deficiências de produtos são fontes de *insatisfação* do cliente. Esta pode levar, por sua vez, a reações específicas da parte do cliente: reclamações, devoluções, publicidade desfavorável, ações judiciais e assim por diante.

As deficiências do produto também podem fazer com que o cliente evite comprá-lo no futuro, a despeito das suas características superiores. Assim, a possibilidade de venda do produto é influenciada de duas formas:

- A primeira venda a um cliente é fortemente influenciada pelas características do produto. Nessa ocasião, o cliente não sabe quais serão as deficiências do produto.
- As vendas subsequentes a esse cliente são muito influenciadas pela extensão das deficiências encontradas durante o uso do produto e pela assistência prestada com respeito a essas deficiências.

▲ Satisfação e insatisfação com o produto não são opostas

A satisfação com o produto tem sua origem nas características do mesmo e é a razão pela qual os clientes o compram. A insatisfação com o produto tem sua origem nas não conformidades e é a razão pela qual os clientes reclamam. Existem muitos produtos que proporcionam pouca ou nenhuma insatisfação; eles fazem aquilo que o fornecedor disse que fariam. Contudo, os produtos não serão vendáveis caso algum produto concorrente proporcione mais satisfação.

- Durante muitos anos, as cópias dos documentos eram tiradas pelo uso de papel carbono, de duplicadores a tinta, de mimeógrafos e assim por diante. A copiadora xerográfica tomou todos esses métodos obsoletos, devido à sua característica de copiar documentos diretamente do original. Hoje, se alguém produzisse um processo de mimeografia que fosse absolutamente livre de falhas no uso, este seria invendável, devido à sua incapacidade de copiar diretamente de um documento original.

Cliente

Cliente é qualquer pessoa que seja impactada pelo produto ou processo. Os clientes podem ser externos ou internos.

CLIENTES EXTERNOS. Estes são impactados pelo produto, mas não são membros da empresa que faz o produto. Os clientes externos incluem aqueles que compram o produto, os departamentos reguladores do governo e o público (que pode ser impactado devido a produtos inseguros ou a danos ao ambiente).

CLIENTES INTERNOS. Estes são impactados pelo produto e são também membros da empresa que o produz. Eles costumam ser chamados "clientes", a despeito do fato de não o serem no sentido estrito da palavra.

OS SIGNIFICADOS DE QUALIDADE

O dicionário oferece cerca de uma dúzia de definições da palavra "qualidade". Dois deles são de grande importância para os gerentes.

As *características do produto* constituem uma dessas definições.

Aos olhos dos clientes, quanto melhores as características do produto, mais alta a sua qualidade.

A *ausência de deficiências* é outra importante definição de qualidade. Aos olhos dos clientes, quanto menos deficiências, melhor a qualidade.

Alguns clientes, em especial os consumidores, não reconhecem necessariamente a existência de duas espécies bastante diversas de qualidade. Essa falta de clareza pode provocar comentários como "Eu conheço quando vejo". Porém, os gerentes precisam reconhecer essa distinção, uma vez que os respectivos impactos são sobre assuntos tão diversos como possibilidade de venda e custos.

A Figura 1-3 mostra as duas definições de forma mais detalhada. As lições mais importantes para o gerente são:

- As características do produto afetam as vendas. No caso desta espécie, a qualidade mais alta normalmente custa mais caro. ▲
- As deficiências do produto afetam os custos. No caso desta espécie, a ▲ qualidade mais alta, normalmente, custa menos.

A despeito das diferenças nestas duas espécies de qualidade, seria conveniente contar com uma frase simples que as descrevesse em conjunto. Até hoje não houve consenso quanto à adoção dessa frase. A expressão "adequação para uso" ganhou alguns seguidores, assim, como algumas outras frases. É pouco provável que dois conceitos tão diferentes possam ser abarcados em uma frase concisa.

As definições de qualidade anteriores não contam com uma aceitação universal. Muitas empresas chegaram a outras definições, que elas consideram consistentes com as necessidades das suas indústrias e com seu próprio dialeto. Suas definições, muitas vezes, se estendem aos "subconjuntos" – os ingredientes detalhados contidos nas definições amplas. Quanto a esses subconjuntos, os pontos de vista divergem.

10 A QUALIDADE DESDE O PROJETO

Características do Produto que Atendem às Necessidades do Cliente	Ausência de Deficiências
A Qualidade superior possibilita que as empresas:	A Qualidade superior possibilita que as empresas:
Aumentem a satisfação dos clientes	Reduzam os índices de erros
Tornem os produtos vendáveis	Reduzam a repetição de trabalhos e o desperdício
Enfrentem a concorrência	
Aumentem sua participação no mercado	Reduzam as falhas no uso e os custos de garantia
Obtenham receita de vendas	Reduzam a insatisfação dos clientes
Garantam preços melhores	Reduzam inspeções e testes
O maior efeito é sobre as vendas	Reduzam o prazo para lançamento de novos produtos no mercado
Normalmente, a qualidade superior custa mais	Aumentem rendimentos e capacidade
	Melhorem o desempenho de entregas
	O maior efeito é sobre os custos
	Normalmente, a qualidade superior custa menos.

Figura 1-3 – Os principais significados de qualidade.
Fonte: J. Juran, Juran na Liderança pela Qualidade, Editora Pioneira, 1990, p. 17.

A Figura 1-4 classifica os ingredientes mais usuais, para mostrar o quão amplamente eles são incluídos ou excluídos nas definições de qualidade das empresas.

Não existe possibilidade de adoção de definições universais, a não ser que seja desenvolvido um glossário patrocinado por um organismo reconhecido de padronização.

▲ Q GRANDE E Q PEQUENO

A principal razão para toda essa consistência em terminologia é o fato da *terminologia ter mudado*. A mudança teve sua origem na crise da qualidade e foi tão profunda que fez surgir o conceito de "Q Grande e Q Pequeno". A Figura 1-5 mostra esse conceito em forma de tabela.

Até os anos 80, os gerentes, em geral, associavam qualidades a fábricas, bens manufaturados e processos produtivos. Durante os anos 1980, emergiu uma ampla tendência pelo alargamento da definição de qualidade, para que ele incluísse os itens mostrados na Figura 1-5. A disposição para aceitar essa tendência tem sido variável. Os mais propensos a aceitá-la têm sido os gerentes de qualidade e os gerentes de níveis superiores. Os mais relutantes têm sido os gerentes de áreas tecnológicas e de certas funções de assessoria, como finanças e relações humanas.

Amplamente Incluído nas Definições de Qualidade	Amplamente Debatido	Amplamente Excluído
Qualidade de Serviços: Características Desempenho Competitividade Pontualidade Cortesia Capacidade do processo Ausência de erros Conformidade com os padrões e procedimentos	Processos internos (p. ex., recrutamento, preparação da folha de pagamento) Duração do ciclo Pontualidade Ausência de erros Competitividade segurança no local de trabalho	Preço Custos (além daqueles devidos a deficiências) Absenteísmo dos funcionários Responsabilidades especiais: diante dos funcionários e do público (p. ex., o ambiente)
Qualidade de Bens: Características Desempenho Competitividade "Amistoso com o usuário" Segurança do produto Ausência de falhas no uso Confiabilidade Facilidade de manutenção Disponibilidade de peças de reposição Durabilidade Apelo estético Capacidade do processo Rendimentos do processo Custo da má qualidade Conformidade com especificações, padrões e procedimentos		

Figura 1-4 – Definições de qualidade – ingredientes usuais.

A DEFINIÇÃO DE, CONFORMIDADE: LIMITAÇOES E MERITOS

Algumas empresas têm definido a qualidade em termos como conformidade às especificações ou aos padrões. Essas definições são perigosas quando aplicadas em níveis gerenciais. Nesses níveis, o essencial é que

12 A QUALIDADE DESDE O PROJETO

os produtos respondam às necessidades dos clientes. A conformidade aos padrões é somente um dos muitos meios para esse fim.

Tópico	Conteúdo do Q Pequeno	Conteúdo do Q Grande
Produtos	Bens manufaturados	Todos os produtos, bens e serviços, à venda ou não
Processos	Processos diretamente relacionados à manufatura de bens	Todos os processos; apoio à manufatura; negócios etc.
Indústrias	Manufatura	Todas as indústrias; manufatura; serviços; governo etc., com fins lucrativos ou não
A qualidade é vista como:	Um problema tecnológico	Um problema de negócios
Cliente	Aqueles que compram os produtos	Todos aqueles que são impactados, externos e internos
Modo de pensar a respeito de qualidade	Baseado na cultura dos departamentos funcionais	Baseado na Trilogia universal
As metas de qualidade estão incluídas:	Entre as metas de fábrica	No plano de negócios da empresa
Custos da má qualidade	Custos associados a bens manufaturados deficientes	Todos os custos que desapareceriam se tudo fosse perfeito
O aperfeiçoamento é dirigido a:	Desempenho departamental	Desempenho da empresa
Avaliação da qualidade baseada principalmente em:	Conformidade com especificações, procedimentos e padrões da fábrica	Responsividade às necessidades dos clientes
O treinamento em gerência para qualidade é:	Concentrado no Departamento de Qualidade	Para toda a empresa
A coordenação é efetuada por:	Gerente de qualidade	Um conselho de qualidade composto por gerentes de nível superior

Figura 1-5 – Comparação, Q Grande e Q Pequeno.

COMO PENSAR A RESPEITO DE PLANEJAMENTO DA QUALIDADE **13**

A conformidade relaciona-se, por sua natureza, a padrões e especificações estáticos, ao passo que a qualidade é um alvo móvel. Muitos padrões incluem provisões para desperdícios crônicos. Definir a qualidade como conformidade ajuda a perpetuar aqueles desperdícios. Para algumas definições de qualidade, 100% de conformidade significa um produto livre de defeitos. Essa é uma meta útil, mas o que toma o produto vendável são características que respondam às necessidades dos clientes.

Na cidade de Nova York, um construtor ergueu um edifício com cerca de 244 metros de altura. A altura autorizada para o projeto era de 240 metros. O construtor afirmou que a altura extra se devia, basicamente, ao aumento da espessura das lajes dos andares, para aumentar a estabilidade do edifício. Não haviam sido construídos andares adicionais. Porém, a Comissão de Planejamento da cidade de Nova York recusou-se a aprovar a estrutura, alegando que a altura extra não "iria se relacionar harmoniosamente com todas as estruturas e espaços abertos das vizinhanças em termos de escala, localização e acesso à iluminação e ao ar".

A definição de conformidade tem seu lugar – nos níveis mais baixos da empresa. Nesses níveis as pessoas frequentemente não estão conscientes de quais são as necessidades do cliente. (Alguns não estão conscientes nem de que têm clientes.) Não obstante, essas mesmas pessoas requerem definições claras de suas responsabilidades com respeito à qualidade. Uma forma de se definir essas responsabilidades é através da provisão de especificações e procedimentos. Assim, as responsabilidades passam a seguir os procedimentos e atender às especificações.

Como fica evidente, a definição de conformidade é a tradicional saída diretamente do Q pequeno.

PLANEJAMENTO E PLANEJAMENTO DA QUALIDADE

Neste livro, planejamento é a atividade de (a) estabelecer metas e (b) estabelecer os meios necessários à realização dessas metas. Quando esta definição é aplicada à qualidade, o resultado é:

- Planejamento da qualidade é a atividade de (a) estabelecer as metas ▲ de qualidade e (b) desenvolver os produtos e processos necessários à realização dessas metas.

Ao usar esta definição, observe que o planejamento da qualidade é necessário para numerosos produtos, não apenas para os bens e serviços vendidos a clientes, mas também para muitos produtos internos: pedidos de compra, faturas, relatórios. O planejamento da qualidade também é necessário a numerosos processos, muitos dos quais são pro-

14 A QUALIDADE DESDE O PROJETO

cessos internos da empresa, por exemplo, o recrutamento de novos funcionários, a preparação de previsões de vendas, a produção de faturas.

EXPLICANDO O PLANEJAMENTO DA QUALIDADE À ALTA GERÊNCIA

Em outra parte deste capítulo, vimos que a maior parte do planejamento da qualidade é feita por amadores. Esses amadores incluem os altos gerentes. Sua conversão em profissionais é uma mudança cultural que requer a participação ativa dos altos gerentes. Um pré-requisito é explicar a estes como pensar a respeito de qualidade e seu planejamento. A experiência nos tem ensinado que essa explicação fica mais simples, se usarmos uma analogia financeira. A explicação começa pelo exame de como os altos gerentes cuidam das finanças. A resposta é óbvia – a gerência financeira é executada pelo uso de três processos gerenciais:

PLANEJAMENTO FINANCEIRO. Este planejamento está centrado na preparação do orçamento financeiro anual. Esta preparação envolve, por sua vez, um processo, abrangendo toda a empresa, que começa pela proposta das metas financeiras a serem atingidas no ano vindouro. Essas metas são então "desdobradas", para se identificar aquilo que deve ser feito para atingir as metas. Essas ações são, então, traduzidas em equivalentes monetários. Essa tradução permite a elaboração de resumos e análises para a determinação das consequências financeiras de todas as ações. O orçamento resultante é a publicação das metas financeiras para a empresa e suas várias divisões e departamentos.

CONTROLE FINANCEIRO. Este processo, bem conhecido, é usado para ajudar os gerentes a alcançar as metas financeiras estabelecidas. O processo consiste na avaliação do desempenho financeiro real; na comparação deste com as metas financeiras; e no empreendimento de ações a respeito da diferença – a "variância" dos contadores. Existem numerosos subprocessos para o controle financeiro: controle de custos, de despesas, de estoques e assim por diante.

MELHORAMENTO FINANCEIRO. Este processo assume muitas formas: projetos de redução de custos, aquisição de novas instalações para melhorar a produtividade, acelerar o processo de faturamento, desenvolver novos produtos para aumentar as vendas, aquisição de outras empresas etc.

A TRILOGIA JURAN®* ▲

A gerência para a qualidade é feita utilizando-se os mesmos três processos gerenciais de planejamento, controle e melhoramento. Os nomes mudam para:

- Planejamento da qualidade
- Controle da qualidade
- Melhoramento da qualidade

Chamaremos esses três processos de Trilogia Juran (para maiores detalhes, ver Juran, 1986). Conceitualmente, esses processos são idênticos àqueles usados na gerência financeira. Entretanto, os passos processuais são especiais, o mesmo se dando com as ferramentas.

PLANEJAMENTO DA QUALIDADE. Esta é a atividade de desenvolvimento dos produtos e processos exigidos para a satisfação das necessidades dos clientes. Ela envolve uma série de passos universais, que podem ser resumidos da seguinte forma:

- Estabelecer metas de qualidade.
- Identificar os clientes – aqueles que serão impactados pelos esforços para se alcançar as metas.
- Determinar as necessidades dos clientes.
- Desenvolver características do produto que atendam às necessidades dos clientes.
- Desenvolver processos que sejam capazes de produzir aquelas características do produto.
- Estabelecer controles de processos e transferir os planos resultantes para as forças operacionais.

Examinaremos este processo em detalhe ao longo deste livro.

CONTROLE DE QUALIDADE. Este processo consiste dos seguintes passos:

- Avaliar o desempenho real de qualidade.
- Comparar o desempenho real com as metas de qualidade.
- Agir a respeito da diferença.

MELHORAMENTO DA QUALIDADE. Este processo é o meio de elevar o desempenho da qualidade a níveis sem precedentes ("grande avanço"). A metodologia consiste em uma série de passos universais:

---

* A Trilogia de Juran® é marca registrada do Juran Institute, Inc.

16 A QUALIDADE DESDE O PROJETO

- Estabelecer a infraestrutura necessária para garantir o melhoramento anual da qualidade.
- Identificar as necessidades específicas de melhoras – os *projetos* de melhoramento.
- Estabelecer, para cada projeto, uma equipe com clara responsabilidade para levá-lo a uma conclusão bem-sucedida.
- Prover os recursos, a motivação e o treinamento de que as equipes necessitam para:
  - Diagnosticar as causas,
  - Estimular o estabelecimento de remédios,
  - Estabelecer controles para manter os ganhos.

Três sequências universais

Observe que cada um desses três processos foi generalizado em uma sequência universal de passos. Essas mesmas três sequências universais têm sido descobertas e redescobertas, repetidas vezes, por gerentes praticamente. A Figura 1-6 mostra essas sequências de forma abreviada.

Gerência para a Qualidade		
Planejamento da Qualidade	*Controle de Qualidade*	*Melhoramento da Qualidade*
Estabelecer metas de qualidade.	Avaliar o desempenho real.	Provar a necessidade.
Identificar quem são os clientes.	Comparar o desempenho real com as metas de qualidade.	Estabelecer a infra-estrutura.
Determinar as necessidades dos clientes.	Agir sobre a diferença.	Identificar os projetos de melhoramento.
Desenvolver as características do produto que atendem às necessidades dos clientes.		Estabelecer as equipes dos projetos.
Desenvolver processos capazes de produzir as características no produto.		Prover as equipes com recursos, treinamento e motivação para:
Estabelecer controles do processo; transferir os planos para as forças operacionais.		Diagnosticar as causas
		Estimular os remédios
		Estabelecer controles para manter os ganhos.

Figura 1-6 – Os três processos universais de gerência para a qualidade.

O DIAGRAMA DA TRILOGIA JURAN

O conceito da Trilogia não é meramente uma forma de se explicar a gerência para a qualidade à alta gerência. Ele também é um *conceito unificante que se estende a toda a empresa*. Cada função possui características únicas, assim como cada produto ou processo. Porém, para cada um deles, gerenciamos para a qualidade usando os mesmos três processos genéricos da Trilogia: planejamento, controle e melhoramento.

Os três processos da Trilogia são inter-relacionados. A Figura 1-7, o Diagrama da Trilogia de Juran, mostra esse inter-relacionamento.

A Figura 1-7 é um gráfico com o tempo no eixo horizontal e o custo da má qualidade (as deficiências de qualidade) no eixo vertical. A atividade inicial é o planejamento da qualidade. Os planejadores determinam quem são os clientes e quais são suas necessidades. A 'seguir, eles desenvolvem projetos de produtos e processos capazes de atender a essas necessidades. Finalmente, os planejadores passam os planos para as forças operacionais.

A tarefa das forças operacionais é de executar os processos e produzir os produtos. À medida em que prosseguem as operações, fica claro que o processo não é capaz de produzir um trabalho 100% bom. A Figura 1-7 mostra que 20% do trabalho precisa ser refeito, devido a deficiências na qualidade. Esse desperdício passa então a ser crônico, *porque foi assim planejado.*

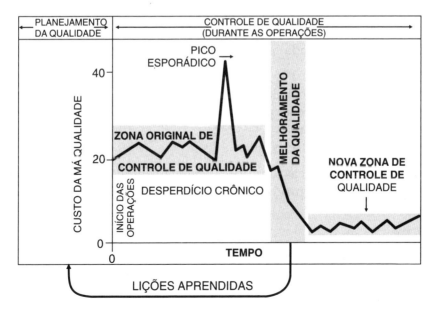

Figura 1-7 – O diagrama da Trilogia de Juran.

18 A QUALIDADE DESDE O PROJETO

Pelos padrões convencionais de responsabilidade, as forças operacionais são incapazes de eliminar aquele desperdício planejado. O que elas fazem, em vez disso, é executar o *controle de qualidade* – para impedir que as coisas piorem. O controle inclui o apagamento de incêndios, como aquele pico esporádico.

A Figura 1-7 também mostra que, com o correr do tempo, o desperdício crônico foi levado a um nível muito abaixo daquele originalmente planejado. Esse ganho foi conseguido pelo terceiro processo da Trilogia, o "melhoramento da qualidade". Com efeito, descobriu-se que o desperdício crônico também era uma oportunidade para melhoramentos. Assim, foram dados os passos para se aproveitar essa oportunidade.

O diagrama da Trilogia Juran e as deficiências do produto

O diagrama da Trilogia (Figura 1-7) está relacionado às *deficiências do produto*. Portanto, a escala vertical exibe unidades de medidas tais como custo da má qualidade, taxa de erros, porcentual de defeitos e taxa de solicitações de assistência técnica. Nessa mesma escala, a perfeição está no zero. *Tudo o que estiver acima é mau.*

O resultado da redução das deficiências do produto é a queda do custo da má qualidade, o melhor atendimento dos prazos de entrega e a redução da insatisfação dos clientes.

O diagrama da Trilogia e as características do produto

Quando o diagrama da Trilogia é aplicado às características do produto, a escala vertical muda, passando a exibir unidades de medida para características como:

- Horas de vida calculadas.
- Milhões de instruções por segundo.
- Capacidade de carga.
- Tempo médio entre as falhas.

Para as características anteriores, *quanto mais alto melhor.* Para algumas características de produtos, entretanto, quanto mais alto pior. Por exemplo:

- Esperar em filas.
- Consumo de energia.
- Horas de manutenção por 1.000 horas de operação.
- Tempo para restaurar o serviço.

Para facilitar a interpretação dos diagramas, vamos rotular as escalas verticais da seguinte forma:

- Para *deficiências de qualidade*, chamaremos a escala vertical de "Custo da Má Qualidade". Nesses diagramas, *quanto mais alto pior*. Um exemplo é a Figura 1-7.
- No caso de *características de qualidade*, chamaremos a escala vertical de *"Vendabilidade do Produto"*. Nesses diagramas, *quanto mais alto melhor*.

Um exemplo do uso da vendabilidade do produto corno escala vertical é o bem conhecido modelo das tendências da qualidade japonesa *versus* a ocidental (Figura 1-8). Este diagrama tem sido útil para demonstrar aos gerentes a importância da manutenção de urna alta taxa de melhoramento, ano após ano (Juran, 1981; 1985).

PLANEJAMENTO DA QUALIDADE DIFERENCIADO DO CONTROLE DE QUALIDADE

Essa distinção é bastante óbvia. O *planejamento* da qualidade trata da fixação de metas e do estabelecimento dos meios necessários para alcançá-las. O *controle* de qualidade trata da execução de planos – da condução das operações de forma a atingir as metas. O controle de qualidade inclui a monitoração das operações, de forma a detectar as diferenças entre o desempenho real e as metas. (O termo usado pelos contadores para essas diferenças é "variâncias".) Além disso, o controle de qualidade inclui ações (combate a incêndios) para restaurar o *status quo* caso apareçam variâncias,

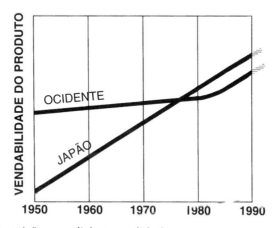

Figura 1-8 – Competição mundial em qualidade.

PLANEJAMENTO DA QUALIDADE DIFERENCIADO DO MELHORAMENTO DA QUALIDADE

Esta distinção é bem ilustrada pela analogia do jacaré – o problema do gerente que estava cheio de jacarés. Por essa analogia, cada jacaré vivo

20 A QUALIDADE DESDE O PROJETO

é um desperdício crônico, um projeto de melhoramento da qualidade em potencial. Cada projeto – de melhoramento completado resulta em um jacaré morto.

Se nosso gerente conseguisse matar todos os jacarés, então o melhoramento da qualidade seria completo – por um momento. Entretanto, o problema dos jacarés não estaria terminado. O motivo é que *o processo de planejamento não mudou.*

Com efeito, o processo de planejamento da qualidade é uma incubadora dupla. Uma incubadora benigna produz novos e úteis planos de qualidade. Uma incubadora maligna produz novos jacarés. O melhoramento da qualidade pode cuidar dos jacarés existentes, um a um. Porém, a interrupção da produção de novos jacarés exige o fechamento da incubadora maligna.

Como fechar a incubadora

O fechamento da incubadora exige uma série de remédios, todos os quais envolvem mudanças no processo de planejamento da qualidade:

Causa	Remédio
O planejamento da qualidade está sendo feito por amadores	Treinar os amadores para que se tomem profissionais
O planejamento da qualidade está focalizado no Q pequeno	Aumentar o foco para o Q grande
O planejamento é feito sem participação daqueles que são afetados	Exigir a participação
O planejamento é feito por métodos empíricos	Adotar métodos sistemáticos modernos
Os planos são transferidos para operações sem prova de capacidade do processo	Exigir prova da capacidade do processo

Também existem diferenças em aspectos básicos. O melhoramento da qualidade é exigido a problemas crônicos, pedindo diagnóstico para a descoberta das causas e provendo os remédios para eliminá-las. O planejamento da qualidade é dirigido à realização das metas orientadas para os clientes, exigindo a aplicação do mapa rodoviário do planejamento da qualidade (Figura 1-9).

(Também há pontos comuns. Para muitos projetos de melhoramento da qualidade, o remédio consiste no replanejamento. Além disso, certas habilidades e ferramentas são comuns a ambos os processos.)

O MAPA RODOVIÁRIO DO PLANEJAMENTO DA QUALIDADE ▲

Vimos, na Figura 1-6, que o planejamento da qualidade é feito por uma série universal de passos. Se expandirmos a Figura 1-6 para uma série de diagramas de entrada e saída, incluindo também a atividade de medição, o resultado será a Figura 1-9.

Chamaremos a Figura 1-9 de *mapa rodoviário do planejamento da qualidade*. Os próximos capítulos seguirão esse mapa passo a passo.

Na Figura 1-9, os passos são mostrados em sua sequência cronológica usual. Entretanto, o passo da medição está colocado lateralmente, para mostrar que ele se aplica a todos os passos do planejamento. Os passos do mapa rodoviário da qualidade estão ligados por vários aspectos comuns:

1. A cadeia interligada de entrada e resultado, na qual o resultado de cada passo transforma-se em entrada para o passo subsequente.
2. Uma série de planilhas (ver Figura 1-10), que tomam os detalhes dos inter-relacionamentos facilmente compreensíveis e acessíveis.
3. Um sistema comum e coerente de medição – unidades de medida e sensores – aplicável a cada passo, bem como a toda a sequência.
4. Um conceito de papel triplo, sob o qual cada atividade envolve o triplo papel de cliente, processador e fornecedor (ver a seguir).

Figura 1-9 – Mapa rodoviário do planejamento da qualidade.

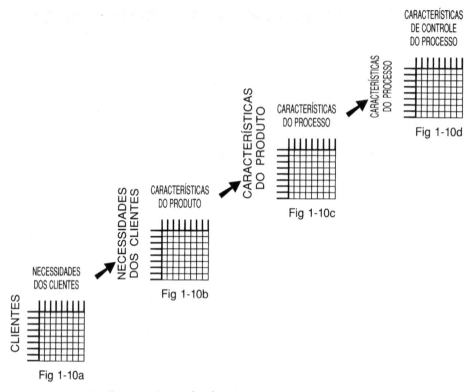

Figura 1-10 – Planilhas genéricas de planejamento

Pode parecer surpreendente o fato de um mapa rodoviário desses ser tão universal – dele poder prover direções para o planejamento de uma gama muito ampla de produtos e processos. Mas é o que acontece. Muitos gerentes praticantes têm inventado e reinventado mapas semelhantes. Muitos procedimentos de empresas incluem mapas semelhantes para produtos ou processos específicos. Esse mapa tem sido amplamente testado na prática. Ele será nosso guia para o restante deste livro.

Nem sempre consecutivos

O mapa rodoviário mostra os passos do planejamento tendo lugar de forma consecutiva, com cada um seguindo-se cronologicamente ao outro. Essa abordagem pode ser muito prejudicial, a menos que seja feita provisão para participação, aviso prévio, planejamento conjunto e assim por diante. A mais completa dessas provisões é normalmente chamada planejamento simultâneo. Ela faz uso de uma equipe de planejamento de base ampla, que trabalha em todos os passos simultaneamente, ao invés de sequencialmente.

PLANILHAS DE PLANEJAMENTO DA QUALIDADE

À medida em que o planejamento progride, ele coleta muitas informações. Existem muitos clientes, cada um com múltiplas necessidades. Muitas características são exigidas para que o produto atenda a essas necessidades, e são necessárias muitas características do processo para a obtenção daquelas características do produto. As combinações resultantes são tão numerosas que se torna necessário estabelecer um meio estruturado para a organização das informações, visando a facilidade de interpretação e de acesso. A estrutura mais amplamente usada é uma tabela multidimensional, chamada *planilha*.

Existem muitos tipos de planilhas, mas quatro deles dominam o uso para o planejamento da qualidade. As Figuras 1-10a até 1-10d mostram essas planilhas dominantes de forma genérica.

Na Figura 1-10a, as linhas horizontais listam os vários *clientes*. As colunas verticais mostram as necessidades desses clientes. As interseções são codificadas, para mostrar os graus de relacionamento entre clientes e necessidades.

Na Figura 1-10b, as necessidades dos clientes foram passadas para as linhas horizontais. As colunas são então usadas para mostrar as *características do produto* exigidas ao atendimento dessas necessidades.

Na Figura 1-10c, as características do produto foram passadas para as linhas. As colunas são então usadas para mostrar as *características do processo* exigidas para a obtenção daquelas características do produto.

Finalmente, na Figura 1-10d as características do processo foram passadas para as linhas. As colunas são usadas para mostrar as *características de controle do processo* necessárias para manter os processos estáveis.

O CONCEITO DO TRIPLO PAPEL

Cada unidade da organização – a empresa toda, cada divisão, departamento e pessoa – executa um processo e produz um produto. Chamaremos qualquer uma dessas unidades de *equipe processadora*. Cada equipe processadora desempenha três papéis relacionados à qualidade, os quais são descritos na Figura 1-11 – o diagrama TRIPROL®.

O diagrama TRIPROL mostra o inter-relacionamento entre três papéis:

- *Cliente*. A equipe processadora adquire vários tipos de insumos, os quais são usados na execução do processo. A equipe é cliente dos fornecedores que provêm os insumos.

24 A QUALIDADE DESDE O PROJETO

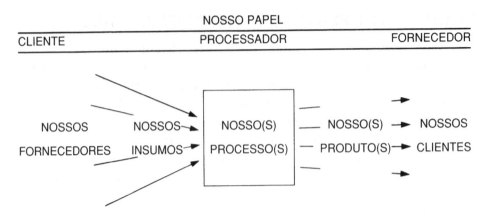

Figura 1-11 – O diagrama Triprol.

- *Processador.* A equipe processadora executa várias atividades gerenciais e tecnológicas, para fazer seus produtos.
- *Fornecedor.* A equipe processadora fornece seus produtos aos seus clientes.

O conceito do triplo papel é bastante simples. Contudo, sua aplicação pode tornar-se muito complexa, devido à presença de grandes quantidades de fornecedores, insumos, processos, produtos e clientes. Quanto maior a complexidade, maior a necessidade de uma abordagem ordenada e estruturada ao planejamento da qualidade. A espinha dorsal dessa estrutura é o mapa de planejamento da qualidade. O sistema de memória são as planilhas.

OS PAPÉIS DOS ALTOS GERENTES

No decorrer do trabalho no mapa de planejamento da qualidade, iremos encontrar vários estágios nos quais os altos gerentes devem tomar decisões e empreender ações específicas. Essas ações serão identificadas por um símbolo consistindo de um triângulo estilizado, que representa uma pirâmide organizacional. Cada capítulo irá identificar os itens de ação gerencial a ele adequados. Esses mesmos itens de ação serão então resumidos no final dos respectivos capítulos. Além disso, o Epílogo irá incluir uma versão editada de todos os itens de ação.

▲ Agora fica claro que os altos gerentes têm um papel vital a desempenhar no processo de planejamento da qualidade. Esse papel exige ampla participação pessoal. Ele não pode ser delegado, uma vez que é necessária uma grande mudança na cultura da empresa. Durante os anos 1980, muitos altos gerentes adotaram estratégias que envolviam a fixação de metas vagas e a delegação, ao restante da organização, da responsabilidade pela realização daquelas metas vagas. Os resultados mais comuns foram a perda de vários anos, um resíduo de dissensão e a perda de credibilidade.

Com relação ao assunto deste capítulo, um papel dos altos gerentes é aquele de reduzir a confusão na empresa, através da padronização dos significados dos termos-chave que dizem respeito à gerência para a qualidade. Uma forma eficaz de fazer isso é designando uma equipe para:

- Identificar os termos-chave para os quais as definições padronizadas poderiam melhorar a comunicação significativamente.
- Desenvolver definições consensuais para esses termos-chave.
- Publicar as definições consensuais em um glossário oficial.

A RESPEITO DO MAPA RODOVIÁRIO DE PLANEJAMENTO DA QUALIDADE

Este capítulo explicou por que é necessário um livro sobre planejamento da qualidade. Ele também explicou como pensar a respeito da qualidade e generalizou o processo de planejamento da mesma – o mapa de planejamento da qualidade.

PONTOS ALTOS DOS CAPÍTULOS

Cada capítulo deste livro será concluído com um sumário dos pontos altos do mesmo. Esses pontos devem estar entre os pontos focais para o treinamento interno. Um segundo sumário irá relacionar as designações de ações específicas a serem empreendidas pelos gerentes.

LISTA DE PONTOS ALTOS

- As características do produto e os índices de falhas são, em grande parte, determinadas durante o planejamento para a qualidade.
- Nos Estados Unidos, cerca de um terço daquilo que fazemos consiste na
- repetição de trabalhos "feitos" anteriormente.
- Nossos problemas de qualidade foram planejados dessa forma.
- A maior parte do planejamento da qualidade tem sido feita por amadores.
- O que tem dado certo é o treinamento dos amadores para que se tomem profissionais no planejamento da qualidade.
- Satisfação com o produto e insatisfação com o mesmo não são opostas.
- As características do produto afetam as vendas. No caso desta espécie de qualidade, a qualidade mais alta usualmente custa mais.

- As deficiências do produto afetam os custos. No caso desta espécie de qualidade mais alta usualmente custa menos.
- O conceito de "Q Grande" está substituindo aquele de "Q Pequeno".
- A gerência pela qualidade é feita pelo uso de três processos gerenciais: planejamento da qualidade, controle de qualidade e melhoramento da qualidade.
- Planejamento da qualidade é a atividade de (a) estabelecer as metas de qualidade e (b) desenvolver os produtos e processos exigidos para a realização dessas metas.
- Para se interromper a produção de jacarés, é necessário desligar a incubadora deles.
- O planejamento da qualidade é feito por uma série universal de passos o mapa rodoviário de planejamento da qualidade.
- Os altos gerentes têm um papel vital a desempenhar no processo de planejamento da qualidade.

TAREFAS PARA OS ALTOS GERENTES

Designe uma equipe para preparar e publicar as definições consensuais para os termos-chave referentes à gerência pela qualidade.

Decida se irá obrigar o treinamento dos planejadores, tipicamente amadores em questões de qualidade, para que se tomem profissionais.

2 | ESTABELECER METAS DE QUALIDADE

PROPÓSITO DESTE CAPÍTULO

O propósito deste capítulo é explicar:

- A natureza e a origem das metas de qualidade.
- A relação entre as metas de qualidade e o plano estratégico de negócios.
- Como as metas de qualidade iniciam a jornada através do mapa rodoviário de planejamento da qualidade.

A natureza das metas de qualidade

Definimos meta como um alvo visado – uma realização em cuja direção são despendidos esforços. Aplicada à qualidade, ▲

- Uma meta de qualidade é um alvo de qualidade visado.

Uma meta, normalmente, inclui um número e um cronograma.

O planejamento da qualidade inclui a fixação de metas de qualidade?

Definimos planejamento da qualidade como (a) a atividade de fixação das metas de qualidade, e (b) o desenvolvimento de produtos e processos necessários à realização daquelas metas. Esta defrnição é ▲ baseada no fato de que não é possível planejar em termos abstratos. Só se pode planejar depois que a meta foi estabelecida.

Os dialetos predominantes diferem a respeito do termo "planejamento" incluir ou não a fixação de metas. A expressão "Planejamento Estratégico", amplamente usada, é quase sempre interpretada como incluindo a fixação das metas estratégicas. Por outro lado, algumas partes

28 A QUALIDADE DESDE O PROJETO

da indústria (e dos meios acadêmicos) interpretam o termo "planejamento" como sendo limitado, em escopo, à atividade de estabelecimento dos meios a serem usados para se alcançar as metas.

- Por exemplo, é comum, em empresas de manufatura, a organização de departamentos funcionais cuja missão é "planejar para a fabricação". Esses departamentos raramente estabelecem as metas de qualidade dos produtos – essa responsabilidade é entregue a um departamento de projeto de produtos.

Para esta segunda edição de *Planejando para a Qualidade,* incluímos a fixação de metas como parte do mapa de planejamento da qualidade. Em nossa opinião, essa inclusão é coerente com a maior parte das práticas e tendências predominantes.

Metas táticas de qualidade

Metas de qualidade são abundantes em países desenvolvidos. Isso é consequência da convergência de (a) necessidades humanas ilimitadas e (b) a capacidade de uma sociedade industrial para satisfazer às necessidades humanas. Essas necessidades tornam-se então metas de qualidade e geram submetas, sob as formas de características de produtos e de processos e características de controles de processos.

Chamaremos essas numerosas metas de qualidade de metas *táticas* de qualidade, para distingui-las das metas estratégicas de qualidade. De acordo com o conceito tradicional de Q pequeno, as metas de qualidade eram de natureza quase que exclusivamente tática. Elas eram estabelecidas por departamentos funcionais nos níveis médio e inferior das empresas, por exemplo no nível da fábrica.

Metas estratégicas de qualidade

As metas estratégicas de qualidade são estabelecidas nos níveis mais altos da empresa e são parte dos seus planos de negócios. Este conceito de metas estratégicas de qualidade é um resultado lógico do movimento para dar à qualidade máxima prioridade entre as metas da empresa. Esse mesmo conceito tem sido reforçado pelo movimento pela adoção do conceito do Q Grande.

As metas estratégicas de qualidade são uma adição, e não uma substituição, das metas táticas de qualidade. A realização das metas táticas continua sendo o problema que sempre foi. Porém, como veremos, a adição das metas estratégicas de qualidade tem um profundo efeito sobre toda a abordagem à fixação de metas de qualidade e sobre o planejamento para alcançá-las. Este efeito se estende aos papéis de todos os envolvidos na fixação e na realização das metas de qualidade.

O QUE VEM PRIMEIRO, AS METAS OU AS NECESSIDADES?

Os autores deste livro tiveram um acalorado debate entre si, a respeito de qual é o primeiro passo sobre o mapa de planejamento da qualidade. Seria ele o estabelecimento das metas de qualidade, ou a identificação dos clientes e suas necessidades? Acontece que essa pergunta tem alguns aspectos paralelos à conhecida pergunta sobre quem veio primeiro, o ovo ou a galinha?

Segundo um ponto de vista, o estabelecimento de metas vem em primeiro lugar. A meta principal dos fornecedores é estabelecer fontes de receitas. Um passo importante para se atingir essa meta é identificar os clientes e suas necessidades. Olhada dessa maneira, a sequência consiste em fixar uma meta, seguindo-se a identificação dos clientes. As necessidades desses clientes tornam-se, então, submetas para os fornecedores. Essas submetas então exigem a identificação de clientes adicionais, cujas necessidades passam a ser submetas, e assim por diante.

Por outro ponto de vista, o estabelecimento das necessidades vem em primeiro lugar. Um cliente reconhece uma necessidade insatisfeita. Esta, por sua vez, tende a motivar o comportamento do cliente. A motivação pode chegar ao ponto em que o cliente se dispõe ativamente a satisfazer a necessidade. Nesse caso, o cliente transforma a necessidade em uma meta – um alvo visado – de atender a essa necessidade insatisfeita. A sequência é o reconhecimento de uma necessidade, seguido pelo estabelecimento da meta de satisfazê-la.

As necessidades dos clientes tornam-se as metas dos fornecedores

Fica evidente que existe uma relação íntima entre necessidades e metas. As necessidades de uma pessoa podem se transformar em suas metas. As necessidades de uma pessoa também podem se transformar nas metas de outra. Segue-se que, para responder a pergunta sobre quem vem primeiro, devemos ter em mente que, quando duas partes são envolvidas – cliente e fornecedor – cada uma vê de forma diferente a sequência de necessidades e metas. As necessidades dos clientes transformam-se nas metas dos fornecedores. (Então, à medida em que as metas são subdivididas, a sequência continua – mais clientes, mais necessidades de clientes transformando-se em mais submetas e assim por diante.) Portanto, a pergunta sobre quem vem primeiro é incompleta, até esclarecermos "do ponto de vista de quem?".

Quando os autores estavam discutindo este problema, tornou-se evidente que qualquer sequência poderia ser logicamente adotada. Também ficou evidente que, independente da sequência adotada, o mapa de planejamento da qualidade será o mesmo.

Os autores concluíram, *não* de forma unânime, em considerar o "Estabelecimento das Metas de Qualidade" como o primeiro passo no mapa de planejamento da qualidade. Um argumento persuasivo para essa escolha foi o fato evidente de não ser possível planejar em termos abstratos. Somente se pode planejar depois de estabelecida a meta. Visto dessa forma, o estabelecimento de uma meta é aquilo que inicia a jornada pelos passos restantes do mapa da qualidade.

A ORIGEM DAS METAS DE QUALIDADE

As metas de qualidade têm origens múltiplas. No caso das empresas, muitas delas se originam de necessidades dos clientes. Cada necessidade de um cliente transforma-se em meta a ser alcançada. Pode-se dizer que essas metas são *guiadas pelo mercado.*

Outras metas de qualidade podem ser consideradas *guiadas pela tecnologia.* Elas, normalmente, surgem quando uma empresa desenvolve um novo conceito tecnológico, nunca antes comercializado. Então é necessário criar um mercado, convencendo-se os clientes de que eles necessitam do novo serviço proporcionado pelo novo conceito.

Um exemplo foi o toca-fitas cassete do tipo "Walkman". A empresa que desenvolveu esse produto não o fez em resposta a necessidades conhecidas dos clientes. Ela apostou que o produto poderia criar um mercado.

Outras fontes de metas de qualidade são os impulsos interiores dos seres humanos. A dona de casa meticulosa dedica muita energia à manutenção de uma casa impecável. Alguns gerentes também se esforçam pela perfeição na gerência de suas empresas.

Ainda outras fontes de metas de qualidade são impostas pelas forças sociais: as leis, os regulamentos, a pressão dos pares e os padrões de comportamento impostos pela cultura.

É evidente que existem múltiplas fontes de metas de qualidade. Pode-se, porém, dizer que a maior parte das metas de qualidade se origina de necessidades de clientes, desde que se amplie a definição de "cliente" para que inclua qualquer pessoa que seja afetada pelas nossas atividades.

A ORIGEM DAS METAS ESTRATÉGICAS DE QUALIDADE

As metas estratégicas de qualidade constituem uma categoria especial, que só recentemente entrou nos planos de negócios das empresas. Como o conceito tem um efeito profundo sobre as operações, bem como sobre planejamento da qualidade, iremos examinar os eventos que conduzem ao estabelecimento de metas estratégicas de qualidade. Esse exame nos leva a uma selva semântica, uma vez que a terminologia ainda não foi totalmente padronizada; assim, definiremos os termos-chave à medida em que formos prosseguindo. (Essas mesmas definições estão listadas no Glossário no final deste livro.)

A Visão

Algumas empresas têm adotado a palavra *"visão"* como expressão daquilo que gostariam de realizar, ou de onde gostariam de estar, em algum ponto do futuro. As declarações da visão assumem formas como estas:

- Ser o produtor de custos baixos.
- Ser o líder do mercado.
- Ser o líder em inovações.
- Ser o líder em qualidade.

Por si mesmas, essas declarações não são muito mais que uma lista de desejos. A sua publicação, talvez devido à eloquência com que é feita, não diz às pessoas na organização o que devem fazer de diferente daquilo que fizeram no passado. A declaração da visão deve, de algum modo, ser convertida em uma lista de metas específicas a serem atingidas, juntamente com o caminho a ser seguido para atingi-las. Essa conversão é realizada pelo processo de planejamento.

(Note que a palavra "visão" não é de uso universal. Outros termos também em uso são: objetivo, meta, missão, alvo, intenção etc.)

Políticas

Muitas empresas publicam guias para a ação gerencial, conhecidos como *"políticas"* gerenciais. Eles assumem formas como:

32 A QUALIDADE DESDE O PROJETO

- Promoveremos pessoas de dentro da empresa.
- Ninguém venderá mais barato que nós.
- Nossos produtos devem satisfazer as percepções de boa qualidade dos clientes.
- Nossos produtos devem igualar ou exceder a qualidade dos concorrentes.

Essas políticas são, tipicamente, aprovadas nos níveis mais altos da organização, e influenciam a ação gerencial, especialmente se forem reforçadas através de inspeções e de um sistema de premiação.

Das visões às metas estratégicas de qualidade

▲ Visões são semelhantes a desejos. Elas têm pouca relação com a realidade, até serem convertidas em itens específicos – em metas quantitativas que devem ser atingidas dentro de um período específico de tempo.

Quando a Ford Motor Company embarcou no projeto do modelo Taurus (no início dos anos 1980), uma das visões era de restaurar a lucratividade. A meta referente à qualidade era "a melhor em sua classe".

A nova e elevada prioridade atribuída à qualidade, juntamente com a adoção do Q Grande, criou uma tendência de ampliação do planejamento estratégico de negócios, para incluir metas estratégicas de qualidade. Aqui estão alguns exemplos reais de metas estabelecidas como parte dos planos de negócios de empresas:

- Fabricar os modelos Taurus/Sable a um nível de qualidade que seja o melhor em sua classe (Ford Motor Company).
- Melhorar dez vezes a qualidade de produtos e serviços até 1989 (Meta da Motorola em janeiro de 1987).
- Reduzir o custo da (má) qualidade em 50% em cinco anos (3M Corporation em julho de 1982).
- Reduzir os erros de faturamento em 90% (Florida Power & Light Company).

(Note que todas as metas anteriores estão relacionadas a processos importantes: lançamento de novos produtos, serviços aos clientes, redução em desperdícios crônicos, faturamento.)

Assuntos de metas estratégicas de qualidade

A despeito da singularidade de indústrias e empresas específicas, certos assuntos de metas estratégicas de qualidade têm aplicação geral:

- *Desempenho do produto.* Esta meta refere-se a características importantes do desempenho, que determinam respostas a necessidades dos clientes: presteza do serviço, consumo de combustível, tempo médio entre falhas, cortesia. Essas características influenciam diretamente as possibilidades de venda dos produtos.
- *Desempenho competitivo.* Esta sempre foi uma meta nas economias baseadas no mercado, mas raramente fazia parte do plano de negócios. A tendência de tomar o desempenho competitivo da qualidade uma parte do plano de negócios é recente, mais irreversível.
- *Melhoramento da qualidade.* Esta meta pode visar o aumento das possibilidades de venda dos produtos e/ou a redução do custo da má qualidade. Em qualquer caso, o resultado final, depois do desdobramento, é uma lista formal de projetos de aperfeiçoamento da qualidade, com as respectivas atribuições de responsabilidades.
- *Custo da má qualidade.* A meta de melhoramento da qualidade, normalmente, inclui uma meta de redução dos custos devidos à má qualidade. Embora esses custos não sejam conhecidos com precisão, sabe-se que eles são muito altos. A despeito da falta de valores precisos, é possível, através de estimativas, incluir essa meta no plano de negócios e desdobrá-la com sucesso entre os níveis inferiores.
- *Desempenho de processos importantes.* Esta meta só entrou recentemente no plano estratégico de negócios. Ela se refere ao desempenho de processos importantes que são multifuncionais por natureza, como lançamento de novos produtos, faturamento, participação em concorrências, compras. Para esses "macroprocessos", um problema especial é: Quem deve ter a responsabilidade pela realização da meta? Discutiremos esta questão brevemente, sob o título "Desdobramento para Quem?".

Benefícios das metas estratégicas de qualidade

O estabelecimento de metas estratégicas de qualidade é um primeiro passo vital em direção à tradução de uma visão vaga em realidade. Este primeiro passo também rende alguns benefícios importantes com referência à qualidade:

- O processo de seleção das metas estimula a unidade de propósito entre os altos gerentes.
- Como as metas devem ser aprovadas em níveis elevados, a alta gerência passa a participar pessoalmente.
- As metas que fazem parte do plano de negócios têm muito mais probabilidades de garantir os recursos necessários.
- O sistema de premiação associado ao plano de negócios aumenta a probabilidade de realização das metas.

Propostas de metas estratégicas de qualidade

As metas selecionadas para entrar no plano de negócios do ano seguinte são, idealmente, escolhidas a partir de uma lista de *sugestões feitas por todos os níveis* da hierarquia. Somente algumas sobrevivem ao processo de filtragem e chegam a fazer parte das metas estratégicas. Outras sugestões podem se transformar em metas para níveis mais baixos da hierarquia. Muitas sugestões serão postas de lado – elas não conseguem obter a prioridade necessária.

Os altos gerentes devem se tornar uma fonte de sugestões para metas estratégicas de qualidade, uma vez que recebem contribuições importantes de fontes como:

- Participação do conselho de qualidade.
- Contatos com clientes.
- Revisões periódicas de desempenho em relação às metas de qualidade.
- Auditorias de qualidade conduzidas pelos altos gerentes.
- Contatos com altos gerentes de outras empresas.

Metas de qualidade em níveis táticos

Historicamente, a maioria das metas de qualidade tem sido estabelecida nos níveis médio e baixo da hierarquia. Essas metas são ditadas pelos grandes números de necessidades dos clientes, além das características associadas dos produtos e processos. Este padrão irá continuar nos próximos anos.

Nas empresas que passaram a usar as metas estratégicas de qualidade, o processo de desdobramento (ver a seguir) irá criar metas de qualidade adicionais, para serem alcançadas no nível tático.

Os altos gerentes não podem se envolver com metas táticas de qualidade individuais – seus números são excessivos. Porém, eles podem e devem se envolver com a abordagem usada para lidar *coletivamente* com as metas táticas. Essa abordagem inclui questões como planejamento participativo, uma abordagem estruturada para substituir o empirismo e treinamento para o pessoal do planejamento. Iremos examinar essas questões em capítulos posteriores.

BASES PARA A FIXAÇÃO DE METAS DE QUALIDADE

Uma importante consideração, na fixação de metas de qualidade, é a escolha da base adequada.

Tecnologia como base

No nível mais baixo da hierarquia, as metas de qualidade são em geral estabelecidas sobre uma base *tecnológica*. A maior parte dessas metas é publicada em especificações e procedimentos, que definem os alvos de qualidade para o nível de supervisão e os trabalhadores abaixo desse nível.

O mercado como base

As metas de qualidade que afetam a possibilidade de venda do produto devem ser baseadas principalmente *no mercado* – alcançando ou excedendo a qualidade do mercado. Algumas dessas metas referem-se a projetos com um *lead time* prolongado, por exemplo, o desenvolvimento de um novo produto envolvendo um ciclo de vários anos; a computadorização de um importante processo da empresa; um grande projeto de construção que não entrará em funcionamento por vários anos. Em casos assim, a meta deve ser fixada de forma a estar à altura da concorrência estimada para *quando o projeto estiver concluído.*

Nas indústrias que são monopólios naturais (p. ex., certos serviços públicos), muitas vezes, as empresas podem fazer comparações através do uso de bancos de dados da indústria. Em algumas empresas, também existe concorrência interna – os desempenhos de divisões regionais são comparados entre si.

Alguns fornecedores internos também são monopolistas. Os exemplos comuns incluem a preparação da folha de pagamento, a manutenção das instalações, o serviço de cafeteria e os transportes internos. No entanto, a maior parte dos monopólios internos tem concorrentes em potencial: fornecedores externos que se oferecem para vender os mesmos serviços. Assim, o desempenho do fornecedor interno pode ser comparado com as propostas feitas por um fornecedor externo.

Marcos de referência

Este é o conceito de fixação de metas com base no conhecimento daquilo que foi realizado pelos outros. O conceito inclui a fixação de metas baseadas no mercado – naquilo que foi conseguido por concorrentes externos. Ele também considera as realizações de concorrentes internos: subsidiárias, outras divisões, outros modelos. Este procedimento evita os riscos de se usar o desempenho histórico como a única base para a fixação de metas e tem sido aplicado a casos como os seguintes:

36 A QUALIDADE DESDE O PROJETO

- O conceito de melhor em sua classe, adotado para o Ford Taurus.
- A exigência de que o tempo necessário para a prestação de um serviço aos clientes não seja maior que aquele gasto pelo concorrente mais eficaz.
- A exigência de que a confiabilidade de um novo produto seja, no mínimo, igual àquela do produto ao qual ele substitui e, no mínimo, igual àquela do produto concorrente mais confiável.

Implícito no uso de marcos de referência está o conceito de que a meta resultante é atingível, uma vez que já foi atingida por outros. (Para mais detalhes, ver Camp, 1989.)

A história como base

Uma terceira base, amplamente usada, para a fixação de metas de qualidade, tem sido o desempenho *histórico,* isto é, as metas em relação ao desempenho passado. (Às vezes ele é endurecido, para estimular melhoramentos.) Para alguns produtos e processos, a base histórica é uma ajuda à necessária estabilidade. Para outros casos, principalmente aqueles envolvendo altos custos crônicos da má qualidade, a base histórica tem sido muito prejudicial, por ajudar a perpetuar um desempenho de desperdício crônico.

Durante o processo de fixação de metas, os altos gerentes devem estar alertas quanto a essas más utilizações da base histórica. As metas para os casos de custos cronicamente elevados da má qualidade devem ser baseadas em avanços planejados, através do uso do processo de melhoramento da qualidade.

▲ As metas de qualidade são um alvo móvel

É fato amplamente reconhecido que as metas de qualidade devem estar sempre mudando, para corresponder às mudanças que estão sempre chegando: novas tecnologias, novos concorrentes, alterações sociais, ameaças e oportunidades. Aquilo que não se faz tão amplamente é prover os meios necessários à avaliação do impacto dessas mudanças e à revisão das metas de acordo com esse impacto.

As empresas que provêm esses meios o fazem através da exigência de revisões anuais do desempenho competitivo e de outras informações, as quais podem mostrar quais são as tendências em andamento. Em algumas empresas, uma auditoria anual da qualidade é efetuada pelos altos gerentes. A preparação para essa auditoria inclui a revisão das mudanças ocorridas desde a auditoria anterior.

HIERARQUIA DAS METAS DE QUALIDADE

As empresas que utilizam o conceito dos marcos de referência, normalmente, enfatizam que estão alertas para avaliar as mudanças que estão ocorrendo e levá-las em conta durante o processo.

HIERARQUIA DAS METAS DE QUALIDADE

As metas de qualidade têm hierarquias – em múltiplos níveis ou camadas. Essas hierarquias tendem a assumir a forma de pirâmides. No pico estão umas poucas metas, todas de primordial importância. Essas metas, então, se dividem em metas secundárias, terciárias e assim por diante. A quantidade de metas se multiplica à medida em que essa divisão progride em direção aos níveis mais baixos da hierarquia. Para exemplificar:

- Uma meta humana primária é a boa saúde. A saúde também é uma meta muito ampla. O planejamento para alcançá-la requer a divisão do termo "saúde" em seus componentes, tais como vigilância, não ficar cansado, apreciar as refeições, dormir bem, a pronta recuperação de doenças, boa aparência. Por sua vez, cada uma dessas metas secundárias se divide em metas terciárias. Por exemplo, a meta secundária da vigilância se divide em metas como boa visão, boa audição e reflexos rápidos. Essas divisões continuam até o ponto no qual é possível prover os meios específicos que possibilitam atingir a meta, como, por exemplo, óculos para uma boa visão.

Os bens também apresentam uma hierarquia semelhante. O automóvel é um exemplo compreendido por todos.

- A meta primária é o transporte eficaz. As metas secundárias são segurança, conforto, economia, espaço, durabilidade, aparência etc., (não necessariamente nessa ordem). Uma dessas metas secundárias – a economia dá origem a metas terciárias como preço de compra, baixo custo de financiamento, baixo custo operacional e de manutenção e alto valor de revenda. Por sua vez, a meta terciária de baixo custo operacional e de manutenção se divide em outras metas, como cobertura da garantia, eficiência em relação ao combustível, confiabilidade e assistência técnica adequada. Essas divisões continuam, até que cada meta seja definível em termos tecnológicos.

Essa divisão de metas é uma parte do processo de planejamento da qualidade. A hierarquia de metas é derivada de uma hierarquia correspondente de necessidades dos clientes. A hierarquia de metas resulta, por sua vez, em hierarquias de características de produtos e processos, as quais serão examinadas em outros capítulos.

38 A QUALIDADE DESDE O PROJETO

Com efeito, o processo de planejamento da qualidade consiste em uma série de (a) fixação de metas, alternadas com (b) planejamento de como atingir as metas:

- As metas primárias são estabelecidas, exigindo a divisão em metas secundárias, bem como alguns passos no mapa da qualidade.
- A seguir, é feito o planejamento para as metas secundárias, inclusive sua divisão em metas terciárias.
- Essa alternância prossegue até que as metas fiquem tão específicas, que se pode prover meios específicos para alcançá-las, sem necessidade de mais divisões.

DESDOBRAMENTO DAS METAS DE QUALIDADE

"Desdobramento", como é aqui utilizado, significa subdividir as metas e alocar as submetas a níveis mais baixos*. Esse desdobramento cumpre alguns propósitos essenciais:

- As subdivisões e alocações continuam até que identifiquem as ações a serem adotadas – os atos específicos a serem executados para se atingir as metas.
- A alocação de responsabilidade fica cada vez mais estritamente focalizada, até que atribua responsabilidades específicas para atos também específicos.
- Aqueles que recebem a responsabilidade respondem determinando os recursos necessários e comunicando o fato aos níveis mais altos.

Esse desdobramento provê comunicações para cima e para baixo na hierarquia. Ele também dá, aos níveis mais baixos, a oportunidade de participar no processo de planejamento. As metas estratégicas de qualidade podem ser propostas no topo. Os níveis mais baixos, então, identificam os atos que, se forem executados, atingirão coletivamente as metas. Os níveis mais baixos também apresentam a conta: para executar essas ações, necessitamos dos seguintes recursos. As negociações subsequentes acabam chegando a um equilíbrio, que pondera o valor da realização das metas em relação ao custo dessa realização.

A característica de comunicação nos dois sentidos do processo de desdobramento (um termo japonês para isso é "segurar a bola") tem se mostrado de grande ajuda para a obtenção de resultados. As informações de empresas que usam esse processo sugerem que ele é superior ao

---

* *Uma nota sobre terminologia:* Algumas empresas usam o termo "desdobramento político" para designar desdobramento de metas de qualidade. Este termo parece ser o resultado de dificuldades na tradução do termo japonês correspondente.

processo de fixação unilateral de metas pelos altos gerentes. A Florida Power & Light Company chama essa abordagem de "desdobramento da política" (Brunetti, 1987).

Essa mesma característica de comunicação nos dois sentidos exige que os recebedores sejam treinados em como responder. O treinamento mais útil é a experiência prévia em projetos de melhoramento da qualidade.

Muitas metas de qualidade estão na categoria de projetos abrangentes, "paquidérmicos", de melhoramento da qualidade, que precisam ser divididos em projetos menores. Por exemplo:

1. É estabelecida uma meta estratégica de qualidade: Reduzir o custo da má qualidade em X milhões de dólares. Essa meta é então desdobrada para as várias divisões, fixando-se uma quota para cada uma. Essas quotas, porém, deverão ser divididas em projetos pequenos, usando-se o princípio de Pareto e outras ferramentas do processo de melhoramento da qualidade.
2. A meta de uma empresa de linhas aéreas, de atingir Y% de chegadas no horário, pode exigir projetos para lidar com questões como:
   - A *política* de se atrasar as partidas, para acomodar os voos de conexão em atraso.
   - A *organização* para a tomada de decisões nos portões de partida
   - A necessidade de revisões nos *procedimentos departamentais*
   - O estado do *comportamento dos funcionários* e sua conscientização.
3. Qualquer meta de melhoramento da pontualidade de um serviço exige uma divisão do processo amplo do serviço em seus componentes, a identificação daqueles que são vitais e o tratamento de cada um deles como projeto, juntamente com o amplo "macroprocesso" em si.

Desdobramento para quem?

Até certo ponto, o desdobramento das metas estratégicas de qualidade pode seguir linhas hierárquicas: da corporação para a divisão; da divisão para o departamento funcional etc. Porém, este arranjo falha quando as metas se referem a "macroprocessos".

As principais atividades das empresas são executadas pelo uso de redes interligadas de macroprocessos. Cada um deles é um sistema multifuncional, consistindo em uma série de operações sequenciais. Como são de natureza multifuncional, esses sistemas não têm um "dono" e, portanto, não existe uma resposta óbvia à pergunta: Desdobrar para Quem?

A questão da propriedade dos macroprocessos será examinada em detalhes no Capítulo 10, "Planejamento Multifuncional da Qualidade". Neste ponto, o importante é que não deve haver falta de clareza

40 A QUALIDADE DESDE O PROJETO

★ sobre a questão de "Desdobrar para Quem?". Ao desdobrar as metas que envolvem processos multifuncionais, os altos gerentes devem enfrentar diretamente essa pergunta.

Uma tendência em direção ao desdobramento de metas entre equipes é exemplificada na indústria automotiva pelo caso do Ford Taurus, no qual a meta de ser "o melhor em sua classe" entregue à "Equipe Taurus" (Veraldi, 1985) e pela adoção da abordagem por equipes em projetos da GM e da Chrysler.

Também existem registros de casos nos quais a equipe incluiu o(s) fornecedor(es) afetado(s) ou outras agências externas. Para um exemplo de projeto conjunto fornecedor-cliente, ver Kegarise e Miller (1986).

O efeito do "Q Grande"

A crescente adoção do conceito do "Q Grande" tem ampliado o escopo das metas estratégicas de qualidade. Essas metas se referem, tradicionalmente, ao desempenho de funções importantes como:

- Preços pagos pelos bens e serviços comprados.
- Presteza na assistência ao cliente.
- Extensão de rejeições e repetições de trabalhos na fábrica.

As novas metas refletem a crescente conscientização a respeito da importância de processos como faturamento, recrutamento, folha de pagamento e participação de concorrências. Esta conscientização está evidente nas metas estratégicas de qualidade emergentes, tais como:

- Redução do prazo para o ciclo de lançamento de novos produtos (Pisano, 1986).
- Aumento da precisão da previsão de vendas (Wolf, 1985).
- Estabelecimento de relações com fornecedores na base de trabalho em equipe (Branco e Willoughby, 1987).

Este mesmo conceito de "Q Grande" promete vir a ser uma força unificadora para lidar com a alegação de que "minha indústria (ou empresa, função etc.) é diferente". As tecnologias e mercados certamente diferem. Porém, os processos e macroprocessos empresariais são bastante semelhantes para todas as indústrias. Além disso, as áreas de semelhança são muito maiores que as áreas de diferença.

PROVISÃO DE RECURSOS

Os recursos são o preço a ser pago pelos benefícios de se atingir as metas. Esses recursos são semelhantes àqueles necessários para se estabelecer e manter as metas tradicionais da gerência financeira de toda a empresa. Mais especificamente, eles incluem:

- O esforço necessário ao estabelecimento do sistema básico de metas estratégicas, inclusive os processos para a fixação e o desdobramento de metas, a avaliação de resultados e reconhecimento e premiação.
- Treinamento na operação do sistema.
- O esforço requerido, em todos os níveis, para administrar o sistema em bases permanentes.

Na ausência de alguma forma de meta estratégica de qualidade, um grande obstáculo aos progressos na qualidade é a falta de recursos. Isso tem sido amplamente demonstrado em esforços para se entrar em projetos de melhoramento da qualidade. Tais projetos, para serem levados a cabo, exigem vários recursos: tempo para que os membros da equipe do projeto orientem as atividades; apoio de técnicos e especialistas; treinamento em várias habilidades e ferramentas. Com exceção de alguns aspectos de treinamento, esses recursos não têm sido fornecidos de forma adequada. Por sua vez, a falta de recursos tem acabado com muitos esforços para melhorar a qualidade em uma escala que ofereça benefícios importantes.

A abordagem de metas estratégicas, pelo fato de estar ligada ao planejamento estratégico da empresa, oferece uma forma de prover os recursos necessários. O planejamento estratégico há muito incluiu uma abordagem positiva para fazer aparecerem os recursos necessários para se atingir as metas estratégicas da empresa. Por exemplo, uma meta comum é a de aumentar as vendas em X%. O processo orçamentário inclui, tipicamente, a identificação dos recursos necessários: capacidade adicional de fabricação, mais estoques, pessoal adicional de vendas etc. As discussões associadas focalizam a extensão até a qual os recursos adicionais irão prover retornos aceitáveis sobre o investimento.

Aqueles que ficam apreensivos a respeito da "interferência da corporação" (ver a seguir) devem observar que o uso de metas estratégicas de qualidade proporcionam um canal reconhecido para se tratar do problema de assegurar os recursos.

INTERFERÊNCIA DA CORPORAÇÃO

Em algumas empresas, a fixação de metas estratégicas de qualidade enfrenta resistência das divisões autônomas (ou de departamentos funcionais), sob a alegação de "interferência da corporação". É verdade que o estabelecimento de metas estratégicas de qualidade reduz uma parte

42 A QUALIDADE DESDE O PROJETO

da autonomia previamente gozada por essas divisões e departamentos. Essa redução nunca é bem-vinda, mesmo que as relações humanas associadas sejam harmoniosas. Quando elas não o são, o problema pode ficar sério.

A natureza dessa redução de autonomia fica evidente quando olhamos para a função de finanças. Em praticamente todas as grandes empresas, a cúpula corporativa "interfere" nos assuntos financeiros das divisões de três maneiras mais importantes:

- Aprovação dos orçamentos financeiros divisionais.
- Aprovação dos planos financeiros divisionais para o atendimento dos seus orçamentos.
- Revisão dos desempenhos financeiros divisionais em relação aos orçamentos.

A "interferência" semelhante, com respeito à qualidade, consiste de ações adotadas pela cúpula corporativa para:

- Aprovar as metas divisionais de qualidade.
- Aprovar os planos divisionais para atingir as metas de qualidade.
- Rever o desempenho de qualidade da divisão.

A maior diferença é que, no caso de finanças, a prática é antiga, enquanto no caso da qualidade a prática está apenas começando. Porém, a introdução das metas estratégicas de qualidade de fato interfere com alguns antigos monopólios e esse é um dos preços que têm que ser pagos.

METAS DE QUALIDADE NOS NÍVEIS MAIS BAIXOS

As metas estratégicas de qualidade são poucas. Contudo, cada uma delas é muito importante e exige a atenção dos altos gerentes. Em contraste, as metas táticas são extremamente numerosas. E, como são úteis, exigem a atenção dos níveis mais baixos da hierarquia.

Neste capítulo, foi dada ênfase às metas estratégicas de qualidade e ao seu desdobramento. Essa ênfase é necessária, em vista da poderosa tendência de se trazer as metas de qualidade para o planejamento estratégico de negócios. Essas metas estratégicas se somam e não substituem as antigas metas táticas de qualidade. Contudo, as metas estratégicas irão necessariamente influenciar o padrão das metas táticas.

Outros capítulos irão tratar amplamente das metas táticas de qualidade:

- As necessidades dos clientes dão origem às metas de qualidade e serão discutidas no Capítulo 4, "Determinar as Necessidades dos Clientes".

- As características do produto dão origem a metas de qualidade e serão discutidas no Capítulo 6, "Desenvolver as Características do Produto".
- As características dos processos dão origem a metas de qualidade e serão discutidas no Capítulo 7, "Desenvolver Características dos Processos".
- As características do controle de processos dão origem a metas de qualidade e serão discutidas no Capítulo 8, "Desenvolver Controles de Processos".

Outras metas de qualidade são ainda geradas a partir de outras fontes, tais como esforços para melhorar a qualidade, treinamento para a qualidade e motivação para a qualidade. Veremos que as metas estratégicas de qualidade são, em termos numéricos, somente a ponta de uma grande pirâmide. A maior parte dessa pirâmide é constituída pelas metas táticas de qualidade.

PRÓXIMO PASSO: IDENTIFICAR OS CLIENTES

Depois de estabelecidas, as metas de qualidade transformam-se em insumos para o passo seguinte no mapa de planejamento da qualidade:
Identificar os Clientes. O próximo capítulo é dedicado a esse passo.

LISTA DE PONTOS ALTOS

- Uma meta de qualidade é um alvo visado de qualidade.
- Não é possível planejar em termos abstratos. Somente se pode planejar depois de estabelecida a meta.
- As visões têm pouca relação com a realidade, até serem convertidas em metas quantitativas, que devem ser atingidas dentro de um prazo específico. As metas de qualidade que afetam a possibilidade de venda do produto devem ser baseadas principalmente no mercado.
- Em casos envolvendo altos custos crônicos da má qualidade, a base histórica para a fixação de metas estratégicas de qualidade tem sido muito prejudicial, por ajudar a perpetuar um desempenho de desperdício crônico.
- Para os casos de custos cronicamente elevados da má qualidade, as metas devem ser baseadas em avanços planejados, através do uso do processo de melhoramento da qualidade.
- As metas de qualidade são um alvo móvel.
- No desdobramento das metas estratégicas de qualidade, não pode haver incerteza a respeito da pergunta: "Desdobramento para quem?".

- O estabelecimento de metas estratégicas de qualidade reduz a autonomia anteriormente gozada pelas divisões autônomas e pelos departamentos funcionais.

TAREFA PARA OS ALTOS GERENTES

- Os altos gerentes devem se transformar em fonte de sugestões para metas estratégicas de qualidade.
- Durante o processo de fixação de metas, os altos gerentes devem ficar alertas quanto ao mau uso do desempenho histórico como base.
- No desdobramento de metas que envolvem processos multifuncionais, os altos gerentes devem enfrentar diretamente a pergunta: "Desdobramento para quem?".

3 | IDENTIFICAR OS CLIENTES

PROPÓSITO DESTE CAPÍTULO

O propósito deste capítulo é mostrar como identificar quem são os clientes – aqueles que serão impactados ou afetados pelos produtos e processos necessários para se atingir as metas de qualidade. Os clientes incluem tanto aqueles que são impactados se as metas forem atingidas, como aqueles impactados caso elas não sejam atingidas. (A palavra cliente é usada aqui no sentido do Q Grande: qualquer um que seja impactado.)

Para este capítulo, o diagrama de insumo-resultado está mostrado na Figura 3-1.

- O *insumo* é constituído pelas metas de qualidade estabelecidas.
- O *processo* consiste nas atividades conduzidas para se descobrir quem será impactado pelos meios usados para alcançar as metas.
- O *resultado* é uma lista dos impactados: os clientes.

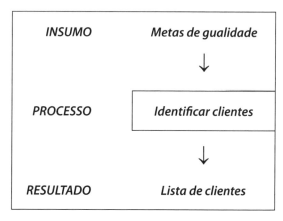

Figura 3-1 – Diagrama insumo-resultado para identificar os clientes.

COLOCANDO A PERGUNTA EM PAUTA

Para descobrir quem é impactado, precisamos colocar em pauta a pergunta. Muitos gerentes simplesmente *assumem* que já sabem quem são os clientes. Essa suposição costuma ser válida para aqueles que compram os produtos. Esses clientes são, certamente, a categoria isolada mais importante, mas eles são somente uma pequena porcentagem das pessoas impactadas. A maior parte dos produtos não é "vendida" no sentido literal da palavra. Alguns desses produtos "não vendidos" são cartas, cotações de preços, pedidos de compra e faturas, que são enviados aos clientes externos. Outros consistem a vasta gama de produtos *internos* que vão para clientes internos: informações, dados, componentes físicos, ordens, sugestões, solicitações e assim por diante.

- Em uma grande empresa, uma equipe de "engenharia avançada" dedicou um esforço considerável à determinação dos ingredientes da "fábrica do futuro". As constatações da equipe foram então compiladas em um livro, que fornecia informações detalhadas a respeito desses ingredientes. Devido ao esforço envolvido, o livro foi classificado como "secreto" e sua distribuição foi limitada estritamente aos diretores de alto nível.
- Durante alguns meses, após a publicação do livro, não houve nenhum retorno por parte dos seus recebedores. (Um silêncio desses é, em geral, uma indicação de que o livro não está sendo usado.) Surgiu, então, uma ocasião que levantou a pergunta: "Quem são os clientes para este livro?" Percebeu-se, subitamente, que aqueles diretores de alto nível não eram usuários em potencial dos livros. Aqueles que poderiam realmente fazer uso dos livros eram os vários gerentes de engenharia e de fabricação, mas eles não constavam da lista de distribuição. Pior ainda, eles não tinham sido consultados a respeito das suas necessidades.
- Também podem surgir surpresas nos níveis mais baixos da organização.
- Uma empresa de serviços de eletricidade conduziu um levantamento para descobrir as percepções dos seus funcionários referentes à qualidade. Uma constatação foi que, nos níveis inferiores, somente 25% dos funcionários consideravam a si mesmos como tendo clientes.

A necessidade de "colocar em pauta a pergunta" fica ainda mais óbvia quando examinamos de perto a proliferação de "produtos não vendidos".

- Um processo produz faturas em seis vias. Essas faturas são produtos e vão para seis destinos finais diferentes. Ao longo do caminho, as faturas impactam várias etapas intermediárias do processo. Cada um dos seis destinos finais, bem como cada etapa intermediária, é um cliente.
- Um outro processo executa a atividade de corte de dentes de engrenagens. Ele recebe peças em bruto de um fornecedor e opera máquinas que cortam nelas os dentes de engrenagens. A seguir,

envia as engrenagens cortadas aos processos subsequentes, que cortam rasgos de chavetas, dão tratamento térmico, esmerilham e dão polimento, armazenam, despacham, montam caixas de câmbio em veículos, vendem os veículos, operam e prestam manutenção aos mesmos etc. Cada uma dessas atividades subsequentes é um cliente.

O DIAGRAMA DE FLUXOGRAMA

A proliferação de produtos e processos cria uma correspondente proliferação de clientes. Para descobrir quem é impactado, não basta colocarmos a pergunta em pauta; precisamos também providenciar as ferramentas para responder à pergunta. Uma importante ferramenta para esse propósito é o diagrama de fluxograma.

O fluxograma é um meio gráfico para a representação das etapas de um processo. A Figura 3-2 é um exemplo simples.

Símbolos básicos

A maior parte dos fluxogramas é construída a partir de poucos símbolos básicos:

O *símbolo de atividade* é um retângulo que designa uma atividade. Dentro dele está uma breve descrição daquela' atividade.

O *símbolo de decisão* é um losango que designa um ponto de decisão, a partir do qual o processo se divide em dois ou mais caminhos. O caminho tomado depende da resposta à pergunta que aparece dentro do losango. Cada caminho é rotulado, para corresponder a uma resposta à pergunta.

O *símbolo terminal* é um retângulo arredondado que identifica, de forma inequívoca, o início ou o término de um processo, de acordo com a palavra que está dentro do retângulo. "Início" é usado para designar o ponto de partida do fluxo de um processo; "parar" ou "fim" são usados para designar o final do fluxo de um processo.

O *símbolo de documento* representa um documento pertencente ao processo.

A *linha de fluxo* representa um caminho de processo que liga elementos do mesmo, por exemplo, atividades ou decisões; a seta sobre um fluxo indica a direção do fluxo.

O *conector* é um círculo que é usado para indicar uma continuação do fluxograma.

48 A QUALIDADE DESDE O PROJETO

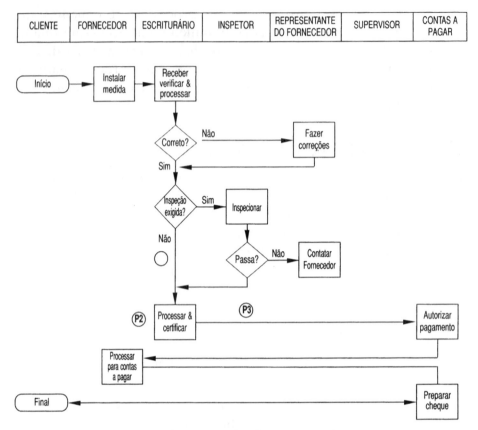

Figura 3-2 – Fluxograma simples. Fonte: Florida Power & Light.

Lidando com a complexidade

Quando os fluxogramas se tornam complexos, costuma ser útil preparar um esquema para mostrar o fluxo em termos amplos. A Figura 3-3 mostra um desses esquemas para o processo de preparação de faturas em uma grande empresa de fornecimento de energia.

Esse esquema ajuda os leitores a visualizarem os inter-relacionarnentos entre os subdiagramas mais detalhados.

Outra forma de lidar com a complexidade é mostrar o "macroprocesso" em um esquema amplo e um "microprocesso" associado em um diagrama satélite, como na Figura 3-4.

Benefícios dos fluxogramas

Quando os fluxogramas são preparados por equipes multifuncionais, seus membros normalmente obtêm benefícios múltiplos. Eles reportam que o fluxograma:

IDENTIFICAR OS CLIENTES

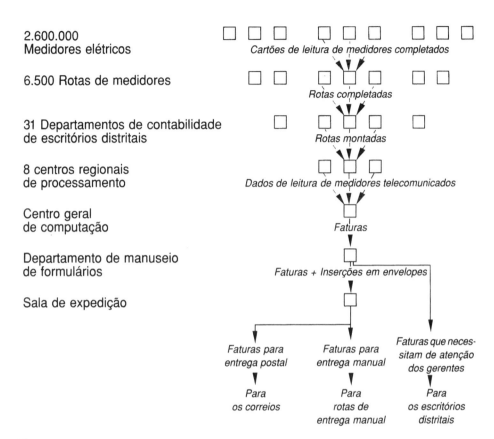

Figura 3-3 – Diagrama esquemático do fluxo de informações do processo de faturamento. *Cortesia* Florida Power & Light.

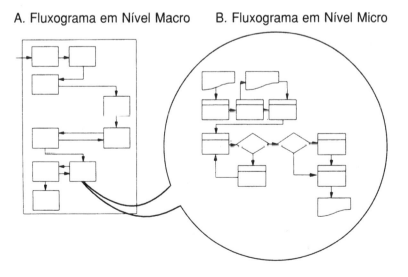

Figura 3-4 – Fluxogramas macro e micro. Fonte: AT&T Network Operations Group.

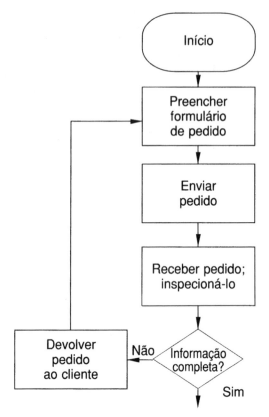

Figura 3-5 – Uma alça – oportunidade para aperfeiçoamento.

- *Provê a compreensão do todo.* Cada membro da equipe está inteiramente informado a respeito do seu segmento do processo, mas não inteiramente a respeito do processo completo. O fluxograma proporciona os conhecimentos que faltam em um grau sem precedentes.
- *Identifica clientes anteriormente negligenciados.* Uma constatação surpreendente de algumas equipes é que, no passado, muito planejamento foi feito sem a prévia identificação de todos os clientes importantes. Suponha-se que "todo mundo soubesse" quem eram os clientes. Mas acontecia que, sem a disciplina da preparação do fluxograma, alguns clientes essenciais eram negligenciados ou passavam despercebidos. As áreas de maior negligência eram aquelas dos clientes internos. Porém, quando as equipes cuidam especificamente da pergunta "Quem são os clientes?" elas identificam mais claramente também os clientes externos.
- *Identifica oportunidades para melhoramento.* A maior parte dos fluxogramas mostra subprocessos ou "alças", que são uma forma de se refazer aquilo que havia sido feito anteriormente. A Figura 3-5 é um exemplo de fluxograma com alça. Cada uma dessas alças pode ser vista como

uma oportunidade de aperfeiçoamento – por exemplo, uma deficiência crônica que não deve ser incluída no plano novo ou revisado.

- *Facilita a fixação de limites.* Todo processo interage com alguns dos outros processos, dentro e fora da empresa. Esses outros interagem com ainda outros e, em última instância, todos os processos da empresa são afetados. É fora de propósito verificar todas interações até o fim – acabaríamos replanejando o trabalho da empresa inteira. Assim, estabelecemos um limite baseado em nosso critério. O fluxograma provê um auxílio gráfico para o estabelecimento desse limite.

  Note que, no início, o fluxograma serve para proporcionar uma compreensão do *status quo* – daquilo que aconteceu no passado. Então, à medida em que prossegue o planejamento, o fluxograma torna-se um auxílio para a revisão. Ele provê a compreensão de quem será impactado.

Fontes de fluxogramas

As empresas têm utilizado amplamente os fluxogramas para representar fluxos de processos. Os exemplos são inúmeros, em projetos anteriores de planejamento e em relatórios de todos os tipos. Entretanto, a maior parte das informações sobre fluxos de processos existe em forma narrativa (p. ex., em procedimentos escritos) ou em forma não escrita – nas memórias dos gerentes e trabalhadores. Quando iniciamos um projeto de planejamento da qualidade, os estudos anteriores dos fluxos de processos podem ser úteis, especialmente se refletirem a disciplina da análise de fluxogramas. Porém, cada projeto de planejamento requer a atualização dos projetos antigos, bem como a provisão para o novo projeto.

Existem dois métodos, amplamente usados, para a criação de fluxogramas:

1. O *investigador.* Nesta abordagem, um investigador treinado colhe informações e as confere com os funcionários envolvidos nas várias etapas do processo. A partir dessas informações, o investigador prepara o fluxograma juntamente com uma análise e suas recomendações. Estas são então discutidas com as pessoas envolvidas, individualmente ou em grupo. São feitas revisões e a versão final passa pelos canais competentes para ser aprovada.

2. *A equipe.* Nesta abordagem, uma equipe interdepartamental é designada para fazer o planejamento da qualidade. Seus membros pertencem, em geral, às organizações responsáveis pelas várias etapas do processo. A seguir, a equipe desenvolve o fluxograma e sua análise associada (para um exemplo, ver Engle e Ball, 1986).

52 A QUALIDADE DESDE O PROJETO

Ambos esses métodos têm sido amplamente testados. Aqueles que usaram a abordagem da equipe sentem, em geral, que a *participação* resultante é a chave para o bom planejamento da qualidade. Os membros das equipes recebem bem a participação em projetos de planejamento que afetam suas responsabilidades. Muitos desses membros de equipes relatam experiências anteriores nas quais sua participação foi demasiado tardia – as decisões importantes já haviam sido tomadas e tornadas irreversíveis. Para elas era um alívio serem incluídas logo no início, para que suas contribuições tivessem influência sobre o projeto.

QUEM SÃO OS CLIENTES EXTERNOS?

Para se identificar os clientes, é importante prever, desde o início, que haverá duas listas: os clientes externos e os internos.

- O termo "clientes externos" é usado aqui no sentido de pessoas ou organizações que não fazem parte de nossa empresa, mas são impactadas pelas nossas atividades.
- O termo "clientes internos" é usado no sentido daqueles que fazem parte de nossa empresa e também são impactados pelas nossas atividades.

Essas definições não são 100% precisas, mas são altamente válidas.

A seguir, é útil o uso de *brainstorming* pelos membros da equipe multifuncional, para tratar da questão de quem são os clientes externos.

Quando uma equipe no Internal Revenue Service (IRS = Secretaria da Receita Federal) tratou da questão de quem eram seus clientes externos, identificou prontamente os seguintes:

- Os contribuintes.
- O Departamento do Tesouro (o "patrão" oficial do IRS).
- A Administração (o Gabinete da Presidência).
- O Congresso.
- Os praticantes (contadores e advogados que ajudam os contribuintes a preparar suas declarações de rendimentos).
- Os veículos de comunicação.
- Os tribunais fiscais.

Durante o *brainstorming*, os clientes óbvios são rapidamente listados. A seguir, emergem clientes adicionais. Alguns deles podem constituir surpresas – "isso nunca foi mencionado antes".

Algumas organizações tomam cuidados especiais para identificar os clientes externos e antecipar suas necessidades.

- Um construtor de piscinas envia uma carta aos *vizinhos dos seus clientes,* para lhes garantir que, durante o período da construção, seus funcionários terão o cuidado de manter o barulho e a sujeira em níveis mínimos e também as condições de segurança.
- o Índice Federal de Preços ao Consumidor influencia as rendas e despesas de dezenas de milhões de clientes externos: Beneficiários da Seguridade Social, recebedores de cupons de alimentação, trabalhadores com remuneração variável, servidores públicos aposentados e assim por diante. (Ele influencia muito mais coisas.)

Em contraste, a falha na identificação dos clientes externos (ou mesmo clientes externos em *potencial)* pode criar sérios problemas ou ampliar pequenos problemas.

- A expansão de leis relativas à proteção ambiental teve sua origem na compreensão de que os efeitos cumulativos da geração de resíduos tóxicos constituíam uma ameaça à segurança humana. Como corolário, ficou difícil encontrar locais para depositar esses resíduos, devido à oposição da população residente nas proximidades e mesmo daqueles que vivem ao longo das rotas potenciais de transporte dos resíduos.

Um tipo delicado de cliente externo é a mídia. Sua missão é informar seu público a respeito dos eventos em andamento, mas os veículos fazem isso pensando em como aumentar suas próprias receitas. Sua influência pode ser enorme. Eles podem ampliar ou destruir reputações.

- Em uma repartição federal, alguns formulários preenchidos pelo público foram queimados em uma leitora ótica de caracteres, devido a um erro de um operador mal treinado. O incidente vazou para a imprensa. O que foi publicado foi uma história dizendo que a repartição havia destruído muitos formulários, pondo fogo nos mesmos.

FORNECEDORES COMO CLIENTES EXTERNOS

Existe uma consciência geral de que os fornecedores necessitam de *feed back* dos seus clientes. Na maior parte dos casos, esse *feedback* tem se limitado à *insatisfação:* reclamações, reivindicações, devoluções, ações judiciais etc. Muito menos atenção tem sido dada ao *feedback* sob a forma de experiências anteriores e de auxílios ao planejamento.

- Dois fabricantes de automóveis compravam produtos do mesmo fornecedor de bancos. Um deles considerava o fornecedor difícil: má qualidade, entregas com atraso. O outro o considerava superior, em termos de qualidade. Ambas as empresas passavam ao fornecedor os itens básicos: um contrato, uma programação, especificações e desenhos. Mas a segunda empresa ia mais longe. Ela identificava as características chave a serem controladas pelo fornecedor e também o informava a respeito de como seus produtos eram montados, como era seu uso e quais os erros no uso, os ambientes de uso e os problemas encontrados anteriormente.

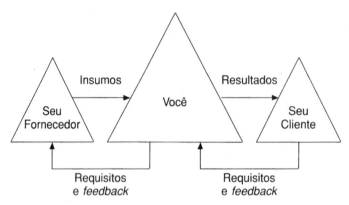

Figura 3-6 – Modelo cliente-fornecedor.
Fonte: AT&T.

▲ QUEM SÃO OS CLIENTES INTERNOS?

A maior parte dos produtos e processos existem para servir os clientes internos. As relações internas tendem a ser informais, resultando em uma percepção obscura a respeito de quem são os clientes e como estes são afetados. O problema é pior no caso de "macroprocessos", que são multifuncionais em escopo e, portanto, tendem a conflitar com os limites de jurisdição dos departamentos funcionais.

A identificação de quem é afetado é feita, em grande parte, "acompanhando o produto", utilizando-se equipes multifuncionais ajudadas por fluxogramas. Algumas empresas encorajam o uso de "contratos" internos, que definem as várias características essenciais das relações internas. O esforço para colocar um acordo no papel certamente aumenta a probabilidade de identificação dos clientes internos.

Alguns clientes internos permanecem ocultos até que os eventos apropriados os trazem para a luz.

- O aumento de salários dado à força policial da cidade é cuidadosamente estudado pelas outras categorias de funcionários municipais, para garantir que a tradicional paridade é mantida. Eles argumentam vigorosamente que são de fato afetados.

É bastante provável que o melhoramento do processo de planejamento da qualidade pode ganhar tanto com a melhor identificação dos clientes internos, como pela melhor identificação dos clientes externos.

Em algumas situações, a mesma pessoa é, ao mesmo tempo, cliente interna e externa.

- Toda reorganização tem um efeito sobre o padrão de carreira de alguns funcionários da empresa. Cada um desses funcionários é, claramente, um cliente interno. Porém, todo funcionário está presente na empresa em duas posições: (1) como um subordinado dentro da empresa e (2) como cidadão livre. Nesta segunda posição, ele é um cliente externo.

UM CLIENTE É UM ELENCO DE PERSONAGENS ▲

O termo cliente é, muitas vezes, usado livremente, não deixando claro se a referência está sendo feita a uma unidade da organização ou a uma pessoa. Essa liberdade contribui para a falta de precisão a respeito de quem é o cliente.

- Um vendedor que fornece suprimentos a um hospital aprende logo que a decisão a respeito de quais suprimentos serão comprados é influenciada por numerosas pessoas:
  - O gerente de compras que assina o contrato de compra.
  - O gerente de qualidade, que especifica os procedimentos de garantia da qualidade.
  - Os chefes dos vários departamentos especializados: raios X, obstetrícia, histologia etc.
  - Os médicos e cirurgiões.
  - O corpo de enfermagem.
  - Vários chefes administrativos.
  - E assim por diante.
- Um administrador prático de hospital usou o princípio do elenco de personagens, quando enfrentou a necessidade da construção de uma nova ala para o hospital. Em primeiro lugar, ele planejou cuidadosamente uma sala. A seguir, coletou insumos tirados de um elenco de personagens:
  - Os pacientes.
  - Membros das famílias que visitaram os pacientes.
  - Os médicos.
  - As enfermeiras.
  - Os técnicos que trouxeram equipamento de teste para usarem-no na sala.
  - Os paraprofissionais.
  - O pessoal de manutenção.
  - O pessoal de limpeza.

56 A QUALIDADE DESDE O PROJETO

- Somente depois de haver acumulado o *feedback* necessário desses e de outros clientes foi que o administrador construiu o restante da ala do hospital.

A identificação do elenco completo melhora a tomada de decisões, ao mesmo tempo em que reduz o risco de surpresas desagradáveis.

- Um importante elemento para o desenvolvimento do modelo Taurus, da Ford Motor Company, foi a participação dos funcionários afetados. Esta exigiu, como pré-requisito, a identificação do elenco de personagens em cada uma das principais organizações funcionais internas.
- Os proprietários de obras de arte valiosas enfrentam, periodicamente, a necessidade da sua restauração. Esta é confiada a peritos reconhecidos. Acontece que o elenco de personagens inclui o público, os estudiosos de arte e até mesmo o artista morto! (Este é representado por seu legado ou sua família.) Todos eles, em especial os estudiosos, podem ter pontos de vista definidos a respeito daquilo que deveria ou não ser feito com respeito à restauração (Tornkins, 1987).

Uma forma conhecida de elenco de personagens é a cadeia mercantil. Os itens vendidos pelo fornecedor original podem passar por vários intermediários antes de atingir o usuário final.

- Um fabricante americano de sopas havia tentado comercializar seus produtos no Japão através de intermediários, como importadores e distribuidores. Quando essa empresa fechou um contrato diretamente com uma grande cadeia japonesa de varejo de produtos alimentícios, suas vendas cresceram significativamente *(Business Week,* 1988*).*

Existe uma situação semelhante, na forma de cadeias de processadores. Para muitas empresas, o cliente é um processador (transformador etc.) que vende para o processador seguinte. Aqui é necessário descobrir quem são esses processadores subsequentes, uma vez que cada um deles é um cliente em potencial.

(Um elenco semelhante pode existir, com respeito aos fornecedores. O fornecedor imediato pode ter pouco a ver com as qualidades chave de que necessita o cliente; algum produtor anterior, na cadeia de fornecedores, pode ter tido papel decisivo para a presença daquelas qualidades chave.)

▲ O elenco de personagens sempre inclui aqueles cujos interesses estabelecidos são ameaçados. A história humana registra muitos casos de confrontação violenta, quando novas tecnologias ameaçaram o sustento daqueles que estavam empenhados em tecnologias tradicionais.

- Os serradores manuais ingleses do século XVIII, que repetidamente destruíam as serrarias movidas a energia hidráulica, tiveram suas contrapartes nos Ludditas do século XIX, que quebravam máquinas têxteis. De forma semelhante, os motoristas de caminhões americanos destruíram os primeiros oleodutos que saíam dos campos de petróleo da Pennsylvania.

- Suas contrapartes nas fábricas resistiram fortemente à introdução do sistema de Taylor nas oficinas.
- Nos anos 1980, as empresas aéreas introduziram máquinas de vender passagens em alguns aeroportos. Algumas organizações de agências de viagens prontamente ameaçaram boicotar qualquer empresa que usasse aquelas máquinas.

Os gerentes também devem estar alertas a respeito da influência daqueles que podem parecer demasiado distantes para ser chamados de clientes, mas têm, não obstante, grande influência sobre as decisões.

- Vários críticos (de arte, literatura, teatro etc.) podem ter influência decisiva quanto ao sucesso de uma forma de arte, um livro, uma peça etc.
- As descobertas de certos laboratórios de testes independentes podem ajudar ou prejudicar fortemente o mercado para produtos específicos, ou mesmo para classes de produtos.

Um outro conceito, ligado ao elenco de personagens, é o de "usuários condutores", que podem ser elementos externos influentes como presidentes de comitês importantes ou jornalistas respeitados. A Figura 3-7 relaciona uma série de tipos desses usuários condutores, derivados de Mintzberg mas aplicados ao campo da eletrônica médico/veterinária (Olsson e Rommer, 1986).

CLASSIFICAÇÃO DE CLIENTES: POUCOS, MAS VITAIS

À medida em que os projetos crescem em tamanho, multiplica-se o número de clientes. Estes não são impactados igualmente, nem são todos de igual importância para os planejadores. Torna-se necessário classificar os clientes de forma que permitam, aos planejadores, a alocação de prioridades e recursos com base na importância relativa dos clientes e dos impactos.

Por exemplo, os quartos de hotéis são reservados por dois tipos de clientes: (1) viajantes que chegam um por um ao acaso e (2) organizadores de reuniões e convenções, que reservam blocos de quartos com muita antecedência. Estes últimos constituem os poucos, mas vitais, clientes. Eles recebem atenção especial do hotel. Os viajantes são os muitos e úteis e recebem uma atenção padrão.

58 A QUALIDADE DESDE O PROJETO

Existem várias maneiras, que se superpõem, para classificar os clientes. A primeira delas é a conhecida análise de Pareto para separar os poucos, mas vitais, dos muitos e úteis.

Os 10 tipos de líder de Mintzberg		
Tipo	*Definição*	*Características (em nossa situação)*
1. Figura de proa	Um líder simbólico; sua função é realizar várias tarefas socialmente determinadas.	Preside reuniões. Participa de cerimônias de formatura, ou do júri de exposições de gado.
2. Líder	Responsável pela motivação e ativação dos funcionários. Encarregado de recrutamento, educação e assemelhados.	Defende novos métodos. Encarregado de projetos da associação científica ou comercial.
3. Conector	Mantém uma rede própria de contatos, dentro e fora da organização.	Diretor de outras empresas; tem contatos internacionais.
4. Monitor	Busca e recebe informações qualificadas (tópicas) para obter total conhecimento da organização e seu contexto.	Familiarizado com aquilo que acontece em seu campo de interesse. Recebe informações de contatos internacionais.
5. Disseminador	Intermediário de informações para os funcionários, recebidas de terceiros ou de membros da própria organização. Algumas das suas informações são objetivas, outras são interpretadas.	Passa correspondência adiante na organização, visando a informação. Contatos verbais provocando fluxo de informações entre colegas e subordinados.
6. Porta-voz	Intermediário de informações a respeito de planos, políticas, ações, resultados etc., da organização para terceiros. Atua como perito com respeito do ramo da organização.	Escreve artigos para publicações dirigidas e faz palestras.

(continua)

Os 10 tipos de líder de Mintzberg		
Tipo	*Definição*	*Características (em nossa situação)*
7. Gerente de operações	Busca novas possibilidades na organização e em seu contexto. Inicia "projetos de aperfeiçoamento", que devem causar mudanças.	Planeja a estratégia futura e decide investimentos.
8. Distribuidor de recursos	Responsável pela distribuição dos vários recursos da organização – tomando e/ou aprovando todas as decisões importantes na organização.	Tem influência sobre orçamentos e o pessoal operacional.
9. Negociador	Representante responsável das organizações em negociações importantes.	Pode unir a empresa. Representa-a na associação de classe.

Figura 3-7 – Exemplos de "usuários condutores".

Análise de Pareto

Em qualquer população que contribui para um efeito comum, um número relativamente pequeno de contribuintes responde pela maior parte do efeito. Este fenômeno é amplamente conhecido como princípio de Pareto (ver o Apêndice a este capítulo e também Juran, 1964). Por exemplo, os homens de marketing têm constatado que cerca de 80% do volume total de vendas vem de cerca de 20% dos clientes. Esses clientes "poucos, mas vitais" são muitas vezes chamados clientes chave. Essa relação pode ser mostrada graficamente, como na Figura 3-8.

- Um número relativamente pequeno de fornecedores está associado à maior parte dos problemas de qualidade e entregas com atraso.
- Um número relativamente pequeno de funcionários responde pela maior parte dos acidentes, ausências e casos de uso de drogas.
- Um número relativamente pequeno de criminosos é responsável pela maior parte dos crimes cometidos.

- Um número relativamente pequeno de autores responde pela maior parte dos livros e artigos publicados.

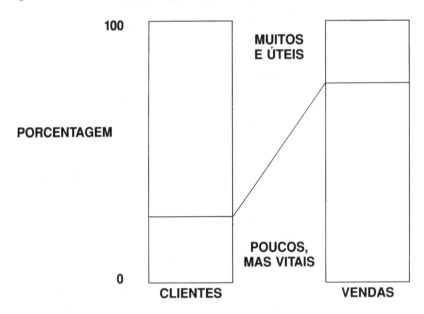

Figura 3-8 – Análise de Pareto para clientes e volume de vendas.

A metodologia da análise de Pareto é, em geral, a seguinte:

- Preparar uma lista por escrito dos clientes.
- Arranjar a lista por ordem de importância.
- Identificar os poucos, mas vitais – aqueles para os quais o planejamento deve ser feito em bases *individuais*.
- Identificar os muitos e úteis – aqueles para os quais o planejamento deve ser feito em bases *grupais*.

Uma vez efetuada a análise, o processo de planejamento passa às etapas seguintes no mapa de planejamento da qualidade.

Interfaces chave

As empresas e seus clientes têm contatos de várias maneiras. Os exemplos mais conhecidos podem ser vistos nas empresas de serviços. Um hóspede de hotel pode ter interface com muitos funcionários: porteiro, recepcionista, mensageiro, telefonista, camareira, garçom, caixa etc. Desses múltiplos contatos, alguns podem ser *interfaces chave*. Para exemplificar:

Atividade	Exemplo de Interface chave
Bancária	Caixa do banco e depositante
Restaurante	Garçom e cliente
Hotel	Recepcionista
Varejo	Vendedor e comprador
Telefonia	Telefonista e assinante

Parte da resposta à pergunta "Quem são os clientes?" consiste na identificação das interfaces chave.

O conceito de interfaces chave está espalhado por toda a hierarquia e, às vezes, afeta a grande estratégia.

- Uma grande empresa de venda de cheques de viagem tem mais de 100.000 pontos de vendas (bancos etc.). O número de transações é enorme; assim, até mesmo uma pequena taxa de erros gera muitos erros. As resultantes reclamações dos clientes exigem ação corretiva imediata. Para isso, a empresa efetuou um investimento substancial em um equipamento eletrônico, que proporciona, ao pessoal de atendimento a clientes, acesso imediato à história das transações em questão.
- Um grande jornal concluiu que sua categoria mais importante de clientes era constituída pelos anunciantes. Essa conclusão exigiu uma revisão de prioridades nos processos internos do jornal. Um grande problema enfrentado pelos anunciantes é o de manter o texto dos anúncios atualizado, para corresponder a eventos de último minuto. Como resultado, o texto dos anúncios chega atrasado ao jornal, pouco tempo antes do prazo para entrar em impressão. Foi necessário que o jornal revisasse seus processos internos, de forma que fosse dada prioridade máxima ao encaminhamento dos textos de anúncios em atraso.

Impactos significantes

Um conceito afim, para a identificação dos clientes poucos, mas vitais, é o de impactos significantes. Este conceito se baseia no fato de que, embora nossas ações afetem muitos clientes, esses impactos não são igualmente importantes – eles seguem o princípio de Pareto. Podemos fazer uso desse fato procurando os poucos, mas vitais – os impactos significantes. Para se ampliar o conceito, é útil definir o termo "equipe processadora" já citado no Capítulo 1, no "Conceito do Triplo Papel".

- Uma *equipe processadora* é qualquer pessoa ou organização que executa um processo determinado para chegar a um produto. *Qualquer* unidade organizacional pode ser uma equipe processadora: a empresa; uma divisão; um departamento; um grupo; um indivíduo. (Algumas vezes, referimo-nos a um indivíduo versátil como um bando de homens.)

A tabulação a seguir mostra algumas categorias de equipes processadoras e seus impactos significantes sobre os clientes.

ORGANIZANDO A INFORMAÇÃO: A PLANILHA

Para grandes projetos, a proliferação de clientes, juntamente com as múltiplas necessidades dos mesmos e os vários graus de impacto, resulta em combinações em grande número. O acompanhamento de todas essas combinações exige algum tipo de sistema de memória organizada. Um sistema popular é a planilha (tabela, matriz etc.). A Figura 3-9 é uma planilha do tipo conhecido nos Estados Unidos como "Casa de Qualidade" e faz parte da ferramenta de planejamento conhecida como desdobramento da função da qualidade (QFD).

Nessa figura, os vários clientes estão listados nas filas horizontais.

As colunas são usadas para acumular as necessidades dos clientes, à medida em que elas são identificadas (ver Capítulo 4). As interseções são codificadas para mostrar (neste caso) a intensidade das relações entre os clientes e suas necessidades. Essas planilhas apresentam muitas informações, em um formato que permite leitura imediata. Como resultado, essas planilhas estão sendo cada vez mais usadas pelos planejadores de qualidade.

Equipe Processadora	Exemplos de Clientes que são Impactados de Forma Significante
Nossa Empresa	*Clientes* Eles compram de nós e são a fonte de nossas receitas. *Usuários finais* Mesmo que não tomem a decisão de compra, seu *feedback* sobre o uso do produto influencia fortemente aqueles que fazem a compra. *Reguladores* Suas regras são uma forma de necessidades obrigatórias a serem atendidas. O *público* Influencia o clima no qual operamos.
Pesquisa de Mercado	Homens de Marketing; Promotores do Desenvolvimento de Produtos
Desenvolvimento de Produtos	Promotores do Desenvolvimento de Processos
Desenvolvimento de Processos	Pessoal de Operações
Revisão de Pedidos	Pessoal de Operações
Contas a Receber	Clientes
Qualquer Funcionário	O Supervisor
Qualquer Supervisor	Os Subordinados

IDENTIFICAR OS CLIENTES 63

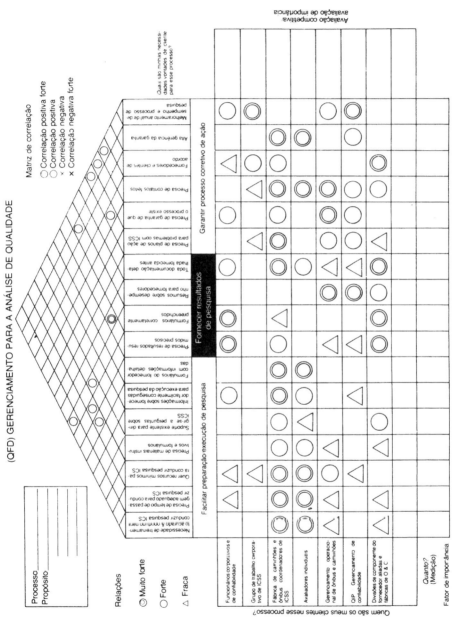

Figura 3-9 – Planilha: Clientes, necessidades e impactos.
Fonte: General Motors Truck & Bus.

CLASSIFICAÇÃO DE CLIENTES: OS MUITOS E ÚTEIS

Cada um dos muitos e úteis clientes[*] tem importância limitada para o fornecedor. Porém, *coletivamente,* eles devem ser considerados como um membro dos poucos, mas vitais. Existem várias categorias de clientes muitos e úteis. As mais comumente encontradas são os consumidores, os trabalhadores e o público.

Consumidores

No sentido usado aqui, um consumidor é um comprador de pequenos volumes para uso pessoal. Os consumidores proporcionam o poder de compra que apoia muitas indústrias, inclusive algumas gigantes (p. ex., serviços públicos, organismos governamentais, cadeias mercantis). Através do uso que fazem do produto, esses consumidores tornam-se bem informados quanto à sua qualidade. Ninguém sabe mais a respeito das condições sob as quais o produto é usado, negligenciado ou mal usado. Ninguém está mais qualificado, por experiência, para fazer julgamentos quanto a gostar e não gostar.

É claro que os clientes também chegam a conclusões (percepções) a partir de toda essa experiência. E fazem uso dessas percepções de várias maneiras:

- Chegam a decisões sobre o que comprar e o que não comprar no futuro;
- Comunicam suas percepções a outras pessoas;
- Geram ideias que podem ajudar os fornecedores a atender às necessidades dos clientes de forma mais completa;

Essas percepções podem ser de grande valor para os planejadores da qualidade. A abordagem para a aquisição dessas percepções será discutida no Capítulo 4, "Determinar as Necessidades dos Clientes".

Os trabalhadores

O termo "trabalhadores" (também "força de trabalho") normalmente refere-se aos funcionários sem função de supervisão, em categorias de

---

[*] *Uma observação a respeito da terminologia do pessoal de marketing.* Qualquer homem de marketing sabe que um número relativamente pequeno de clientes "chave" responde pela maior parte do volume de vendas. Cada um desses clientes pode ser chamado "primário", "vital", "importante" etc. Contudo, os homens de marketing evitam chamar abertamente qualquer um dos clientes restantes (não chave) de "menor", "secundário" etc. A posição declarada dos homens de marketing é que todo cliente é importante e deve ser tratado como tal.

trabalho não qualificadas. Nas empresas de manufatura, muitos desses funcionários são trabalhadores da produção. Nas empresas de serviços, os trabalhadores incluem os funcionários na "linha de frente", que lidam diretamente com os clientes pagantes. Em ambos os tipos de empresas, os trabalhadores incluem várias categorias de funcionários de manutenção e da administração, que proporcionam apoio ao pessoal de operações.

Como no caso dos consumidores, os trabalhadores possuem amplos conhecimentos com respeito às necessidades de qualidade. Esses conhecimentos derivam da extensa "residência" no local de trabalho e do desempenho repetitivo de numerosos ciclos de processamento naquele local. Como consequência de toda essa residência e processamento, os trabalhadores adquirem perícia em assuntos como condição das instalações, variações ambientais no local de trabalho, apoio fornecido (ou negado) pelos departamentos de serviços, variações nos insumos para o processo e consistência das ações gerenciais.

Essa perícia é um insumo útil para muitos projetos de planejamento. Para alguns projetos, é um insumo indispensável. Tudo isso significa que os trabalhadores devem ser vistos como clientes internos, que podem dizer muito aos planejadores a respeito de necessidades de qualidade.

O público

Os membros do público podem ser impactados por nós, mesmo que não comprem nossos produtos. Os impactos mais óbvios estão relacionados à segurança do produto ou a danos ambientais. Existem também outros impactos. O público fica de olho em nossa empresa e julga nosso comportamento como cidadãos da comunidade. Esse julgamento se baseia em informações como as seguintes:

- O que nossos funcionários têm a dizer a respeito da nossa política de pessoal;
- O que nossos fornecedores dizem a respeito de nossas práticas de negócios ;
- A aparência das nossas instalações;
- Nossa sensibilidade às atividades e problemas comunitários.

Esses julgamentos contribuem para um clima que pode ajudar ou obstar nossas operações. Em casos extremos, esse clima pode vir a ter grande influência em nossa capacidade de alcançar nossas metas. Assim, o público deve ser visto como um cliente, apesar do fato de alguns dos seus membros não comprarem nada de nós.

PLANEJAMENTO ESTRUTURADO DA QUALIDADE: OBRIGATÓRIO OU NÃO?

Até agora, nossa discussão sobre o planejamento da qualidade mostrou alguns elementos de uma abordagem estruturada para se fazer o planejamento. Esses elementos incluem:

- Colocar em pauta a questão de quem é o cliente, a ser discutida como um tópico à parte.
- Prover participação a clientes e fornecedores, internos e externos.
- Preparar fluxogramas como auxílio à identificação de quem é impactado.
- Registrar as informações emergentes em planilhas.

Nos capítulos que se seguem, veremos muitos outros desses elementos estruturais. Em conjunto, eles levantam uma pergunta a ser enfrentada pelos altos gerentes: A abordagem estruturada ao planejamento da qualidade deve ser obrigatória?

✦ Obrigar ou não ao uso de uma abordagem estruturada é uma questão a ser decidida pelos altos gerentes. Ao tomar essa decisão, eles devem levar em consideração os seguintes fatores:

- O histórico da empresa referente ao planejamento para a qualidade.
- Quanto menos favorável ele for, maior será a necessidade de uma mudança na abordagem ao planejamento para a qualidade.
- O porte da empresa e a complexidade dos seus produtos. Quanto maior ela for e mais complexos os seus problemas de qualidade, maior será a necessidade de uma abordagem estruturada ao planejamento da mesma.

APLICAÇÃO DO MAPA DE PLANEJAMENTO DA QUALIDADE AOS CARGOS DOS ALTOS GERENTES

Os altos gerentes devem se expor pessoalmente aos elementos chave do mapa de planejamento da qualidade.

Em uma empresa, os gerentes da cúpula – em número aproximado de 30 – dedicaram um dia ao treinamento em planejamento para a qualidade. Estavam presentes:

- O presidente do conselho e CEO; o presidente; o vice-presidente executivo.
- Os gerentes gerais das divisões.
- Os vice-presidentes das assessorias corporativas.

Durante aquele dia, eles organizaram três grupos de foco. Um deles focalizou a função do presidente do conselho; o segundo grupo focalizou a função de gerente geral; o terceiro focalizou a função de vice-presidente de assessoria corporativa. Cada grupo foi solicitado a responder as seguintes perguntas:

- Quais são os clientes deste cargo?
- Quais são as necessidades desses clientes?
- Até que ponto essas necessidades estão sendo atendidas?
- O que deve ser feito?
- Os gerentes dedicaram 90 minutos a esse exercício e conseguiram cobrir uma área surpreendente. Eles apresentaram suas constatações em planilhas, e estas levaram a uma animada discussão. O exercício também proporcionou um breve discemimento da metodologia associada a uma abordagem estruturada ao planejamento da qualidade.

A experiência pela qual passaram esses gerentes sugere fortemente que:

- Os altos gerentes devem participar pessoalmente da aplicação do mapa de planejamento da qualidade aos seus próprios cargos.

A RESPEITO DAS NECESSIDADES DOS CLIENTES

A identificação dos clientes abre caminho para a determinação das necessidades dos clientes. Esse é o assunto do Capítulo 4, "Determinar as Necessidades dos Clientes".

LISTA DE PONTOS ALTOS

- Para descobrir quem são os clientes, precisamos antes colocar em pauta a questão: "Quem são os clientes?"
- O Fluxograma é uma ferramenta importante para responder a pergunta:
- "Quem são os clientes?"
- Quando os fluxogramas são preparados por equipes multifuncionais, seus membros normalmente obtêm benefícios múltiplos.
- Cada alça que exige a repetição de um trabalho deve ser vista como oportunidade para melhoramento.
- Aqueles que têm usado a abordagem em equipe para a preparação dos fluxogramas sentem, de modo geral, que a participação resultante é a chave para o planejamento da qualidade.
- A maior parte dos produtos e processos existe para servir clientes internos.

- Um cliente é um elenco de personagens.
- O elenco sempre inclui aqueles cujos interesses estabelecidos são ameaçados.

TAREFA PARA OS ALTOS GERENTES

- Determinar a obrigatoriedade ou não de uma abordagem estruturada ao planejamento da qualidade.
- Os altos gerentes devem participar pessoalmente da aplicação do mapa de planejamento da qualidade em seus próprios cargos.

APÊNDICE AO CAPÍTULO 3
Ontem e Hoje em Controle de Qualidade
O Princípio Não-Pareto; Mea Culpa

J. M. Juran, *Editor Contribuinte*

O "Princípio de Pareto " já está, hoje em dia, profundamente enraizado em nossa literatura industrial. Ele é um nome abreviado para o fenômeno de que, em qualquer população que contribui para um efeito comum, um número relativamente pequeno de contribuintes responde pela maior parte do efeito.

Anos atrás, dei o nome "Pareto" a este princípio dos "poucos mas vitais e muitos e triviais". Posteriormente, fui forçado a confessar que havia, por engano, aplicado o nome errado ao princípio[1], Essa confissão não mudou nada – o nome "princípio de Pareto" continuou em vigor e aparece destinado a se tomar um rótulo permanente para o fenômeno.

A questão não se limita ao meu erro. Em várias ocasiões autores contemporâneos, ao se referirem ao princípio de Pareto, têm criado alguns enfeites e atribuído a Vilfredo Pareto outras coisas que ele não fez. Minha intenção, ao oferecer o presente artigo, é, em parte, minimizar essa tendência de exagerar o trabalho de um notável economista italiano. Além disso, venho sentindo há algum tempo a necessidade de explicar como aconteceu de algumas experiências em campos aparentemente sem relação entre si (controle de qualidade, criptoanálise, engenharia industrial, administração pública, pesquisa gerencial) convergirem, não obstante, para designar erroneamente o princípio de Pareto.

Tudo começou em meados dos anos 1920, quando eu, então um jovem engenheiro, observei (como muitos antes de mim) que os defeitos de qualidade são desiguais em frequência, isto é, quando uma longa lista de defeitos era ordenada pela frequência, um número relativamente pequeno deles respondia pela maior parte das imperfeições. À medida em que fui ocupando outros postos de gerência da qualidade, no final dos anos 1920 e nos anos 1930, observei (como muitos antes de mim)

70 A QUALIDADE DESDE O PROJETO

que existia um fenômeno semelhante com respeito ao absenteísmo de funcionários, às causas de acidentes etc.

Nos últimos anos da década de 1930, deixei o campo do controle de qualidade para ocupar a função de engenheiro industrial corporativo da Westem Electric Company. Nessa posição, uma de minhas responsabilidades era a de visitar outras empresas, para trocar experiências a respeito de práticas de engenharia industrial. Uma das visitas mais divertidas foi à sede central da General Motors Corporation. Lá encontrei uma equipe singularmente competente de gerentes enfrentando os então novos problemas de negociação coletiva. Para resolvê-las, eles haviam reunido uma variedade de maquinário de processamento de dados, para que pudessem computar o custo de qualquer nova proposta sindical. Isso era feito através da programação das máquinas e passando os cartões de ponto (perfurados) dos funcionários pelo programa. Era um conceito engenhoso e o sistema deles era bastante avançado para aqueles dias. Porém, as máquinas eletromagnéticas, então em uso, levavam horas e até dias para processar as centenas de milhares de cartões; assim, os gerentes frequentemente se viam esperando pelos resultados.

É um fato conhecido que aqueles engenheiros da General Motors eram perspicazes e inquisitivos, sempre alertas para qualquer novidade. Assim, quando, em certa ocasião, as leitoras de cartões começaram a produzir resultados ininteligíveis, os gerentes descobriram não só que a causa era um erro de fiação em um painel, mas também que haviam tropeçado em um meio para a criação de mensagens cifradas. Como forma de alívio para as exaustivas horas de espera às quais eram com frequência submetidos, eles usavam parte desse tempo para se aprofundar naquele sistema de cifrar mensagens. Quanto mais o estudavam, mais eles se convenciam de que haviam desenvolvido um sistema cifrado que não poderia ser quebrado.

Durante um almoço, eles me contaram sobre seu sistema indecifrável e eu ri deles.

Acontecia que eu não era um principiante no assunto, uma vez que fizera meu serviço militar precisamente naquela área. Uma coisa levou à outra e, antes do fim do dia, eu havia aceito o desafio de decifrar uma mensagem. Eu o fiz, embora tenha tido que ficar até as três da manhã. (Depois meu sono foi curto, mas feliz.)

Eles ficaram surpresos pelo fato de eu ter decifrado o indecifrável e, durante o restante da visita, uma agradável aura de milagroso sempre me acompanhava. Como subproduto, algumas portas, até então secretas, foram abertas para mim. Foi uma delas que me levou, pela primeira vez, aos trabalhos de Vilfredo Pareto. Quem abriu essa porta foi Merle Rale, que presidia o programa de salários de executivos da General Motors.

APÊNDICE AO CAPÍTULO 3   **71**

Rale mostrou-me uma pesquisa que havia conduzido, comparando o padrão salarial de executivos vigente na General Motors com um dos modelos matemáticos que Pareto havia desenvolvido. O ajuste foi surpreendentemente próximo. Registrei o fato na memória, juntamente com aquele de Pareto haver feito extensos estudos sobre a distribuição desigual de riqueza e, além disso, formulado modelos matemáticos para quantificar essa má distribuição.

Em dezembro de 1941, o mês em que os Estados Unidos entraram na Segunda Guerra Mundial, assumi um cargo "temporário" como administrador do governo federal. As seis semanas iniciais prolongaram-se por quatro anos e, como subproduto, deram-me discernimento dos problemas de gerenciar o governo federal. É claro que o princípio dos poucos, mas vitais, e dos muitos triviais tinham ampla aplicação. No final da guerra (1945), entrei em uma carreira dedicada ao campo gerencial: pesquisar, escrever, ensinar, dar consultaria etc. No final dos anos 1940, como resultado de meus cursos na New York University e meus seminários na American Management Association, eu havia reconhecido o princípio dos "poucos mas vitais e muitos e triviais" como sendo realmente "universal", aplicável não só a muitas funções gerenciais, mas nos campos da Física e da Biologia em geral. Outros investigadores poderiam, na ocasião, estar cientes desse princípio universal, mas, até onde sei, ninguém o havia colocado no papel.

Foi durante os últimos anos da década de 1940, quando estava preparando os originais do *Quality Contrai Handbook,* primeira edição, que enfrentei a necessidade de dar um nome curto para o universal. No texto resultante[2] sob o título. "Má Distribuição das Perdas de Qualidade", relacionei numerosos casos de má distribuição como base para a generalização. Também observei que Pareto havia constatado que a riqueza é mal distribuída. Além disso, mostrei exemplos das hoje conhecidas curvas cumulativas, uma para a má distribuição de riqueza e a outra para a má distribuição de perdas de qualidade. A legenda sob essas curvas diz "princípio de Pareto da distribuição desigual aplicado à distribuição de riqueza e de perdas de qualidade". Embora o texto deixe claro que as contribuições de Pareto se especializassem no estudo da riqueza, a legenda infere que ele havia generalizado o princípio da desigualdade de distribuição como sendo universal. Isso está errado. O princípio de Pareto não foi generalizado por ele.

De onde, então, se originou essa generalização? Até onde sei, a primeira exposição foi feita por mim. Se eu tivesse sido estruturado ao longo de linhas diferentes, certamente o teria chamado princípio de Juran, mas não foi o que aconteceu. Mas eu precisava de um nome curto e não tinha restrições ao nome de Pareto. Daí vem o princípio de Pareto.

72 A QUALIDADE DESDE O PROJETO

A questão poderia ter parado por aí, se a reação à universalidade do princípio não tivesse sido tão entusiástica, tomando-se objeto de ampla utilização e referência. Eu contribuí para sua disseminação, cunhando e popularizando a expressão "poucos mas vitais e muitos e triviais" em um artigo amplamente divulgado[3], e no filme que preparei para a American Management Association sobre o processo. A amplitude de uso resultante provocou algum questionamento (de Darian Shainin e outros) quanto à atribuição do princípio a Pareto. Isso forçou-me a fazer aquilo que deveria ter feito inicialmente – informar-me a respeito do que, exatamente, havia feito Pareto. Foi esse exame que deixou claro para mim que o trabalho de Pareto havia sido na esfera econômica e seus modelos não tinham aplicação prevista em outros campos. Para piorar as coisas, as curvas cumulativas usadas no *Quality Corurol Handbook,* primeira edição, deveriam ter sido, na verdade, atribuídas a Lorenz![1,4].

Para resumir e corrigir os registros:

"1. Numerosas pessoas, ao longo dos séculos, observaram a existência do fenômeno dos poucos mas vitais e muitos e triviais, naquilo em que ele se aplicava às suas esferas locais de atividade.

"2. Pareto observou esse fenômeno aplicado à distribuição de riqueza e desenvolveu a teoria de uma lei logarítmica de distribuição de renda que se ajustasse ao fenômeno.

"3. Lorenz desenvolveu uma forma de curva cumulativa para descrever graficamente a distribuição de riqueza.

"4. Juran foi (aparentemente) o primeiro a identificar o fenômeno dos poucos mas vitais e muitos e triviais como sendo 'universal' e aplicável a muitos campos.

"5. Juran aplicou o nome 'O Princípio de Pareto' a esse caráter universal. Ele também cunhou a expressão 'poucos mas vitais e muitos e triviais' e aplicou as curvas de Lorenz para descrever essa universalidade de forma gráfica".

NOTAS

[1.] J. M. Juran, "Pareto, Lorenz, Coumot, Bemoulli, Juran and Others ", *Industrial Quality Control,* outubro de 1950, p. 25.

[2.] J. M. Juran, ed., *Quality Control Handbook,* primeira edição, Nova York. McGraw-Hill Book Company (1951), pp. 37-41.

[3.] O primeiro uso publicado dessa expressão foi, provavelmente, em meu artigo "Universais in Management Planning and Controlling", *The Management Review,* novembro de 1954.

[4.] M. O. Lorenz, "Methods of Measuring the Concentration of Wealth", *American Statistical Association Publication,* 9 (1904-5):200-19.

4 | DETERMINAR AS NECESSIDADES DOS CLIENTES

PROPÓSITO DESTE CAPÍTULO

O propósito deste capítulo é mostrar como determinar as necessidades dos clientes.

- O diagrama de insumo-resultado está mostrado na Figura 4-1.
- O insumo é a lista de clientes, conforme foi desenvolvida durante o Capítulo 3.
- O processo consiste na aplicação de uma ampla variedade de meios para a identificação das necessidades dos clientes, tanto externos como internos.
- O resultado é a lista de necessidades dos clientes.

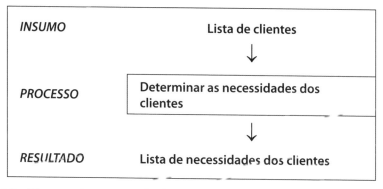

Figura 4-1 – Diagrama insumo-resultado para "determinar as necessidades dos clientes".

O ESCOPO DAS NECESSIDADES HUMANAS

As necessidades humanas parecem ser ilimitadas, tanto em volume como em variedade. Em sua maioria, os seres humanos são aquisitivos. Tendo oportunidade, eles acumulam grandes domínios territoriais, enormes quantias, numerosos serviçais, poder político ditatorial e assim por diante. É claro que a maioria das pessoas nunca atinge tais estados de domínio. As restantes tentam, de formas mais modestas, atender às necessidades de sobrevivência, segurança, conforto e assim por diante. Essas necessidades se expandem com o crescimento da afluência.

Essa complexidade das necessidades humanas é ainda mais complicada por variáveis como a cultura predominante na sociedade, o nível de tecnologia, e outras. A selva de complicações resultante exige que, antes de falarmos na determinação das necessidades dos clientes, classifiquemos as necessidades humanas de alguma forma lógica. Uma vez que tenhamos essa classificação, fica mais fácil discutir a identificação das necessidades dos clientes e como traduzi-las em uma linguagem que possibilite, aos fornecedores, uma ação de resposta.

Existem várias formas para se classificar as necessidades dos clientes. Neste livro, escolhemos uma classificação baseada no seguinte:

- Necessidades declaradas.
- Necessidades reais.
- Necessidades percebidas.
- Necessidades culturais.
- Necessidades atribuíveis a usos inesperados.

NECESSIDADES DECLARADAS E REAIS

Os clientes comumente declaram suas necessidades segundo seus pontos de vista e em sua linguagem. Isso acontece especialmente com os clientes externos que compram nossos produtos. Um exemplo comum envolve a compra de bens.

Os clientes podem declarar suas necessidades em termos dos bens que desejam comprar. Entretanto, suas necessidades reais são pelos serviços que aqueles bens podem prestar. Para exemplificar:

O Cliente Deseja Comprar	O Cliente Quer. Realmente
Alimentos	Nutrição; sabor agradável
Automóvel	Transporte
Televisor a cores	Entretenimento
Casa	Espaço para viver
Pintura da casa	Aparência colorida; ausência de manutenção

A não percepção das diferenças entre as necessidades declaradas e as reais pode ter sérias consequências.

- Duas empresas competiam entre si pelo mercado de redes para cabelos. (Naquele tempo, essas redes eram usadas para manter no lugar os cabelos das mulheres, depois de uma visita ao cabeleireiro.)
- Os concorrentes focalizavam sua atenção na progressão do produto – a espécie e a cor das fibras, o processo de produção das redes, a embalagem, os canais de vendas e assim por diante.
- Ambos os concorrentes foram extintos quando um químico apareceu com um *spray* que podia manter no lugar os cabelos das mulheres e era invisível. Embora as clientes houvessem dito que queriam comprar redes para cabelos, o que elas realmente queriam era um meio adequado para manter seus cabelos no lugar.

O princípio que está por trás dessa diferença (necessidades declaradas e reais) foi elaborado em um artigo clássico, "Miopia em Marketing" (Levitt, 1975). Levitt salientou a distinção entre a orientação para o produto e a orientação para o cliente. Em seu ponto de vista, as ferrovias perderam uma oportunidade de expansão devido ao seu foco ferroviário e não em transportes. Os estúdios cinematográficos também perderam a oportunidade de participar da crescente indústria da televisão, como resultado do seu foco sobre filmes ao invés de entretenimento.

É evidente que a compreensão das necessidades reais dos clientes requer respostas a perguntas como as seguintes:

- Por que você está comprando este produto?
- Que serviço você espera dele?

NECESSIDADES PERCEBIDAS

Os clientes, compreensivelmente, declaram suas necessidades baseados em suas percepções. Algumas dessas percepções estão relacionadas aos produtos. O exame desses casos sugere, com frequência, que existe uma diferença de percepção, entre clientes e fornecedores, quanto àquilo que está contido no termo "produto". Essa diferença pode representar um problema, bem como uma oportunidade.

As indústrias de serviços estão cheias de casos nos quais as percepções do cliente diferem daquelas do fornecedor, a respeito daquilo que constitui produto ou qualidade.

- Dois homens estão precisando cortar os cabelos. Um deles vai a uma barbearia habitada por barbeiros. O outro vai a um "salão" habitado por "estilistas dos cabelos". Cada um deles é tosquiado por um artesão qualificado. Cada um sai essencialmente com a mesma aparência externa. As diferenças estão (a) nos preços que eles pagaram e (b) nas suas percepções daquilo que estava incluído no "produto".

- A indústria de *fast-food* tem crescido enormemente, baseada mais na velocidade dos serviços do que na qualidade percebida da comida.
- As empresas de serviços públicos e os coletores de impostos do governo recebem numerosas reclamações relativas à quantia devida. Eles também recebem numerosas reclamações relativas à complexidade das faturas e dos formulários.
- Os clientes de casas de jogos relatam percepções distorcidas a respeito do que aconteceu a eles. As histórias de sucesso são ruidosamente proclamadas. Os ganhos modestos somente são revelados em meio a afirmações de que o jogo foi muito divertido. Ninguém sofreu perdas sérias (Kahn, 1987).
- A postagem de uma carta requer a compra de um selo, que custa (normalmente) menos de um dólar. Se o selo tiver um defeito de impressão, ele poderá ter um valor percebido de até milhares de dólares.

Essas percepções nas indústrias de serviços têm suas equivalentes em manufatura e em distribuição. Mais uma vez os casos são inúmeros.

- Existem fábricas nas quais os doces recobertos de chocolate são levados por uma correia transportadora até o departamento de embalagem. No final da correia há duas equipes de embaladores. Uma delas embala os doces em modestas caixas de papelão, destinadas a lojas de preços econômicos. A outra equipe embala os doces em caixas de madeira forradas de cetim, destinadas a ser vendidas em lojas de luxo. O preço resultante, para a mesma quantidade de doces, pode ser muitas vezes maior. Os respectivos compradores também encontram outras diferenças: a decoração das lojas, a extensão dos serviços, a caixa. Contudo, os doces são idênticos. Na verdade, enquanto um doce está sobre a correia, não há como prever se ele irá parar em uma loja econômica ou uma de luxo.
- Uma siderúrgica perdeu algumas vendas de aço inoxidável por motivos não relacionados à qualidade do produto. O cliente em questão era uma empresa de usinagem, que produzia componentes de inox para serem vendidos a empresas da indústria aeroespacial. Essas empresas enfatizavam a limpeza em suas oficinas. (Alguns daqueles componentes estavam na lua.) A empresa de usinagem observou que o aço inox que recebia estava sujo, oleoso e embalado de forma indefinível. Em contraste, uma siderúrgica concorrente entregava seu aço limpo e bem embalado. Quando os vendedores da primeira siderúrgica explicaram tudo isso ao seu pessoal da fábrica, a reação foi: "Nosso aço é muito bom. O cliente está louco".

- Um comerciante (Stew Leonard), que expunha seus peixes em embalagens transparentes, encontrava resistência pelos consumidores. Todos eles queriam peixe fresco, mas alguns eram desconfiados – para eles, os peixes embalados eram menos frescos. O comerciante então criou um balcão adicional, onde os peixes não embalados eram apresentados sobre gelo. Isso satisfez os clientes resistentes. Outros preferiam os peixes embalados. Mas todos os peixes, embalados ou não, haviam sido comprados naquela mesma manhã no Fulton Fish Market. Nesse caso, a necessidade real era de peixe fresco. Alguns clientes tinham a percepção de que somente peixes não embalados eram frescos. Outros confiavam que os peixes embalados fossem frescos. O comerciante planejou seus negócios para que satisfizessem a todas as percepções de clientes.

Note que, nos casos dos cortes de cabelo e dos doces, alguns clientes pagam bem pelas diferenças percebidas. Os fornecedores aceitam esse fato e se organizam para tirar proveito do mesmo. Alguns fornecedores podem considerar "irreais" as percepções dos clientes, mas nesse caso são eles que pagam caro. Em outros casos, os fornecedores concebem uma nova abordagem, que corresponda às necessidades percebidas dos clientes.

NECESSIDADES CULTURAIS

As necessidades dos clientes, em especial dos clientes internos, vão além de produtos e processos. Elas incluem necessidades de autorrespeito, respeito dos outros, continuidade de padrões de hábitos e ainda outros elementos daquilo que, em geral, é chamado padrão cultural. Muitas falhas na determinação das necessidades dos clientes podem ser atribuídas à falta de compreensão da natureza e mesmo da existência desse padrão cultural.

O conceito de padrões culturais pode ser resumido como segue:

- Toda organização é, também, uma sociedade humana. As grandes organizações abrigam muitas dessas sociedades.
- Toda sociedade humana desenvolve um padrão de crenças, hábitos, práticas etc., baseadas em sua experiência acumulada. Este é conhecido como padrão cultural.
- Este padrão provê à sociedade certos elementos de estabilidade: um sistema de leis e ordem, explicação de mistérios, rituais, tabus, símbolos de *status* e assim por diante. Esses elementos são vistos pela sociedade como possuindo valores importantes.
- Qualquer mudança proposta toma-se uma ameaça a esses valores importantes e, assim sendo, enfrentará resistência até que a natureza da ameaça seja entendida.

78 A QUALIDADE DESDE O PROJETO

- A resistência não está limitada às sociedades organizadas. Ela se estende aos indivíduos que sintam que seus valores pessoais estão sendo ameaçados.
- Algumas vezes, essas necessidades culturais viram notícia.
- Em 1986, o Banco do Canadá emitiu uma série de notas no valor de cinco dólares. Nelas havia o desenho dos edifícios do parlamento, com uma bandeira tremulando na torre. Um minucioso exame (usando uma lente de aumento, ou uma visão soberba) revelaria que a bandeira não era a atual bandeira nacional do Canadá, mas uma antiga bandeira do período de domínio britânico. Houve muitos protestos por parte dos canadenses do setor francês.

Em outros casos, as necessidades culturais não são declaradas abertamente, mas de forma disfarçada. Um exemplo muito comum diz respeito ao "território", isto é, à "propriedade" de alguma área de responsabilidade, perícia ou algo semelhante. Essa propriedade confere *status*; uma ameaça a ela é uma ameaça àquele *status*.

- Um novo processo proposto ameaça eliminar a necessidade de alguma perícia humana; esta estará embutida na tecnologia. Os atuais peritos humanos irão resistir à introdução do novo processo. Suas razões declaradas serão plausíveis – os efeitos sobre os custos, sobre outras necessidades dos clientes etc. A única razão que eles não darão é esta: "Essa mudança irá reduzir meu *status*". Contudo, essa pode ser a razão real.

Da mesma forma, pode haver resistência à criação de equipes para a condução de análises em áreas anteriormente consideradas como monopólio de algum perito analista. A síndrome do "Não Inventado Aqui" é atribuível a essa mesma feroz proteção do território.

▲ Devemos buscar as razões reais que estão por trás das razões declaradas. No caso de resistência cultural, as razões reais raramente são óbvias; os disfarces costumam ser sutis. Também devemos olhar para além das razões declaradas para entender quais são as ameaças em potencial aos padrões culturais dos seres humanos envolvidos. Frequentemente é possível atender às objeções ao mesmo tempo em que também são atendidas as necessidades da empresa (ver Capítulo 12, sob o título "Lidando com a Resistência Cultural: Regras de Tráfego"; ver também Juran, 1964).

NECESSIDADES ATRIBUÍVEIS A USOS INESPERADOS

Muitas falhas de qualidade surgem porque o cliente usa o produto de maneira diferente daquela pretendida pelo fornecedor. Esta prática assume muitas formas:

- Trabalhadores não treinados são designados para processos que exigem mão de obra treinada.
- O equipamento é sobrecarregado, ou é permitido que opere sem respeito às programações de manutenção.
- Os documentos são mal arquivados.
- As carrocerias de automóveis enferrujam porque os projetistas não estão cientes de que eles serão expostos ao uso de sal nas estradas (para descongelá-las no inverno).
- O número de telefone livre de tarifa, que deveria ser usado como "linha quente", é usado para consultas de rotina.

O que é crítico em tudo isso é se o planejamento da qualidade deve prosseguir baseado no *uso pretendido ou no uso real*. Este último muitas vezes requer a adição de um fator de segurança durante o planejamento:

- Fusíveis e disjuntores são projetados em circuitos elétricos, para proteção contra sobrecargas.
- O *software* é escrito para se detetar erros de grafia.
- O faturamento de serviços públicos pode ser projetado de forma a ser protegido contra erros de leitura na leitura dos medidores, embutindo-se uma verificação em relação ao histórico de consumo.

Tais fatores de segurança podem elevar os custos. No entanto, eles podem resultar em um custo global ótimo, por ajudarem a evitar os custos mais altos oriundos do uso real ou do mau uso. O essencial é saber:

- Qual será o uso real (ou mau uso).
- Quais são os custos associados.
- Quais são as consequências do respeito ao uso pretendido.

A aquisição dessas informações exige, obviamente, um estreito trabalho em equipe entre fornecedor e cliente.

NECESSIDADES DOS CLIENTES RELATIVAS À SATISFAÇÃO COM O PRODUTO

Uma outra classificação das necessidades dos clientes é a separação dessas necessidades entre satisfação e insatisfação com o produto. Ambas as espécies devem ser consideradas durante a jornada pelo mapa de planejamento da qualidade. (Para mais detalhes sobre a distinção entre satisfação e insatisfação com o produto, ver Capítulo 1, sob o título "A Necessidade de Unidade de Linguagem").

A influência da tecnologia

Durante o ano de 1986, o Cooper-Hewitt Museum de Nova York apresentou uma mostra dos produtos de consumo influentes que haviam surgido entre os anos de 1936 e 1986. O título era "Eu Comprarei Isso: 50 Anos de Bens e Serviços". Havia 50 produtos na lista. A maior parte deles era de produtos originários de laboratórios de tecnologia: antibióticos, TV a cores, alimentos congelados, computadores pessoais. A lista também incluía cerca de uma dúzia de serviços: viagens aéreas, cartões de crédito, seguro saúde, Seguridade Social. (O catálogo da mostra foi publicado pela Consumer Report Books, 1986.)

Aqueles produtos (e muitos outros) têm proporcionado notáveis benefícios aos seres humanos que vivem em países desenvolvidos. Porém, esses mesmos seres humanos tomaram-se dependentes do desempenho permanente daqueles mesmos produtos. Qualquer quebra dessa continuidade (de fornecimento de energia, de serviços telefônicos, de transportes etc.) resulta em crises, que vão desde os muitos irritados até os poucos aterrorizados.

Essa mesma dependência, por sua vez, criou novas categorias de necessidades dos clientes, assim como provocou uma revisão da importância relativa de categorias mais antigas. Um exame de várias das categorias mais importantes pode ser útil.

Segurança humana

A tecnologia coloca produtos perigosos nas mãos de amadores. Ela também cria subprodutos perigosos que ameaçam a saúde humana, a segurança e o ambiente. A extensão de tudo isso é tão grande, que grande parte do esforço de planejamento de produtos e processos deve ser dirigido para a redução de riscos a níveis aceitáveis. Numerosas leis, criminais e civis, tornam esses esforços obrigatórios. Treinamento extensivo é efetuado, para que os planejadores possam tomar eficazes esses esforços.

Amigável com o usuário

A situação de "amador" de muitos usuários deu origem à expressão "amigável com o usuário", para descrever aquela característica do produto que possibilita que amadores façam uso imediato de produtos tecnológicos. Por exemplo:

- A linguagem das informações publicadas deve ser simples, inequívoca e facilmente compreendida. Os transgressores notórios incluem documentos legais, manuais de operação do proprietário, formulário para serem preenchidos etc. Os formulários de uso generalizado (p. ex., os de declaração de rendimentos) deveriam ser testados com uma amostra das pessoas que mais tarde terão de preenchê-los.
- Os produtos devem ser amplamente compatíveis. Muito tem sido feito nesse sentido, através de comitês de padronização ou de monopólios naturais, como o do sistema telefônico. Um exemplo dessa falta de compatibilidade, durante os anos 1980, foi o computador pessoal. Muitos computadores pessoais eram capazes de "falar" com outros computadores feitos pelo mesmo fabricante, mas não com aqueles feitos por outros fabricantes.

Presteza do serviço

Os serviços devem ser rápidos. Em algumas culturas, um importante elemento de competição é a presteza do serviço. (O crescimento da indústria de *fast-food* se baseia principalmente nessa presteza.) Horários interligados (como na entrega do correio ou nas viagens aéreas) são outra fonte de uma crescente demanda por presteza. Ainda outro exemplo é o uso crescente da fabricação *"just in time"*, que requer entregas confiáveis de materiais para minimizar os estoques.

Todos esses exemplos demonstram a necessidade de se incluir o ▲ elemento tempo no planejamento, para atender às necessidades dos clientes.

Manter os clientes informados

Os clientes são muito sensíveis a serem "vitimados" por ações secretas de um fornecedor. Quando tais ações são posteriormente descobertas e divulgadas, o dano para a imagem de qualidade do fornecedor pode ser considerável.

- Em um caso muito divulgado, carros Oldsmobile estavam sendo entregues com motores Chevrolet. O fabricante ressarciu os compradores, mas não antes de sofrer muita publicidade adversa.
- Há muito é prática comum que os fabricantes de automóveis, como parte de suas fontes de dados para garantia de qualidade, forneçam novos veículos a funcionários (gerentes e engenheiros) para que sejam usados durante um fim de semana, visando o registro de dados de desempenho. Em meados dos anos 1980, foi descoberto que a prá-

tica da Chrysler Corporation incluía o desligamento dos odômetros durante esses testes. Como resultado, os compradores desses carros estavam, sem saber, recebendo um carro não exatamente novo. Para piorar as coisas, descobriu se também que os carros que sofriam danos durante os testes eram reparados e vendidos como novos. A empresa ofereceu restituição aos compradores, mas sofreu publicidade adversa, bem como uma ação federal (Holusha, 1987).

Os casos anteriores são exemplos de toda uma multidão de casos, nos quais produtos não conformes estão sendo enviados a clientes incautos. Na maioria dos casos, os produtos são adequados ao uso, a despeito da não conformidade. Em outros casos, a questão pode ser discutível. Em outros ainda, o ato de entrega é, no mínimo, antiético, e, na pior das hipóteses, ilegal.

Aquilo que é comum a todos esses casos é que o cliente não é informado. A razão mais usual para essa omissão é um descuido, uma omissão em se levantar a pergunta: O que diremos aos clientes? Seria muito útil se todo documento a respeito de uma não conformidade incluísse um espaço em branco intitulado "O que deve ser comunicado aos clientes?" A decisão pode ser de não comunicar nada, mas ao menos a pergunta foi enfrentada.

NECESSIDADES DOS CLIENTES RELACIONADAS À INSATISFAÇÃO COM O PRODUTO

No caso de uma falha do produto, surge um novo conjunto de necessidades dos clientes: como obter a restauração do serviço e como ser compensado pelos prejuízos inconvenientes associados.

A solução ideal para tudo isso é planejar a qualidade de forma que não haja falhas. Iremos examinar essa questão no Capítulo 6, "Desenvolver Características do Produto", e no Capítulo 7, "Desenvolver Características do Processo". Aqui, veremos quais são as necessidades dos clientes quando ocorrem falhas.

Garantias

As leis que governam as vendas inferem certas garantias dadas pelo fornecedor. Nas sociedades simples, essas garantias implícitas eram razoavelmente eficazes. Em sociedades mais complexas, tornou-se necessária a provisão de contratos específicos por escrito, para definir exatamente o que é coberto pela garantia, e por quanto tempo. Além disso, deve ser deixado claro quem tem quais responsabilidades.

Durante alguns anos, esses itens eram vagamente descritos em muitas garantias escritas. Muitas vezes, essa falta de clareza era intencional. Então, durante os anos 1970, foram aprovadas leis para reduzir essa falta de clareza, e os resultados têm sido positivos. Entretanto, os serviços de fato prestados nas garantias variam de forma marcante. A imprensa costuma dedicar um dia aos relatos das histórias de horror, mas pesquisas abrangentes têm deixado claro que, em termos globais, os serviços das garantias têm sido menos que satisfatórios (Center for Policy Alternatives, 1974).

Ao mesmo tempo, o uso de garantias como ferramenta para a concorrência tem se intensificado. A ampliação da cobertura da garantia eleva os custos, a menos que tenham sido tomadas providências para o projeto de produtos e processos de forma a reduzir a incidência de falhas no uso. Isso transfere a concorrência para o planejamento original, que é onde ela deveria estar (ver Juran, 1988, Seção 19, sob o título "Business Opportunities Through Warranties").

Melhorando o atendimento às reclamações dos clientes

As respostas às reclamações dos clientes têm sido amplamente estudadas. Esses estudos identificam as características chave de um bom sistema de resposta e indicaram como fazer um plano de serviços que atenda às necessidades dos clientes (ver Juran, 1988, Seção 20, "Customer Service", e o United States Office of Consumer Affairs, 1985-86).

Uma vez instalado esse plano de serviços, permanece o problema de assegurar que os departamentos de serviços o sigam. A mudança dos procedimentos não é suficiente. Também é preciso que haja mudanças em prioridades, no relato do desempenho dos serviços, no sistema de premiação e assim por diante. Na ausência dessas mudanças, é provável que as prioridades anteriores permaneçam válidas.

- Um grande fabricante de automóveis decidiu melhorar os serviços das garantias (e de outros tópicos). Na indústria automotiva, os serviços das garantias são, tipicamente, prestados pelos concessionários que vendem os veículos. Porém, o fabricante supervisiona o desempenho dos concessionários, inclusive aquele de seus departamentos de serviços. Neste caso, o fabricante elevou o peso atribuído à qualidade na avaliação do departamento de serviços. O novo peso passou a ser de 50% – a partir de então, o peso dado à qualidade dos serviços era igual àquele de todos os outros parâmetros somados.

Efeito do atendimento às reclamações sobre as vendas

Embora as reclamações estejam basicamente ligadas à insatisfação com o produto, existe um efeito colateral sobre as vendas. Esse efeito foi pesquisado em estudos encomendado pelo Office of Consumer Affairs e executados pelo Technical Assistance Programs Institute (TARP). As constatações podem ser resumidas como segue.

- Dos clientes que estavam insatisfeitos com os produtos, quase 70% não fizeram reclamações. As proporções daqueles que reclamavam variavam dependendo do tipo de produtos envolvidos. As razões para não reclamar, eram principalmente, que não valia a pena o esforço de reclamar, a crença de que reclamar não traria nem bem e a falta de conhecimento a respeito de como reclamar.
- Mais de 40% dos clientes que reclamavam estavam insatisfeitos com a resposta dos fornecedores. Aqui também a porcentagem variava de acordo com o tipo de produto envolvido.
- As possibilidades de vendas futuras são fortemente influenciadas pela reações às reclamações

A Figura 4-2 mostra a natureza do comportamento do consumidor depois de ficar insatisfeito com um produto. Essa forte influencia se estende à lealdade à marca.

As Figuras 4-3a, 4-3b e 4-3c mostram a extensão dessa influência aplicada respectivamente a bens duráveis de alto valor, serviços financeiros e assistência técnica a automóveis. A influência é igualmente forte em relação à lealdade a linhas de produtos.

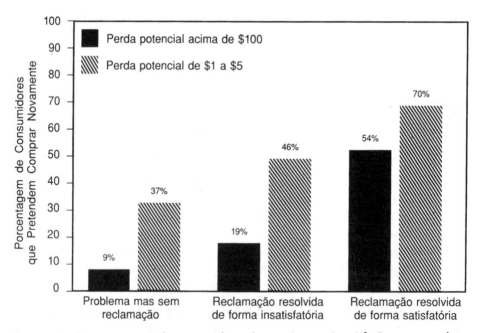

Figura 4-2 – Comportamento do consumidor após experimentar insatisfação com o produto.
Fonte: TARP

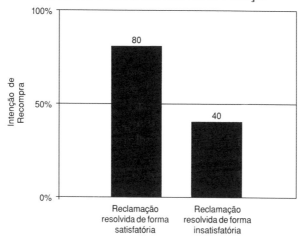
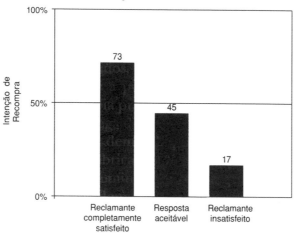
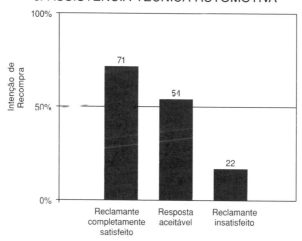

Figura 4-3 – Lealdade do cliente *versus* resolução de reclamações.
Fonte: TARP

86 A QUALIDADE DESDE O PROJETO

A mesma pesquisa concluiu que uma abordagem organizada ao trato das reclamações provê um alto retorno sobre o investimento. Os elementos dessa abordagem organizada podem incluir:

- Um centro de atendimento equipado para prover acesso aos consumidores 24 horas por dia.
- Um número de telefone livre de tarifa.
- Uma base de dados computadorizada.
- Treinamento especial para as pessoas que atendem o telefone.
- Solicitação ativa de reclamações, para minimizar a perda de clientes no futuro.

Para mais detalhes, ver o relatório completo. (United States Office of Consumer Affairs, 1985-86.)

Manter os clientes informados (*novamente*)

Os clientes também têm necessidade de ser mantidos informados em casos que envolvem insatisfação com o produto. Existem muitas situações nas quais uma interrupção no serviço força os clientes a esperar por tempo indefinido, até a restauração do serviço. Exemplos óbvios são interrupções no fornecimento de energia ou atrasos nos transportes públicos. Em todos esses casos, os clientes ficam impacientes. Eles são incapazes de resolver o problema – precisam deixar isso para o fornecedor. Porém, eles querem ser mantidos informados quanto à natureza do problema e, em especial, quanto ao tempo provável para uma solução. Muitos fornecedores negligenciam as informações a esses clientes e sofrem um declínio em sua imagem de qualidade.

- As regras do sistema de metrô de Nova York exigem que os condutores expliquem todos os atrasos de dois minutos ou mais. Uma pesquisa reportou que essa regra era seguida somente cerca de 40% do tempo. Um relatório da Prefeitura concluiu que "a falta de informações é uma importante fonte de antagonismo do público em relação à Transit Authority (Secretaria dos Transportes)" (Levine, 1987).

Em contraste, algumas empresas aéreas se esforçam para manter seus clientes informados dos motivos para um atraso e dos progressos conseguidos para corrigir a situação.

FONTES DE NECESSIDADES DOS CLIENTES

▲ A suposição mais simplista é que os clientes estão completamente informados quanto às suas necessidades e que a pesquisa de mercado pode ser usada para deles extrair essas informações. Na prática, os conhecimentos dos clientes podem ser bastante incompletos. Em alguns casos, o cliente pode ser a última pessoa a descobrir. É pouco provável que algum cliente tenha expressado a necessidade por um "Walkman" antes desses aparelhos aparecerem no mercado. Porém, depois que estavam disponíveis, muitos clientes descobriram que necessitavam de um.

Esses vazios nos conhecimentos dos clientes são preenchidos principalmente pelas forças do mercado competitivo e pelas ações dos empreendedores. É útil examinar algumas dessas forças e ações antes de se olhar a metodologia usada para descobrir as necessidades dos consumidores.

Os serviços disponíveis são considerados inadequados

Em casos assim, as necessidades dos clientes são por alguma coisa melhor, seja um produto melhor, ou o mesmo produto vindo de uma fonte melhor de suprimento.

- O número de táxis licenciados em Nova York ficou congelado durante anos. O resultante vazio nos serviços foi preenchido por táxis não licenciados, limousines e assim por diante.
- As instruções do governo para o preenchimento dos formulários do imposto de renda são obscuras para muitos contribuintes. Um resultado foi a publicação de alguns livros, muito vendidos, a respeito de como preparar a declaração de rendimentos.
- Os serviços prestados pelos varejistas têm sido considerados dispendiosos e impróprios. Um resultado foi o crescimento de uma grande indústria de faça você mesmo.

Alívio de trabalhos domésticos pesados

Parece não haver limites para a disposição das pessoas afluentes para pagar a alguém para que execute os trabalhos pesados. Grande parte das antigas tarefas de cozinha hoje é feita em fábricas (café solúvel, alimentos enlatados e uma longa lista de etc.). Os preços dos alimentos processados são, muitas vezes, muito superiores aos preços dos mesmos alimentos crus. Porém, realizar o processamento em casa envolve um trabalho muito mal remunerado. As tarefas de limpeza foram, em grande parte, transferidas para aparelhos eletrodomésticos. O fim não está à vista. As mesmas espécies de transferências ocorreram em grande escala com respeito às tarefas industriais, como, por exemplo, processamento de dados e manuseio de materiais.

Redução do tempo para serviços

Algumas culturas exibem um anseio para "acabar logo com isso". Nessas culturas, aqueles que conseguem servir os clientes em menos tempo são recompensados por uma participação mais alta de mercado. Um exemplo espetacular desse anseio é o crescimento do mercado de *fast-food*. Em outras indústrias, uma consideração importante na escolha do fornecedor é o tempo gasto para se ser atendido. Um exemplo é a escolha dos postos de serviços para automóveis (ver Ackoff, 1978, Fable 5.4, p. 108). Essa mesma necessidade de atendimento rápido é um elemento essencial na ânsia para passar para a fabricação "Just in Time".

Mudanças nos hábitos dos clientes

Os hábitos dos clientes podem ser notavelmente inconstantes. Um exemplo óbvio é o da moda em roupas. A existência dessa variação tão grande leva à proliferação de ofertas pelos fornecedores, juntamente com algumas reações imprevisíveis dos clientes. As preocupações com a saúde têm reduzido o consumo de carne bovina e aumentado o de frango. Novos tipos de cerveja, promovidos por ampla propaganda, têm resultado em grandes oscilações nas participações de mercado. O gosto por pizzas criou um aumento no volume de vendas, bem como uma proliferação de tipos de pizza. Essas oscilações de moda não estão limitadas aos consumidores. Empresas industriais lançam produtos que, em sua maioria, ocupam brevemente o centro das atenções e logo desaparecem. Os modismos associados igualmente vêm e vão.

Papel do empreendedor

O empreendedor tem um papel vital em oferecer aos clientes novas versões de produtos existentes. Além disso, o empreendedor identifica novos produtos, alguns dos quais inéditos, que podem criar, para os clientes, necessidades que não existiam anteriormente. É um modo de vida arriscado, uma vez que esses novos produtos têm uma chocante taxa de mortalidade. As recompensas, porém, podem ser extremamente elevadas, e atraem o empreendedor independente. Além disso, os empreendedores fazem uso do poder da propaganda e da promoção, no qual alguns deles são muito eficazes. O legendário Charles Revson, fundador da Revlon, afirmava mais ou menos o seguinte: "Em nossa fábrica, fazemos batom. Em nossos anúncios, vendemos esperança". (Para discussões adicionais, ver Juran, 1988, "Discovering Market Opportunities", pp. 12.20-12.24.)

COMO DESCOBRIR NECESSIDADES DOS CLIENTES

Vejamos agora os processos usados para descobrir as necessidades dos clientes. Os principais métodos incluem:

- Ser um cliente.
- Estudar o comportamento dos clientes.
- Comunicar-se com os clientes.
- Simular o uso pelos clientes.

Note que, grande parte das descobertas a respeito das necessidades dos clientes *não* vem diretamente deles. Elas são feitas através de meios indiretos. Porém, a confirmação dessas necessidades acaba vindo das decisões dos clientes de comprar ou não as características do produto desenvolvidas em resposta às suas necessidades presumidas.

Ser um cliente

A melhor maneira de descobrir necessidades dos clientes é ser um deles.

As pessoas são, em alto grau, seus próprios clientes. A forma mais óbvia é o artesão independente. Considere o tanoeiro de uma vila vamos chamá-lo de Coop. Ele começa com uma árvore e termina com um barril. Para fazer isso ele executa uma longa série de tarefas: projeto do produto, planejamento do processo, seleção de materiais, numerosas operações no produto, manutenção de ferramentas, inspeção e teste do produto, marketing, atendimento aos clientes, faturamento e cobrança e assim por diante. À medida em que progride o trabalho, *Coop torna- -se, cada vez mais, seu próprio cliente.* Essa é a maneira mais segura para se descobrir quais são as necessidades dos clientes. E não existe alça de *feedback* mais curta. Todos esses *feedbacks,* múltiplos e diretos, explicam por que Coop tomou-se tão seguro no atendimento das necessidades dos clientes.

Podemos generalizar o caso de Coop para representar qualquer situação na qual um trabalhador executa uma série de tarefas inter-relacionadas: médicos, enfermeiras, trabalhadores em manutenção, muitos trabalhadores de escritórios, donas de casa. Um importante fator comum é que todos eles são seus próprios clientes. Os benefícios para a qualidade são consideráveis. Eles tornam-se mais óbvios quando os processos são mudados, de forma a possibilitar que as pessoas se tornem suas próprias clientes.

90   A QUALIDADE DESDE O PROJETO

- Toda companhia telefônica produz numerosas listas telefônicas, uma para cada cidade atendida. Em uma dessas companhias, as listas foram preparadas para publicação usando-se uma sequência de 21 etapas administrativas, cada uma executada por um funcionário separado. (Algumas etapas exigiam o tempo de mais de uma pessoa, portanto, o departamento 31 e um funcionários.) Uma reorganização deu, a cada funcionário, a tarefa de preparar uma lista completa, isto é, cada pessoa a executava todas as 21 etapas necessárias ao trabalho. Os resultados da mudança foram espantosos:

	Antes	Depois
Turnover anual de funcionários	28	0
Taxa de absenteísmo	1,8%	0,6%
Erros por 1.000 linhas	3,9%	1,1%

Resultados semelhantes têm sido observados quando é abolida a linha de montagem de uma fábrica e os funcionários montam unidades completas a partir das peças. Outros casos envolvem o estabelecimento de equipes autosupervisionadas, em escritórios ou em fábricas. Nesses casos, *a equipe* é sua própria cliente.

Em todos esses casos, ser seu próprio cliente prevê muitos benefícios à qualidade:

- A alça de *feedback* para a detecção de sintomas de problemas envolve somente uma pessoa.
- A descoberta da relação de causa e efeito é simplificada – o sintoma do problema é transmitido a uma pessoa que tem poder sobre muitas causas em potencial.
- O clima para providências corretivas é favorável, uma vez que existe um benefício direto para a pessoa que as toma.

Ser um cliente também propicia informações diretas a respeito de como os clientes gastam seu tempo, quais atividades exigem mais dos seus recursos, quais são as tarefas desagradáveis e quais são os problemas não resolvidos. Como já vimos, o conhecimento desses assuntos é um insumo importante para aqueles que estão em busca de novos produtos comercializáveis.

- Décadas atrás, as donas de casa preparavam café a partir de grãos verdes. Primeiro, elas os torravam e moíam. Depois o café tinha de ser fervido, após o que os resíduos eram jogados fora. Se o produto final era ou não sempre superior é assunto vivamente debatido. De qualquer maneira, toda dona de casa sabia que esse trabalho consumia tempo; que algumas vezes os grãos estavam mal torrados; que nem sempre o café ficava bom; e que sempre havia sujeira a ser limpa. As empresas de processamento de alimentos também sabiam disso. Assim, estava preparado o cenário para o desenvolvimento do café solúvel.

Estudar o comportamento dos clientes

O comportamento dos clientes é um indicador melhor das suas ações futuras do que aquilo que eles dizem. Assim, torna-se importante distinguir entre o comportamento do cliente e suas opiniões. O comportamento do cliente consiste em ações efetuadas em tempo real e no mundo real. As suas opiniões são indicadores sujeitos a uma revisão posterior, quando são enfrentadas as realidades.

Ações dos clientes ligadas a insatisfações

Uma das categorias dessas ações consiste nas conhecidas reclamações a respeito das deficiências dos produtos, tais como faturamento incorreto ou falhas durante o uso. Outro exemplo são as queixas dos trabalhadores, algumas das quais estão ligadas a insatisfações. As insatisfações do público ficam evidentes nas cartas do editor, nas reuniões de protesto e nas ações legais.

Em tais casos, é prática comum verificar a validade da reclamação e, caso esta seja constatada, satisfazer o reclamante. O que é muito menos comum é analisar as reclamações *em conjunto,* para descobrir se existe alguma causa subjacente que é inerente ao sistema, continua existindo e irá gerar uma procissão permanente de insatisfações no futuro. *Essas causas inerentes foram assim planejadas* e a solução é replanejar, começando pela revisão de quais são as necessidades dos clientes.

Ações dos clientes relacionadas à receita de vendas

Grande parte do comportamento dos clientes se traduz em um efeito sobre a receita do fornecedor.

- As vendas de certas linhas de produtos declinam ou crescem.
- Os preços mais altos são rejeitados ou aceitos.
- O sucesso nas concorrências declina ou cresce.

Essas flutuações são, normalmente, resultantes do comportamento dos clientes. Em alguns casos, esse comportamento está relacionado à qualidade. Se isso for verificado, será necessário voltar ao mapa de planejamento da qualidade.

92 A QUALIDADE DESDE O PROJETO

Existem numerosas outras formas de comportamento dos clientes que dão, aos fornecedores, uma base para iniciativas em planejamento ou replanejamento da qualidade. Por exemplo:

- Alguns clientes exigem que seus fornecedores concordem com certas características obrigatórias de um sistema de qualidade. A não aceitação pode significar a perda do negócio.
- A venda de peças de reposição é, tipicamente, uma fonte de lucros generosos para os fornecedores. Ao mesmo tempo, ela causa irritação aos clientes, uma vez que está associada a falhas dos produtos, horas paradas ou manutenção onerosa. Cada vez mais o lucrativo negócio de peças de reposição mostra ser enganoso, pois o mercado acaba sendo dominado por concorrentes cujos produtos não quebram.
- A compra de opções pelos clientes é um bom indicador daquilo que deverá se tomar equipamento padrão no futuro.

Observação direta

Em ainda outros casos, o estudo do comportamento dos clientes é baseado em observação direta.

- A Marriott Hotels observou que os hóspedes estavam ignorando os sais de banho que lhes eram oferecidos como cortesia. Assim, deixou-os de lado em favor de outra oferta gratuita – televisão a cabo – que foi muito melhor recebida.

Em alguns casos, é possível efetuar observações diretas por meios não humanos. A indústria da televisão faz amplo uso de dispositivos eletrônicos que gravam os hábitos televisivos de uma amostra do público. Os dados resultantes são a base de "avaliação" dos programas quanto à extensão da participação dos telespectadores. Essas avaliações são, por sua vez, decisivas para a venda da propaganda associada.

Um delicioso exemplo de estudo do comportamento dos clientes tem lugar nas salas de recreação usadas pelos fabricantes de brinquedos para testar novos produtos. As crianças são deixadas à vontade nessas salas, enquanto engenheiros com pranchetas e cronômetros observam-nas brincar por trás de vidros espelhados. Mais tarde, os engenheiros estudam os estragos feitos. A partir dessas observações, as empresas podem responder perguntas relativas a:

- Riscos de ferimentos.
- Facilidades de uso; maneiras certas e erradas de usar.
- Duração da atenção provocada.
- Danos durante o uso.

(Para casos adicionais, ver Sellers, 1989.)

Outra maneira de se estudar o comportamento dos clientes consiste na *interrupção de serviços,* para ver se alguém protesta. Por exemplo, relatórios que no passado serviam a um propósito útil podem não ser mais necessários, devido a mudanças de condições. Uma forma de descobrir isso é interrompendo sua publicação e ver quem protesta.

- Alguns jornais deixaram de publicar algumas seções (como histórias em quadrinhos) e foram submersos por reclamações de fãs leais. Essas reclamações refletiam a existência de um nível de comportamento dos clientes numa extensão que forçou a volta das histórias em quadrinhos (Hughes, 1988).

ANALISAR A INTELIGÊNCIA DE CAMPO DISPONÍVEL

A expressão "inteligência de campo" é usada aqui no sentido genérico de qualquer informação relacionada ao desempenho do produto e ao seu impacto sobre os clientes[*].

Parte dessas informações vem rotineiramente, para as empresas, através de elementos que têm contatos regulares com os clientes: pessoal de vendas, representantes técnicos e assim por diante. Alguns clientes avaliam regularmente o desempenho dos fornecedores e enviam essas avaliações aos mesmos. Alguns dados estão disponíveis em órgãos governamentais que atuam como reguladores ou compradores. Alguns laboratórios independentes realizam testes comparativos de qualidade de produtos concorrentes e publicam os resultados.

Essas e outras fontes de dados exigem análise para serem convertidos em formas utilizáveis. Algumas empresas estão organizadas para efetuar essas análises; outras não. Vamos examinar rapidamente essa necessidade crítica de organização.

CRIAR NOVA INTELIGÊNCIA DE CAMPO

As informações que vêm "naturalmente" raramente provêm uma inteligência de campo adequada. Para se preencher esse vazio, é necessário criar fontes suplementares, adaptadas às necessidades especiais da empresa. O primeiro passo, na criação dessas fontes, é identificar as

---

[*] *Uma nota sobre nomenclatura:* A expressão "pesquisa de mercado" tem sido usada frequentemente como rótulo para o processo de obtenção de informações dos *clientes*. A palavra "mercado" é, usualmente, considerada como sinônima de *vendas em potencial*. Em nosso uso da expressão "inteligência de campo", a palavra "campo" é usada no sentido mais amplo da área ocupada por todos os clientes, compradores ou não, externos ou internos.

perguntas para as quais são necessárias respostas. Algumas perguntas aparecem em virtualmente todas as listas:

- Quais características do produto são de maior importância para você?
- A respeito dessas características chave, como nosso produto se compara àqueles de nossos concorrentes?
- Qual é a importância dessas diferenças de qualidade para você, em dinheiro ou em outras formas que possam ser importantes para você?

Além dessas perguntas básicas, a lista pode se ampliar de forma considerável. Ela pode incluir itens como:

- Ambientes de uso
- Dados sobre falhas, inclusive modos precisos de sua concorrência
- Informações sobre os custos para os usuários

As respostas a essas perguntas são necessárias para vários departamentos funcionais do fornecedor: desenvolvimento de produtos, desenvolvimento de processos, operações, marketing, assistência aos clientes e assim por diante. Como corolário, esses mesmos departamentos funcionais são a fonte adequada de perguntas para as quais são necessárias respostas. Uma abordagem organizada usual é a designação de uma equipe multifuncional para conceber o plano de dados. Essa equipe identifica as perguntas para as quais se quer respostas. Além disso, ela identifica os dados existentes que, depois de uma análise, podem fornecer algumas respostas. Quanto às respostas restantes, a equipe precisa criar novas fontes de dados.

Note que, pelo conceito do Q Grande, *o "campo" inclui os clientes internos*. Para esses clientes internos, existe a mesma necessidade de identificar as perguntas para as quais se quer respostas, as fontes disponíveis de respostas, as novas fontes a serem criadas e assim por diante.

Fontes de dados

Existem muitas maneiras para a criação de novas fontes de inteligência de campo. Aqui estão alguns exemplos:

- Ampliar as responsabilidades de coleta de dados das pessoas que já estão em contato com os clientes.
- Estabelecer o "uso controlado" do produto. As fontes de dados podem usá-lo gratuitamente, mas devem pagar com dados.
- Estabelecer sistemas de dados nos centros exclusivos de serviços.
- Comprar dados dos clientes. Por exemplo, fazer contratos com uma amostra de clientes, para que forneçam informações sobre o desempenho em uso de acordo com um plano de registro de dados.

DETERMINAR AS NECESSIDADES DOS CLIENTES

- Projetar monitores automáticos de dados para registrar dados operacionais.

Nota: As fontes de dados devem incluir antigos clientes e não clientes. A "entrevista de saída" pode ser usada para a obtenção de informações dos clientes que estão deixando de comprar nossos produtos. No caso dos não clientes, a finalidade básica é descobrir por que eles são clientes de outras empresas.

Ferramentas da coleta de dados

Muitas dessas ferramentas foram especialmente concebidas para atender às necessidades da inteligência de campo. As de uso mais comum incluem:

- *Questionários pelo correio.* As respostas são, normalmente, apenas um pequeno percentual do total, mas essa amostra pode, não obstante, conter informações de natureza decisiva.
- *Questionários de* feedback. Estes são amplamente usados em hotéis, restaurantes e outros lugares, para a obtenção de informações de clientes que acabaram de receber os serviços.
- *Telefonemas.* Estes são usados por amostragem, para a coleta em informações em profundidade.
- *Visitas a clientes.* Essas visitas são feitas há muito tempo pelo pessoal de Vendas, Assistência aos Clientes e outros canais tradicionais de contato. As visitas aos clientes classificados como poucos, mas vitais, são, muitas vezes, feitas pelos altos gerentes.
- Em uma empresa, os altos gerentes visitam regularmente clientes que fizeram reclamações, escolhidos ao acaso. (Essas visitas expõem o gerente à "paixão", bem como aos fatos, como no caso de uma visita a um policial rodoviário, cujo rádio portátil falhou durante uma situação crítica.) Esses altos gerentes, então, passam a ser "donos" do problema e devem fazer com que seja resolvido, trabalhando no sistema sem invocar sua posição. Essa exposição ao sistema conduz a aperfeiçoamentos no mesmo.
- *Parcerias.* Se a necessidade por inteligência de campo for mútua entre fornecedor e cliente, será interessante formar *equipes conjuntas.* Algumas dessas parcerias têm levado à solução de antigos problemas, que de outra forma permaneceriam não resolvidos (ver, por exemplo, Kegarise e Miller, 1985).

Grupos de foco. Estes são chamados painéis, gupos consultivos, comitês consultivos etc. Eles são organizados para prover as empresas com uma fonte de opiniões grupais de clientes. Os grupos podem ser constituídos por consumidores, comerciantes, enfermeiras de hospitais etc. Eles se reúnem com um moderador qualificado. Durante uma parte do tempo, eles seguem uma pauta preparada. O restante da reunião tem pauta aberta. (Para exemplos, ver Bennett, 1986.)

O uso de amostragem

Um erro comum em planejamento é ir atrás de todos os dados relevantes, quando uma amostragem pode prover uma base adequada para a tomada de decisões. Muitos planos abrangentes e bem-intencionados têm sido introduzidos, somente para cair pelo seu próprio peso. Eles falham pelo tamanho – transformam-se em novos e grandes problemas. Também falham porque impõem muito trabalho adicional, sem a provisão de recursos adicionais. O uso de amostragem reduz esses dois riscos de fracasso.

O conceito de amostragem propicia uma forma prática e econômica para a obtenção de informações, especialmente dos clientes muitos e úteis. Por exemplo, podemos contatar todos os clientes muitos e úteis através de um questionário que focalize necessidades selecionadas de qualidade. Como alternativa, podemos selecionar uma amostra desses clientes, contatar cada um deles em profundidade e, então, extrair conclusões amplas a partir dos resultados da amostragem.

A aplicação do conceito de amostragem requer o uso de certas ferramentas e habilidades especiais em matérias como:

- Escolha da amostra (o "painel"), ao acaso, estratificada etc.
- Condições vigentes durante a coleta de informações, sejam naturais ou controladas.
- Tamanhos de amostras que garantam significância estatística.
- A não existência de distorções durante a coleta de dados.

A INFLUÊNCIA DE QUEM É O CLIENTE

Os clientes variam de muitas maneiras. Eles podem ser externos ou internos. Podem ser comerciantes, processadores ou usuários finais. Eles variam amplamente em importância econômica. Essas e outras variações influenciam não só a espécie de inteligência necessária, mas também os métodos para a sua obtenção.

Poucos clientes, mas vitais

Os exemplos óbvios incluem os grandes fabricantes de equipamentos originais (FEOs), grandes cadeias mercantis, organismos reguladores

DETERMINAR AS NECESSIDADES DOS CLIENTES **97**

do governo, os meios de comunicação e os sindicatos trabalhistas. Entre esses clientes estão incluídos os altos gerentes.

Muitos desses clientes tomam a iniciativa de declarar suas necessidades; alguns chegam a ser bastante assertivos. Não obstante, o fornecedor deve tomar providências para ir além das necessidades declaradas. A meta deve ser a satisfação do cliente, e não a mera conformidade às necessidades declaradas.

A grande importância dos clientes dessa categoria exige que cada um deles seja contatado em profundidade, usando-se (normalmente) uma das seguintes abordagens:

1. "Fazer a ronda" para visitar cada cliente e conseguir sua percepção das necessidades.

   Um gerente de qualidade decidiu atualizar o pacote de relatórios gerenciais sobre qualidade da empresa. Uma parte do seu planejamento consistiu em sentar-se com cada executivo da corporação para levantar perguntas como "De que informações você necessita, a respeito de qualidade, para levar a cabo suas responsabilidades?" As respostas foram úteis para estabelecimento de um consenso a respeito do conteúdo do pacote de relatórios.

2. Conduzir uma revisão em profundidade de propostas com uma amostragem de clientes.

   Periodicamente, o Bureau of Labor Statistics (BLS) propõe mudanças para a base de computação do índice de preços ao consumidor (CPI). Por exemplo, o BLS propôs que o CPI reflita as oscilações populacionais, revendo a lista de cidades nas quais são colhidas as informações de preços; ou pode propor a medição do custo de habitação pelo custo do aluguel, ao invés de pelo custo do patrimônio. Enquanto prepara suas propostas de revisão, o BLS se reúne com um certo número de seus clientes (isto é, usuários do CPI) para discutir as revisões propostas.

3. Promover uma reunião desses clientes, em pequenos grupos por vez, para discutir em profundidade suas percepções de necessidades.

   Enquanto preparava a primeira edição deste livro, o autor convocou uma reunião de treinadores e gerentes de qualidade de cerca de 25 empresas. Cada uma das empresas era um cliente em potencial para o texto completo; cada convidado era um treinador/facilitador em potencial. A pauta, distribuída antes da reunião, consistia em um grande número de perguntas específicas sobre o conteúdo e sua aplicação. As perguntas foram concebidas para trazer à tona informações específicas e estimular a conversação. A reunião provou ser de grande ajuda para a descoberta das necessidades dos clientes em potencial e para moldar o texto de forma a atender às suas necessidades.

Processadores

Esses clientes também são *usuários*. Eles empregam nosso produto em seus processos. Como usuários, suas necessidades incluem a segurança dos trabalhadores, a alta produtividade, baixo desperdício e outras formas de metas internas. Os processadores vendem seus produtos aos *seus* clientes, cujas necessidades podem ser bastante diferentes. Existem de fato *duas listas de necessidades de clientes,* e nosso produto pode afetar alguns dos itens de cada lista. Nos casos que envolvem muitas empresas sucessivas de processamento nosso produto pode afetar muitas listas.

Nossos clientes normalmente nos fornecem algumas informações relativas a certas necessidades dos seus clientes, que devem ser atendidas pelo nosso produto. Porém, essas informações são, às vezes, limitadas à insatisfação com o produto, ou são incompletas. Em tais casos, podemos precisar ir além de nossos clientes e conduzir pesquisas para determinar, de forma mais completa, as necessidades dos níveis subsequentes de clientes.

Comerciantes

Assim como no caso dos processadores, nosso produto afeta níveis múltiplos de clientes: nossos clientes, os clientes de nossos clientes e assim por diante. Se vendemos a muitos comerciantes, pode ser proibitivo contatar cada um deles em profundidade. Em vez disso, podemos recorrer a uma amostragem, através de um "Conselho de Revendedores."

Em alguns casos, os "comerciantes" compram para uso final, por exemplo, os hospitais que compram dispositivos e suprimentos médicos. Nesses casos, o conselho é tipicamente formado por especialistas, como médicos e enfermeiras, de uma variedade de disciplinas, e é designado por um nome amplo como Conselho Profissional.

Não clientes

É fácil sermos enganados, se confirmarmos nossa busca de dados aos clientes.

- Um fabricante de produtos químicos pediu a seus clientes que avaliassem a empresa em relação aos seus concorrentes, em vários aspectos de desempenho: inovação nos produtos, qualidade, rapidez de entrega, assistência técnica e outras. A empresa teve a satisfação de saber que estava classificada em primeiro, segundo ou terceiro lugar em virtualmente todos os aspectos do desempenho.

Então, alguém notou que o estudo estava distorcido: ele *não incluía não clientes*. Assim foi conduzida uma pesquisa suplementar, com atenção especial para os antigos clientes: Por que eles pararam de comprar? Dessa vez as constatações da pesquisa não foram tão agradáveis, mas foram mais informativas.

A não inclusão de antigos clientes e não clientes nesses estudos pode conduzir a sérios erros no julgamento da situação competitiva.

Consumidores

Até certo ponto, podemos obter informações a respeito das reações dos consumidores com intermediários como comerciantes ou vendedores. Porém, essas fontes intermediárias podem introduzir distorções nos dados. Em consequência, dependendo daquilo que está em jogo, devemos procurar obter informações diretamente dos consumidores.

Os contatos com os consumidores são realizados usando-se algumas das ferramentas descritas anteriormente, sob o título "Ferramentas da Coleta de Dados".

Um exemplo é o levantamento de 2.500 passageiros da Qantas Airlines, para obter seus pontos de vista sobre a prioridade de "necessidades essenciais". Os resultados (ver quadro) continham surpresas e também confirmações. Por exemplo, os gerentes da empresa haviam atribuído um alto valor a partidas e chegadas no horário. Foi uma surpresa saber que os passageiros pesquisados não davam alta prioridade a essa necessidade.

O público

O público é impactado pelas ações das empresas; portanto, o público é um cliente. A maior parte das necessidades desse cliente é de natureza negativa – a necessidade é de que a empresa se abstenha de certas ações que têm impacto negativo. O público faz suas necessidades serem conhecidas tomando iniciativas: comunicações diretas à empresa, cartas ao editor e reuniões de protesto. Em alguns casos, essas iniciativas dão um quadro distorcido: elas representam somente uma pequena minoria que fala. Em outros casos, porém, um amplo problema pode estar em formação. Em casos assim, pode ser aconselhável conduzir um levantamento estruturado da opinião pública, para se obter uma compreensão mais equilibrada e quantificada da percepção do público. (Algumas empresas não esperam que as coisas cheguem ao estado de problemas. Elas conduzem levantamentos periódicos da opinião pública, para descobrir as tendências antes que elas se transformem em crises.)

	Qantas Airways *Pesquisa de Necessidades dos Passageiros* *Ordem de Prioridade*
	"Necessidades Essenciais"
1.	Nenhuma bagagem perdida
2.	Nenhuma bagagem danificada
3.	Toaletes limpos
4.	Poltronas confortáveis
5.	Entrega rápida da bagagem
6.	Amplo espaço para as pernas
7.	Refeições de boa qualidade
8.	Serviço rápido de reservas
9.	Tripulação de cabine amigável/eficiente
10.	Cabine limpa e arrumada
11.	Temperatura/umidade da cabine confortáveis
12.	Assistência para conexões
13.	Ser informado dos atrasos
14.	Transporte aeroporto-cidade
15.	Informações precisas sobre chegadas para parentes e amigos
16.	Embarque bem organizado
17.	*Check-in* rápido e cordial no aeroporto
18.	Carrinhos para bagagem
19.	Chegada no horário
20.	Fornecimento de travesseiros/mantas
21.	Assistência com alfândega/imigração
22.	Partidas no horário

Os levantamentos da opinião pública são realizados de forma muito semelhante a outras buscas por inteligência de campo. Identifique as perguntas para as quais são necessárias respostas. Então, contate uma amostra do público para obter as respostas. Os métodos de amostragem seguem aqueles usados para se descobrir as necessidades de qualquer população grande.

Clientes internos

Os clientes internos também têm necessidades; estas variam em função do seu nível na hierarquia, das responsabilidades funcionais e assim por diante.

1. *Altos Gerentes*. Suas principais necessidades são muito precisas com as metas de qualidade da empresa: produtos que sejam vendáveis, liderança em qualidade, baixo custo da má qualidade. Cada alto gerente também tem necessidades pessoais: ser respeitado como gerente de sucesso, progredir nas responsabilidades e assim por diante. Atingir as metas da empresa é, normalmente, um pré-requisito para atingir essas metas pessoais.

2. *Gerentes de Nível Médio e Supervisores*. Eles tipicamente representam cerca de 10% do total de funcionários, mas sua influência sobre a qualidade é considerável. Essa grande influência exige que esses clientes sejam consultados em profundidade quanto às necessidades das suas organizações com respeito à qualidade. A determinação das necessidades desses gerentes é feita de duas maneiras principais:

   i. *Uma equipe multidepartamental*. Essas equipes são bastante eficazes para a determinação das necessidades de clientes internos. Seus membros são, é claro, peritos em suas respectivas áreas do fluxograma, nos insumos para essas áreas, nos processos nelas executados, nos produtos resultantes e nos clientes imediatos para esses produtos. Contudo, os membros da equipe não são necessariamente peritos em outras áreas do fluxograma e nas interações mútuas resultantes. Uma equipe multidepartamental possibilita que todos os membros alarguem sua visão. Com isso, eles podem propor perguntas que, quando respondidas, clarificam as necessidades mútuas.

- Um fabricante de instrumentos criou uma equipe multidepartamental para replanejar o processo de desenvolvimento de novos produtos. Para alguns membros da equipe, o projeto foi uma revelação. Eles aprenderam coisas que nunca haviam sabido a respeito do processo. Gostaram de ser consultados a respeito de assuntos que sempre haviam sido problemáticos. O resultado final foi um melhor trabalho em equipe, assim como um processo melhor.

  - A maior parte das empresas formaliza as descobertas dessas equipes incluindo-as nos procedimentos. Algumas empresas vão mais longe. São preparados *contratos* escritos para registrar os acordos, muito semelhantes aos contratos de serviços entre empresas separadas. (A colocação das necessidades em forma de contrato força as partes a pensar nelas com mais atenção.)

- Muitas vezes, os departamentos afetados estão em *empresas diferentes*. Teoricamente, o mesmo conceito de equipe deve ser aplicado. Na prática isso é difícil, especialmente em um ambiente adversário. As formas mais comuns desse tipo de colaboração incluem:
  - Equipes conjuntas de pessoal do fornecedor e do cliente.
  - Visitas dos clientes às instalações dos fornecedores, para tomar conhecimento dos problemas destes e, ao mesmo tempo, prover informações a respeito das suas necessidades.
  - Visitas dos fornecedores às instalações dos clientes, para a aquisição de informações referentes às suas necessidades.
  - Visitas de especialistas treinados às instalações de ambos, seguidas por relatórios para informação de todos.

ii. *Fazer a ronda*. Nesta abordagem, um especialista é designado para contatar aqueles departamentos que são significativamente afetados pelo projeto que está sendo planejado. Com base nas suas descobertas, o especialista prepara um rascunho, que é então enviado aos gerentes para revisão.

3. Os *trabalhadores*. Este é um grande corpo de clientes internos, com muitos conhecimentos em relação às suas funções. Esses conhecimentos podem constituir um insumo valioso para o planejamento da qualidade, mas são necessários passos especiais para a superação de certas distorções que podem estar presentes:

- *Uma atmosfera de censura*. Caso esteja presente, ela sempre inibe o livre fluxo de comunicações.
- O *relacionamento supervisar-subordinado*. O fato do chefe fazer as perguntas tende a influenciar as respostas dadas pelo subordinado.
- *Conflitos de lealdades*. Os trabalhadores podem não querer transmitir informações que podem criar problemas para seus colegas, para o sindicato etc.

- Essas mesmas distorções também interferem com as comunicações, para cima, das necessidades e ideias dos funcionários. Entre as ferramentas usadas para superar essa intergerência está o levantamento das opiniões dos funcionários. Através dele, os métodos usados para se coletar inteligência de campo dos clientes externos são aplicados aos clientes internos (para alguns exemplos, ver Reibstein, 1986). O projeto do local de trabalho é, obviamente, algo de grande importância para os funcionários. Algumas empresas tomam precauções especiais para assegurar a satisfação dos clientes a respeito de um assunto tão sensível. Quando a Union Carbide estava construindo sua sede corporativa em Danbury, Connecticut, viu-se diante do problema do projeto dos escritórios para o pessoal. Ela construiu 15 modelos de escritórios, para prover uma gama de opções de móveis, cores etc. (Becker e Hoogesteger, 1988.)

O descobrimento das necessidades dos clientes internos exige uma atenção especial às *necessidades culturais,* que vimos anteriormente.

SIMULAR AS NECESSIDADES DOS CLIENTES ▲

Uma forma adicional de se identificar as necessidades dos clientes é através da simulação.

- Numerosos testes comparativos da qualidade de produtos são conduzidos por especialistas treinados, sob condições de laboratório controladas, ao invés de por um painel de consumidores em condições de uso real.
- Os automóveis submetidos a testes de acidentes são ocupados por bonecos sem vida.
- Muitas ideias para o desenho de produtos são, inicialmente, desenvolvidas através de simulação matemática. Depois é construído um modelo para ser testado em laboratório.

A simulação também é muito usada nas indústrias de serviços. Um exemplo bem conhecido é o treinamento de pilotos de aviões, tanto civis como militares. Grande parte desse treinamento é realizado em cabines simuladas, sob condições simuladas de voo ou de combate. Em uma aplicação semelhante, automóveis simulados são "dirigidos" por um painel de motoristas para se testar várias configurações e combinações de cores para reconhecimento, reações e conforto do motorista (Holusha, 1985).

As oportunidades para o engenho são limitadas. O proprietário de uma livraria finge ser um cliente muito alto (ou muito baixo), para julgar a adequação do *layout* físico da sua loja (Galante, 1987). Uma desenhista industrial de pouco mais de 20 anos adota o modo de vestir, maquiar e as limitações de uma mulher de 80 anos, para experimentar os produtos usados por mulheres idosas (Bluestone, 1984).

A simulação tem certas vantagens sobre o estudo durante o uso real.

Durante a simulação, podemos excluir as variáveis indesejadas. Essa exclusão nos possibilita determinar com maior precisão o efeito de características específicas de qualidade sobre a adequação global para o uso. Além disso, a simulação custa menos que a pesquisa de mercado em condições reais de campo.

104 A QUALIDADE DESDE O PROJETO

A simulação também tem limitações. As condições de laboratório não representam inteiramente as condições de operação – elas são "uma imitação do real". (Esse é o significado literal de simulação.)

NECESSIDADES DOS CLIENTES: UM ALVO MÓVEL

As necessidades dos clientes estão sempre mudando. Não existe uma lista final de necessidades de clientes.

Algumas dessas mudanças são respostas às forças poderosas que continuam a surgir no horizonte: novas tecnologias, concorrência no mercado, perturbações sociais e conflitos internacionais. Essas forças inconstantes podem criar novas necessidades dos clientes, ou alterar a prioridade atribuída às necessidades existentes.

- No início dos anos 1970, um cartel internacional foi capaz de quase duplicar o preço do petróleo bruto. Como resultado, a necessidade de "baixo consumo de combustível" subiu notavelmente na escala de prioridades. Esse fato, por sua vez, provocou a elevação da prioridade de necessidades dos clientes como eficiência dos motores em relação ao consumo, veículos a motor de menor peso, e assim por diante.

Dessas forças, a mais insistente é a força de concorrência. Ela está infiltrada em todo o mercado, em qualquer hierarquia humana, nos esportes, entre as espécies biológicas e assim por diante. Os exemplos no mercado são inúmeros.

- Ao longo dos séculos, os sistemas de comunicação evoluíram dos sinais de fumaça aos modernos telefones, rádios e satélites. Durante os anos 1980, continuou a competição na ligação dos sistemas de comunicação com sistemas de processamento da informação e na compatibilidade de sistemas.
- Quando a Ford Motor Company estabeleceu sua meta de Melhor da Classe para o modelo Taurus, descobriu que estava competindo em mais de 400 características de produto (Veraldi, 1985; *Business Week*, 1986).

A não manutenção da competitividade tem causado extensos danos à saúde das empresas.

- Um fabricante de eletrodomésticos era competitivo com respeito a características do produto, preço e datas de entrega.

Entretanto, ele não era competitivo com respeito a falhas no uso e custos de garantia, e isso transformou-se em grande fonte de reclamações dos clientes. Em poucos anos a empresa (B) perdeu toda a sua liderança em participação de mercado, como mostra a tarefa a seguir.

	Empresas que eram líderes em participação de mercado durante:			
Modelo do produto	Ano base	Ano base mais um	Ano base mais dois	Ano base mais três
Preço alto	A	C	C	C
Preço médio	B	B	C	C
Preço baixo	C	C	C	C
Especial	B	B	B	B

A tabela estimulou os altos gerentes da empresa B a agir para melhorar a confiabilidade dos produtos.

RESPONSABILIDADE PELA OBTENÇÃO DE INTELIGÊNCIA DE CAMPO

A principal razão para a falta da inteligência de campo necessária é a ▲ responsabilidade vaga. Muitas unidades de organizações estão bem posicionadas para adquirir uma parte das informações necessárias como subproduto das suas funções normais. No entanto, seus superiores as julga em função do desempenho nas funções normais, e não de como conseguem o subproduto

Algumas empresas têm enfrentado diretamente a pergunta: Como iremos atribuir responsabilidade pela obtenção da inteligência de campo? A maior parte delas optou por uma das seguintes abordagens:

- *Estabelecer uma equipe interdepartamental.* Essa equipe é formada por membros dos departamentos pertinentes – aqueles que necessitam de inteligência de campo e aqueles que estão em posição de prove-la. A equipe recebe a responsabilidade de identificar as necessidades de inteligência de campo e os meios a serem usados para satisfazê-las.
- *Designar responsabilidades de coordenação.* Nessa abordagem, um departamento é designado para ser o coordenador da inteligência de campo. Essa designação cria uma espécie de patrocinador, que também tem legitimidade para estimular a ação. Não obstante, esse patrocinador logo constata que ainda persiste uma grande necessidade de "venda" e persuasão.
- *Criar um departamento especial,* cuja missão inclui a provisão de inteligência de campo. Esse departamento é especialmente eficaz quando

106 A QUALIDADE DESDE O PROJETO

é necessário realizar um melhoramento radical na abordagem à obtenção de inteligência de campo.

Independente da forma organizacional escolhida, é importante desenvolver e divulgar o padrão de responsabilidades, tanto nas respectivas descrições de cargos como em forma matricial, como mostra a Figura 4-4.

Essas matriz, preparada por uma empresa de produtos químicos, relacionava-se especificamente às necessidades de inteligência de campo para o ciclo de desenvolvimento de novos produtos.

Matriz de Responsabilidade para Análise					
Da Adequação às Necessidades de Uso					
Ações	Marketing	Serviços Técnicos	Produção	Desenvolvimento e Controle	Pesquisa
Contatar clientes para conhecer necessidades	R	C			
Identificar propriedades críticas		C		C	R
Conhecer a capacidade do processo			R	C	
Identificar medições críticas			C	R	
Determinar se as medições refletem a adequação ao uso	C	R			
Coletar informações de custos		C	R	C	
Integrar todas as informações e finalizar especificações		C	C	R	
Chave: R = responsabilidade primária			C = responsabilidade de contribuir.		

Figura 4-4 – Matriz de responsabilidades para obtenção de inteligência de campo.

Fonte: De Juran, 1988, p. 12.9, Tabela 12.5.

ORGANIZAÇÃO SISTEMÁTICA DAS NECESSIDADES DOS CLIENTES

As expressões de necessidades dos clientes são, normalmente, colocadas em termos amplos, como necessidade de boa saúde, de transportes eficazes etc. A resposta a essas necessidades se dá por meio de bens e serviços. Porém, a provisão dessas respostas requer uma expressão muito precisa das necessidades. Essa precisão é conseguida pela "divisão". As necessidades amplas são "divididas" em subclasses secundárias, terciárias e assim por diante. Essa divisão continua até ser alcançado um ponto em que a expressão das necessidades é tão precisa que passa a ser possível uma resposta específica.

Um resultado dessa divisão é a proliferação de necessidades em ▲ grandes quantidades. A despeito dessas grandes quantidades, cada uma delas exige um planejamento específico de qualidade. Cada uma exige meios de medição, uma meta, um projeto de produto e um do processo. Para simplificar a vida do planejador e assegurar que nada seja esquecido, as massas de informações relativas às necessidades devem ser organizadas de forma ordenada.

Os planejadores desenvolveram várias abordagens para organizar essas grandes massas de informações. Algumas dessas abordagens estão em forma gráfica: pirâmides, diagramas em árvore etc. Outras estão na forma de tabelas.

A planilha

A forma mais conveniente de arranjo ordenado é a planilha (matriz, ta- ▲ bela, "casa de qualidade" etc.). Na planilha, as necessidades dos clientes são listadas na coluna da esquerda, para que cada linha seja dedicada a uma só necessidade. A distinção entre necessidades primárias, secundárias e terciárias (e assim por diante) é feita por diferenças na defesa da margem esquerda.

As colunas da planilha são usadas para registrar os sucessivos insumos das decisões de planejamento. A Figura 4-5 é um exemplo de planilha, mostrando as necessidades dos clientes nas linhas e nas decisões de planejamento nas colunas.

Nota: As planilhas devem ser preparadas para as necessidades dos clientes *internos,* assim como para os externos. Muitos projetos de planejamento da qualidade referem-se a processos e procedimentos internos, cujo impacto se dá, principalmente, sobre clientes internos.

108 A QUALIDADE DESDE O PROJETO

À medida em que prosseguimos com nossa jornada pelo mapa de planejamento da qualidade, vemos como a planilha acumula suas informações e como os planejadores são auxiliados pelo fato de contarem com todas essas informações em forma ordenada.

TRADUÇÃO

As necessidades dos clientes podem ser declaradas em várias linguagens:

- A linguagem do cliente.
- Nossa linguagem.
- Uma linguagem comum.

Quando as necessidades do cliente são declaradas na linguagem dele, torna-se necessário traduzi-las para nossa linguagem, ou para uma linguagem comum. Isso se aplica tanto aos clientes internos como aos externos.

Terminologia vaga

A tradução dentro de empresas e entre elas é prejudicada pelas limitações de linguagem. Palavras idênticas têm múltiplos significados. As palavras descritivas não descrevem com precisão tecnológica. Várias funções de uma empresa usam dialetos locais que, muitas vezes, não são compreendidos por outras funções. O conceito do que é importante varia amplamente de uma função para outra.

Um exemplo diário de terminologia vaga é dado pelos médicos quando examinam pacientes. O diagnóstico de doenças exige a compreensão dos sintomas. Em alguns casos, os instrumentos de diagnóstico fornecem informações extensas e até mesmo conclusivas quanto à natureza das doenças. Em outros casos, algumas informações essenciais devem vir dos pacientes. Estes precisam descrever, em palavras, fenômenos que para eles podem não ter precedentes, e para os quais as descrições verbais parecem inteiramente inadequadas. No entanto, o médico precisa traduzir essas descrições vagas em informações úteis.

Em outro nível está o problema de tradução enfrentado pelos projetistas de aviões, durante as reuniões para interrogar os pilotos de provas. Os engenheiros necessitam de informações em linguagem tecnológica e quantificada. Os pilotos de provas (que são a guarda avançada para os usuários finais) descrevem o desempenho em termos de sensações humanas: vibrações, saltos, guinadas. Os projetistas e os pilotos de provas podem ter alguns diálogos memoráveis.

DETERMINAR AS NECESSIDADES DOS CLIENTES 109

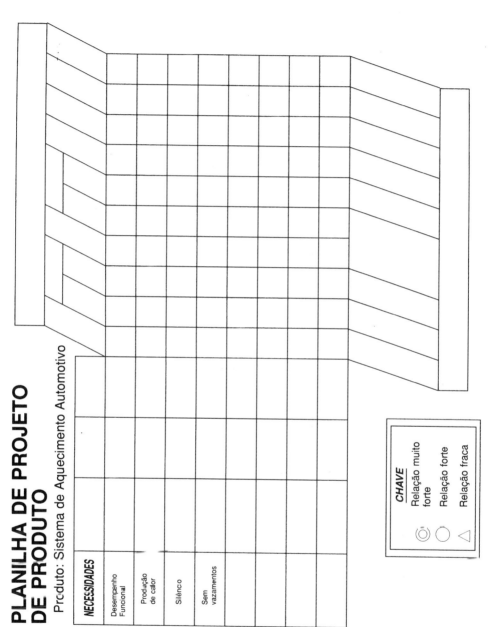

Figura 4-5 – Planilha para aquecedor automotivo.

Dialetos múltiplos

Dentro de qualquer empresa existem funções múltiplas: finanças, pessoal, tecnologia, operações. Cada função desenvolve seu próprio dialeto. A empresa também tem múltiplos níveis na hierarquia e, mais uma vez, existem múltiplos dialetos. No fundo está a linguagem comum das coisas; no topo está a linguagem comum do dinheiro. Aqueles que estão no meio precisam ser bilíngues. A Figura 4-6 mostra essa hierarquia em forma gráfica.

A situação fica pior quando estão envolvidas *múltiplas empresas.*

- Os viajantes frequentes logo aprendem que seus conceitos de "ao ponto", quando aplicados a um filé, não são os mesmos daqueles de vários chefes de cozinha de restaurantes.
- Algumas empresas industriais exigem que seus fornecedores adotem "Autocertificação", "Just-in-Time", "Controle Estatístico de Processo" e assemelhados. Essas expressões têm significados muito diferentes em várias empresas.

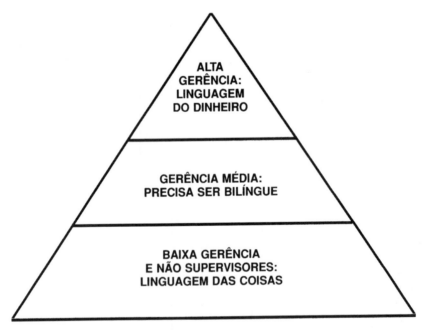

Figura 4-6 – Linguagens comuns na empresa.

Auxílios à tradução

Numerosos auxílios estão disponíveis, para esclarecer a imprecisão e estabelecer ligações entre linguagens e dialetos. Os mais usuais são:

- O glossário.
- Amostras.
- Organização especial para traduzir.
- Padronização.
- Medição.

O glossário

Este auxílio consiste no consenso a respeito dos significados precisos de termos-chave, seguidos da publicação dos mesmos. A publicação toma a forma de um glossário – uma lista de termos e suas definições. A publicação pode ser enriquecida por outras formas de comunicação: desenhos, fotografias, videoteipes.

Um exemplo é o glossário para este tipo.

Um glossário não evolui como subproduto da comunicação do dia a dia. Em vez disso, ele resulta de um projeto específico para a criação de um glossário. (Tipicamente, a imprecisão prossegue até que o projeto seja estabelecido.) Além disso, esse projeto é de natureza intrinsecamente multidepartamental. É necessária uma equipe multidepartamental para ajudar a reunir insumos completos e garantir um pleno consenso.

A organização para um projeto em equipe como esse, com frequência, emprega um especialista para fazer as rondas, obter os insumos e resumi-los para serem revisados pela equipe. Essa abordagem pode reduzir o tempo gasto nas reuniões da equipe, ao mesmo tempo em que assegura os mesmos benefícios da abordagem em equipe.

Amostras

As amostras assumem formas de pedaços de tecido, fichas coloridas e fitas de áudio. Elas servem como especificações para características de produtos, tais como aparência de têxteis, cores para impressão e ruído de condicionadores de ar. Elas fazem uso de sentidos humanos além daqueles associados com imagens de palavras. Existem muitos casos nos quais esses sentidos humanos permitem uma comunicação melhor que aquela possível através de palavras.

O conceito de amostras não está limitado a bens físicos. Algumas empresas de serviços utilizam gravações em vídeo para demonstrar "amostras" de bons serviços – cortesia, atenção e assim por diante.

Assim como acontece com os glossários, a criação de amostras normalmente requer projetos específicos e equipes multidepartamentais.

112 A QUALIDADE DESDE O PROJETO

Algumas exigem equipes da indústria e mesmo equipes multi industriais.

Organizações especiais para traduzir

No caso de clientes externos, o volume de tradução pode exigir a montagem de uma organização especial para executá-la.

Um exemplo comum é o do Departamento de Revisão de Pedidos, que recebe os pedidos dos clientes. Alguns elementos desses pedidos estão na linguagem dos clientes. O departamento os traduz para nossa linguagem, por exemplo, números de código de produtos e nossas siglas. A versão traduzida é então emitida como documento interno da nossa empresa.

Um segundo exemplo é o do Departamento de Serviços Técnicos.

Os especialistas desse departamento são bem informados a respeito de nossos produtos. Através de contatos com os clientes, eles ficam conhecendo suas necessidades. Esse conhecimento combinado possibilita que eles ajudem ambas as empresas a se comunicarem, inclusive na tradução.

Essas e outras formas organizadas de tradução servem a propósitos essenciais. Entretanto, eles são custosos e, em graus variáveis, propensos a erros. Os custos e erros podem ser reduzidos pela padronização e pelo estabelecimento de unidades de medida.

Padronização

À medida em que as indústrias amadurecem, elas adotam a padronização em benefício mútuo de clientes e fornecedores. Essa padronização se estende à linguagem, aos produtos, processos e assim por diante.

- Um viajante precisa ir, de avião, de Cleveland a Chicago; tarde da noite, classe econômica, área de não fumantes, se possível na janela. A empresa aérea traduz isso em voo 455 Y, poltrona 8A.

No caso de bens físicos, a padronização é amplamente usada. Sem ela, uma sociedade tecnológica seria uma perpétua Torre de Babel.

Todas as organizações fazem uso de abreviaturas para designar seus produtos: números de código, siglas, palavras, frases e assim por diante. Essa nomenclatura padronizada facilita a comunicação com os clientes internos. Se os clientes externos adotarem a nomenclatura, o problema de dialetos múltiplos desaparecerá.

Medição

O remédio mais eficaz para a imprecisão e os múltiplos dialetos é a medição – "dizer em números". O próximo capítulo é dedicado à medição da qualidade. Note, porém, que *a medição da qualidade é necessária em cada etapa* ao longo do mapa de planejamento da qualidade. Esse mapa (Figura 1-10) mostra a medição na coluna da esquerda e como ela se aplica a toda a jornada.

APLICAÇÃO A "PRODUTOS" GERENCIAIS

Um problema crítico na tradução são os "produtos" de natureza gerencial. Estes incluem políticas, objetivos, planos, estrutura organizacional, ordens (comandos), sugestões, revisões, incentivos e auditorias. Os clientes são principalmente internos, em todas as funções e todos os níveis. O problema é garantir que os clientes internos interpretem esses produtos das maneiras pretendidas pelos fornecedores internos. Existe também o problema de assegurar que as respostas sejam dadas de forma que minimizem os mal-entendidos.

A colocação desses "produtos" pode ajudar. Os processos de raciocínio que precedem a escrita são mais completos que aqueles que precedem a comunicação verbal. Também é útil realizar reuniões de instruções, as quais provêm uma oportunidade para intercâmbio nos dois sentidos. E o que ajuda muito é o estabelecimento de glossários, de padronização e medição.

ENCAIXANDO AS TRADUÇÕES NA PLANILHA

Isso pode ser feito entrando-se com as traduções na coluna adjacente à lista de necessidades dos clientes. (Em alguns casos, não é necessária nenhuma tradução: As necessidades dos clientes já estão declaradas em nossa linguagem.) A Figura 4-7 mostra como a tradução é inserida na planilha.

Ainda não terminamos com a tradução. Cada uma daquelas necessidades dos clientes exige uma resposta, na forma de característica do produto. A maior parte delas é expressa em termos tecnológicos. Na extensão em que os clientes não expressam suas necessidades na linguagem da tecnologia, são necessárias outras traduções. Veremos isso quando chegarmos ao Capítulo 6, "Desenvolver Características do Produto".

114 A QUALIDADE DESDE O PROJETO

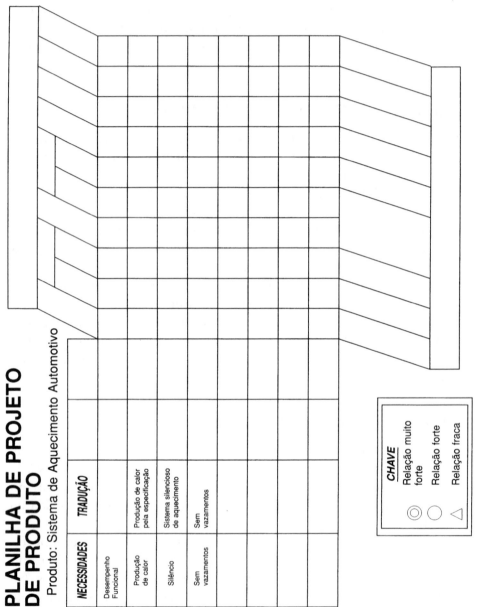

Figura 4-7 – Planilha depois da entrada da tradução.

OS PAPÉIS DOS ALTOS GERENTES

Neste capítulo, como em vários outros, os altos gerentes precisam decidir se devem tornar obrigatório:

- Um processo formal de planejamento para substituir o empirismo
- A participação, no planejamento, daqueles que serão afetados
- O uso de planilhas como auxílio à memória e à comunicação
- O treinamento dos planejadores amadores de qualidade, para torná--los profissionais

É claro que essa decisão dos altos gerentes (obrigar ou não) irá afetar a matéria que é o assunto deste capítulo: Determinar as necessidades dos clientes.

LISTA DE PONTOS ALTOS

- Os clientes podem declarar suas necessidades em termos dos bens que desejam comprar. No entanto, suas necessidades reais são pelos serviços que aqueles bens podem prever.
- Uma grande parte da incapacidade para determinar quais são as necessidades dos clientes pode ser atribuída à falta de entendimento da natureza e mesmo da existência do padrão cultural dos clientes.
- No caso de resistência cultural, as razões reais raramente são óbvias – os disfarces costumam ser sutis. Quando encontramos resistência cultural, devemos olhar além das razões declaradas para entender quais são as ameaças em potencial aos padrões culturais dos seres humanos envolvidos.
- Grande parte do esforço de planejamento de produtos e processos deve ser dirigida à redução das ameaças à saúde e segurança humanas, e ao ambiente, a um nível aceitável.
- A ânsia por serviços rápidos exige a inclusão do elemento tempo quando se planejar para atender às necessidades dos clientes.
- A incapacidade para manter os clientes informados deve-se, normalmente, a uma omissão; o não levantamento da pergunta "O que diremos aos clientes?"
- O uso de garantias como ferramenta para a concorrência intensificou-se.
- Com referência às necessidades dos clientes, a suposição mais simplista é que eles sabem perfeitamente quais são suas necessidades e que a pesquisa de mercado pode ser usada para extrair deles essa informação.
- A melhor maneira para se descobrir as necessidades dos clientes é ser um cliente.

- O comportamento dos clientes é um indicador melhor das suas futuras ações do que aquilo que eles dizem.
- O ponto de partida, na criação de uma nova inteligência de campo, é designar uma equipe multifuncional para conceber o plano de dados.
- A meta deve ser a satisfação dos clientes, ao invés da mera conformidade às necessidades declaradas.
- As necessidades dos clientes são um alvo móvel.
- A principal razão para a falta da necessária inteligência de campo é a indefinição de responsabilidades.
- A despeito da sua quantidade, cada uma das necessidades dos clientes exige um planejamento específico da qualidade.
- A forma mais conveniente de arranjo ordenado das informações para o planejamento da qualidade é a planilha.

TAREFAS PARA OS ALTOS GERENTES

Decidir se devem tornar obrigatório:

- Um processo formal de planejamento para substituir o empirismo.
- A participação daqueles que serão afetados.
- As planilhas para auxiliar a memória e a comunicação.
- O treinamento dos amadores, para que se tomem profissionais.

5 | PROVER MEDIÇÕES

PROPÓSITO DESTE CAPÍTULO

O propósito deste capítulo é mostrar como medir a qualidade em todas as etapas do mapa de planejamento da qualidade. A Figura 5-1 mostra, por exemplo, como a medição da qualidade se aplica a cada uma dessas etapas.

A necessidade de medir

O bom planejamento da qualidade exige comunicações precisas entre clientes e fornecedores. Algumas das informações essenciais podem ser transmitidas adequadamente por palavras. Porém, uma sociedade industrial exige, em escala crescente, uma precisão cada vez mais alta para a comunicação de informações referentes à qualidade. Essa maior precisão é melhor conseguida quando "dizemos em números".

Nos capítulos anteriores, encontramos numerosos casos nos quais matérias orientadas para a qualidade foram descritas em termos vagos.

- O Capítulo 2, "Estabelecer Metas de Qualidade", incluía expressões como liderança em qualidade, melhor em sua classe, qualidade competitiva e qualidade do mercado.
- O Capítulo 3, "Identificar Clientes", incluía expressões como impactos significantes e interfaces chave.
- O Capítulo 4, "Determinar Necessidades dos Clientes", também incluía muitas expressões vagas.

A terminologia vaga é incapaz de prover comunicação precisa. Torna-se necessário "dizer em números". Nos próximos capítulos, iremos encontrar outras necessidades de dizer em números, especialmente nos capítulos sobre desenvolvimento de produtos e processos.

118 A QUALIDADE DESDE O PROJETO

▲ Para "dizer em números", precisamos criar um sistema de medição. Esse sistema consiste em:

- *Uma unidade de medida* – uma quantidade definida de alguma característica de qualidade – que permita a avaliação da mesma em números. Exemplos óbvios são: *horas* para a prestação de serviços; *quilowatts* de energia elétrica.
- *Um sensor* – um método ou instrumento – que pode efetuar a avaliação e declarar suas constatações em números, isto é, em termos da unidade de medida. Exemplos óbvios são: um *relógio* para dizer as horas; um *termômetro* para medir a temperatura.

UNIDADES DE MEDIDA PARA DEFICIÊNCIAS

Existem duas espécies de qualidade; portanto, duas espécies de unidades de medida. Uma delas é para deficiências de produtos e a outra para suas características.

Etapas no Mapa de Planejamento da Qualidade	*Exemplos do Uso de Medição*
Estabelecer metas de qualidade	Análise do desempenho anterior
	Análise competitiva
	Uso de marcos de referência
Identificar clientes	Análise de Pareto dos clientes
	Amostragem dos clientes muitos e úteis
Determinar necessidades dos clientes	Pesquisa de mercado sobre necessidades dos clientes
	Análise do comportamento dos clientes
	Análise da insatisfação dos clientes
Desenvolver características dos produtos	Análise das falhas
	Análise da confiabilidade
	Otimização das metas dos produtos
Desenvolver características dos processos	Análise da capacidade dos processos
	Análise de falhas
	Otimização das concepções de processos

Figura 5-1 – Exemplos do uso de medição durante o processo de planejamento da qualidade.

▲ Para a maior parte das deficiências de produtos, a unidade de medida é expressa por uma fórmula genérica simples:

$$Qualidade = \frac{Frequência\ das\ Deficiências}{Oportunidade\ para\ Deficiências}.$$

Nessa fórmula, o numerador (frequência das deficiências) assume formas como número de defeitos, número de erros, horas de repetição de trabalhos, custo em dinheiro da má qualidade e número de falhas no campo (no uso).

O denominador (oportunidade para deficiências) assume formas como número de unidades produzidas, total de horas trabalhadas, valor em dinheiro das vendas e número de unidades em serviço.

As unidades de medida resultantes assumem formas como percentual de defeitos, percentual de erros, percentual de repetição de trabalhos, custo da má qualidade por dólar de vendas e proporção de falhas em campo em relação às unidades em serviço.

Os exemplos anteriores representam a aplicação da fórmula genérica em sua forma mais simples. Na verdade, essa fórmula vem sendo aplicada há muito tempo e é amplamente usada em todas as funções. Esse uso amplo tem gerado muitas elaborações, como mostra a tabela a seguir.

Departamento Funcional	*Exemplos de Unidades de Medida*
Desenvolvimento de produtos	Porcentagem de desenhos revisados
Compras	Custo da má qualidade (dos fornecedores) por dólar de compras Porcentagem de compras repetidas devido à má qualidade
Fabricação	Custo da má qualidade por dólar de custo de fabricação
Gerência de materiais	Porcentagem de faltas de estoque
Vendas	Porcentagem de pedidos cancelados
Crédito	Proporção de maus pagadores em relação às vendas
Serviço de campo	Porcentagem de visitas de assistência técnica que exigem uma segunda visita

As unidades de medida de deficiências, normalmente, começam em formas simples, tais como porcentagem de erros. Por exemplo, um comerciante que enfrentava reclamações de qualidade dos clientes começou a inspecionar os bens antes de entregá-los a eles. Para verificar quais modelos estavam causando mais problemas, o comerciante

120 A QUALIDADE DESDE O PROJETO

estabeleceu uma medida baseada simplesmente na porcentagem que exigia reparos. Os dados eram como mostra a tabela a seguir.

Modelo	Número de Unidades	Reparos	Porcentagem
A	20	6	30
B	32	8	25
C	IO	2	20
D	26	1	4
E	27	O	O
F	16	O	O

As medidas de qualidade são amplamente usadas como base para julgamentos e decisões. Aqueles que estão sendo julgados irão, compreensivelmente, estudar a unidade de medida para verificar se ela provê uma base justa para julgamento. Em caso negativo, eles irão propor mudanças. Um exemplo comum é a exigência de que a unidade de medida leve em conta a *seriedade* da deficiência. Isso leva a sistemas baseados na definição de níveis de seriedade, à atribuição de pesos (deméritos) a cada nível e ao estabelecimento de unidades de medida como *deméritos por unidade de produto*.

Custo da má qualidade

Existem muitas situações nas quais é útil resumir o efeito de todas as deficiências através de uma única unidade de medida. Uma forma de fazer isso é converter o efeito de todas as deficiências em dinheiro. O resultado final dessa conversão recebe vários nomes: Custo da Qualidade, Custo da Má Qualidade etc.

A expressão Custo de Qualidade é algo confusa, uma vez que inclui duas coisas muito diferentes:

1. Investimentos feitos para tomar os produtos vendáveis
2. Desperdícios devidos a deficiências

Essa confusão é minimizada se nos concentramos no Custo da Má Qualidade (CDMQ). Nossa definição passa a ser:

Custo da má qualidade (CDMQ) consiste naqueles custos que desapareceriam se nossos produtos e processos fossem perfeitos.

Esses custos são enormes, mas seus valores não são conhecidos com precisão. Na maior parte das empresas, o sistema contábil provê somente uma minoria das informações necessárias para se quantificar esse custo da má qualidade. É preciso muito tempo e esforço para se estender o sistema contábil de forma que dê plena cobertura. A maior parte das empresas concluiu que esse esforço não compensa seu custo.

Aquilo que pode ser feito é preencher o vazio por meio de *estimativas*, que fornecem aos gerentes informações aproximadas quanto ao custo total da má qualidade e às principais áreas de concentração. Essas concentrações tornam-se então o alvo dos projetos de melhoramento da qualidade. Depois disso, os projetos concluídos provêm cifras bastante precisas sobre os custos da má qualidade, antes e depois dos melhoramentos.

As classificações populares desses custos têm sido nas "categorias" de custos de falhas, custos de avaliação e custos de prevenção. Os custos de falhas claramente fazem parte do CDMQ. OS custos de avaliação e de prevenção são uma mistura, que inclui investimentos para tomar os produtos vendáveis, bem como elementos do CDMQ. A separação dessa mistura requer a entrada nas subcategorias desses custos. (Para mais detalhes, ver Juran, 1988, Seção 4, "Custos da Qualidade".) O teste básico para aquilo que entra no CDMQ permanece como na definição anterior: Que custos desapareceriam se nossos produtos e processos fossem perfeitos?

UNIDADES DE MEDIDA PARA CARACTERÍSTICAS DE PRODUTOS

Não existe, para as características de produtos, uma fórmula conveniente e genérica para servir como fonte de muitas unidades de medida. O número e a variedade das características dos produtos é simplesmente enorme. Na prática, cada característica de um produto requer sua própria unidade singular de medida.

Um bom ponto de partida é perguntar aos clientes quais são as *suas* unidades de medida para a avaliação da qualidade dos produtos. Se as unidades do fornecedor são diferentes, está preparado o cenário para a insatisfação dos clientes.

> Uma empresa aérea vendia espaço não utilizado para carga prometendo aos clientes entrega da noite para o dia. A unidade de medida destes era baseada em horas para a entrega ser feita. A unidade de medida da empresa aérea continuava a ser baseada no percentual de espaço para carga utilizado. O resultado natural foi a insatisfação dos clientes (Carlzon, 1987, pp. 107-10).

Aplicação a bens

As unidades de medida para características de qualidade de bens fazem amplo uso de unidades tecnológicas "objetivas". Algumas delas são bem conhecidas do público: tempo em minutos, temperatura em graus, corrente elétrica em ampêres, Muitas outras são conhecidas somente pelos especialistas.

Também existem áreas de subjetividade. Os tecnólogos de alimentos necessitam de unidades de medida para sabor, maciez e outras propriedades dos alimentos. Os eletrodomésticos devem ser de aparência bonita. As embalagens devem ser atraentes. Os criadores de cães pagam quantias substanciais, baseados em julgamentos desprovidos de unidades de medida. O desenvolvimento de unidades de medida para tais características envolve muito esforço e engenho.

Aplicação a serviços

A avaliação da qualidade de serviços inclui algumas unidades "objetivas" de medida. Um exemplo bem conhecido é a presteza, que é medida pelo tempo em dias, horas e assim por diante. Os poluentes ambientais (ruído, radiação) gerados por empresas de serviços são igualmente medidos através do uso de unidade tecnológicas de medida.

A qualidade dos serviços também envolve características como cortesia do pessoal que os presta, a decoração ambiental e a legibilidade dos relatórios. Como essas características são julgadas por seres humanos, as unidades de medida (e os sensores associados) devem apresentar correlação com um júri de opinião humana.

Alguns aspectos da qualidade de serviços envolvem numerosas características, as quais, em conjunto, provêm uma base para decisão.

> A avaliação de quais são as melhores (ou piores) cidades requer a consideração de características tais como índices de criminal idade, serviços de saúde, afluência econômica, serviços educacionais, poluição atmosféricas e atividades culturais. Há estatísticas facilmente disponíveis para a maior parte dessas características. Atribuindo-se pesos a cada uma delas, torna-se viável chegar a um composto (Louis, 1975). Contudo, a atribuição de pesos é controversa (Becker *et al., 1987).*

Muitos índices utilizam esses compostos: o índice de preços ao consumidor, o índice dos principais indicadores econômicos e o índice do custo de vida.

OUTRAS UNIDADES DE MEDIDA

As várias unidades de medida estão todas interligadas; elas formam uma espécie de pirâmide. Se dissecarmos essa pirâmide, as camadas serão semelhantes àquelas da Figura 5-2.

Na base da pirâmide está a miríade de unidades tecnológicas de medida de produtos e de elementos de serviços.

Na segunda camada da pirâmide estão unidades de medida que servem para resumir dados básicos, por exemplo, porcentagens de defeitos para processos, documentos, componentes de produtos, ciclos de serviços e pessoas.

A seguir estão as unidades de medida que servem para expressar a qualidade de departamentos inteiros, linhas de produtos e classes de serviços. Nas grandes organizações, pode haver múltiplas camadas dessa categoria de unidades de medida.

No topo da pirâmide estão as medidas, índices e relações financeiras, que servem às necessidades dos mais altos níveis da organização: corporativo, divisional, funcional.

À medida em que a qualidade se deslocou para os mais altos níveis de prioridade na gerência, também tornou-se necessário avaliar o desempenho dos gerentes em relação à qualidade (ver p. 152, sob o título "Medida do Desempenho dos Gerentes").

Figura 5-2 – A pirâmide de unidades de medida.

UNIDADES DE MEDIDA NA PRÁTICA

A redução das unidades de medida à prática requer muitos detalhes na forma de definições precisas e outras formalidades. A menos que esses detalhes sejam providenciados, as unidades de medida poderão criar tantos problemas quanto aqueles que resolvem.

Definição precisa

▲ Todas as unidades de medida exigem definição precisa. No caso das unidades tecnológicas de medida, muitas pesquisas foram feitas para se definir, com extrema precisão, um metro de comprimento ou um segundo de tempo. Para a maior parte das outras unidades de medida, não precisamos ir a extremos, mas precisamos de precisão suficiente para garantir uma boa comunicação.

A maior parte daquilo que medimos vem em subespécies. Os erros podem ser críticos, grandes ou pequenos, podem ser evitáveis ou inevitáveis; podem ser atribuíveis a erros do cliente, de projeto dos produtos, a serviços ou componentes comprados, a erros dos trabalhadores e assim por diante. Se uma unidade de medida contém a palavra "erro", devemos defini-la com precisão suficiente que nos possibilite concordar a respeito do que levar em conta e do que omitir.

> Em alguns casos, existem múltiplas definições – uma para o pessoal interno e outra para os de fora. "Partida no horário" tem um significado para aqueles que usam o dicionário. No caso do Departamento de Transportes e das empresas aéreas, "no horário" significa não mais que 15 minutos depois da hora programada.

Atributos e variáveis

Muitas avaliações de qualidade são baseadas na presença ou ausência de alguma condição: da promessa ser ou não mantida; do diâmetro estar ou não em conformidade com a especificação; sim ou não; vai ou não vai. Essas avaliações são chamadas medições por atributos.

Em contraste, outras avaliações de qualidade são baseadas em medidas ao longo de uma escala graduada: prazo de entrega em dias, temperatura de recozimento em graus. Essas avaliações são chamadas medições por variáveis.

Em geral, a medição por variáveis provê muito mais informações por avaliação do que a medição por atributos. O reconhecimento desse fato tem revolucionado as espécies de instrumentos de medição usados na indústria. No início do século, esses instrumentos eram predominantemente do tipo de atributos. Hoje os instrumentos de variáveis predominam.

Abstrações

Algumas características de qualidade parecem se destacar do mundo das coisas físicas. A qualidade de serviços frequentemente inclui a cortesia como característica significante de qualidade. Mesmo no caso de bens físicos, temos características de qualidade tais como beleza, gosto, aroma, sensação, som. Como estabelecer unidades de medida para essas abstrações?

Uma resposta é quantificar o número de violações da abstração. A segurança é uma abstração, mas podemos contar os casos conhecidos de falta de segurança, isto é, o número de acidentes. Podemos, analogamente, contar os casos de falta de cortesia, de falta de beleza (presença de manchas) e assim por diante. Nesses casos, é muito comum ir um passo além e estabelecer um índice – uma proporção do número dessas ocorrências de "falta" em relação à oportunidade delas, por exemplo, acidentes por milhão de homens-hora de exposição. (Note que nesses tipos de quantificação ainda existe a necessidade de definir aquilo que constitui a "falha".)

Uma outra abordagem para se lidar com abstrações é dividi-las em realidades identificáveis. A "aparência" de um quarto de hotel é certamente uma característica de qualidade, mas também é uma espécie de abstração. Contudo, podemos fazer um esforço e identificar aqueles itens específicos que, em conjunto, constituem a "aparência": a condição do carpete, do lavatório, das roupas de cama, das janelas, dos cinzeiros etc. A identificação desses itens específicos também simplifica a tarefa de se estabelecer unidades de medida.

A unidade de medida ideal

Nossa extensa experiência no estabelecimento de unidades de medição possibilita que relacionemos os principais critérios a serem satisfeitos pela unidade de medida ideal. A unidade de medida ideal:

1. *É compreensível.* Isto raramente é um problema no nível tecnológico, no qual os significados das palavras foram altamente padronizados. Entretanto, no nível gerencial, muitas unidades de medida envolvem termos que carecem de significados padronizados, por exemplo, qualidade

126 A QUALIDADE DESDE O PROJETO

de classe mundial. Os dialetos locais podem ser compreendidos pelo pessoal interno, mas não por elementos externos, por exemplo, chegada no horário. Qualquer imprecisão ou confusão desse gênero torna-se uma fonte natural de dissenção. Aqueles que não compreendem a unidade de medida passam a suspeitar daqueles que possuem essa compreensão.

2. *Provê uma base consensual para a tomada de decisões.* Um dos propósitos da medição é prover assistência factual para a tomada de decisões por parte de diversas mentes humanas. Quanto maior a validade do conceito de medição, maior a probabilidade de se obter um encontro dessas mentes.

- Um problema comum, na tomada de decisões, é a interpretação de diferenças observadas no desempenho. Quais dessas diferenças são alarmes falsos devidos a avaliações randômicas dos dados? Quais resultam de diferenças reais em desempenho? Uma base consensual para a tomada de decisões é a significância estatística, determinada pelos quadros de controle de Shewart, que usam o "desvio-padrão" como unidade de medida.

3. *Tem aplicação ampla.* As medidas de características de qualidade são amplamente usadas como base para análises comparativas. Precisamos de respostas para perguntas como: Nossa qualidade está ficando melhor ou pior? Somos competitivos em relação aos outros? Qual das nossas operações provê a melhor qualidade? Como podemos trazer todas as operações para o nível da melhor? As unidades de medida com ampla aplicabilidade podem nos ajudar a responder perguntas como essas. Nos níveis gerenciais, a satisfação desse critério normalmente exige o uso de proporções e porcentagens. Por exemplo:

- Proporção do custo da má qualidade em relação às vendas.
- Porcentagem de homens hora dedicadas à repetição de trabalhos e a reparos.

4. *Conduz a uma interpretação uniforme.* Números idênticos podem, não obstante, resultar em interpretações amplamente diversas. O fator crítico é se as unidades de medida foram definidas com precisão adequada.

Muitos esforços para comparar desempenhos têm resultado em dissensão, devido ao não cumprimento desse critério. As taxas de erro não são comparáveis, se os erros não são de seriedade comparável. As proporções de custos da má qualidade não podem ser comparadas, a menos que os processos subjacentes sejam comparáveis.

5. *É de aplicação econômica.* É preciso chegar a um equilíbrio entre o custo das avaliações e o valor de tê-las. A pergunta básica é se vale a pena

medir. Em caso positivo, então a pergunta seguinte refere-se à precisão da medição. A precisão necessária é aquela que possibilita que tomemos decisões válidas a partir dos dados. Ir além disso acrescenta custos sem acrescentar valor.

Muitas empresas dedicaram esforço à expansão dos seus sistemas contábeis, para quantificar com precisão seus custos da má qualidade. Os dados resultantes tinham valor, mas pouco afetaram as decisões dos gerentes. Eles teriam tomado as mesmas decisões se houvessem simplesmente estimado os valores.

6. *É compatível com os sensores existentes.* A medição da qualidade é maravilhosamente simples, se existe um instrumento já pronto que possa ser ligado para ler o resultado em termos da unidade de medida. Essa simplicidade predomina amplamente no nível tecnológico da pirâmide das unidades de medida. Porém, à medida em que a qualidade cresce de importância, nos defrontamos com a criação de muitas novas unidades de medida (ver a seguir).

Criando novas unidades de medida

Uma pergunta frequente dos gerentes, em cursos de treinamento, é: "como podemos medir a qualidade de XXX?" Em casos assim, XXX é, com frequência, um processo importante, como aquele de desenvolvimento de novos produtos. A realidade é que *a resposta não será achada em um livro.* Em vez disso, é necessário:

- Definir uma missão de estabelecer meios para a medição da qualidade de XXX.
- Designar a missão a uma equipe apropriada (A equipe irá, normalmente, recomendar múltiplas unidades de medida.)
- Preparar e publicar relatórios de desempenho baseados nas unidades de medida recomendadas.
- Adquirir experiência no uso dessas medidas e efetuar revisões com base no *feedback* dos usuários.

O desenvolvimento de novas unidades de medida é um processo evolucionário e a experiência dos usuários é uma contribuição essencial à evolução.

Para um exemplo de desenvolvimento de novas unidades de medida (para o processo de desenvolvimento de produtos), ver p. 148, sob o título "Medidas para Processos Operacionais", o subtítulo "Aplicação ao Desempenho".

O SENSOR

Para "dizer em números", não basta termos uma unidade de medida; precisamos também avaliar a qualidade em termos dessa unidade de medida. Um elemento chave, na realização dessa avaliação, é o sensor.

Um sensor é um dispositivo especializado de detecção. Ele é projetado para reconhecer a presença e a intensidade de certos fenômenos e converter esse conhecimento sentido em "informações". As informações resultantes, por sua vez, transformam-se em insumos para a tomada de decisões, uma vez que nos capacitam a avaliar o desempenho real.

Os instrumentos tecnológicos são sensores óbvios. O mesmo se dá com os sentidos dos seres humanos e de outros animais. As tendências, em algumas séries de dados, são usadas como sensores. Os quadros de controle de Shewhart são sensores. "Qualquer coisa que possa sentir é um sensor".

Com o desenvolvimento da tecnologia, as funções de muitos sensores foram ampliadas, para incluir

o *registro* dos dados resultantes, para permitir o processamento dos mesmos
O *processamento dos dados,* para se chegar a resumos, tendências etc.
A *comparação* dos dados de desempenho com as metas e padrões
A *execução* de mudanças em processos, para trazer o desempenho para a conformidade com os padrões

Precisão e exatidão dos sensores

A *precisão* de um sensor é uma medida da sua capacidade para reproduzir seus resultados em testes repetidos.

Para a maior parte dos sensores tecnológicos, essa capacidade de reprodução é alta e também facilmente quantificável.

Na outra extremidade do espectro estão os casos nos quais usamos seres humanos como sensores: inspetores, auditores, supervisores, avaliadores. Os sensores humanos são notoriamente menos precisos que os tecnológicos. Nesse caso, é aconselhável que os gerentes entendam as limitações inerentes aos sentidos humanos, antes de tomar decisões com base nos dados resultantes (ver a seguir, sob o título" Sensores Humanos").

Quanto mais críticas as características de qualidade que são o objeto do planejamento, maior a necessidade de se avaliar a precisão do sensor, seja ele tecnológico ou humano. No caso de características críticas de qualidade, é necessário limitar ao mínimo possível o uso de sensores humanos.

A *exatidão* de um sensor é o grau até o qual ele diz a verdade – a extensão até a qual suas avaliações de um fenômeno coincidem com o valor "real", julgado por um padrão consensual. A diferença entre as avaliações observadas e o valor real é o "erro", que pode ser positivo ou negativo.

A relação entre exatidão e precisão fica evidente na Figura 5-3.

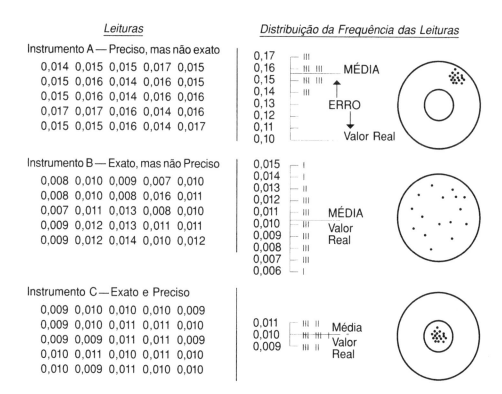

Figura 5-3 – Exatidão e precisão.

Para os sensores tecnológicos, costuma ser fácil ajustar a exatidão recalibrá-los. Um exemplo simples é o de um relógio. Seu proprietário pode ouvir as horas pelo rádio. (Nesse caso, elas são o padrão.) Então, ele efetua uma correção, isto é, uma mudança que neutraliza o erro. No dialeto industrial, o proprietário "recalibrou o instrumento".

Em contraste, a precisão de um sensor não é fácil de se ajustar. O limite superior de precisão é inerente ao seu projeto básico. A elevação da precisão além desse limite superior exige um novo projeto. (O sensor pode estar operando em um nível de precisão abaixo daquele para o qual foi projetado, devido ao uso errado, à manutenção inadequada etc. Nesse caso, a eliminação dessas causas pode permitir que o sensor recupere sua precisão inerente.)

Sensores para bens manufaturados

Nas sociedades industriais, encontramos sensores em toda parte. Em casa, temos relógios para dar as horas, termômetros para medir a temperatura, balanças para nos pesarmos, medidores para medir o uso de eletricidade. O automóvel tem um pequeno painel de instrumentos, que mantém o motorista informado sobre o suprimento de combustível e outros itens. Os aviões são muito mais complexos. Os numerosos medidores na cabine são apenas a parte visível do total. Não estão visíveis os numerosos microinterruptores, as antenas e assim por diante, inclusive as críticas "caixas-pretas" que registram o voo.

As fábricas que constroem automóveis ou aviões têm instrumentos em quantidades muitas vezes maiores. Alguns deles são intrigantes, como os bonecos usados para registrar os efeitos dos acidentes sobre os ocupantes dos veículos.

Sensores para serviços

As indústrias de serviços também fazem amplo uso de sensores e alguns deles se superpõem àqueles usados para bens. Os hospitais fazem parte da indústria de serviços de saúde, mas eles fazem uso extensivo de instrumentos de diagnóstico de todos os tipos. Além disso, muitos sensores da indústria de serviços consistem em sistemas de dados e não dispositivos tecnológicos.

No lar, as rendas de muitos chefes de família estão ligadas, ou "indexadas", ao índice de Preços ao Consumidor. Aqueles que são afluentes podem usar o Índice Industrial Dow Jones como sensor da situação do mercado de ações. Nas escolas, os exames são amplamente usados para medir o desempenho dos estudantes e julgar sua capacidade para avançar nos estudos.

Os escritórios fazem uso extensivo de arquivos de cartões, relógios de ponto, requisições, sistemas contábeis e assemelhados, para coletar e analisar dados a serem usados para a tomada de decisões em todos os níveis. Dispositivos similares são usados nas fábricas. Na verdade, a expressão "operações de apoio" é usada para descrever as atividades "indiretas" que são comuns a todas as indústrias, sejam elas de serviços ou de manufatura.

As indústrias de todos os tipos usam sensores como levantamentos de mercado e de opiniões de funcionários, "compradores misteriosos" e grupos de foco, para prover os gerentes com informações para a tomada de decisões. O que todos eles têm em comum é sua dependência nos seres humanos como sensores. Essa ampla dependência exige um exame cuidadoso dos méritos e limitações dos seres humanos como sensores.

Onde ligar os sensores

Os resultados do sensoreamento dependem de onde ele é feito – de onde é ligado o sensor. Muitos processos consistem em uma série de passos sequenciais. Um sensor projetado para medir o valor que está sendo processado dará leituras diferentes, dependendo de onde for ligado. Para ilustrar, um sistema de dados é projetado para medir volume de vendas. Neste exemplo, o volume pode se aplicar a qualquer um de vários estágios de progressão, com base nos respectivos documentos chave:

Estágio	*Documentos Chave*
Fazer propostas para negócios	Propostas
Contratação	Contratos
Desempenho de serviços	Faturas intermediárias
Conclusão do trabalho	Faturas finais
Cobrança	Remessa de valores
Emissão de créditos	Certificados de crédito

Um padrão semelhante é encontrado na medição do volume de bens produzidos:

Estágio	*Documentos Chave*
Requisição	Requisições
Produção	Bilhetes de entrega
Inspeção e teste	Relatórios de inspeção
Entrega	Bilhetes de embarque
Instalação	Relatórios de instalação
Aceitação final	Relatórios de inspeção

O termo "volume" irá significar coisas diferentes para pessoas diferentes, a menos que haja uma definição clara volume em que estágio.

SENSORES HUMANOS

O sensoreamento humano tem lugar em todos os níveis da hierarquia de medição. No nível de dados básicos, os seres humanos precisam decidir: Como deveria ser classificada esta falha no uso? Que conta deve ser cobrada dessas horas de trabalho? Nos níveis mais altos existem perguntas correspondentes, relativas à preparação de resumos, índices e

132 A QUALIDADE DESDE O PROJETO

assim por diante. Além disso, precisamos combater os erros humanos que surgem devido a uma variedade de causas: inadvertência, falta de técnica, erros conscientes. A extensão do sensoreamento humano é tão grande, que precisamos dar passos positivos para conseguir um sensoreamento digno de crédito. Esses passos são bem conhecidos. Cada um é concebido para reagir a uma determinada espécie de erro humano.

A Figura 5-4 resume os vários tipos de erros humanos e as respectivas soluções usuais. A exposição que se segue detalha mais esses tipos de erros e soluções.

Má interpretação

As palavras são notoriamente sujeitas a uma variedade de interpretações. Para garantir interpretações uniformes é necessário prover definições precisas, suplementadas por auxílios como listas de verificação e exemplos. Analogamente, devem ser fornecidas instruções detalhadas a respeito de como resumir, calcular e assim por diante, inclusive exemplos.

Tipos de Erros	Soluções
Má interpretação	Definição precisa; glossário Listas de verificação Exemplos
Erros inadvertidos	Testes de aptidão Reorganização do trabalho, para reduzir fadiga e monotonia Planos à prova de falhas Redundância Projetos à prova de erros Automação; robótica
Falta de técnica	Descobrir os truques dos trabalhadores bem--sucedidos Revisão da tecnologia para incorporar o truque Retreinamento
Erros conscientes: coloração distorções inutilidade	Projetar revisão do plano de coleta de dados Remover atmosfera de culpa Agir sobre os relatórios, ou explicar por que não Despersonalizar as ordens Estabelecer responsabilidade Prover ênfase equilibrada nas metas Conduzir auditorias de qualidade Criar competição, incentivos Realocar o trabalho

Figura 5-4 – Tipos de erros humanos e soluções.

Em assuntos críticos, deve-se prover treinamento formal, juntamente com exames para verificar a "capacidade" dos candidatos a sensores em relação ao processo.

Erros inadvertidos

Esses erros são não intencionais, imprevisíveis e, muitas, vezes inconscientes, isto é, a pessoa que comete o erro não está, naquele momento, consciente de tê-lo cometido.

- Um depositante recebe seu extrato mensal do banco e descobre que o saldo do talão de cheques não bate com aquele registrado pelo banco.
- Uma análise subsequente mostra (normalmente) que o depositante havia, inconscientemente, cometido algum erro inadvertido, devido a um lapso de atenção.
- Testes conduzidos pela Federal Aviation Administration constataram que o processo de revista dos passageiros em busca de armas nos portões de embarque detectavam, em média, cerca de 80% das mesmas. Algumas das falhas foram atribuídas a erros inadvertidos (Molotsky, 1987).

A característica imprevisível desses erros produz um caráter randômico nos dados. (Não podemos prever qual depositante irá cometer o próximo erro no cálculo do saldo, quando isso irá ocorrer e que tipo de erro estará envolvido.) Esse caráter randômico nos ajuda a identificar que os erros são do tipo inadvertido. Contudo, estamos limitados quanto à escolha da solução, porque a causa básica dos erros inadvertidos é uma fraqueza inerente ao organismo humano – uma incapacidade para manter-se atento indefinidamente. (Se a desatenção é intencional, esse é um erro consciente.)

Até certo ponto, os erros inadvertidos podem ser reduzidos por:

- Testes de aptidão para identificar as pessoas melhor talhadas para as tarefas em questão; e
- Organização do trabalho de forma a reduzir fadiga e monotonia, por exemplo, períodos de descanso, rotação de tarefas.

Entretanto, nos casos em que não podemos tolerar esses erros inadvertidos, por exemplo, em assuntos envolvendo a segurança humana, devemos recorrer a soluções técnicas: planos à prova de falhas, projetos à prova de erros, automação, redundância etc.

- O uso de códigos de barras para a escrita e leitura de identificação de números tem reduzido grandemente os erros humanos associados (Sandberg-Diment, 1985).

Falta de técnica

Uma espécie muito comum de erro humano é atribuível ao conhecimento incompleto por parte do sensor humano. Algumas pessoas desenvolveram algum tipo de truque, uma pequena diferença de método, que responde por uma grande diferença nos resultados. Aqueles que conhecem o truque obtêm resultados superiores; os outros não.

A solução é estudar os métodos usados tanto por aqueles que têm desempenho superior, quanto daqueles que tem desempenho inferior. Normalmente, esses estudos identificam os truques, que podem então ser transferidos a todos os trabalhadores através de treinamento. Também pode ser viável a incorporação dos truques à tecnologia.

Um exemplo interessante de truque foi aquele inventado pelo eminente cardiologista, já falecido, o dr. Paul Dudley White. (Ele foi o líder da equipe designada para tratar do Presidente Eisenhower, depois que este sofreu um ataque cardíaco.)

No início da sua carreira, o Dr. White estabeleceu um sistema de planilha para manutenção de registros, para auxiliá-lo no acompanhamento dos progressos dos seus pacientes. Ele descreveu o sistema em sua autobiografia (White, 1971):

- Eu havia mandado imprimir folhas grandes... Essas folhas continham duas linhas horizontais para cada paciente, divididas por colunas com o número de série, nome, idade, sexo, o diagnóstico de acordo com a etiologia (cardíaca e não cardíaca), as mudanças estruturais e as condições funcionais da circulação e, no final, uma coluna especial dedicada a alguma razão pela qual poderia ser particularmente importante fazer o acompanhamento daquele paciente. Hoje, depois de 50 anos, considero esse material de grande valor; ele não requer um computador, devido à organização da tabulação original, que se mostrou tão útil. Esse tipo de acompanhamento pode ser aplicado a qualquer campo da medicina ou da cirurgia, a qualquer ciência ou a qualquer atividade da vida, mas com o passar dos anos meu material tornou-se tão útil, que tenho enfatizado cada vez mais a importância desta técnica relativamente simples na prática da medicina e na coleta de informações de um modo geral. (White, 1971.)

No dialeto dos especialistas em qualidade, o truque do Dr. White consistia em um sistema estruturado de registro de dados, para facilitar a identificação de relações entre as variáveis do processo (os sintomas do paciente) e os resultados do produto (o tratamento e os progressos subsequentes).

Erros conscientes

Estes são intencionais e intencionais. A pessoa que comete o erro sabe quando o comete e pretende continuar a cometê-lo. Os erros conscientes vêm em uma variedade de subespécies:

Defesa contra injustiças reais ou imaginárias. Por exemplo, uma atmosfera de culpa estimula os subordinados a ocultar informações que podem se transformar em motivos de culpa.

Dissimulação. Esta é uma distorção deliberada dos dados coletados, vara uma variedade de propósitos normalmente egoístas: redução da carga de trabalho, fuga a tarefas desagradáveis, autoengrandecimento, medo de ser punido por ser portador de más notícias.

> Os pilotos de linhas aéreas têm, evidentemente, se empenhado em reduzir a gravidade dos "quase choques" em voo nos seus relatórios. As razões declaradas incluem evitar o envolvimento com investigações prolongadas, as quais podem prejudicar suas carreiras. Quando a Federal Aviation Administration, no período de 1968 a 1971, deu imunidade aos pilotos que descrevessem tais incidentes, ele recebeu 2.230 relatórios de quase colisões (Dahl, 1987).

A seguir, um exemplo de dissimulação que teve lugar em uma empresa cuja linha de produtos incluía fogões elétricos e a gás.

> O Vice-Presidente, na sede central, telefonou para o Gerente da Fábrica, que ficava no interior. "Quantos fogões você está despachando hoje?" O Gerente da Fábrica perguntou ao Gerente de Produção, que perguntou ao Superintendente de Montagem, que perguntou ao Encarregado da Expedição, que perguntou ao Pete. Pete, como estava lá embaixo na hierarquia, não tinha ninguém a quem perguntar. Assim, foi até a plataforma de embarque e contou os fogões – nos caminhões, nos vagões de carga e nas plataformas. Havia um total de 400.
>
> Pete não era tolo. Ele lembrava que, na véspera, haviam sido embarcados 440 fogões. E também sabia que alguém iria perguntar: "Por que hoje temos menos que ontem?"
>
> Ele encontrou a resposta. Havia outros 40 fogões em uma área de espera. Eles haviam sido montados naquele dia, mas não podiam ser embarcados porque estava faltando seus relógios elétricos. "Estamos sem relógios elétricos. Um carregamento deles está a caminho e deve chegar às 11 da manhã e amanhã". Na mente de Pete, tudo se encaixou. Aqueles 40 fogões na área de espera poderiam ser considerados embarcados.
>
> Assim, ele reportou 440 fogões. E essa informação correu linha acima. 90% mensagem e 10% dissimulação (Juran, 1964).

136 A QUALIDADE DESDE O PROJETO

A redução da dissimulação pode ser conseguida, em parte, pelo estabelecimento de um clima que favoreça a comunicação franca. A criação desse clima exige liderança por parte da alta gerência – liderança pelos exemplos. A adoção de canais de comunicação não humanos também pode ajudar muito. O computador abriu amplas possibilidades para o processamento de dados básicos e a comunicação de resultados diretamente aos usuários com o mínimo de coloração humana.

Distorções

As distorções constituem uma das fontes mais problemáticas de erros no sensoreamento humano. A distorção tem alguma semelhança com a dissimulação, mas existem diferenças sutis. Na coloração o sensor humano conhece os fatos, mas acrescenta conscientemente uma distorção. Pode haver forças interiores que influenciam a resposta do sensor humano. A distorção pode até ser inerente ao projeto do plano de sensoreamento. Um exemplo clássico foi o caso do teste de lâminas de barbear.

- Na década de 1940, um fabricante de lâminas de barbear fazia amplo uso de seres humanos como sensores. Muitos funcionários do sexo masculino deixavam de se barbear em suas casas pela manhã. Em vez disso, eles se barbeavam em lavatórios especiais nas instalações da empresa e registravam os resultados desses testes de barbear em folhas de dados como a da Figura 5-5.

  Pelo procedimento vigente, o funcionário recebia uma lâmina para ser testada. (Esta podia ser: uma amostra de um produto corrente, uma lâmina de um concorrente, ou um novo produto em desenvolvimento.)

Nome _____ Depto. _____
Tipo de lâmina _____
Data de início _____

Testes de Barba

	Excelente	Boa	Razoável	Ruim
1				
2				
3				
4				
5				
6				
7				

(Número de Barbas)

Figura 5-5 – Folha de dados para testes de barbear.

O funcionário usava a lâmina dia após dia, registrando sua avaliação depois de cada barba. Quando a avaliação chegava a "ruim", a lâmina era descartada.

Uma análise crítica das folhas de dados resultantes revelou a existência de duas grandes deficiências no teste de barbear:

1. Para qualquer lâmina, as avaliações, invariavelmente, declinavam de um dia para outro, ou permaneciam as mesmas. Nenhuma avaliação subia. Essa invariabilidade era questionada por aqueles que duvidavam que a avaliação humana pudesse ser tão precisa.

2. Todas as lâminas atingiam a avaliação de "ruim" no máximo até a quinta barba, isto é, nenhuma lâmina era usada mais de cinco vezes. Mais uma vez, os céticos duvidavam da capacidade dos seres humanos para avaliar com tanta precisão a vida das lâminas.

A teoria dos céticos era que os dados dos funcionários eram distorcidos, devido ao conhecimento prévio que eles tinham de quantas vezes as lâminas haviam sido usadas. Foi então concebido um novo teste, para que eles não soubessem quantas vezes as lâminas haviam sido usadas. Os dados resultantes dos testes diferiam radicalmente daqueles do passado, em dois aspectos:

1. As avaliações dos testes oscilavam mais amplamente. Não era incomum elas melhorarem durante usos sucessivos da mesma lâmina.

2. A vida útil das lâminas subiu de forma notável. Elas eram frequentemente usadas dez vezes ou mais, ao invés do máximo anterior de cinco. A vida útil anterior das lâminas era determinada por considerações de ordem psicológica e não metalúrgica.

Inutilidade

Outra fonte de distorções humanas é a sensação de inutilidade. Em muitas indústrias, a força de trabalho é, potencialmente, um sensor com relação às condições no local de trabalho. Através do seu contato íntimo diário com essas condiçoes, os trabalhadores estão em posição de identificar oportunidades, assim como deficiências. Por exemplo, em um hotel, as camareiras, os mensageiros e outros funcionários estão em posição de reportar as condições correntes dos quartos, as reações dos hóspedes e assim por diante. Porém, se os funcionários descobrem que seus relatórios não levam a nada, eles deixam de fazê-los.

A situação de inutilidade é pior se os trabalhadores descobrem que sua recompensa por agir como sensores é uma culpa injustificada.

138 A QUALIDADE DESDE O PROJETO

- Durante anos a indústria hospitalar tinha apenas uma vaga ideia da extensão dos erros no processo de medicação dos pacientes. Todos os hospitais tinham regras exigindo que as enfermeiras reportassem prontamente os erros de medicação ao administrador do hospital. Entretanto, em muitos hospitais as enfermeiras haviam aprendido que, quando faziam esses relatórios, muitas vezes, se expunham a culpas injustificadas. Por isso, deixaram de fazê-los, Um estudo realizado por um perito não pertencente à indústria mostrou que (a) cerca de 7% das medicações envolviam erros, alguns bastante sérios, e (b) o grosso dos erros se relacionava ao controle gerencial e não das enfermeiras. (Para mais detalhes, ver Juran, 1988, Seção 33, sob o título "Controle de Erros de Medicação em Hospitais".)

Os exemplos sugerem os meios a serem usados para minimizar as distorções dos sensores humanos.

- Providenciar uma revisão do projeto do plano de coleta de dados. No caso de projetos complexos, a equipe de revisão deve incluir um elemento experiente em projetos estatísticos e em se comunicar com pessoas carentes de conhecimentos nessa área.
- Abordar a ocorrência de erros de forma construtiva, isto é: o que podemos fazer em conjunto para reduzir tais erros no futuro? Acima de tudo, evitar condenações imediatas.
- Quando pedir aos funcionários que atuem como sensores, tome providências com base nos seus relatórios, ou explique por que não o fez.

Operações à prova de erros

A ampla ocorrência de erros humanos tem estimulado muitos esforços para a criação de operações à prova de erros. Estas podem ser aplicadas a virtualmente todos os tipos de erros humanos.

Os gerentes, normalmente, compreendem que essas fontes humanas de erros existem, e que elas podem ser sérios obstáculos à boa qualidade. Eles também têm muito interesse na redução desses erros. O que costuma faltar é a análise para se descobrir a natureza precisa dos erros, para que se possa aplicar o corretivo adequado. Os gerentes devem se informar sobre a natureza dessas espécies de erro e seus corretivos associados. Caso contrário, eles estarão se empenhando em uma guerra sem saber quem é o inimigo. (Para uma exposição mais detalhada de operações à prova de erros, baseada na análise de quase mil casos, ver Nakajo e Kume, 1985.)

TEMPO DE SENSOREAMENTO

O sensoreamento é realizado em três molduras de tempo em relação às operações:

- Antes das operações.
- Durante as operações.
- Depois das operações.

Os propósitos e usos dessas formas de sensoreamento são mostrados na Figura 5-6.

Um exemplo de sensor de aviso prévio é a "revisão do projeto". Por esse conceito, aqueles que serão afetados pelo plano têm a oportunidade de revisá-lo em seus estágios iniciais, reunir-se com os planejadores e fornecer avisos prévios: "Se vocês planejarem assim, as consequências em nossa área serão essas". Encontraremos aplicações desse conceito nos dois próximos capítulos.

O principal benefício do sensoreamento, após as operações, é o das "lições aprendidas". Veremos esse conceito em detalhe no Capítulo 12, onde ele recebe nomes como análise retrospectiva e Revisão de Santayana.

	Antes das Operações	Durante as Operações	Depois das Operações
Propósito do sensoreamento	Garantir aviso prévio do impacto da qualidade sobre as operações subsequentes	Manter as operações em estado de conformidade com as metas	Descobrir as "lições aprendidas" como insumo para futuro planejamento
Tipo de sensor	Sensores especiais de aviso prévio	Normalmente os sensores "regulares", necessários à geração de dados para controle das operações	Principalmente um resumo de dados que são um subproduto dos ciclos anteriores de operação
Análise das informações sensoreadas pelos:	Planejadores da qualidade	Forças operacionais	"Historiadores", que podem ser planejadores ou analistas em tempo integral
O uso das informações colhidas é feito por:	Planejadores da qualidade	Forças operacionais	Planejadores da qualidade

Figura 5-6 – Sensoreamento Antes, Durante e Depois das Operações.

▲ MEDIDAS PARA MANUTENÇÃO DO CONTROLE

Uma importante razão para a medição da qualidade é o provimento das informações necessárias à tomada de decisões relativas à manutenção do *controle* da qualidade – com as operações permanecendo em bases estáveis e previsíveis. Essas decisões são tomadas por numerosas pessoas, em várias funções, e em todos os níveis hierárquicos. Porém, todas essas pessoas usam um processo de controle comum, baseado na alça universal de *feedback*. A Figura 5-7 mostra essa alça em forma gráfica.

- Tudo começa com a escolha das metas de qualidade. Cada meta transforma-se em "objeto de controle", ao redor do qual é construída a alça de controle.
- Para cada meta de qualidade é projetado um sistema de medição, consistindo em uma unidade de medida e um sensor que possa avaliar a qualidade em termos da unidade de medida.
- O sensor é ligado ao processo de operação, para avaliar o desempenho real quanto à qualidade.
- Um árbitro compara o desempenho real à meta e decide se a conformidade é ou não adequada.
- Em caso de falta de conformidade adequada, o árbitro utiliza um acionamento para restaurá-la.

A aplicação desta alça universal de *feedback* a assuntos de qualidade estava limitada, até os anos 1980, a bens manufaturados e processos de fabricação. Desde então, as empresas começaram a estender a aplicação ao "Q Grande". A experiência dessas empresas tem demonstrado que

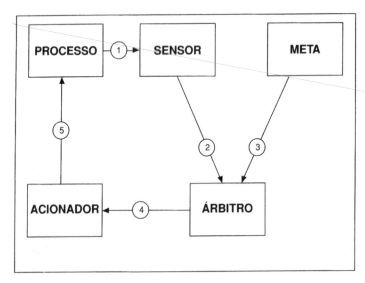

Figura 5-7 – A alça de *feedback*.

essa extensão exige uma boa dose de pensamento criativo, bem como de tentativa e erro.

Controles operacionais *versus* controles gerenciais

Embora a alça de *feedback* seja universal, as responsabilidades atribuídas não o são. A Figura 5-8 mostra como a aplicação da alça de *feedback* aos níveis inferiores da hierarquia difere daquela aos níveis superiores.

MEDIDAS DAS CONSEQUÊNCIAS ECONÔMICAS DA QUALIDADE

A qualidade afeta a economia da empresa de duas maneiras principais:

- O efeito sobre os custos.
- O efeito sobre a receita de vendas.

Estes são conceitualmente bastante diversos, embora interajam em alguns aspectos.

O efeito da qualidade sobre os custos

Existem métodos para a quantificação do efeito da qualidade sobre os custos. Esses métodos envolvem a avaliação de várias categorias de custos para se atingir a qualidade, bem como categorias de custos da má qualidade. A avaliação pode ser feita através da ampliação do sistema contábil (um processo que consome muito tempo). Como alternativa, a avaliação pode ser feita por estimativas (ver Juran, 1988, Seção 4, "Custos da Qualidade").

O efeito da qualidade sobre a receita de vendas

A medição do efeito da qualidade sobre a receita de vendas tem muito pouco em comum com a medição do seu efeito sobre os custos. No caso da receita de vendas, "qualidade" refere-se, principalmente, a *características do produto:* sua presença ou ausência e sua competitividade no mercado. No dialeto dos especialistas em qualidade, esta forma de "qualidade" é "grau" ou "qualidade de projeto" – muito diferente da "qualidade" no sentido de conformidade aos padrões.

142 A QUALIDADE DESDE O PROJETO

Elemento	Aplicação aos Níveis Inferiores	Aplicação aos Níveis Superiores
Objetos de controle	Requisitos de especificações físicas, químicas	Desempenho resumido para linhas de produtos, departamentos etc.
Unidades de medida	Físicas e químicas naturais (ohms, quilogramas etc.)	Várias: dinheiro, índices, relações
Dispositivos de sensoreamento	Instrumentos físicos, sentidos humanos	Resumos de dados, sentidos humanos, análises estatísticas
Quem coleta as informações	Operadores, inspetores, escriturários, instrumentos automatizados	Vários departamentos de estatísticas
Quando é feito o sensoreamento	Durante as operações correntes	Dias, semanas ou meses após as operações correntes
Padrões usados para comparação	Especificações planejadas; procedimentos especificados	História; o mercado; o plano
Quem age a respeito das informações	Servomecanismos, funcionários não supervisores, supervisores de primeira linha	Gerentes
Ações executadas	Regulagem do processo, reparos, classificação	Replanejamento; melhoramento da qualidade; motivação

Figura 5-8 – Contraste, aplicação de controles de qualidade aos níveis inferiores *versus* superiores na hierarquia.

A receita de vendas resulta de numerosos fatores, inclusive o valor percebido das características do produto. As respectivas contribuições desses fatores não podem ser determinadas com precisão, mas existem métodos para se estabelecer algumas relações úteis. Examinaremos esses métodos no Capítulo 6, "Desenvolvimento do Produto", sob o título "Análise da Possibilidade de Vendas".

Algumas relações úteis também podem ser derivadas de um estudo de história – aquilo que aconteceu em lançamentos anteriores de produtos. Veja, a esse respeito, o Capítulo 12, sob o título "A Base de Dados; A Revisão de Santayana". Ver também Juran (1988) Seção Três, "Qualidade e Receita".

Interação

As duas espécies diferentes de qualidade interagem entre si. Cada um delas contribui para a reputação de qualidade da empresa, positiva ou negativamente. Os produtos que são propensos a falhas podem facilmente resultar na perda de futuras vendas. Características novas e úteis de produtos podem ajudar a vendê-los, mesmo que os produtos anteriores tenham um histórico de não conformidade.

MEDIDAS DA QUALIDADE AOS NÍVEIS MAIS ALTOS

No sentido em que é usado aqui, o "nível mais alto" inclui não só o nível corporativo; ele inclui também o nível divisional – aquela unidade organizacional que é liderada por um gerente geral, que tem virtual autonomia para dirigir uma subempresa. Veremos inicialmente alguns exemplos que estão em uso ativo nas empresas. A seguir, faremos generalizações a partir desses exemplos.

Florida Power & Light Company (FPL)

Durante os anos 1980, a FPL empreendeu uma extensa gama de melhoramentos em qualidade, mais de mil projetos importantes. À medida em que se adquiria experiência, evoluía o conceito de se ampliar o plano de negócios da empresa para que contivesse a qualidade e seu melhoramento. Essa mesma ampliação introduziu medidas de qualidade no sistema de indicadores operacionais chave da empresa. A Figura 5-9 mostra os indicadores operacionais chave para a Divisão Oeste (Brunetti, 1986).

Custo operacional e de manutenção por cliente
Clientes por funcionário
Custos operacionais e de manutenção – variação porcentual em relação ao Índice de Preços ao Consumidor
índice de melhora cliente/funcionário
Memorandos de crédito por 1.000 clientes
Custos de extensão por novo cliente
Inquirições da Comissão de Serviços Públicos por 1.000 clientes
Horas médias de utilização de veículos
Índice de indisponibilidade do fornecimento de energia
Interrupções de fornecimento por 100 milhas

Figura 5-9 – Indicadores chave operacionais para uma divisão da Florida Power & Light Company.

Texas Instruments, Inc. (TI)

A TI é uma fabricante multinacional, principalmente no campo da eletrônica. Durante os anos 1980, ela desenvolveu um grande e bem-sucedido esforço para acelerar o melhoramento da qualidade. Uma parte desse esforço incluía o estabelecimento de um sistema revisado para relatórios de qualidade e dos melhoramentos na mesma. A Figura 5-10 mostra o conteúdo do relatório revisado, agrupado em quatro categorias.

Para mais detalhes, ver Onnias (1986). Onnias observa que a implementação da base de dados para o custo da qualidade enfrentou resistência cultural da parte de alguns gerentes operacionais. Em retrospecto, foi constatado que a facilidade de implementação tinha forte correlação com a extensão até a qual os gerentes haviam participado do planejamento.

Principais indicadores. Estes contêm relatórios relativos à qualidade dos insumos recebidos dos fornecedores. Os exemplos incluem:

Peças defeituosas por milhão (PPM)
Nível de pureza
Resultados de testes funcionais
Teste de uso
Resultados de inspeções visuais/mecânicas

Indicadores convergentes. Estes estão relacionados à qualidade dos processos da própria TI, à qualidade de bens acabados e à qualidade da assistência aos clientes. Os exemplos de relatórios de processos incluem:

Repetição de trabalhos em várias etapas
Média de contagem de poeira
Rendimento do teste final
Índice de rejeição dos lotes
Duração do ciclo

Os relatórios sobre unidades acabadas incluem informações a respeito de:

PPM elétrica
PPM visual/mecânica
Teste de vida operacional
Choque térmico

Os relatórios sobre serviços prestados aos clientes incluem:

Desempenho de embarques, em porcentagem
Falhas em relação às obrigações ao longo de 30 dias
Erros do armazém
Duração do ciclo de materiais devolvidos
Número de clientes com direito a programas de estoques

Outros indicadores convergentes relacionam-se aos equipamentos de fabricação:

Tempo médio entre falhas
Tempo médio de reparos
Tempo médio entre ações de manutenção

(continua)

PROVER MEDIÇÕES **145**

(continuação)

Indicadores de falhas. Estes relacionam-se a *feedbacks* de clientes, tanto na forma de materiais rejeitados como de dados. As categorias de rejeição incluem: 　Devoluções devidas a problemas elétricos, mecânicos ou visuais 　Devoluções devidas a erros administrativos 　Devoluções injustificadas
O *feedback* de dados dos clientes é visto como um reflexo das percepções deles. As categorias incluem: 　Qualidade e confiabilidade do produto, do ponto de vista do cliente 　Avaliação da TI quanto à qualidade e confiabilidade, em relação aos concorrentes. 　Qualidade da assistência técnica da TI
Custo da Qualidade. A TI também ampliou a base de dados de custos, de forma que as categorias de custos incluem: 　Custo da conformidade 　Custo da não conformidade 　Custo total da qualidade 　Custo total da qualidade como porcentagem do custo total de fabricação

Figura 5-10 – Medidas de qualidade que são incluídas no sistema de relatórios sobre qualidade da Texas Instruments Inc.

Divisão de Combustíveis Nucleares Comerciais da Westinghouse

A Divisão de Combustíveis Nucleares Comerciais da Westinghouse Electric Corporation (ganhadora do National Quality Award) reportou que, durante 1989, suas medidas de qualidade incluíam a lista apresentada na Figura 5-11.

Outros sensores

Além das avaliações feitas pelos sistemas de dados, a alta gerência faz uso de outras fontes:

- *Relatórios* de comitês, equipes de projetos e de pesquisa etc.
- *Auditorias* conduzidas dentro da empresa e por auditores externos
- *Observações pessoais* pelos altos gerentes
- *Visitas* dos altos gerentes a clientes, a conferências etc.

Essas e outras fontes proporcionam, aos altos gerentes, uma base de dados mais ampla e auxílio na interpretação dos relatórios, os quais podem ser vagos ou mesmo contraditórios.

Assunto	Unidade de Medida
Satisfação dos clientes	Uma medida composta
Confiabilidade do combustível	Número de usinas com atividade do líquido refrigerante abaixo do valor limite
Erros de *software*	Porcentagem livre de erros
Entrega do *software*	Porcentagem sobre o tempo
Rendimento	Porcentagem
Rendimento	Porcentagem
Rendimento da blindagem	Porcentagem
Custos totais da qualidade	Uma proporção

Figura 5-11 – Medidas de qualidade reportadas pelo Conselho de Qualidade em 1989. Plano de melhoramento da qualidade, Divisão de Combustível Nuclear Comercial, Westinghouse Electric Corporation.

Aspectos comuns nos níveis mais altos

Dos exemplos anteriores, entre outros, emergem várias conclusões:

1. Nos níveis mais altos, a ênfase deve ser sobre: satisfazer as necessidades dos clientes, opor-se aos concorrentes, responder às reclamações dos clientes, continuar melhorando a qualidade, reduzir o custo da má qualidade.

É muito fácil perpetuar o foco tradicional na conformidade às metas internas.

Há alguns anos, a American Express Company efetuava suas medições baseada no desempenho em relação aos orçamentos. Naquele tempo, ela demorava 35 dias para decidir se emitia ou não um cartão de crédito. Então a empresa mudou seu foco para a qualidade pelo ponto de vista dos clientes. Foram estabelecidas novas metas e, depois de alguns anos, o prazo para emissão de cartões foi reduzido em mais de 50% (Hicks, 1983).

Os hospitais definem um erro de medicação como "um desvio da ordem do médico" – uma não conformidade com a especificação. A definição de um erro pelo paciente é em termos de qualquer falha na provisão de uma cura.

2. Os altos gerentes devem passar a se preocupar com o desempenho dos principais processos da empresa, tais como: o ciclo de desenvolvimento de novos produtos, o ciclo de processamento de pedidos, o processo de concorrer por negócios. (Examinaremos logo mais este problema.)

3. Os altos gerentes devem ampliar o sistema de avaliação do de- ✳
   sempenho dos gerentes, para colocar mais ênfase na qualidade e
   em seu melhoramento. (Também examinaremos este problema
   logo mais.)
4. A escolha dos parâmetros corretos de qualidade requer um projeto especial, adaptado às necessidades especiais da empresa.
5. O projeto do sistema para avaliação dos gerentes deve prever a
   participação daqueles gerentes cujo trabalho será avaliado. ▲

MEDIDAS PARA PROCESSOS OPERACIONAIS

Grande parte do trabalho das organizações é realizada através de processos ou sistemas estruturados. Alguns desses processos são relativamente
estreitos em escopo, envolvendo tarefas ou etapas conduzidas dentro
de uma só unidade funcional da organização: abrir a correspondência,
usinar dentes de engrenagens. Chamaremos a estes de "microprocessos". Outros processos são de natureza multifuncional, consistindo em
numerosos microprocessos interligados. Chamaremos esses processos
multifuncionais de "macroprocessos". Os macroprocessos produzem
resultados finais como relatórios contábeis, faturas, televisores, propostas de vendas, novos produtos.

Medidas para macroprocessos

O desempenho dos macroprocessos chave é, obviamente, de importância vital para a empresa. Para assuntos de tal importância, é preciso haver ✳
metas de qualidade e medições do desempenho em relação às metas.
Na prática, o uso dessas metas e medidas de qualidade tem sido seletivo.
Existem muitas medidas dos macroprocessos que geram produtos que
são vendidos aos clientes. Porém, há poucas medidas dos macroprocessos cujos produtos não são vendidos, ou são usados somente por clientes
internos. O recente movimento para adoção do conceito do Q Grande
está estimulando iniciativas para estender a medição da qualidade aos
macroprocessos, muitos dos quais são processos empresariais.

Aplicação às deficiências

A fórmula universal para medir as deficiências é a proporção:

$$\text{Qualidade} = \frac{\text{Frequência das Deficiências}}{\text{Oportunidade para Deficiências}}.$$

Esta fórmula é amplamente aplicável aos processos empresanais. Por exemplo, uma lista de medidas usadas em um banco inclui as proporções de:

- Erros em relação aos itens processados.
- Ajustes em relação aos itens processados.
- Empréstimos liquidados em relação ao total de empréstimos não pagos.
- Falhas de entrega em relação ao total de entrega.
- Clientes insatisfeitos em relação ao total de clientes.

Para mais detalhes, ver Aubrey (1985).

Aplicação ao desempenho

As medidas de desempenho, para alguns macroprocessos, podem utilizar unidades de medida e sensores padrão. Um exemplo comum é a conveniência dos serviços. Esta pode ser medida em unidades absolutas, como horas ou dias. As aplicações dessa medida são inúmeras: tempo para se recrutar pessoal, tempo para lançar novos produtos, para entregar bens etc.

Para outros macroprocessos, as medidas de desempenho devem ser especificamente concebidas. Por exemplo, um fabricante de instrumentos científicos decidiu medir o desempenho do processo de desenvolvimento de produtos. Para isso, foi organizada uma equipe multifuncional, com a missão de conceber um sistema adequado de medição. A Figura 5-12 mostra as conclusões da equipe.

Note que *a equipe não encontrou essas medidas em um livro. Ela precisou criá-las.*

Medidas para microprocessos

A relativa homogeneidade do microprocesso facilita o estabelecimento de medições. Existem menos categorias de deficiências e, portanto, menos proporções (de deficiências em relação às oportunidades para deficiências). Analogicamente, existem menos categorias de desempenho e, portanto, menos unidades de medida. É claro que é necessário descobrir como os clientes avaliam o desempenho, mas também existem menos clientes. Além disso, normalmente é fácil identificar quem é o "dono" de um microprocesso, uma vez que seu escopo tipicamente fica dentro dos limites de uma só função.

MEDIDAS PARA FUNÇÕES

Muitas empresas medem a qualidade do trabalho realizado pelas unidades funcionais da organização. Elas o fazem para:

- Prover *feedback* essencial para orçamentação, controle gerencial etc.
- Prover um insumo essencial à avaliação do desempenho dos respectivos supervisares.

A maior parte dessa medida focaliza as deficiências. No caso de microprocessos, o trabalho realizado normalmente é homogêneo; assim, as deficiências podem ser expressas pelo uso de proporções, tais como taxas de erros. Para os macroprocessos, as medidas são mais complexas. Qualquer unidade funcional realiza somente uma parte do macroprocesso; o restante é feito por outras unidades funcionais.

A forma usual de lidar com essa limitação é identificar as medidas chave – aquelas que são fortemente influenciadas pela atividade funcional. A Figura 5-13 mostra exemplos das medidas empregadas por algumas empresas.

A combinação de uma ampla variedade de medidas em resumos, para uso nos níveis mais altos, exige o uso de dispositivos tais como ponderação arbitrária, conversão em unidades naturais de medida, ou em equivalentes estatísticos (veja, neste mesmo capítulo, "Resumo de Medidas não Homogêneas").

O número de mudanças de engenharia, acumuladas ao longo da vida do produto
O número de meses passados entre a primeira unidade piloto e a produção estável
O número de unidades instaladas sem grandes problemas (A unidade funcional depois do prazo normal de instalação)
O número de repetições do esquema do circuito impresso

O projeto para montagem
    Montagem total
    Custo total de mão de obra
    Número total de operações
    Número de partes
    Número mínimo teórico de partes

Porcentagem de problemas no *software* encontrados durante a fase de desenvolvimento
Número de linhas de código no *software*
MTBF previsto *versus* real
Número de níveis da estrutura do produto
Número de fornecedores qualificados

Alvos do custo de fabricação:
    Custo do primeiro lote *versus* meta, após estabilização da produção
    Meta e custo real *versus* produto anterior

Figura 5-12 – Medidas de desempenho para o processo de desenvolvimento de produtos.

Departamento funcional	Exemplos de unidades de medida
Desenvolvimento de produtos	Meses necessários para lançar novos produtos
Compras	Custo da má qualidade (dos fornecedores) por dólar de compras. Porcentagem de pedidos refeitos, devido à má qualidade
Fabricação	Custo da má qualidade por dólar de custo de fabricação
Gerência de materiais	Porcentagem de falta de estoques
Vendas	Porcentagem de pedidos cancelados
Crédito	Proporção de maus pagadores em relação às vendas
Finanças	Porcentagem de documentos com erros
Assistência técnica	Porcentagem de visitas de assistência que exigem uma segunda visita

Figura 5-13 – Exemplos de medidas de qualidade para funções.

Medidas de desempenho de produtos

O desempenho dos produtos é medido por várias razões, mas principalmente para garantir que eles atendam às necessidades dos clientes. Nos níveis inferiores da hierarquia, o pessoal, muitas vezes, carece de exposição direta às necessidades dos clientes. Para esse pessoal, as medidas são, usualmente, baseadas no grau de conformidade às especificações ou aos procedimentos.

Aplicação a bens

Os bens apresentam enormes números de características, exigindo que os fornecedores realizem enormes números de medições, utilizando numerosos instrumentos tecnológicos de medição. Em contraste, os clientes, normalmente, se concentram em relativamente poucas características chave de desempenho. Para essas características chave, as medidas de desempenho costumam ser orientadas para metas de negócios, ao invés de tecnológicas. Analogamente, a decisão de compra inclui vários elementos além da qualidade tecnológica: preço, valor, prazos de entrega, cortesia etc.

- Um motor de avião exibe grandes números de características tecnológicas, exigindo extensas medições tecnológicas. As empresas aéreas estão preocupadas com relativamente poucas características: confiabilidade, eficiência no consumo de combustível, horas de manutenção etc.
- Da mesma forma, as características de um automóvel sobem a muitas dezenas de milhares. Somente algumas centenas podem ser sentidas pelos consumidores.

É evidente que os fornecedores de bens devem identificar aquelas características que estão no topo da lista de prioridades dos clientes e também descobrir os desempenhos percebidos por eles. As medidas dos ▲ fornecedores devem estar correlacionadas com aquelas dos clientes.

Desempenho competitivo de bens

- No caso do fornecedor de aço inoxidável (ver Capítulo 4, sob o título "Necessidades Percebidas"), o desempenho competitivo era igual com respeito às propriedades tecnológicas do aço. Porém, a limpeza da embalagem não era competitiva, e naquele caso ela tinha um grande impacto sobre a participação de mercado.

O exemplo anterior mostra a necessidade de avaliar o desempenho competitivo, uma vez que o cliente pode tomar a iniciativa. Em alguns casos, é possível avaliar as características competitivas através de testes de laboratório. Em outros casos, é necessário adquirir as medidas no campo. (Para um exemplo, ver Utzig, 1980.) Em ainda outros casos, existem dados comparativos de pesquisas do governo (p. ex., testes de segurança de produtos) ou de testes independentes, executados por organizações de assistência ao consumidor. Para mais detalhes, ver Juran (1988), Seção 12, "Inteligência de Campo", em especial sob o título "Avaliação Comparativa por Estudos de Campo".

Aplicação a serviços

A medição da qualidade de serviços concentrava-se, no passado, em deficiências – taxas de erros e assemelhados. A emergência do conceito do Q Grande expandiu o uso de medidas das características dos produtos. Esse mesmo conceito também estimulou uma expansão de medidas para aquelas qualidades dos serviços que afetam os clientes internos, uma categoria anteriormente pouco enfatizada.

Como no caso dos bens, é necessário que a avaliação da qualidade do produto esteja estreitamente relacionada com a base de avaliação dos clientes.

152 A QUALIDADE DESDE O PROJETO

O exemplo do espaço de carga da empresa aérea foi um desses casos (veja sob o título "Unidades de Medida para Características de Produtos").

Uma importante característica da qualidade dos serviços é a oportunidade. Esta é facilmente mensurável, mas antes é preciso que haja consenso sobre a sua definição. É muito comum essas definições se desviarem do dicionário, como no caso das chegadas dos aviões "no horário".

Outra característica importante da qualidade dos serviços é o tratamento dado aos *consumidores*. A maior parte das indústiras de serviços tem muito mais contato direto com os consumidores do que a maior parte das indústrias de fabricação. O contato direto com os consumidores requer paciência, cortesia, compreensão simpática, espírito de solicitude e assim por diante. Para características como essas não existem unidades consensuais de medida, nem sensores amplamente aceitos. Torna-se, então necessário recorrer a outros meios de avaliação. Amostras do desempenho real podem ser gravadas: gravações em áudio de transações por telefone, gravações em vídeo de transações de serviço cara a cara. (Qualquer amostra dessas é feita somente com a concordância prévia dos funcionários envolvidos.) A seguir os desempenhos são criticados, para se ver aquilo que foi bem feito e quais são as oportunidades para aperfeiçoamento.

Em alguns casos, a necessidade de exatidão é extrema. O Índice de Preços ao Consumidor, do Bureau of Labor Statistics, é usado como referência em muitos contratos de trabalho. Somas enormes – muitos bilhões de dólares – fluem em resposta às mudanças mensais nas cifras. A manutenção da exatidão do índice é uma tarefa minuciosa e exige a participação daqueles que são afetados.

Ocasionalmente, alguém aparece com uma nova medida. Um jornalista inglês, visitando um parque de diversões Disney, mediu como seu tempo era gasto. Ele chegou aos seguintes dados:

Esperando em filas	110 minutos
Caminhando entre atrações	28 minutos
Nas atrações	12 minutos

As proporções resultantes são do interesse dos gerentes do parque, bem como do público (Hoggart, 1988). Para uma exposição extensa sobre a qualidade nas indústrias de serviços, inclusive medições da qualidade dos serviços, ver Juran (1988, Seção 33, "Indústrias de Serviços").

Desempenho competitivo em serviços

As indústrias de serviços regulamentadas são, normalmente, obrigadas a divulgar seu desempenho com respeito a certas características de seus produtos que sejam importantes para os clientes e o público. Por sua vez, os organismos reguladores podem divulgar os dados resultantes de desempenho competitivo.

> Departamento Federal de Transportes publica dados comparativos sobre desempenho das empresas aéreas com respeito às chegadas no horário, passageiros impedidos de embarcar, reclamações de passageiros, bagagem perdida e assim por diante. Como essas comparações envolvem características múltiplas, é possível que várias empresas afirmem ser" as melhores". Cada uma *é* a melhor em alguma característica, mas não nas outras. (Elas se omitem a respeito dessas outras características.)

Em algumas indústrias, bancos de dados sobre o desempenho dos produtos são mantidos pela associação da indústria, por pesquisadores independentes e por outras partes. Os bancos de dados para hospitais divulgam estatísticas de mortalidade. Os pesquisadores de mídia publicam números sobre circulação e leitura de jornais e outras publicações.

No lançamento de novos serviços, é muito importante a aquisição de inteligência confiável sobre o desempenho dos concorrentes. Isso requer, muitas vezes, estudos abrangentes no campo.

> Uma grande cadeia de hotéis estava estudando sua entrada no ramo de hotelaria econômica. Para obter inteligência de campo, uma equipe de pesquisadores passou seis meses vivendo em várias cadeias de hotéis econômicos e avaliando as características dos serviços prestados (Dumaine, 1988).

Muitos serviços são prestados a clientes internos sob formas como preparação da folha de pagamento, transporte interno e recrutamento de pessoal. Esses serviços são, frequentemente, monopólios internos. Mesmo nesses casos costuma ser possível a obtenção de dados de desempenho competitivo com as empresas externas que oferecem esses serviços.

MEDIDAS DO DESEMPENHO DOS GERENTES

O desempenho dos gerentes com respeito à qualidade é, tradicionalmente, avaliado com base:

- No desempenho do processo pelo qual o gerente é o principal responsável (diz-se que o gerente é o "dono" do processo) ou, alternativamente.
- Na qualidade do produto resultante desse processo.

Até os anos 1980, as medidas da qualidade não tinham prioridade máxima no julgamento do desempenho dos gerentes. Outros parâmetros tinham prioridade maior e o conceito predominante era fortemente orientado para o Q Pequeno. Desde então, as empresas começaram a repensar toda a abordagem usada na avaliação do desempenho dos gerentes. As razões são forçosas:

- Para que a qualidade tenha prioridade máxima, é preciso que ela receba o peso máximo durante a avaliação do desempenho dos gerentes.
- A passagem de Q Pequeno para Q Grande requer um novo modo de pensar em como lidar com atividades que anteriormente não estavam sujeitas à avaliação de qualidade.
- A adoção de metas de melhoramento anual da qualidade requer um novo modo de pensar a respeito de como avaliar as contribuições de indivíduos aos projetos em equipes (McGrath, 1986).
- A nova atenção que está sendo dada aos macroprocessos requer um novo modo de pensar, porque estes não têm um "dono" óbvio.

Dos anos 1980 para cá, algum progresso foi feito nos testes de métodos revisados de medição do desempenho gerencial. Alguns desses métodos são bastante inovativos. Uma empresa utiliza três categorias para a classificação de pessoas com respeito ao desempenho de qualidade. Elas podem ser assim enunciadas:

1. Estabelece um exemplo através da compreensão da qualidade; usa as ferramentas; é um modelo.
2. É competente; compreende a qualidade, mas ainda não é um modelo a ser seguido.
3. "Preciso aprender".

É evidente que um certo nível de competência com referência à qualidade é um pré-requisito para promoção (Kearns, 1989).

São poucos os exemplos publicados. Mesmo os materiais não publicados são escassos. Teremos que esperar mais alguns anos para chegar a um consenso.

O PACOTE DE RELATÓRIOS

Para permitir que os gerentes saibam o que se passa em relação à qualidade, é necessário projetar um pacote especial de relatórios. Os exemplos consumidos nas Figuras 5-9, 5-10 e 5-11 ilustram algumas das diversidades e dos pontos comuns desses relatórios.

Conteúdo

O pacote de relatórios é constituído por diversos componentes convencionais:

- Relatórios quantitativos sobre o desempenho, baseados em sistemas de dados
- Relatórios narrativos sobre assuntos como ameaças, oportunidades e eventos pertinentes
- Resultados das auditorias conduzidas

Esses componentes convencionais são suplementados conforme as necessidades, para lidar com o fato de que "cada empresa é diferente". O resultado final deve ser um pacote de relatórios que auxilie os gerentes a atingir as metas de qualidade, da mesma forma que o pacote de relatórios financeiros os auxilia a atingir as metas financeiras.

O conselho de qualidade tem responsabilidade final pelo projeto desse pacote de relatórios. Nas grandes organizações, esse projeto requer contribuições dos escritórios corporativos e também dos divisionais. Ao nível de divisão, as contribuições devem vir de fontes multifuncionais.

Resumo de medidas não homogêneas

O resultado para relatórios executivos exige, muitas vezes, a combinação de unidades de medida diferentes. Existem várias maneiras de fazê-lo:

1. *Ponderação arbitrária.* Por exemplo, os defeitos são classificados quanto à sua seriedade, e cada classe recebe um peso (demérito). Isso permite o uso de deméritos por unidade de produto como uma nova unidade de medida.
2. *Conversão para uma unidade natural comum.* Um exemplo bem conhecido é o uso do dinheiro como medida comum para rejeições, repetição de trabalhos, trabalho de assistência técnica e assim por diante, a despeito das amplas diferenças em produtos e processos. Outro exemplo é o conceito de "oportunidades para falhas", usado como denominador dos índices de desempenho. Brainard (1974) propôs resumos na forma de defeitos por cem horas de mão de obra e defeitos por mil dólares de mão de obra. Algumas empresas utilizam as falhas por milhão de dólares (de vendas) como unidade universal de medida através de múltiplas linhas de produtos.
3. *Conversão em equivalentes estatísticas.* Nesta abordagem, o desempenho histórico em unidades naturais é igualado a 100% (por exemplo). Um desvio de 10% desse nível resulta em uma pontuação de 90%, independente de qual seja a unidade natural. Esse método também permite a preparação de contagens compostas, através da ponderação dos componentes.

Formato: frequência

O pacote de relatórios deve ser projetado especialmente para ser lido de relance e permitir a fácil concentração naqueles assuntos excepcionais,

156 A QUALIDADE DESDE O PROJETO

que exigem atenção e ação. Os relatórios em forma de tabelas devem apresentar os três itens essenciais: metas, desempenhos reais e diferenças. Os relatórios em forma de gráficos devem mostrar, no mínimo, as tendências dos desempenhos em relação às metas. A escolha do formato somente deve ser feita depois de conhecidas as preferências dos clientes.

Para que os relatórios sejam lidos de relance, é importante padronizar o máximo possível o assunto e as unidades de medida. Durante os anos 1980, a General Dynamics Corporations (GD) revisou seus relatórios sobre qualidade. Os relatórios revisados incluíam 12 parâmetros de qualidade em base corporativa – eles eram comuns a todas as divisões da corporação. Os relatórios eram:

- Mudanças evitáveis na engenharia.
- Desvios/abandonos.
- Rendimento inicial.
- Rejeições (conteúdo em horas de mão de obra).
- Rejeições (conteúdo em valor de materiais).
- Reparos e/ou repetição de trabalhos (conteúdo em horas de mão de obra).
- Entrega pontual pela Produção.
- Aceitabilidade dos itens comprados.
- Tempo de resposta aos relatórios de assistência técnica.
- Ações de revisão de materiais.
- Falhas de inspeção.
- Horas extras.

Para mais detalhes, ver Talley (1986).

A publicação de relatórios gerenciais sobre qualidade costuma ser mensal ou trimestral. Normalmente, ela é sincronizada com a programação das reuniões do Conselho de Qualidade, ou de outro organismo chave de revisão. O editor do pacote de relatórios de qualidade é, em geral, o diretor de Qualidade (ou qualquer que seja o nome), que também costuma ser o secretário do Conselho de Qualidade.

Em algumas empresas, o formato do novo relatório gerencial de qualidade é concebido intencionalmente para que se assemelhe aos relatórios gerenciais já existentes.

O sistema revisado de relatórios de qualidade da Texas Instruments, Inc. (ver Figura 5-9), foi publicado como o *Livro Azul da Qualidade*. A cor azul da capa foi escolhida deliberadamente, para que fosse igual àquela do pacote tradicional de relatórios financeiros.

O *Livro Azul da Qualidade* da TI é revisado mensalmente, durante as revisões operacionais, e é a base para a avaliação anual da contribuição dos gerentes chave para a qualidade. A declaração de Política Corporativa de Qualidade da TI inclui as seguintes disposições:

PROVER MEDIÇÕES 157

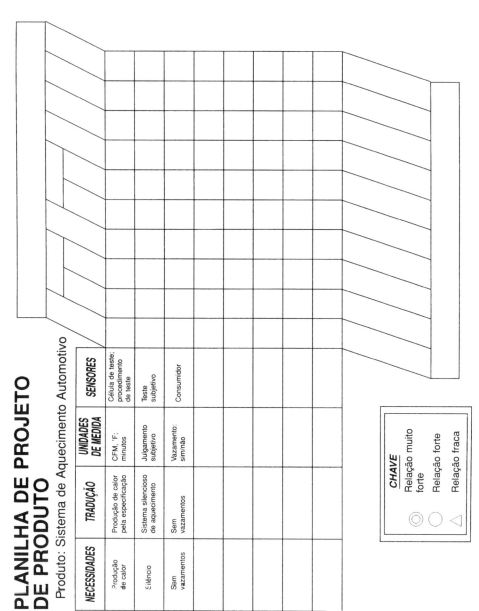

Figura 5-14 – Planilha mostrando unidades de medida e sensores.

A QUALIDADE DESDE O PROJETO

- O desempenho de um gerente sobre a qualidade e a confiabilidade de seus produtos é um critério chave na avaliação do seu desempenho global.
- A TI não tentará medir o compromisso de um gerente com a qualidade e a confiabilidade. Somente seus resultados serão medidos. O compromisso é dado como certo e não é suficiente.

Para mais detalhes, ver Onnias (1986).

ACRESCENTANDO A MEDIÇÃO À PLANILHA

À medida em que as unidades de medida e os sensores são finalizados, eles são acrescentados às colunas da planilha. A Figura 5-14 mostra essas colunas em um modelo de planilha.

LISTA DE PONTOS ALTOS

- A precisão para a comunicação de informações relativas à qualidade é melhor atingida quando "dizemos em números".
- "Dizer em números" exige a criação de um sistema de medição.
- Todo sistema de medição exige uma unidade de medida e um sensor.
- Uma unidade de medida é uma quantidade definida de uma característica de qualidade, que permite a avaliação dessa característica em números.
- Todas as unidades de medida exigem definição precisa.
- A unidade ideal de medida:
  - É compreensível
  - Provê uma base consensual para a tomada de decisões
  - Tem aplicação ampla
  - Conduz a uma interpretação uniforme
  - É de aplicação econômica
  - É compatível com os sensores existentes
- Para a maior parte das deficiências dos produtos, a unidade de medida é expressa por uma fórmula genérica simples:

$$\text{Qualidade} = \frac{\text{Frequência das Deficiências}}{\text{Oportunidade para Deficiências}}.$$

- Para a medição do desempenho do produto, um bom ponto de partida é perguntar aos clientes quais são as *suas* unidades de medida para a avaliação da qualidade do produto.
- O desenvolvimento de novas unidades de medida é um processo evolucionário.

- Um sensor é um dispositivo especializado de detecção, projetado para reconhecer a presença e a intensidade de certos fenômenos e converter esse conhecimento em "informação".
- A *precisão* de um sensor é uma medida da sua capacidade para reproduzir seus resultados em testes repetidos.
- A *exatidão* de um sensor é o grau até o qual ele conta a verdade.
- Os sensores humanos são notoriamente menos precisos que os tecnológicos.
- A extensão do sensoreamento humano é tão grande que devemos dar passos positivos para conseguir um sensoreamento digno de crédito.
- A qualidade afeta a economia da empresa de duas formas principais:
  - O efeito sobre os custos
  - O efeito sobre a receita de vendas.
- Os fornecedores devem identificar as características que estão no topo da lista de prioridades dos clientes e também descobrir como os clientes percebem os desempenhos. As medidas dos fornecedores devem ter correlação com aquelas do cliente.
- O projeto do sistema para avaliação do desempenho dos gerentes deve prever a participação dos gerentes cujo trabalho será avaliado.
- Para que a qualidade tenha máxima prioridade, é preciso que ela receba o peso máximo durante a avaliação do desempenho dos gerentes.
- O pacote de relatórios de qualidade deve auxiliar os gerentes a atingir as metas de qualidade, assim como o pacote de relatórios financeiros os auxilia a atingir as metas financeiras.

TAREFA PARA OS ALTOS GERENTES

- Na medição, a ênfase deve estar na satisfação das necessidades dos clientes, na oposição aos concorrentes, na resposta às reclamações dos clientes, em continuar a melhorar a qualidade e em reduzir o custo da má qualidade.
- Devem ser estabelecidas medidas para o desempenho dos principais processos empresariais.
- Os altos gerentes devem revisar regularmente o desempenho dos processos mais importantes da empresa.
- Os altos gerentes devem ampliar o sistema de avaliação do desempenho gerencial, para dar mais ênfase à qualidade e ao seu melhoramento.
- Os altos gerentes devem compreender as limitações inerentes ao sensoreamento humano, antes de tomar decisões baseadas nos dados resultantes.

6 | DESENVOLVER CARACTERÍSTICAS DOS PRODUTOS

PROPÓSITO DESTE CAPÍTULO

O propósito deste capítulo é mostrar como corresponder às necessidades dos clientes, através do desenvolvimento de características de produtos que atendam àquelas necessidades. Nessa resposta está implícito o conceito de otimização, de satisfação das necessidades dos fornecedores, assim como dos clientes, tudo isso a um custo total mínimo. A Figura 6-1 mostra o diagrama de insumos e resultados.

O insumo é a lista de necessidades dos clientes.

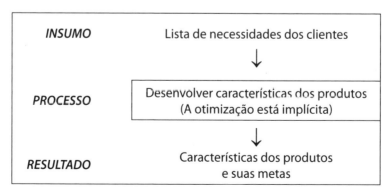

Figura 6-1 – Diagrama de insumos-resultados para "desenvolver características dos produtos.

O processo consiste no desenvolvimento das características dos produtos necessários à satisfação dessas necessidades. (A otimização está implícita.)

O resultado é a lista de características dos produtos e as metas a eles associadas.

DEFINIÇÕES

A terminologia associada ao desenvolvimento dos produtos ainda não foi padronizada. As definições que se seguem explicam os significados de certas expressões chave usadas neste livro.

Produto

Um produto é um bem ou um serviço. (Esta também é a definição dos economistas.) Além disso, este livro usa a palavra "produto" em seu sentido amplo, como o resultado final de *qualquer* processo – qualquer coisa que seja produzida.

- Uma equipe do escritório desenvolve um processo para a preparação de faturas. Seu produto é o *processo de negócios*.
- Então, um departamento utiliza esse processo para preparar faturas.
- Seus produtos são *faturas*.
- Uma equipe de engenheiros prepara um projeto para uma caixa de câmbio.
- Seu produto é um *projeto*.
- Então, o departamento de uma fábrica produz caixas de câmbio de acordo com aquele projeto. Seus produtos são *caixas de câmbio*.
- Uma empresa prepara o plano de negócios do próximo ano, o qual inclui uma lista de objetivos relativos à qualidade a serem atingidos. O produto é um *plano de negócios*.
- Durante o ano seguinte, a empresa executa o plano e atinge os objetivos.
- Aqui o produto é *desempenho*.
- Um supervisor de departamento efetua um exame das atividades departamentais e prepara uma proposta para revisão. O produto é uma *proposta*.
- Então o supervisor recebe a aprovação para a execução da sua proposta. Depois de concluído, o produto resultante é uma *revisão das atividades departamentais*.

Categorias de produtos

O produto isolado mais importante é aquele que traz a receita para a ▲ empresa. Em empresas industriais, são os bens e serviços produzidos pelos departamentos operacionais e vendidos aos clientes.

Existem também muitos outros produtos, que vão para os clientes externos e/ou internos. Aqui estão alguns exemplos, juntamente com as identidades dos fornecedores e dos principais clientes.

Produtos	Fornecedores	Principais clientes
Faturas	Finanças	Clientes
Pedidos de compra	Compras	Fornecedores
Declarações financeiras	Finanças	Gerentes
Novos funcionários	Pessoal	Todos os departamentos
Espaço de escritório	Serviço de escritórios	Todos os departamentos com escritórios
Assessoria jurídica	Departamento jurídico	Todos os departamentos

Quando o produto é um processo empresarial

Uma forma de produto é um processo empresarial. Toda empresa necessita de sistemas e procedimentos para propósitos como:

- Recrutamento de funcionários
- Preparação de declarações financeiras
- Preparação da folha de pagamento
- Pagamento das faturas dos fornecedores

Cada um desses sistemas ou procedimentos é gerado através de planejamento. O resultado final é algo produzido – um produto.

Conceito para o cliente

Todos os produtos são criados por uma progressão de eventos como aquele mostrado nas Figuras 6-2a e 6-2b, "A Espiral do Progresso".

A Figura 6-2a generaliza essa progressão na aplicação a bens. A Figura 6-2b mostra essa progressão aplicada a um serviço de apoio, a criação de cursos de treinamento.

Não existe um nome padrão para essa progressão de eventos. A AT &T chama toda essa progressão de "Processo de Realização do Produto". A Ford Motor Company a chama "Conceito para o Cliente". Nós a chamamos "Conceito para o Cliente", ou "Uma volta da Espiral".

O sistema de fases

Uma vez que o produto inicie sua jornada ao redor da Espiral, ele pode enfrentar obstáculos imprevistos. Esses obstáculos podem tornar-se tão sérios, que não vale mais a pena ter o produto planejado. Contudo, a jornada, uma vez iniciada, desenvolve um impulso próprio, com o risco de estouros em custos e prazos.

Para se protegerem contra esses estouros, algumas empresas usam um "sistema de fases" (ou "sistema de estágios"). O sistema de fases divide a progressão, a partir do conceito para o cliente, em segmentos ou fases. Cada fase estabelece os critérios a serem satisfeitos – as atividades a serem executadas e os resultados a serem atingidos – para a conclusão daquela fase.

Um exemplo de divisão está a seguir (Schmidek, s.d.):

- Identificação do conceito do produto
- Definição e requisitos do produto
- Projeto, verificação e qualificação pré-produção
- Divulgação do produto ao mercado geral
- Avaliação pós-divulgação ao mercado

O sistema de fases também prevê *decisões de negócios,* a serem tomadas em vários pontos chave (ou "portões") ao longo da progressão, como, por exemplo, depois do teste do modelo. Portanto, o sistema de fases é uma ferramenta gerencial para estimular e controlar a progressão dos eventos. Ele define os segmentos de trabalho, estabelece os critérios a serem satisfeitos e provê para que uma equipe de negócios decida se prossegue até a fase seguinte ou para. A Figura 6-3 ilustra graficamente o sistema de fases.

Além disso, o sistema de fases designa qual função (ou grupo de funções) é responsável pela execução das atividades e pela satisfação dos critérios. O sistema de fases também provê indicações da sequência na qual devem ser executadas as atividades.

Desenvolvimento de produtos

Uma parte da progressão, do conceito até o cliente, consiste na escolha das características do produto que serão os meios para atender às necessidades dos clientes. Para escolher essas características, as empresas fazem uso de uma série de etapas, as quais incluem:

DESENVOLVER CARACTERÍSTICAS DOS PRODUTOS

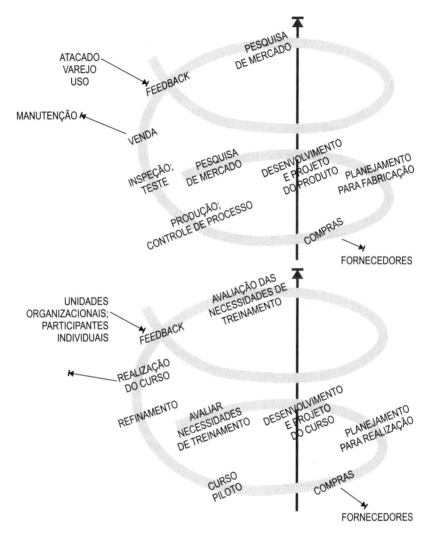

Figuras 6-2a e 6-2b – A espiral do progresso em qualidade.
a. Aplicação à Produção de bens
b. Aplicação a Serviços de apoio

- Exame das alternativas disponíveis de características do produto para atender às necessidades dos clientes.
- Criação de novas alternativas.
- Experimentação e teste das alternativas, para escolher a ótima.
- Definição das características escolhidas para o produto.

Essa série de etapas é, muitas vezes, chamada desenvolvimento do produto. A terminologia não está padronizada. Em algumas empresas, uma volta completa da Espiral (Figura 6-2) é chamada desenvolvimento de produtos. Neste livro, usaremos a seguinte definição:

Desenvolvimento de produtos é o processo experimental de escolha das características dos mesmos que correspondem às necessidades dos clientes.

Projeto de produtos

Uma parte essencial do desenvolvimento de produtos é o seu projeto. Como é usado aqui.

- Projeto de produtos é o processo de definição das características dos mesmos, exigidas para a satisfação das necessidades dos clientes.

Projeto de produtos é um processo criativo, baseado em grande parte na perícia tecnológica ou funcional. Os projetistas são engenheiros de projetos, analistas de sistemas, chefes operacionais e ainda outros planejadores. Os resultados finais do projeto de produtos são procedimentos, especificações, fluxogramas, planilhas e, especialmente, metas para as características dos produtos.

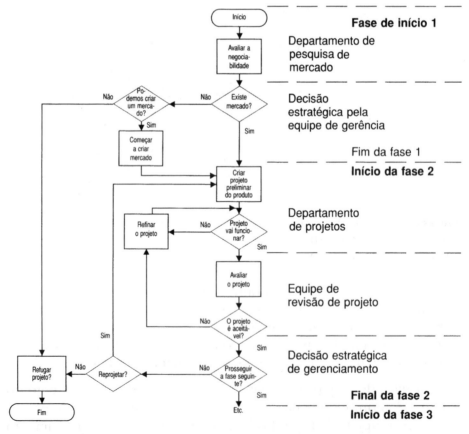

Figura 6-3 – Fluxograma de um processo de desenvolvimento de produto em fases.

Relação do planejamento da qualidade com o desenvolvimento de produtos

O desenvolvimento de produtos envolve o planejamento para vários parâmetros: custo, programação, qualidade e assim por diante. O parâmetro de qualidade envolve a satisfação das necessidades dos clientes através da escolha e definição das características dos produtos, inclusive a definição de suas metas. Essas atividades orientadas para a qualidade são melhor executadas através do uso de metodologia e ferramentas orientadas para a qualidade que, em conjunto, são a base do moderno planejamento da qualidade.

O assunto deste livro é o planejamento da qualidade – o estabelecimento de metas de qualidade e desenvolvimento dos produtos e processos necessários à realização dessas metas. Portanto, o foco deste capítulo é sobre a maneira pela qual a metodologia e as ferramentas orientadas para a qualidade podem ajudar o desenvolvimento de produtos a satisfazer o parâmetro de qualidade.

A NECESSIDADE DE ESTRUTURA NO DESENVOLVIMENTO DE PRODUTOS

Quando as empresas são pequenas e os produtos são simples, é possível, para os responsáveis pelo desenvolvimento de produtos, acompanhar tudo mentalmente. Depois, à medida em que as empresas crescem e a complexidade se instala, tudo se multiplica; os números proliferam. Um mercado maior significa mais clientes, um espectro mais amplo de necessidades humanas e, portanto, mais características de produtos. Esse mesmo mercado maior atrai mais concorrentes, estimulando assim mais modelos, cores, opções e assim por diante. As empresas ficam maiores, empregam mais pessoas, usam mais especialidades, geram sistemas mais complexos e, consequentemente, têm mais clientes internos e necessidades para satisfazer.

As combinações resultantes (de clientes e necessidades) não só exigem o desenvolvimento de grandes números de características de produtos, mas também uma abordagem sistemática ao desenvolvimento de produtos. É necessária uma abordagem estruturada para lidar com todos esses números de combinações e com a complexidade resultante.

Os responsáveis pelo desenvolvimento de produtos variam em sua resposta a essa proliferação de combinações. Alguns continuam a manter o acompanhamento de tudo em suas cabeças. Outros têm recorrido à "estrutura".

O que constitui a estrutura?

A estrutura pode ser muitas coisas. As mais óbvias incluem planilhas, contagens regressivas e listas de verificação para auxiliar a memória humana, proteger contra erros humanos etc. No caso do desenvolvimento de produtos, a estrutura também pode incluir:

- Uso obrigatório de metodologia orientada para a qualidade, para melhorar o planejamento da qualidade.
- Várias espécies de análises obrigatórias, que iremos examinar daqui a pouco.
- Formas obrigatórias de participação com os clientes.

Pressões recentes em favor da estrutura

Existe hoje uma suspeita crescente de que as deficiências no processo de desenvolvimento dos produtos estão, de alguma forma, relacionadas com a falta de estrutura. O desenvolvimento de produtos tem sido um processo lento, que cria desperdícios onerosos, principalmente em outras funções. Há muitas mudanças de projetos, crises internas imprevistas, falhas no uso etc. Um produto pode ser desenvolvido "várias vezes", antes que tudo esteja "desenrolado". Essa suspeita tem levantado perguntas, que são feitas, em escala cada vez maior, pelos altos gerentes:

- A proliferação exige uma abordagem estruturada ao desenvolvimento de produtos?
- Será que uma abordagem estruturada deve ser obrigatória?

✱   Em números cada vez maiores de empresas, a resposta emergente a ambas as perguntas é "Sim". Como resultado, os altos gerentes se veem diante da decisão de obrigar ou não uma abordagem estruturada ao desenvolvimento de produtos.

Os prós e contras da estrutura

A decisão de obrigar ou não ao uso de uma abordagem estruturada somente deve ser tomada depois de entendidos os prós e contras e o efeito resultante sobre aqueles que são afetados.

OS CONTRAS. A preparação das planilhas (e de outros elementos) da abordagem estruturada significa muito trabalho extra. Além disso, ela requer uma grande colaboração com os clientes externos e internos, aumentando mais uma vez o trabalho de desenvolvimento de produtos e prolongando o ciclo. A reação instintiva da maior parte dos projetistas de produtos é de evitar as abordagens estruturadas. De modo geral, eles sentem que seu treinamento e sua experiência os qualifica para executar sua função e que toda aquela estrutura adiciona custos e atrasos, sem adicionar valor.

OS PRÓS. Os benefícios de uma abordagem estruturada incluem:

- Um auxílio à eficácia humana: um importante suplemento à memória humana e uma proteção contra erros humanos.
- Um auxílio à participação no planejamento da qualidade, isto é, o preenchimento das planilhas exige contribuições dos departamentos afetados.
- A documentação que provê informações essenciais às atividades subsequentes, bem como à manutenção de um registro para referência e continuidade.

O fator mais persuasivo para os gerentes é uma crença emergente de que o uso de uma abordagem estruturada resulta em (a) produtos com desempenho melhor que o daqueles desenvolvidos pelos métodos empíricos tradicionais e (b) um prazo menor entre o conceito e o cliente. Essa crença não se baseia em nenhuma pesquisa em profundidade, mas nas declarações e publicações de certos observadores, que têm tido a oportunidade de ver sistemas estruturados e não estruturados em ação.

O "trabalho extra e o atraso" durante o desenvolvimento dos produtos é um fato óbvio para os projetistas de produtos e deve ser levado a sério por todos, inclusive os altos gerentes. A expectativa de um ganho líquido é geralmente explicada por um modelo como a Figura 6-4.

A Figura 6-4 é usada frequentemente para explicar a diferença, na abordagem ao desenvolvimento de produtos, entre Estados Unidos e

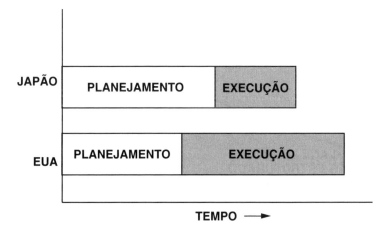

Figura 6-4 – Planejamento breve e execução prolongada *versus* planejamento prolongado e execução breve.

Japão. Note, porém, que esse modelo não é necessariamente persuasivo para os projetistas de produtos. Para muitos deles, o modelo é uma teoria não comprovada.

Outro modelo usado pará explicar a diferença de abordagem é o da Figura 6-5.

Nesse modelo, a ênfase é sobre os custos incorridos. A maior perfeição nas fases iniciais de planejamento aumenta os custos durante as mesmas. Contudo, os custos nas fases posteriores são menores, devido ao menor número de crises a serem resolvidas. (Para exemplos de desenvolvimento de produtos empregando vários elementos de estrutura, ver Iwahashi, 1986, e Fosse, 1987.)

A PLANILHA NO PLANEJAMENTO DA QUALIDADE

▲ A planilha (ou matriz, tabela de qualidade etc.) introduzida no Capítulo 1 é a principal ferramenta utilizada durante uma abordagem estruturada ao planejamento da qualidade.

Uso de símbolos padronizados

A experiência com planilhas tem resultado na criação de símbolos para expressar relações. (Alguns desses símbolos estão sendo padronizados).

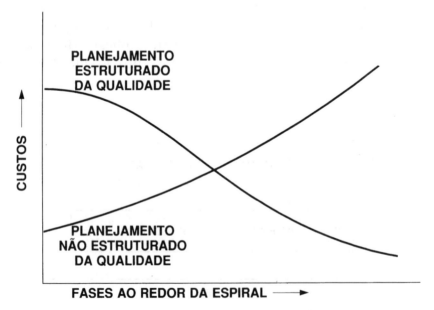

Figura 6-5 – Modelo de custos entre fases.

A Figura 6-6 mostra um segmento da relação entre necessidades dos clientes e características de produtos (características de qualidade) para tinta usada em canetas (Iwahashi, 1986).

Para produtos complexos, a totalidade das informações (necessidades dos clientes, características de produtos etc.) fica enorme e se estende ao longo de muitas planilhas. Os planejadores e o pessoal de operações precisam recorrer inúmeras vezes a essa gama de informações. Eles são ajudados de forma considerável se as planilhas utilizam símbolos e formatos como aqueles da Figura 6-6. (Ver na Figura 4-5 a chave dos símbolos.)

Limitações das planilhas

É verdade que a planilha reúne um grande número de informações de forma considerada e conveniente e é, claramente, um auxílio à abordagem sistemática. Através do uso judicioso de símbolos, muitas informações podem ser comprimidas em um pequeno espaço.

Também é fácil deixar-se levar pela elegância e conveniência da planilha. Ela *não provê respostas;* é basicamente, um depositório para respostas. Porém, a planilha torna muito mais fácil, para os planejadores.

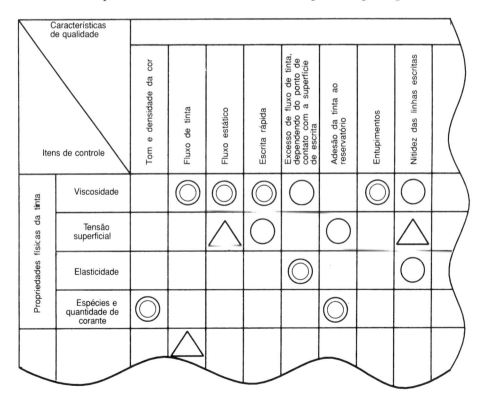

Figura 6-6 – Exemplo de planilha mostrando símbolos padronizados.

172　A QUALIDADE DESDE O PROJETO

- Fazer acompanhamento de amplas gamas de informações.
- Focalizar os poucos elementos vitais.
- Obter revisões rápidas dos elementos afetados.
- Redigir os procedimentos subsequentes.

CONCEITO DO ÓTIMO

Idealmente, toda característica de um produto, seja um bem ou um serviço, deve satisfazer certos critérios básicos. Estes incluem:

- *Satisfazer as necessidades dos clientes.* "Necessidades" inclui todas as necessidades dos clientes: declaradas, percebidas, reais, culturais. "Clientes" inclui os clientes internos e outros que são afetados.
- *Satisfazer as necessidades dos fornecedores.*
- *Enfrentar a concorrência.* O fato de um produto satisfazer as necessidades dos clientes não garante que estes irão querê-lo; o produto de um concorrente pode ser melhor ou dar um melhor valor pelo custo. "Concorrência" inclui fornecedores alternativos para serviços internos monopolistas.
- *Minimizar os custos combinados.* Clientes e fornecedores incorrem em custos quando usam ou fornecem o produto, e cada um deles tenta manter seus custos os mais baixos possíveis. Porém, do ponto de vista da sociedade, a otimização é conseguida pela minimização dos custos combinados.

As disciplinas da qualidade são essenciais

A otimização exige o uso de muita perícia funcional. Mas esta, embora necessária, não é suficiente. É necessária perícia adicional, grande parte da qual consiste em uma massa de conhecimentos relativos à qualidade, que chamaremos "disciplinas da qualidade". Por exemplo, existem muitos projetos nos quais numerosas variáveis convergem para produzir um resultado final. Alguns desses projetos são de natureza empresarial, como o projeto de um sistema de informação envolvendo a utilização ótima de instalações, pessoal, energia, capital etc. Outros desses projetos são de natureza tecnológica, envolvendo a otimização do desempenho do equipamento. Em qualquer caso, a otimização é facilitada através do uso de certas ferramentas de planejamento da qualidade.

As disciplinas da qualidade incluem uma extensa gama de métodos, habilidades, ferramentas e assim por diante, dos quais os seguintes estão entre os mais usados durante o desenvolvimento de produtos:

- Modelos e sistemas de dados para a avaliação e previsão da confiabilidade e da possibilidade de manutenção do produto

- Modelos e sistemas de dados para análise relativa ao caráter crítico, à possibilidade de vendas, à propensão a falhas, à prorrogação de projetos anteriores etc.
- Projeto de experiências para descobrir o resultado ótimo alcançável a partir de múltiplas variáveis convergentes.
- Estudos de capacidade de processos para a avaliação e previsão da produtibilidade.
- Planilhas para a reunião de numerosos dados inter-relacionados em formas condensadas e de fácil compreensão
- Fluxogramas, árvores de decisão e outros auxílios para a análise da qualidade e a tomada de decisões.

Para uma lista mais completa de ferramentas e metodologia orientadas para a qualidade, ver o Capítulo 12, sob o título "As Disciplinas da Qualidade: Ferramentas e Metodologia".

Em conjunto, as disciplinas da qualidade podem ser de grande ajuda para os projetistas de produtos. Entretanto, nada os obriga a usá-las e, na prática, os projetistas usam pouco essas disciplinas. As razões são numerosas. Para citar algumas, os projetistas estão:

- Desinformados da existência dessas disciplinas.
- Desinformados do seu valor potencial.
- Não treinados em como usar as disciplinas.
- Pouco inclinados a usar as disciplinas.

Os projetistas mais experientes tendem a acumular conhecimentos dessas disciplinas, pelo fato de estarem expostos a elas durante ciclos sucessivos de desenvolvimento de produtos. Porém, essa exposição raramente tem sido acompanhada por um treinamento em profundidade, e assim a maioria desses projetistas experientes tem permanecido na categoria de amadores experientes com respeito às disciplinas da qualidade.

QUEM FAZ O PLANEJAMENTO DA QUALIDADE?

Esta pergunta foi respondida no Capítulo 1, sob o título "O Planejamento da Qualidade tem sido feito por Amadores". Foi salientado que os projetistas, embora sendo peritos em suas funções, carecem de experiência nas disciplinas da qualidade. Os esforços para superar essa carência, através de assistência consultiva aos projetistas, não têm funcionado muito bem.

Entretanto, na segunda metade do século XX, as indústrias japonesas surpreenderam o mundo ocidental ao assumir a liderança da qualidade em muitas linhas importantes de produtos. Uma característica

A QUALIDADE DESDE O PROJETO

distintiva da revolução japonesa era a sua abordagem ao planejamento da qualidade:

- Eles atribuíam a responsabilidade pelo planejamento da qualidade, principalmente, aos gerentes operacionais e especialistas de linha.
- Eles realizavam maciços programas de treinamento, para capacitar os gerentes e especialistas a entender e usar os novos conceitos e ferramentas de qualidade. Na verdade, *eles treinavam os amadores para que se tornassem profissionais* com respeito às disciplinas da qualidade.

▲ Os resultados dos japoneses fizeram com que as empresas ocidentais reexaminassem suas atribuições de responsabilidade para o planejamento da qualidade. Essas empresas estão nos estágios iniciais de transferência de cada vez mais dessa responsabilidade aos gerentes operacionais e especialistas de linha, ao mesmo tempo em que provêm o treinamento necessário para converter os amadores em profissionais.

AS NUMEROSAS ESPÉCIES DE ANÁLISE

O desenvolvimento de produtos envolve muitas espécies de análise. Cada uma faz uso de múltiplas disciplinas, inclusive as da qualidade. Fazemos, a seguir, uma breve exposição de algumas das principais espécies dessas análises, com ênfase no papel desempenhado pelas disciplinas da qualidade.

ANÁLISE BASEADA EM PERÍCIA FUNCIONAL

O *know-how* central, necessário ao desenvolvimento de produtos, é a perícia funcional. Os projetistas de sistemas precisam conhecer bem a natureza dos processos empresariais. Os projetistas de sistemas de informação precisam conhecer bem como fluem as informações e como empregar as modernas instalações de processamento da informação. Os projetistas de bens manufaturados ou de processos de manufatura precisam conhecer bem a tecnologia subjacente – as propriedades dos materiais e as fórmulas para tração *versus* compressão.

Conhecimento de como será usado o produto

O uso do produto pode envolver um amplo aspecto de prática. Uma parte da perícia funcional consiste na aquisição da base de dados que contém esse espectro.

As pistas dos aeroportos em países em desenvolvimento são mais curtas que aquelas de países desenvolvidos e são comumente feitas de asfalto, ao invés de concreto. Essas diferenças exigem modificações no projeto dos aviões, para adaptá-las às condições de uso (Kupfer, 1988).

A presença de usuários intermediários pode exigir muita elaboração no desenvolvimento dos produtos, até mesmo a extensão ao "projeto de sistemas" ao invés do projeto de produtos. Por exemplo, a indústria farmacêutica dedica muito esforço à produção de vários medicamentos segundo padrões severos de qualidade. Além disso, a indústria dedica muito esforço aos problemas criados pela presença de usuários intermediários. Esse esforço tem assumido formas como:

- Desenvolvimento de meios para identificar as doses individuais (tabletes, cápsulas etc.) de forma inequívoca, para reduzir o risco de confusões devido a produtos de aparências semelhantes.
- Projetos de embalagens que sejam fáceis de abrir, resistentes ao derramamento, facilmente descartáveis após o uso etc.
- Provisão de doses em tamanhos que sejam convenientes para distribuição pelos farmacêuticos e administração pelas enfermeiras.
- Projeto de recipientes que estabelecem sua origem e exibem a identidade do seu conteúdo em várias condições de armazenagem.

Uma forma importante de intermediário é o cliente interno que efetua "processamento subsequente" no projeto do produto. Um exemplo bem conhecido é o departamento de fabricação, que deve transformar o projeto em produtos. A frequência e a intensidade desse problema tem levado departamentos de projetos a estudar os princípios que regem a eficiência da montagem (Boothroyd e Dewhurst 1987).

Exposição à falibilidade humana

À medida em que um projeto de produto progride através de suas várias fases, ele fica sujeito a todos os tipos de influências humanas. Estas são notoriamente falíveis e, em alguns casos, intencionalmente.

o assim chamado veículo para todo terreno tem a capacidade de andar em muitas áreas inacessíveis a outros tipos de veículos. O uso e, em especial, o mau uso desses veículos, tem resultado em muitos acidentes, juntamente com demandas por uma legislação para proibir ou restringir o seu uso. Uma decisão crítica é a de projetar com base em como o produto *deveria* ser usado, ou com base em como ele *será* usado. Note que essa decisão não é meramente tecnológica. É uma decisão empresarial, envolvendo aspectos legais, mercadológicos e financeiros, entre outros (Ross, dezembro de 1987).

176 A QUALIDADE DESDE O PROJETO

O Capítulo 5 (Figura 5-4) mostrou que o desempenho humano está sujeito a muitos tipos de erros, alguns dos quais são inerentes ao próprio organismo humano. O estágio mais indicado para a proteção contra os efeitos desses erros é o de desenvolvimento do produto. As disciplinas da qualidade podem prover uma grande ajuda aos projetistas para esse fim.

É evidente que, embora a perícia funcional seja fundamental no projeto de produtos, existe uma considerável interação com as disciplinas da qualidade. Isso será visto repetidamente nas espécies de análises que se seguem.

HIERARQUIAS DAS CARACTERÍSTICAS DOS PRODUTOS

Vimos no Capítulo 4 (sob o título "Organização Sistemática das Necessidades") como as necessidades humanas podem ser classificadas em um tipo de hierarquia: primárias, secundárias, terciárias etc. Essa hierarquia de necessidades requer uma hierarquia de características dos produtos para responder a elas. Para as finalidades de projeto de produtos, essa hierarquia deve ser subdividida ao nível mais baixo possível. Cada característica, por menor que seja, exige seu próprio projeto.

A terminologia usada para designar os níveis sucessivos na hierarquia dos produtos varia de uma indústria para outra. No caso dos processos empresariais, os termos mais usados são sistema, subsistema, processo, atividade, operação e tarefa. No caso de bens físicos, os termos usuais são sistema, subsistema, componente, módulo, conjunto, peça e parte.

O processo para se descer do nível de projeto de sistema para níveis inferiores na hierarquia do produto é chamado subdivisão do produto. No caso de sistemas grandes, os elementos constituintes podem atingir grandes números – milhares e mesmo centenas de milhares. Para números dessa ordem, a necessidade de uma estrutura torna-se absoluta. As planilhas tornam-se numerosas e ficam abarrotadas com informações de alta densidade.

ANÁLISE DO CARÁTER CRÍTICO

A finalidade dessa análise é identificar as características "poucas, mas vitais", para que recebam prioridade de atenção e de recursos. Uma característica de um produto pode ser classificada como crítica por uma série de razões:

- *Essencial à segurança humana.* As características do produto podem representar ameaças diretas à saúde ou à segurança humanas, ou ao meio ambiente. Outras ameaças podem se originar da ignorância do usuário ou do uso errado do produto. O objetivo da análise do caráter crítico é identificar essas ameaças, para que se possa tomar providências para sua eliminação.

DESENVOLVER CARACTERÍSTICAS DOS PRODUTOS

- *Restrições legais.* Muitas de nossas leis afetam características de produtos. A segurança dos produtos é uma área óbvia para tais leis, mas existem outras, como as restrições impostas para a conservação de energia.
- *Essencial à vendabilidade.* No caso do Ford Taurus, cerca de 400 características do produto foram julgadas críticas para as suas possibilidades de venda. O número total de características do produto (primárias, secundárias, terciárias etc.) em um automóvel chega a muitas dezenas de milhares.
- *Exige um alto investimento.* Algumas características propostas para produtos podem exigir investimentos consideráveis em instalações, estoques, processos especiais e assim por diante. O desafio, para os projetistas de produtos, é descobrir alternativas que exigem menos investimentos.
- *Exige continuidade.* A sociedade industrial é dependente do desempenho continuado de bens e serviços tecnológicos. Essa dependência deu origem a uma nova família de características de produtos, todas relacionadas à continuidade do desempenho: confiabilidade, índice de falhas, vida útil, facilidade de manutenção etc. Para alguns bens e serviços, essas características de continuidade exigem, da parte dos projetistas, tanta ênfase quanto as características de desempenho mais tradicionais dos produtos.
- Lead time *prolongado.* Algumas características de produtos podem requerer muito tempo em processos sucessivos, por exemplo, desenvolvimento de uma fonte de suprimentos, estabelecimento de um processo operacional adequado, treinamento e teste dos trabalhadores. Mais uma vez, o desafio para os projetistas é de encontrar alternativas.
- *Áreas eticamente sensíveis.* Algumas ações podem criar publicidade desfavorável e desproporcional ao volume de dinheiro envolvido: favoritismo, fraudes nas contas, várias espécies de conduta antiética. Os controles financeiros são, em geral, projetados de forma a aplicar salvaguardas estritas a essas áreas sensíveis.
- *Instabilidade.* Algumas características de produtos são intrinsecamente instáveis, devido a sua tendência à apresentação de falhas (por exemplo, a suscetibilidade ao mau uso, a curta vida de prateleira, o grande número de componentes). As soluções mais econômicas podem estar no desenvolvimento de características que sejam intrinsecamente mais estáveis.

Note que o caráter crítico é julgado do ponto de vista do *cliente e do fornecedor.* Por exemplo, no caso da vendabilidade, a prioridade atribuída às características do produto é baseada na análise do ponto de vista e do comportamento do cliente. Outras formas de caráter crítico, por exemplo a necessidade de investimentos, são baseadas nas realidades enfrentadas pelo fornecedor.

Planilha da análise do caráter crítico

Para garantir que as providências apropriadas serão tomadas com respeito a todas as características críticas, pode-se usar uma planilha para a análise do caráter crítico. A Figura 6-7 mostra o Registro de Componente Crítico, uma forma de planilha usada pela Rank Xerox Limited. Neste exemplo, a aplicação é para os componentes do produto. Cada componente é listado em uma linha horizontal. Um total de 27 categorias de caráter crítico estão listadas nas colunas. A análise então identifica os tipos de caráter crítico que são aplicáveis a cada componente.

Na mesma empresa, é realizada então uma análise mais detalhada para cada caso de caráter crítico. A Figura 6-8 é a Análise do Caráter Crítico de Componentes/Montagem: Detalhes, a qual mostra as ações planejadas como resposta aos vários tipos de caráter crítico. Algumas dessas ações afetam outros processos: compra de materiais, transporte de materiais, embalagem, armazenagem.

ANÁLISE COMPETITIVA

A análise competitiva é essencial em uma sociedade industrial baseada no mercado. As forças tecnológicas continuam criando novas oportunidades e ameaças, enquanto a competição faz da qualidade um alvo móvel. É melhor que a análise competitiva seja feita nos estágios iniciais do sistema de fases, uma vez que as necessidades dos clientes são influenciadas por aquilo que está disponível em termos competitivos.

Características dos produtos

A avaliação da competitividade das características dos produtos é essencial, porque os clientes efetuam essas avaliações quando decidem que produtos irão comprar.

É muito comum as empresas tabularem as características dos seus produtos ao lado daquelas dos concorrentes. A comparação resultante identifica a *presença ou ausência* de características específicas e é um primeiro passo essencial na análise competitiva.

Para muitas características de produtos, a análise competitiva deve ir mais longe. Ela deve avaliar o *desempenho,* por exemplo, conforto, consumo de combustível, milhões de instruções por segundo. Essas avaliações podem, em parte, ser feitas em laboratório, mas algumas precisam ser feitas a partir de dados baseados no desempenho real em condições operacionais. Esses dados devem ser obtidos com aqueles que de fato utilizam os produtos em condições operacionais.

DESENVOLVER CARACTERÍSTICAS DOS PRODUTOS   179

ASSUNTO Nº 1 | **DATA: 9/9'83** | **Função:** Comm ops / Qualidade / MÉD.

PRODUTO: impressora — FOLHA. 1 de:

REGISTRO DE UM COMPONENTE CRÍTICO

Critérios (colunas numeradas):

Grupo	Nº	Critério
Processo crítico fazer/mont/vend.	1	História do problema
	2	Nova tecnologia
	3	Tolerâncias justas
	4	Parâmetros críticos
	5	Padrões rígidos
	6	Cert. do Operador
	7	Cert. do Inspetor
	8	Complexo
Segurança	9	Segurança mec.
	10	Segurança elét.
	11	Segurança ambiental
	12	Vestimentas especiais
Ferramentas críticas	13	Alto custo
	14	Processo demorado
	15	Requer calib.
Manuseio crítico	16	Sensibilidade ao manuseio
	17	Transporte especial
	18	Embalagem especial do fornecedor
	19	Alto custo unitário de fabricação
	20	Processo demorado
Estoque crítico	21	Vida de prateleira
	22	Grosso da estocagem
	23	Peso
Fornecimento crítico	24	Novo fornecedor
	25	SPPS
	26	IPO
	27	Peça exclusiva

Função (marcas *):

Função	1	2	3	4	5	6	7	8	9	10	11	12	13	14	15	16	17	18	19	20	21	22	23	24	25	26	27
Comm ops	*	*	*	*	*	*	*	*	*	*	*	*	*	*	*	*	*	*	*	*	*	*	*	*	*	*	*
Qualidade	*	*	*	*	*	*	*	*	*	*	*	*	*	*	*	*	*	*			*			*			
MÉD.		*	*	*	*	*		*	*	*	*	*	*	*	*	*	*	*	*	*	*		*				

Componentes (marcas o):

CÓDIGO COMER.	NÚMERO DO COMPONENTE	DESCRIÇÃO	SUB-SISTEMA	DATA DE EXPEDIÇÃO	1	2	3	4	5	6	7	8	9	10	11	12	13	14	15	16	17	18	19	20	21	22	23	24	25	26	27
570	2593801	Moldura Bookwell	17.00	8237	o o															o o		o o						o o			
570	2593816	Cober. do Bolo	17.00	8237																											
180	9P90864	Braço do gás	17.00	8237																o o		o o						o o			
1100	30994134	Suporte do motor de elevação	62.30	6237				o									o	o					o	o		o				o	
210	130P90307	Sensor	62.30	8237				o						o			o	o					o	o		o					
230	140591354	Est. sensor	6230	8237																o											
250	127P91103	Motor disco drive	52.30	8237				o						o								o				o				o	
260	121590607	Embreagem do disco	32.30	8237				o													o	o				o				o	
1400	10159i216	Mont. eletr. chassis	62.30	8237													o														
570	5P90488	Empilhador disco	62.30	8235				o																							

Figura 6-7 – Registro de componente crítico, uma forma de planilha para análise do caráter crítico.

Cortesia: Rank Xerox Limited, Fábrica de Mitcheldean.

RME: M. E. Payne	Modelo: Impressora	PARTE Nº 2593816
Apagar depois de aplicado	55:	Descr. Cobertura de bolo

	Med. Afetado	Qualidade Afetada	Operações Comerciais Afetadas	REF.	ITEM
Processo Crítico Fabricação/Montagem/ Fornecedores	*	*	*	1	HISTÓRIA DO PROBLEMA
	*	*	*	2	NOVA TECNOLOGIA
	*	*	*	3	TOLERÂNCIAS JUSTAS
	*	*	*	4	PARÂMETROS CRÍTICOS
	*	*	*	5	PADRÕES RÍGIDOS
	*	*	*	6	CERT. DO OPERADOR
	*	*	*	7	CERT. DO INSPETOR
	*	*	*	8	COMPLEXO
Segurança	*	*	*	9	SEGURANÇA MEC.
	*	*	*	10	SEGURANÇA ELET.
	*	*	*	11	SEGURANÇA AMBIENTAL
	*	*		12	VESTIMENTAS ESPECIAIS
Ferrament. Crítico	*	*		13	ALTO CUSTO
	*	*	*	14	PROCESSO DEMORADO
	*	*		15	REQUER CALIB.
Manuseio Crítico	*	*	*	16	SENSIBILIDADE AO MANUSEIO
	*	*	*	17	TRANSPORTE ESPECIAL
	*		*	18	EMBALAGEM ESPECIAL DO FORNECEDOR
Estoques Críticos	*		*	19	ALTO CUSTO UNITÁRIO DE FABRICAÇÃO
	*		*	20	PROCESSO DEMORADO
	*	*	*	21	VIDA DE PRATELEIRA
		*		22	GROSSO DA ESTOCAGEM
	*		*	23	PESO
	*	*		24	NOVO FORNECEDOR
Fornecimento Crítico			*	25	S.P.P.S.
			*	26	I.P.O.
			*	27	PEÇA EXCLUSIVA

REF.	AÇÕES MED. PLANEJADAS
16	Instruções de processo para indicar sensibilidade no manuseio e dano à fábrica.
18	

REF.	AÇÕES PARA A QUALIDADE PLANEJADAS
16	Inspeção planejada para verificação de danos.
24	Garantir que o fornecedor está plenamente familiarizado com os procedimentos RX Ir. 88P9.

REF.	AÇÕES COM. OPS. PLANEJADAS
13	Monitorar ferramenta para progresso.
18	Transporte especial deve ser estipulado com o pedido de compras.
19	Data/preço da entrega críticos.
20	Necessita de monitoramento rigoroso.
24	Garantir que o fornecedor tenha todas as especificações relevantes.
22	Armazenagem a granel deve ser considerada.

Figura 6-8 – Análise do Caráter Crítico de Componentes/montagens: Detalhes.

Cortesia: Rank Xerox Limited, Fábrica de Mitcheldean.

DESENVOLVER CARACTERÍSTICAS DOS PRODUTOS

Para alguns produtos de consumo, é necessária a realização de testes de preferência dos consumidores, utilizando consumidores humanos como instrumentos. (Ver Schuon, 1989, para um exemplo envolvendo automóveis.) Esses testes estão sujeitos a todos os riscos de erro humano, exigindo assim cuidados especiais no projeto dos programas de testes. (Ver, a este respeito, a Figura 5-4 e a exposição associada.)

Em algumas linhas de produtos, os concorrentes são tão numerosos que a análise competitiva em escala total pode tornar-se muito dispendiosa. As empresas resolvem esse problema através do uso do princípio de Pareto: elas se concentram nas características chave dos produtos, ou nos concorrentes chave, ou em ambos.

- Uma empresa de produtos eletrônicos conduz análises competitivas com respeito aos seus três maiores concorrentes em cada linha de produtos. "Maior" é definido em termos de participação de mercado.
- No caso do Ford Taurus, a análise competitiva concentrou-se em cerca de 400 características chave.

Em alguns casos a empresa é um monopólio, por exemplo a escola ou a empresa de energia elétrica locais. Em casos assim, a comparação deve ser feita com monopólios semelhantes. Na maior parte das indústrias existem sociedades profissionais, associações industriais e outras agências, que dispõem de sistemas estabelecidos para a combinação, análise e publicação de dados sobre desempenho, inclusive o desempenho quanto à qualidade. Há também muitas empresas nas quais existem monopólios internos, como Preparação da Folha de Pagamento, ou Fabricação de Componentes. Em casos assim, frequentemente, é possível obter informações sobre os concorrentes com os fornecedores externos ou serviços semelhantes.

Além de determinações objetivas da qualidade competitiva, existe também a necessidade de determinar as *percepções dos clientes* a respeito dessa qualidade. Quando essas percepções diferem da qualidade de forma significativa, devem ser tomadas providências para uma aproximação, seja através de mudanças nos produtos, seja através de métodos mercadológicos que visem mudar as percepções dos clientes.

Os projetistas de produtos usam uma coluna separada da planilha para registrar os resultados da análise competitiva.

Características de processos

Um segundo nível de avaliação da qualidade competitiva está nas características do *processo* usado pelos concorrentes para fazer seus produtos.

182 A QUALIDADE DESDE O PROJETO

Em geral, a análise do produto também revela muito a respeito do processo usado para fazê-lo. (Algumas vezes, informações adicionais são dadas voluntariamente por fornecedores de equipamentos, ferramentas, artigos de consumo etc.) As respectivas capacidades dos processos podem então ser estimadas, bem como os seus custos, levando a uma estimativa dos custos unitários.

Existe outro aspecto, embora sutil, das características dos processos dos concorrentes, a qual, se puder ser conhecida, será de muita utilidade. Esse aspecto refere-se aos *rendimentos dos seus processos.* Há muitos casos em que duas empresas, usando as mesmas instalações de processamento, apresentam rendimentos muito diferentes. Essas diferenças costumam ser atribuídas aos respectivos índices de melhoramento da qualidade. Os concorrentes mais ativos em projetos de melhoramento da qualidade são também aqueles que adquiriram a compreensão mais profunda das relações entre as variáveis do processo e os resultados do produto.

ANÁLISE DE VENDABILLDADE

No sentido em que é usada aqui, a expressão "vendabilidade " é a extensão até a qual as características do produto estimulam a disposição dos clientes para comprá-lo. Esta definição se aplica tanto a clientes internos como a externos. (Os fornecedores internos citam frequentemente a necessidade de "vender" suas propostas aos seus clientes internos.)

▲ No caso de produtos em potencial, baseados em novas tecnologias (produtos "guiados pela tecnologia"), a primeira e mais importante pergunta é: "Se nós o tivéssemos, poderíamos vendê-lo?"

Avaliação da vendabilidade – um contraste

Por muitas décadas os gerentes de marketing têm estudado como avaliar, quantificar e prever a vendabilidade. Muito tem sido aprendido a respeito de como interpretar os indicadores econômicos, de forma a se obter previsões do poder de compra e da afluência.

Em contraste, tem havido progressos limitados na compreensão das relações entre a qualidade do produto e sua vendabilidade. Alguns estudos, denominados "Profit Impact of Market Strategies" (PIMS), têm relacionado claramente a qualidade ao lucro (ver Schoeffler et al., 1974). Algumas das ferramentas necessárias já foram inventadas. Contudo, a aplicação dessas ferramentas (e a invenção de outras) exige novos níveis de colaboração entre as principais funções da empresa. Essa oportunidade não deve ser perdida.

Os métodos de análise da vendabilidade

Existem muitos desses métodos, mas vamos nos limitar àqueles que parecem ser os poucos vitais. Cada um deles envolve o estudo de uma combinação dos seguintes fenômenos:

- Diferenças entre produtos.
- Comportamento dos clientes.
- Percepções dos clientes.
- Opiniões dos clientes.

DIFERENÇAS ENTRE PRODUTOS

Os produtos concorrentes podem diferir em qualidade ao longo de um espectro que vai do óbvio até diferença nenhuma. Na extremidade "óbvia" do espectro estão as diferenças de qualidade que podem ser sentidas diretamente pelos clientes. Essas diferenças podem ser por si mesmas decisivas na vendabilidade dos produtos. Na extremidade de "diferença nenhuma", estão as habilidades mercadológicas que se tornam decisivas.

> O uso de códigos de barras em bens vendidos em supermercados tem proporcionado exatidão e agilidade superiores em funções como faturamento e controle de estoques. O conceito está sendo estendido à indústria automotiva pelas mesmas razões (Ross, agosto de 1987).

Diferenças de qualidade traduzíveis na linguagem dos usuários

O espectro inclui casos nos quais existe uma diferença real de qualidade, mas esta não é conhecida ou compreendida pelos clientes. Em casos assim, os tecnólogos e homens de marketing devem juntar suas forças para demonstrar as diferenças de qualidade em termos que possam ser compreendidos pelos clientes.

- O *Kevlar da DuPont*. Kevlar é uma fibra altamente resistente, que também exibe outras propriedades tecnológicas valiosas. Ele tem sido largamente aplicado, mas cada aplicação tem exigido um esforço persistente por parte dos tecnólogos e homens de marketing (Hays, 1987).
- O *caso das ferramentas motorizadas*. Um fabricante de ferramentas motorizadas conseguiu melhorar a confiabilidade de seus produtos a um nível muito acima daquele dos concorrentes. Foi então formada uma equipe para a obtenção de dados de campo, dos usuários, sobre os custos

do emprego daquelas ferramentas de alta confiabilidade *versus* as ferramentas dos concorrentes. Esses dados possibilitaram que o fabricante convertesse as diferenças em confiabilidade em diferenças em custos operacionais. Os dados de custos foram então divulgados, tornando possível a manutenção de um preço mais alto.

Casos como esses, quando analisados, apresentam os seguintes aspectos comuns:

- Existe de fato uma diferença de qualidade entre produtos concorrentes.
- Essa diferença é de natureza tecnológica; assim, sua importância não é compreendida por muitos usuários.
- Através de aplicação experimental e da coleta adequada de dados no campo, é possível traduzir a diferença tecnológica para a linguagem do dinheiro, ou para outros termos que possam ser compreendidos pelos clientes.
- Para estimular a ação pelos usuários, os resultados devem ser apresentados em termos do seu sistema de valores, e não daquele do fabricante.

Se as diferenças entre os produtos levam de fato a uma vendabilidade mais alta, o fornecedor tem a opção de lutar por uma participação maior no mercado, por preços mais altos ou por uma combinação de ambos. Em geral, a luta por uma participação maior parece otimizar os resultados financeiros do fornecedor.

Diferenças de qualidade pequenas, mas demonstráveis

- Uma empresa fabricante de confeitos de chocolate recobertos com açúcar ficou sob o controle de um profissional de marketing inteligente. Ele utilizou mensagens comerciais na televisão para dramatizar uma pequena diferença: os chocolates recobertos com açúcar tendiam a sujar menos as roupas e as mãos das crianças do que os chocolates sem cobertura. Sua participação de mercado subiu.
- Um fabricante de mancais de rolamentos realizou um estudo em profundidade da capacidade de processamento de suas máquinas. Ele conseguia fazer mancais muito mais precisos que aqueles dos concorrentes que usavam maquinaria semelhante. Na maior parte dos casos, essa precisão superior não era realmente necessária aos clientes (industriais). Não obstante, eles preferiam comprar o produto mais preciso, uma vez que não havia diferenças de preços.

Nesses e em outros casos semelhantes, as diferenças de qualidade poderiam ser postas de lado como desprezíveis. Porém, os engenheiros e gerentes de compras que podiam obter uma precisão maior (embora desnecessária) ao mesmo preço ficavam fortemente influenciados. Da mesma forma, a mensagem na televisão teve tanto sucesso em dramatizar uma ocorrência relativamente rara, que os consumidores se lembravam dela e agiam de acordo com a mesma.

Diferença de qualidade não verificável, mas aceita em confiança

Há alguns anos a Schick, fabricante de barbeadores elétricos, publicou os resultados de testes conduzidos por um laboratório de testes independente. Durante aqueles testes, os usuários se barbeavam duas vezes, usando dois barbeadores elétricos em sequência. Em um dia, o barbeador Schick era usado primeiro e um barbeador concorrente imediatamente depois. No dia seguinte, a sequência era invertida. Em todos os testes, o conteúdo (pontas de fios de barba) do segundo barbeador era pesado com precisão. Os dados demonstravam que, quando o barbeador Schick era o segundo, o peso do seu conteúdo era maior que aquele dos concorrentes. A implicação era que a Schick proporcionava um barbear mais limpo. Dentro de poucos meses a participação da Schick no mercado subiu de 8,3 para 16,4%.

A característica mais notável do caso anterior é o fato dos consumidores *não terem como verificar* a validade dos resultados divulgados. Eles podiam aceitá-los em confiança, ou não. Muitos aceitaram.

COMPORTAMENTO DOS CLIENTES

O comportamento dos clientes é um fenômeno factual. Ele consiste em feitos – aquilo que os clientes fizeram ou não fizeram. Esse comportamento passado é um indicador útil, um previsor do comportamento futuro. Portanto, pode também ser usado como insumo para a previsão da vendabilidade de produtos.

O comportamento dos clientes é mostrado em formas como:

PRODUTOS COMPRADOS OU NÃO COMPRADOS. Essa forma de comportamento dos clientes é, em geral, avaliada em termos de "participação de mercado". Ela é uma importante medida da vendabilidade dos produtos.

Existem variações enormes de vendabilidade para produtos como livros, cartões de felicitações, canções e filmes. As vendas dos "hits" podem ser, muitas vezes, maiores que as vendas das "bombas".

- Um estúdio decidiu descobrir quais eram as principais variáveis que influenciavam a vendabilidade de canções. Uma constatação foi que a repetição de sílabas sem sentido era uma influência favorável.

186 A QUALIDADE DESDE O PROJETO

EXIGÊNCIAS DE OPÇÕES. Algumas linhas de produtos são comercializadas com base em um produto padrão suplementado por itens opcionais. A análise da compra de opcionais leva então a decisões a respeito de quais opcionais oferecer como características padrão nos futuros modelos.

EXIGÊNCIAS DE "ESPECIAIS". Da mesma forma, as exigências, pelos clientes, de produtos que diferem do padrão, podem levar a mudanças naquilo que é visto como sendo padrão.

- Uma empresa na indústria de saúde estava processando 700 pedidos especiais por ano, com intervalos de entregas de cerca de três meses. Uma análise mostrou que um número relativamente pequeno de itens do catálogo respondia por 95% dos pedidos especiais. A solução foi converter os especiais frequentes em produtos padrão. O intervalo para as entregas caiu dramaticamente: 85% dos pedidos passaram a ser entregues dentro de dois dias. O número de pedidos especiais caiu de 700 para 200 por ano. Tudo isso foi feito com uma substancial redução de custos (Engle e Ball, 1986).

OFERTAS: BEM-SUCEDIDAS E MALSUCEDIDAS. Em algumas indústrias, as ofertas malsucedidas ganham por larga margem das bem-sucedidas. É útil analisar seus resultados em retrospecto, em um esforço para descobrir quais características das ofertas predominaram, no sucesso ou no fracasso.

A Figura 6-8 mostra os resultados de uma dessas análises, envolvendo 20 ofertas malsucedidas para a venda e instalação de equipamento industrial pesado.

A análise identificou o preço da instalação como uma das principais razões. Uma análise mais profunda revelou então um ponto fraco no processo de estimativa de custos. Esse ponto fraco exigiu uma revisão nos valores dos fatores contingenciais.

PRODUTOS USADOS OU NÃO USADOS. Nas indústrias de serviços existem muitos casos nos quais é fácil avaliar a extensão até a qual os clientes realmente usam as características proporcionadas pelos produtos.

- Uma cadeia de hotéis introduziu uma característica que possibilitava aos hóspedes o acerto de contas através do uso de televisor do quarto, ao invés de ficarem na fila do caixa. Foi fácil avaliar o uso real da nova característica pelos clientes.

DESENVOLVER CARACTERÍSTICAS DOS PRODUTOS

Proposta de contrato	Oferta não aceita devido a				
	Qualidade do projeto	*Preço do produto*	*Preço da instalação**	*Compra recíproca*	*Outro*
A1	• • •	X	X	• • •	X
A2	• • •	• • •	XX	• • •	• • •
A3	XX	X	• • •	• • •	• • •
A4	XX	• • •	X	• • •	• • •
A5	XX	• • •	• • •	• • •	• • •
A6	XX	• • •	• • •	• • •	• • •
A7	• • •	XX	• • •	• • •	• • •
A8	• • •	XX	• • •	• • •	• • •
A9	• • •	• • •	XX	• • •	• • •
A10	• • •	• • •	XX	• • •	• • •
B1	X	• • •	X	• • •	• • •
B2	• • •	• • •	• • •	XX	• • •
B3	• • •	• • •	• • •	XX	• • •
B4	• • •	• • •	• • •	XX	• • •
B5	• • •	X	X	• • •	• • •
B6	• • •	X	XX	• • •	• • •
B7	XX	• • •	• • •	• • •	• • •
B8	• • •	X	X	• • •	• • •
B9	• • •	• • •	• • •	X	• • •
B10	X	X	X	• • •	• • •
Totais	7	8	10 (de 14)	4	1

X = Razão que contribuiu   XX = Razão principal

* Apenas 14 ofertas foram feitas para instalações

Figura 6-9 – Análise de ofertas malsucedidas.

PERCEPÇÕES DOS CLIENTES

Em muitos casos, o conhecimento do comportamento dos clientes não é uma tese adequada para a tomada de decisões; é necessário, além disso, conhecer *as razões para esse comportamento*. Essas razões podem vir de informações suplementares, como as percepções e opiniões dos clientes, na exposição que se segue:

- *Percepções* dos clientes são conclusões derivadas principalmente pelo uso do produto.
- *Opiniões* dos clienters são afirmativas baseadas principalmente em julgamentos.

Essas definições não são mutuamente exclusivas; existe alguma superposição.

188 A QUALIDADE DESDE O PROJETO

Um exemplo comum de obtenção de percepções dos clientes é o estudo das preferências dos consumidores. São oferecidas a eles amostras de produtos concorrentes. Depois de usar os produtos, os consumidores declaram sua preferência.

- Um caso clássico envolveu sistemas de barbear. Alguns anos atrás, a Schick Company lançou um novo modelo, que facilitava a troca de lâminas. A Gillette Company realizou então um estudo defensivo de pesquisa de mercado, para determinar o impacto da nova característica sobre os consumidores. Amostras dos sistemas concorrentes de barbear foram dadas a cada um de várias centenas de consumidores. Cada um deles foi solicitado a usar cada um dos sistemas por um mês inteiro. Então, cada consumidor foi solicitado a (a) classificar as várias qualidades por ordem de importância e (b) classificar os sistemas concorrentes quanto a cada uma das qualidades (ver Figura 6-10). O estudo mostrou que:

1. A facilidade de mudança de lâminas era a qualidade menos importante.
2. Os sistemas concorrentes eram iguais com respeito à facilidade de mudança de lâminas.
3. O sistema da Gillette era inferior com respeito a uma qualidade diferente e muito importante.

Note que, na comparação anterior de sistemas de barbear, o painel de consumidores foi antes *colocado em estado de experiência,* para prover uma base factual para as suas percepções. O uso repetido dos produtos os qualificava para percepções dignas de crédito. Sem toda essa experiência, as conclusões deles teriam sido opiniões sem fundamento, ao invés de percepções baseadas na experiência.

A colocação dos clientes em estado de experiência pode conduzir a resultados enganosos, uma vez que a nova experiência precisa competir

	Classificação do usuário			
Qualidades	*Ordem de importância*	*Gillette*	*Gem*	*Schick*
A Retira a barba				
B Segurança				
C Facilidade de limpeza				
D Facilidade de trocar a lâmina				
E....				
F....				
G....				

Figura 6-10 – Classificação de sistemas de barbear.

com a falibilidade humana, assim como com todos os tipos de preconceitos, valores culturais e assim por diante. Um exemplo hilariante surgiu dos esforços de um jornal para obter informações relativas a uma agitação com respeito a refrigerantes tipo cola.

- Em meados dos anos 1980, depois de testes extensivos, os fabricantes de Coca-Cola mudaram sua fórmula. Seus clientes protestaram com tanta veemência contra a mudança que a antiga fórmula foi relançada, sob o nome de Coca-Cola Classic. A nova fórmula também foi mantida, sob o nome de Coca-Cola (e "Coke"). Essas duas marcas competiam no mercado com a Pepsi Cola e também entre si. Quando o jornal patrocinou uma bateria de testes de sabor em um shopping center, uma das constatações foi que 70 dos 100 experimentadores se enganaram na identificação daquilo que estavam bebendo. Suas preferências nos testes de sabor também contradiziam em muito suas preferências anteriormente declaradas. Quando foram confrontados com os fatos, muitos tornaram-se defensivos e questionaram a condução dos testes (Morris, 1987).

Resposta às percepções dos clientes

Os clientes agem com base nas suas percepções. Em seu conjunto, as consequências podem ser enormes.

- Um levantamento efetuado em 1986 pela Business Week/Harris mostrou que os usuários de telecomunicações classificavam qualidade e confiabilidade dos serviços como sendo mais importantes que os seus custos. A mesma pesquisa mostrou que a empresa mais bem classificada por sua qualidade também detinha a maior parcela do mercado.

Como os clientes agem com base em suas percepções, os projetistas de produtos devem usar essas percepções como insumos para a tomada de decisões.

Quando Thomas Edison estava trabalhando no projeto do sistema para a iluminação elétrica de residências adotou a política pela qual o novo e desconhecido sistema elétrico deveria ser tomado o mais semelhante possível ao sistema então predominante de iluminação a gás: a aparência dos utensílios, a cor e a intensidade da luz e o preço do serviço (Josephson, 1959).

Uma vez conhecidas as percepções dos clientes, os projetistas de produtos podem rever suas características para que correspondam a essas percepções.

190 A QUALIDADE DESDE O PROJETO

Um estudo do desempenho de postos de serviços de empresas de petróleo constatou que a escolha de postos pelos clientes era fortemente determinada pelo tempo perdido na parada para os serviços. Um refinamento do estudo estabeleceu que a variável crítica era o tempo perdido *percebido* e que a espera por um frentista respondia por uma grande parte dele. Uma solução foi que os frentistas desocupados se fizessem bastante visíveis na área de atendimento (Ackoff, 1978, Fábula 5.4, p. 108).

As percepções de alguns clientes têm pouca ou nenhuma validade, mas mesmo assim eles agem baseados nelas.

Muitos consumidores acreditam que o preço de um produto seja uma indicação da sua qualidade – quanto maior o preço, mais alta a qualidade. Muitos investigadores têm examinado essa crença e não foram capazes de confirmá-la (ver, a esse respeito, Juran, 1988, Seção 3, sob "Qualidade e Preço").

OPINIÕES DOS CLIENTES

O desejo de compreender as razões que estão por trás do comportamento dos clientes estimula muitos contatos com eles e pesquisas de mercado baseadas na solicitação das suas opiniões. Por que os clientes compram ou deixam de comprar o produto X? Por que eles preferem o produto X ao produto Y? A esperança é que os clientes consigam identificar aquelas características ligadas à qualidade que explicam o seu comportamento.

Essa é uma área enganosa de pesquisa. Existem muitas características de produtos a serem avaliadas entre os vários graus de concorrência. Além disso, muitas forças convergem sobre os clientes, algumas das quais não são de nenhuma ajuda para a tomada de decisões racionais. Portanto, embora o projeto da pesquisa de mercado possa requerer que os clientes deem respostas, isso não significa que elas forneçam uma orientação confiável para a tomada de decisões.

A situação fica pior quando pedimos predições: Você compraria este produto a este preço? Podemos obter respostas, mas falta realidade, uma vez que os clientes não estão diante da escolha real, nem precisam apoiá-la com um dispêndio real de dinheiro.

INTERAÇÃO: DESENVOLVIMENTO DE PRODUTOS E MARKETING

O aspecto das diferenças entre produtos tem um profundo impacto sobre a fonte de vendabilidade, isto é, se ela se deve mais às ferramentas de desenvolvimento de produtos ou àquelas de marketing. Um estudo interessante da interação dessas duas fontes de vendabilidade está na Figura 6-11.

Cada ponto do diagrama representa um produto alimentício: flocos de milho, batatas congeladas, chocolate e assim por diante. A escala horizontal é a preferência do consumidor pelo produto de uma empresa sobre seu maior concorrente. A escala vertical é a participação de mercado.

A ausência de pontos nas zonas direita e esquerda do diagrama deve-se, em grande parte, às diferenças de qualidade criadas pelo desenvolvimento dos produtos. Um alto grau de preferência dos consumidores por um produto logo fica amplamente conhecido e empurra o produto concorrente para fora do mercado.

O espectro vertical contém surpresas. Alguns produtos detêm acima de 80% de participação de mercado, a despeito de serem neutros quanto à preferência dos consumidores. A análise mostrou que essas surpresas resultavam, em grande parte, de habilidades de marketing: chegar primeiro ao mercado ("privilégio de anterioridade"), embalagem atraente, propaganda persuasiva etc.

O diagrama também contém algumas implicações para os investimentos. Um investimento no desenvolvimento de um produto, para elevar a preferência dos consumidores por ele de (digamos) 47% para 53%, provavelmente não criaria uma mudança significativa na vendabilidade. Esse investimento seria melhor aplicado no esforço de marketing.

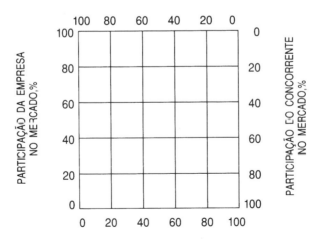

Figura 6-11 – Estudo da preferência do consumidor *versus* participação de mercado.

ANÁLISE PARA EVITAR FALHAS DOS PRODUTOS

A prioridade máxima, no desenvolvimento de um produto, são as características que o tornam vendável. A segunda prioridade é evitar falhas em serviço. Se os produtos falham em serviço, os clientes voltam-se para produtos concorrentes que não falhem com tanta frequência.

> A copiadora xerográfica possuía uma característica nova e única: ela podia copiar documentos diretamente do original. Como resultado, o produtor original de copiadoras a seco gozou de um notável crescimento em vendas e lucros, durante os anos em que suas patentes lhe davam um monopólio. Porém, seus produtos eram bastante propensos a falhas. Com o tempo, os concorrentes descobriram formas para contornar as patentes, lançaram produtos com índices de falhas sensivelmente menores e conquistaram grande parte do mercado.

As falhas dos produtos ocorrem tanto interna como externamente. As falhas internas se evidenciam em formas como repetição de trabalhos anteriores, atrasos e desperdício de material. Em conjunto, essas falhas resultam em chocantes aumentos de custos. As falhas externas também elevam nossos custos e os de nossos clientes. Portanto, tornam-se uma ameaça à vendabilidade continuada do produto.

▲ A abordagem planejada ao desenvolvimento de produtos deve incluir disposições específicas de proteção contra falhas externas. Essa abordagem envolve providências preventivas com respeito às principais fontes de falhas, que são:

- Inerentes ao projeto do produto
- Heranças de modelos anteriores
- Devidas à degradação interna

Projetar para confiabilidade

A necessidade de reduzir as falhas no uso tornou-se aguda. As empresas de serviços e os processos empresariais dependem da operação continuada de seus equipamentos para prover serviços com rapidez. Para as empresas de fabricação, o índice de falhas no uso constitui um elemento importante de concorrência.

Essa mesma necessidade de reduzir as falhas no uso tem gerado um grande volume de práticas e uma literatura dedicada à "análise de confiabilidade" dos projetos de produtos. A metodologia inclui a preparação de modelos de confiabilidade e a quantificação da confiabilidade; bancos de dados de índices de falhas de vários projetos e componentes;

e listas de projetos, componentes e fontes de suprimentos aprovados. A base de dados resultante está ficando cada vez mais computadorizada e, portanto, acessível aos projetistas que estão treinados no uso do sistema de projeto auxiliado por computador.

A base de dados para confiabilidade vai além dos modelos matemáticos. Ela inclui os resultados de testes de laboratório, durante os quais são feitas descobertas a respeito das relações entre as condições de operação e os índices de falhas. A base de dados também inclui o *feedback* de desempenho em condições reais de operação no campo.

Um importante benefício do uso de tecnologia moderna é que ele força os projetistas a quantificar certos elementos que, no passado, costumavam ser encobertos. É fácil especificar uma meta de confiabilidade – um índice máximo de falhas, ou um tempo médio entre falhas. Porém, projetar para uma meta como essa requer a definição das condições de operação. Confiabilidade é, em essência, a probabilidade do produto continuar a operar durante um período especificado, em condições de operação também especificadas. Para definir essas condições de operação, os projetistas são forçados a conhecer, em profundidade sem precedentes, quais serão os ambientes de uso. A profundidade dos conhecimentos resultantes possibilita que os projetistas elaborem projetos superiores.

(Para conhecer algumas metodologias detalhadas de análise de confiabilidade, ver Juran, 1988, Seção 13, "Desenvolvimento de Produtos". Ver também a bibliografia selecionada sobre confiabilidade no final deste capítulo.)

Herança de projetos anteriores de produtos

As características do produto que resultam do seu desenvolvimento são uma mistura de:

a. Características herdadas de produtos anteriores.
b. Características herdadas, mas modificadas para corrigir pontos fracos anteriores ou adaptar o produto a novas necessidades.
c. Características recém-desenvolvidas.

Nessa mistura, as características herdadas normalmente dominam as recém-desenvolvidas por ampla margem. Essa extensiva transferência de características torna importante que o projetista de produtos compreenda quais eram os resultados das características desses produtos anteriores, em termos de desempenho e também de falhas.

194 A QUALIDADE DESDE O PROJETO

▲   A transferência de características propensas a falhas é um câncer disseminado, que tem destruído muitas linhas de produtos. A razão sutil é que, na maior parte das empresas, a responsabilidade pelo diagnóstico e pela solução de problemas crônicos de qualidade é tão vaga que esses problemas simplesmente vão continuando. Além disso, a principal responsabilidade dos projetistas de produtos não tem sido a de solucionar antigos e crônicos problemas de qualidade, mas sim de desenvolver novas características de produtos que possam criar novas vendas.

- No caso da copiadora a seco, a análise mostrou que a lista das "dez mais" falhas no uso permaneciam virtualmente as mesmas, modelo após modelo. Esse fenômeno é uma forte evidência da negligência com relação à transferência de características propensas a falhas.

★   Mais recentemente, os altos gerentes têm tomado providências para prover maior garantia de que as metas de confiabilidade serão alcançadas. Em algumas empresas, as políticas de qualidade declaradas exigem que os novos modelos de produtos somente possam ser colocados no mercado se a sua confiabilidade (o oposto de propensão a falhas) for, no mínimo, igual àquela dos modelos que eles substituem e também dos modelos dos concorrentes. Essas políticas são, com frequência, reforçadas pela exigência que os projetistas provem, através de dados de testes em laboratório e no campo, que as políticas foram atendidas. Outra abordagem é tornar o "gerente do produto" responsável pelos custos de assistência técnica no campo que resultarem da transferência de características do produto que são propensas a falhas.

Também existe um lado positivo na transferência de características de projetos anteriores. Algumas delas estão em operação há anos e seu desempenho tem atendido às necessidades dos clientes e enfrentado os concorrentes. Para o caso de necessidades imutáveis dos clientes, a transferência dessas características comprovadas pode ser a solução mais eficiente. Nesses casos, ela não só reduz o esforço de projeto e seu prazo associado, mas também os custos e o tempo necessários à realização de testes de modelos e testes de campo para o novo projeto.

- No projeto de circuitos integrados em grande escala, é cada vez mais comum a prática de transferir os módulos e elementos de circuitos que já foram comprovados durante o uso de projetos anteriores (Sanger, 1988). O míssil "Sidewinder" foi desenvolvido nos anos 1950. Ele mostrou-se tão confiável, que ainda estava em uso nos anos 1980 (Fialka, 1985).

A insistência para que os projetistas façam uso de projetos anteriores, já comprovados, encontra alguma resistência cultural. Alguns projetistas preferem ser originais. Existe uma tendência a encarar o uso de projetos anteriores como um trabalho inferior à criação de novos projetos. Algumas empresas oferecem prêmios aos projetistas que usam com eficiência projetos já comprovados, como por exemplo o de "ladrão do mês".

Mau desempenho de confiabilidade

Em geral, a confiabilidade real fica abaixo da confiabilidade prevista. Os resultados dos testes de laboratório mostram, normalmente, valores de confiabilidade abaixo daqueles previstos pelos modelos matemáticos. Da mesma forma, a confiabilidade alcançada no campo costuma ser menor que aquela prevista pelos testes de laboratório.

Em sua maior parte, essa degradação progressiva é atribuível às diferenças entre teoria e prática. Os modelos matemáticos e testes de laboratório são desenvolvidos em condições que diferem amplamente daquelas predominantes no mundo das operações. Existem diferenças em prioridades, instalações, pessoal, treinamento, motivação e assim por diante. Embora essas diferenças não possam ser eliminadas, podem ser dados passos para minimizar seu efeito adverso sobre a confiabilidade.

Um desses passos é prover para a participação dos clientes, fornecedores, processadores e usuários que serão impactados pelo projeto do produto (ver a seguir, sob "Participação").

Um passo mais abrangente é a identificação das tarefas específicas que devem ser executadas para se alcançar a confiabilidade e atribuir responsabilidades claras: identificar qual unidade da organização irá realizar quais tarefas (ver Juran, 1988, Seção 13, "Desenvolvimento de Produtos").

ANÁLISE DE VALOR

Análise de valor é um processo para a avaliação das relações entre (a) as funções desempenhadas pelas características do produto, e (b) os custos associados. O objetivo da análise de valor é.

- Prover o cliente com as funções essenciais do produto.
- Otimizar o custo da provisão dessas funções essenciais.
- Identificar as características marginais do produto que podem ser eliminadas.

Os insumos para o processo de análise de valor consistem principalmente em:

196 A QUALIDADE DESDE O PROJETO

- A lista de necessidades dos clientes e sua ordem de importância.
- A correspondente lista de características do produto.
- As estimativas dos custos de provisão das características do produto.
- Informações sobre características de produtos concorrentes e seus custos.

A partir desses insumos, o processo de análise de valor executa várias atividades:

- Definir com precisão as funções do produto. Expressar cada função em termos de um verbo e um substantivo.
- Dividir as funções primárias do produto em subfunções: secundárias, terciárias etc.
- Para cada subfunção, estimar o custo de executá-la.
- Usar as estimativas de custos resultantes como auxílio para julgar os méritos das respectivas alternativas de desenvolvimento do produto.

Os especialistas têm desenvolvido uma série de métodos de análise para ajudá-los na execução das atividades anteriores. Em geral, esses métodos são construídos ao redor de uma matriz ou planilha, a qual estabelece as relações entre as funções do produto e os custos de provisão dessas funções. Um exemplo de planilha é mostrado na Figura 6-12 (Withers, 1983).

Nessa planilha, cada coluna representa uma função desempenhada por uma característica do produto. Cada linha representa um custo associado àquela característica – um componente, uma operação, um teste etc.

Nessa análise, a coluna da esquerda lista os vários elementos que geram custos. A seguir, a coluna "Custo" mostra:

a. O custo total para cada elemento (mostrado acima da diagonal).
b. A proporção entre esse custo e o custo total de todos os elementos (mostrado abaixo da diagonal).

Por exemplo, na primeira linha o custo total para os elementos do pente é de 11,58 libras, que corresponde a 13,14% do total de todos os custos (88,15 libras), para todas as funções.

As colunas restantes mostram as estimativas da extensão até a qual os elementos de custo são alocáveis às várias funções.

Uma vez preenchida a matriz, os totais para as colunas mostram o custo total estimado para cada função.

Os custos estimados das funções podem então ser comparados com (a) as estimativas da vendabilidade das características associadas do produto e (b) os custos e valores estimados das características dos produtos correspondentes. Essas comparações tornam-se um insumo útil para o planejamento e as decisões empresariais relativas à satisfação das necessidades dos clientes.

PLANILHA DE ANÁLISE DE VALOR

FUNÇÕES (verbo + substantivo)

Departamentos, Operações, Montagens, Componentes etc.	Custo		Prover alertmsagem	Aceitar passos	Prover segurança	Ser durável	Ser intercambiável	Prover rigidez	Ser durável	Prover identidade	Ser ajustável	Montagem
Pente	£ 11,58	13,14%	0,58	2,90	4,05	0,23	1,16		1,40		1,27	
Comutador de segurança	£ 13,14	14,90%			5,26		4,60		1,31		1,97	
Suporte do pente	£ 28,94	32,83%	11,57					14,47			2,89	
Placa inferior	£ 3,22	3,65%	0,64		0,64	1,28	0,32			0,32		
Guia de entrada	£ 15,26	17,31%		5,34	3,81	1,53	1,53		1,53		1,53	
Logotpo	£ 1,01	1,15%		0,51		0,51				0,51		
Montagem	£ 15,00	17,02%										15,00
CUSTO TOTAL (£)	**88,15**		12,79	8,23	13,76	3,54	7,61	14,47	4,23	0,82	7,66	15,00
% DO CUSTO TOTAL	**100%**		14,51	9,33	15,61	4,01	8,63	16,41	4,80	0,93	8,69	17,02

Figura 6-12 – Planilha de análise de valor.

198 A QUALIDADE DESDE O PROJETO

A matriz também fornece detalhes úteis sobre a constituição dos custos. Existem 28 combinações "ativas" custo-função na matriz, chegando a um total de 88,15 libras. Contudo, elas seguem o princípio de Pareto; assim, várias das combinações representam, em conjunto, o grosso dos custos. Qualquer redução importante nos custos terá, obviamente, que vir dessas "poucas mas vitais".

Nota: Ninguém deve se deixar enganar pela aparente precisão dos números na planilha. Eles são levados até a segunda casa decimal, mas a precisão real depende muito da validade das estimativas. Estas são normalmente feitas com uma margem de 10% e sua variação de erro é maior que isso.

PROJETO PARA FABRICAÇÃO E MONTAGEM (PFM)

Uma outra forma de análise, cada vez mais usada pelos projetistas, é o "projeto para fabricação e montagem". Os anos 1980 testemunharam uma tendência dos projetistas para proporcionar, aos seus clientes internos, uma maior participação. A experiência obtida com essa participação vem sendo cada vez mais convertida em "lições aprendidas". Aplicadas ao projeto e à sua influência sobre a fabricação, essas lições aprendidas fornecem, aos projetistas, bases de dados, regras para a tomada de decisões e, ainda, outros auxílios para a otimização dos seus projetos.

Para mais detalhes sobre essas lições e sua aplicação ao projeto para fabricação, ver Boothroyd e Dewhurst (1987).

A SEQUÊNCIA DAS ANÁLISES

Diante disso, as várias análises podem ser feitas de acordo com alguma sequência lógica. O mapa de planejamento de qualidade tem uma implicação de planejamento em etapas consecutivas. Os fluxogramas para o sistema de fases são, tipicamente, esboçados de uma forma que sugere atividades consecutivas. As decisões empresariais inerentes ao sistema de fases são, certamente, arranjadas em sequência. As várias funções da empresa, em geral, demonstram preferência por uma abordagem sequencial, na qual cada uma executa sua missão e passa o trabalho para a função seguinte.

Não obstante, a experiência tem demonstrado que as análises devem ser feitas principalmente de forma simultânea. A obediência estrita a uma abordagem sequencial tem resultado em passagens malfeitas de trabalho aos departamentos seguintes, que resultam em crises onerosas. A otimização (ver a seguir) requer "transações" entre as múltiplas necessidades de clientes e as características do produto, algumas das quais concorrem entre si.

Em geral, as análises orientadas para o mercado (competitiva, de vendabilidade) estão entre as primeiras a serem feitas, enquanto as análises referentes às operações internas são feitas mais tarde. As listas de atividades que compõem o sistema de fases seguem normalmente essa sequência. Porém, essas mesmas atividades são de natureza multifuncional, exigindo uma abordagem em equipe. Por sua vez, uma abordagem em equipe tende a fazer as coisas de forma simultânea, ao invés de sequencial. O que estamos testemunhando é a emergência de um conceito de planejamento simultâneo, como aquele que foi feito pela "Equipe Taurus". Essa forma de planejamento será, provavelmente, a predominante no próximo século.

Um auxílio para o planejamento simultâneo é o desenho da própria planilha. Normalmente, ela tem uma coluna separada para cada uma das respectivas análises.

Para preencher essas colunas, o projetista do produto necessita da participação de muitas das funções que estão ao redor da Espiral. Essa participação tende a favorecer uma forma simultânea de planejamento da qualidade.

OTIMIZAÇÃO DO PROJETO DO PRODUTO

A meta na otimização é:

- Atender às necessidades dos clientes e fornecedores.
- Minimizar seus custos combinados.

A meta é válida, mas para alcançá-la é necessário

- Superar o impulso tradicional, de clientes e fornecedores, para *subotimizar* – para atender às suas metas separadas.
- Garantir a participação de todos os afetados.
- Obter os insumos necessários e descobrir as condições que provêm um resultado ótimo.
- Resolver as diferenças.

O IMPULSO PARA SUBOTIMIZAR

A causa principal de fracassos para se atingir a omitização é a perseguição de metas locais. Essa subotimização ocorre entre empresas e também dentro de empresas.

Subotimização entre empresas

Nas sociedades baseadas no mercado, a tradição dominante tem sido de cada empresa cuidar de seus próprios interesses: atender às suas próprias necessidades de qualidade e minimizar seus próprios custos. A sociedade competitiva contém forças que favorecem a otimização, mas o ritmo pode ser dolorosamente lento. (O conceito de cálculo do ciclo de vida é conhecido há muitos anos. Ele oferece uma grande oportunidade para melhorar sua qualidade e produtividade nacionais. Porém, a aplicação deste conceito ainda está em sua infância.)

Nos casos em que as empresas reconhecem as oportunidades inerentes à otimização, os resultados podem ser espantosos.

- O caixa automático é uma conveniência para os clientes dos bancos, ao mesmo tempo em que possibilita que estes prestem serviços a custos menores do que através de caixas humanos. Porém, os clientes somente podiam obter esses serviços dos caixas automáticos dos seus próprios bancos.

  Em março de 1985, os bancos de Nova York criaram o New York Cash Exchange (NYCE) para possibilitar que os bancos colocassem seus caixas automáticos em uma rede comum. Dentro de um ano o consórcio chegou a 74 instituições financeiras, com mais do dobro dos números originais de detentores de cartões e caixas automáticos, com um volume de transações em rápida expansão (Stevenson, 1986).

Uma situação ótima não permanece necessariamente assim. As mudanças de condições podem exigir revisões para restaurar o ótimo.

- Nas áreas metropolitanas, é comum o tráfego de veículos causar grandes congestionamentos nas pontes e túneis. Em alguns casos, a ocupação média de lugares nos carros é inferior a dois. A cobrança usual de pedágio é por veículo, independente da sua ocupação. Uma solução é rever a estrutura do pedágio, de forma a encorajar o uso comunitário (Ackoff, 1978, Fábula 3.6, p. 58).

A otimização, normalmente, envolve algum grau de colaboração entre fornecedor e cliente. A iniciativa pode ser tomada por qualquer um dos dois.

- Um fabricante de instrumentos constatou que a instalação nas empresas clientes era frequentemente retardada devido à preparação inadequada das utilidades (fundações, suprimento de energia etc.). A empresa preparou um videoteipe explicando as preparações necessárias. A empresa também exigiu que os clientes garantissem que as preparações estavam completas antes de enviar o pessoal de instalação até eles. O tempo de instalação foi reduzido, de uma média de dez dias, para cerca de dois dias.

- Outro exemplo de iniciativa pelo fornecedor envolveu um tamanho especial de lingote, pedido por apenas um cliente. O fornecimento desse tamanho especial constituía um encargo irritante para o fornecedor. Durante uma visita ao cliente, foi levantada a pergunta: "Nenhuma outra empresa exige um tamanho especial. Por que vocês precisam de um?" A resposta foi: "Nossa caixa de armazenagem não é grande o suficiente para o tamanho regular". O fornecedor então construiu uma caixa maior para o cliente.

Subotimização dentro das empresas

A subotimização também é um problema comum *dentro* das empresas. Uma das causas principais é a prática de estabelecimento de metas departamentais e o julgamento do desempenho dos gerentes com base no desempenho departamental em relação a essas metas. Essa prática é intrinsecamente saudável. As pessoas realizam mais quando têm metas e são julgadas pelo seu desempenho em relação às mesmas. Porém, é muito fácil um departamento melhorar seu desempenho e, ao fazê-lo, prejudicar o desempenho da empresa.

- Um departamento de compras reduziu o custo dos materiais comprados adquirindo um suprimento para um ano, ao invés de fazê-lo todos os meses. Entretanto, o resultado líquido foi um prejuízo para a empresa. Os materiais se deterioravam gradualmente durante a armazenagem. O efeito, ao longo de um ou dois meses, havia sido tolerável. Porém, ao longo de muitos meses, o feito era intolerável.

Monopólios internos

Muitos departamentos internos recebem jurisdição específica sobre certas áreas de tomada de decisões. Essa jurisdição é reforçada através de um monopólio sobre a aprovação dos documentos que podem gerar ações. Vários documentos críticos não se tomam oficiais até receberem a aprovação dos departamentos reconhecidos como tendo jurisdição. Por exemplo:

Departamento	Jurisdição
Projeto de produtos	Aprovar especificações
Marketing	Assinar contratos de vendas
Compras	Assinar contratos de compras
Departamentos de assessoria	Estabelecer programações; emitir manuais de procedimentos; interpretar regulamentos

As condições inerentes a esses documentos têm impacto sobre a qualidade. Contudo, as jurisdições associadas são, em geral, interpretadas como tendo um certo grau de monopólio sobre as respectivas áreas de tomada de decisões. São muitos os casos nos quais os departamentos monopolistas, para atender às suas próprias metas departamentais, criam problemas para os clientes internos. Muitas vezes, esses problemas têm sua origem no mau uso dos monopólios – na reivindicação de jurisdição exclusiva.

A reivindicação de jurisdição exclusiva

As unidades das organizações frequentemente reivindicam a jurisdição exclusiva sobre certas áreas de tomada de decisões: *"Nós* somos responsáveis pela qualidade" (ou pelo custo, pela segurança, pelo projeto etc.). O trato adequado dessas reinvindicações requer a separação do monopólio afirmado em seus elementos. Normalmente, esses elementos consistem em responsabilidades relativas a:

- Escolha dos insumos que devem entrar na tomada de decisões.
- Tomar as decisões.
- Assinar os documentos que tomam a decisão oficial.

▲ A responsabilidade pela assinatura dos documentos *deve* ser um monopólio e essa é a prática usual. (Autorizar muitas organizações a assinar especificações, contratos de vendas, pedidos de compras etc., é pedir confusão.) Entretanto, esse monopólio lógico tem o hábito de se ampliar até áreas não planejadas. Essa aplicação resulta em monopólios sobre a escolha de insumos e sobre a tomada de decisões.

▲ A escolha de insumos *não* deve ser um monopólio. Um resultado ótimo é muito improvável, a menos que aqueles que são afetados tenham a oportunidade de prover seus insumos.

A tomada de decisões (à luz dos insumos) pode, logicamente, ser um monopólio em alguns casos, mas não em outros. As decisões ligadas à otimização da economia da empresa são, idealmente, o resultado de um consenso entre as organizações afetadas. Em contraste, existem casos em que devemos confiar no julgamento de peritos reconhecidos. Aqui estão dois exemplos:

- Nosso planejamento exige a preparação de uma nova forma de garantia do produto. O teor da garantia é crítico. Se ela for mal redigida, poderá nos expor a grandes custos, na forma de reclamações injustificadas. Confiamos na opinião do advogado com respeito a como o teor será interpretado nos tribunais.

DESENVOLVER CARACTERÍSTICAS DOS PRODUTOS 203

- Um novo produto envolve riscos potenciais de segurança para os usuários finais. O que é crítico é o fator de segurança a ser usado no projeto. Confiamos na opinião do engenheiro de projetos quanto aos fatores de segurança necessários para assegurar a integridade estrutural do projeto.

Em cada caso, a confiança está sobre a perícia derivada do treinamento especial e da experiência. Quanto às suas áreas de competência, damos aos peritos o benefício da dúvida e a última palavra.

Perícia especial a planejamento amplo

Apesar de confiarmos nos peritos quanto às suas áreas de competência, devemos distinguir cuidadosamente entre áreas de competência e o planejamento amplo, do qual essas áreas são uma parte.

- Recorremos ao advogado para prover a interpretação legal do teor da garantia. Não recorremos a ele para determinar quais devem ser as características cobertas pela garantia, nem qual deve ser a duração da mesma. Essas são decisões empresariais, a serem tomadas pelos gerentes que, em conjunto, dirigem a empresa.
- Recorremos ao projetista de produtos, para prover a perícia relativa ao uso das leis da natureza para obter integridade estrutural. Não damos a ele a última palavra a respeito de levar ou não o produto ao mercado. Esta é uma decisão empresarial.

OTIMIZAR ATRAVÉS DA PARTICIPAÇÃO

A descoberta das condições ótimas envolve o equilíbrio de necessidades, sejam elas de várias empresas ou internas de uma só empresa. Idealmente, a busca do ótimo deve ser feita através da *participação* dos fornecedores e também dos clientes.

Revisão do projeto

Pelo conceito de revisão do projeto, aqueles que serão afetados por ele têm a oportunidade de revê-lo durante vários estágios formativos. Os revisores são escolhidos com base em sua experiência e perícia nas áreas que serão afetadas. Eles usam sua experiência e sua perícia para fazer contribuições como:

- *Aviso prévio* de problemas iminentes. "Se você projetar dessa forma, aqui estão os problemas que irei enfrentar".

204 A QUALIDADE DESDE O PROJETO

- *Dados* para ajudar a encontrar as condições ótimas. Os vários clientes estão, frequentemente, em posição de fornecer dados na forma de custos que serão incorridos, capacidade de processamento das instalações etc. Esses dados são de ajuda óbvia para a otimização do desempenho global.
- *Questionamento de teorias*. Os departamentos especializados são, tipicamente, mestres em suas próprias especialidades, mas raramente dominam as especialidades de outros departamentos. Na ausência da participação daqueles outros departamentos, existe o risco de teorias não comprovadas ou crenças injustificadas prevalecerem. A participação pelos clientes provê um questionamento informado.

Em seu conjunto, essas e outras contribuições tornam o todo maior que a soma das partes. A equação toma a forma de $1 \div 1 = 3$.

A análise das constatações de revisões anteriores do projeto podem fornecer uma base de dados, a qual pode, por sua vez, auxiliar a condução de futuras revisões de projetos. Durante os anos 1980, a General Electric desenvolveu um método quantitativo de classificar os projetos de produtos pela facilidade de montagem. As equipes de revisão de projetos foram treinadas para usar o método para a avaliação de novos projetos, depois do que estas avaliações passam a ser um insumo para a revisão de projetos (Maczka, 1984).

(Para mais detalhes, ver Gryna, 1986. Ver também Juran, 1988, "Revisão de Projetos", pp. 13.7 a 13.11.)

Planejamento conjunto

Uma segunda abordagem importante para a otimização através da participação é o planejamento conjunto. Esse tipo de planejamento existe há muito tempo sob várias formas. Por exemplo:

- Algumas empresas de serviços preparam e publicam informações para ajudar os clientes a analisarem suas necessidades. Um exemplo comum está na área de conservação de energia.
- Muitas empresas de manufatura oferecem um serviço de "Representantes Técnicos", que visitam os clientes, analisam suas necessidades e prestam assistência consultiva.

Em alguns casos, o planejamento conjunto tem resultado em grandes transferências de trabalho entre organizações independentes.

- Uma importante atividade no Serviço Postal é a separação da correspondência com base no destino. Estudos conjuntos determinaram que as empresas que enviam grandes volumes de correspondência estavam em posição de pré-separar essa correspondência com me-

DESENVOLVER CARACTERÍSTICAS DOS PRODUTOS 205

nos esforço que o Serviço Postal, resultando na entrega mais rápida. Por sua vez, o Serviço Postal estabeleceu um desconto para a correspondência pré-separada.

O planejamento conjunto é viável mesmo quando informações exclusivas estão envolvidas.

- A Aluminum Company of America (Alcoa) e a Eastman Kodak Company (Kodak) estabeleceram uma equipe conjunta para otimizar o desempenho de uma chapa fotográfica. A Alcoa fazia a base de alumínio e a Kodak aplicava o revestimento. A condição da superfície da base era crítica e ambas as empresas utilizavam processos exclusivos. 'Não obstante, a equipe foi capaz de realizar melhoramentos importantes na qualidade do produto e uma redução de custo. Como eles protegeram seus segredos exclusivos? Eles simplesmente confiaram uns nos outros (Kegarise e Miller, 1985).

O planejamento conjunto tem se mostrado aplicável a uma ampla variedade de situações. Os projetistas de brinquedos conseguem obter insumos de crianças muito jovens. Um arquiteto obtém insumos de crianças para o projeto de *playgrounds,* como foi registrado no programa "Sunday Moming" da CBS News de 30 de março de 1986. As redes de computadores ligam o projeto auxiliado por computador à fabricação auxiliada por computador (CAD-CAM), e criam uma base comum de dados (Sterling, 1984).

A necessidade da participação no planejamento da qualidade é dramatizada sempre que uma indústria passa por uma consolidação ou uma divisão de empresas. Um exemplo clássico de divisão foi aquele da "alienação" da Bell System.

- Até os anos 1980, o sistema da Bell tinha um monopólio virtual de todos os aspectos de prestação de serviços de telefonia nos Estados Unidos: projeto, fabricação e instalação dos equipamentos; venda dos serviços de telefonia; operação das linhas telefônicas. Não havia discussão a respeito da qualidade dos serviços, mas sim a respeito dos seus custos e preços.

  Então, como resultado da ação governamental, houve uma alienação. As empresas telefônicas regionais tornaram-se completamente independentes. O que se seguiu foram muitos meses caóticos com respeito à qualidade dos serviços. O planejamento da alienação deu prioridade máxima aos assuntos internos de cada empresa. Porém, alguns aspectos importantes da qualidade dos serviços aos clientes pagantes haviam passado a ser um problema de muitas empresas, exigindo o planejamento conjunto da qualidade. Esta não tinha alta prioridade, resultando em um escandaloso declínio na qualidade dos serviços, que levou muitos meses para ser corrigido.

206 A QUALIDADE DESDE O PROJETO

Um exemplo de consolidação pode ser visto na onda de fusões de empresas aéreas que se seguiu à desregulamentação daquela indústria pelo governo federal. Algumas das fusões foram acompanhadas por sérios declínios na qualidade dos serviços. Os computadores usados para a emissão de passagens não eram compatíveis; várias instalações físicas não eram intercambiáveis; o pessoal não estava treinado para operar equipamentos desconhecidos. Idealmente, o planejamento conjunto da qualidade deveria ter sido feito antes da consolidação, para facilitar a transição. Em vez disso, muitos dos problemas de qualidade foram deixados para ser resolvidos depois da consolidação, resultando em numerosas reclamações dos clientes e em imagem negativa de qualidade para as empresas (Thomas, 1987).

Outro aspecto do planejamento conjunto da qualidade refere-se ao papel do "fator humano" na obtenção de qualidade. À medida em que os produtos ficam complexos, o fator limitante é, frequentemente, a capacidade dos seres humanos para operar e manter esses produtos. Em casos como esse, a equipe de planejamento conjunto deve incluir especialistas das ciências comportamentais pertinentes, bem como o pessoal que deverá efetuar a operação e a manutenção.

Alguns sistemas de armas militares tomaram-se extremamente complexos. Não obstante, é possível projetá-los de forma que forneçam, ao pessoal de operações, controles e instruções relativamente simples, que podem ser absorvidos através de treinamento (Cushman, 1987).

Equipes participativas: planejamento simultâneo

Durante os anos 1980, emergiu uma tendência no sentido do planejamento simultâneo feito por equipes multifuncionais. Esse método tornou-se um desafio à abordagem tradicional. Por esta abordagem é preparado um manual, estabelecendo as ações e decisões de planejamento a serem tomadas por cada uma das unidades funcionais da organização ao redor da Espiral: Pesquisa de Mercado, Desenvolvimento de Produtos etc. Depois disso, para cada projeto de planejamento, cada uma dessas funções executa seu trabalho e entrega o resultado à função seguinte. Esse método sequencial encorajou o desenvolvimento de um conceito de carreira dentro de cada função, bem como de perícia funcional e lealdade à função. Contudo, na prática esse mesmo método criou unilateralmente numerosos problemas de qualidade e crises para as funções subsequentes ao redor da Espiral.

Pela nova abordagem, é organizada uma equipe com membros de múltiplas unidades funcionais ao redor da Espiral. A equipe então realiza o planejamento de forma simultânea. A própria natureza dessa abordagem em equipe estimula as revisões de projetos e os insumos necessários à otimização. Além disso, a natureza simultânea do planejamento possibilita a redução do ciclo de vida do projeto.

- Um bom exemplo da nova abordagem foi a "Equipe Taurus", organizada pela Ford Motor Company para planejar os modelos Taurus para que fossem "os melhores em sua classe". A realização dessa meta exigia que os modelos fossem os melhores da classe em mais de 400 características. A maior parte das metas foi atingida e o Taurus foi um formidável sucesso no mercado (Veraldi, 1986).

A extensão até a qual as empresas irão adotar o planejamento simultâneo por equipes multifuncionais ainda é desconhecida.

Entretanto, uma conclusão muito difundida tem sido que o espírito de trabalho em equipe, gerado durante o projeto, não termina com o final do projeto; ele também é transferido para as operações do dia a dia.

Resistência à participação no planejamento

A oportunidade de participar é geralmente bem recebida pelos clientes – aqueles que serão afetados pelo plano. Porém, essa oportunidade com frequência *não* é bem recebida pelos planejadores. Muitos deles, especialmente os projetistas de produtos, têm resistido ao planejamento participativo. Suas razões declaradas são normalmente as seguintes:

- Somos projetistas experimentados de produtos e já estamos bem informados a respeito das necessidades daqueles que serão afetados.
- O processo participativo é demorado. Ele aumentará o custo de desenvolvimento do produto e a duração do ciclo de desenvolvimento.
- Os projetistas de produtos devem ficar livres para usar sua criatividade. O processo participativo suprime essa criatividade.

Essas são as razões declaradas usuais e elas têm uma certa validade.

Além delas estão as razões não declaradas, que com frequência são as razões reais da resistência. Elas incluem:

- O departamento de desenvolvimento de produtos tem tido o monopólio de grande parte da tomada de decisões associadas ao desenvolvimento de produtos. Esse monopólio tem sido uma fonte importante de *status* para os projetistas de produtos. A introdução da participação quebra o monopólio, reduzindo assim o *status* dos projetistas.

- Os benefícios da participação (caso haja) irão aparecer nos registros da empresa, mas não nos registros do departamento de desenvolvimento de produtos. O marcador irá mostrar que, sob a participação, o departamento de desenvolvimento leva mais tempo para fazer seu trabalho e a um custo maior.

Essas e outras razões compõem, em conjunto, aquilo que é chamado "resistência cultural", uma vez que sua origem está no *padrão cultural* do (neste caso) departamento de desenvolvimento. Os gerentes que estão considerando a introdução do conceito de planejamento participativo devem se familiarizar com a natureza dos padrões culturais e com a maneira pela qual eles afetam o comportamento humano. Veja, a este respeito, o Capítulo 12, sob os títulos "Comportamento Humano e Valores Culturais" e "Lidando com a Resistência Cultural: Regras de Trânsito". Para mais detalhes, ver Juran (1964). O trabalho mais importante e seminal é Nead (1951). Ver também Kanter (1983), Argyris (1985) e Kotter (1985).

O processo de resolução das diferenças (ver a seguir) é facilitado se as partes entendem a natureza da resistência cultural.

RESOLVENDO DIFERENÇAS

A validade do conceito de um ponto ótimo é absoluta. Não obstante, clientes e fornecedores são puxados por poderosas forças locais, em uma extensão que pode facilmente conduzir a um resultado diferente do ótimo. Para se evitar esse resultado, é necessária a compreensão da interação dessas forças locais. No caso de clientes externos, essas forças são, principalmente, de natureza econômica e tecnológica. No caso de clientes internos, as forças de resistência cultural também devem ser compreendidas e enfrentadas.

Insumos essenciais

Em alguns casos, o principal obstáculo à resolução de diferenças, é a falta de informações essenciais. Todos os participantes têm informações pertinentes, mas estas se limitam normalmente às suas áreas locais de responsabilidade. Por sua vez, suas áreas definidas de responsabilidade levam-nos a otimizar seus desempenhos departamentais, o que muitas vezes significa a subotimização do desempenho global. Os "insumos essenciais" que faltam são, em geral, aqueles que cruzam as linhas departamentais: análise competitiva, análise da vendabilidade, análise de valor etc.

Para aqueles que têm a responsabilidade de encontrar o ponto ótimo real, é tentador "dar um jeito" com as informações já disponíveis. É preciso resistir a essa tentação. Uma parte essencial do trabalho de encontrar o ponto ótimo é a identificação dos insumos necessários. Uma vez que estes tenham sido identificados, cada um apresenta perguntas tais como:

- Esta informação está disponível agora?
- Caso não esteja, vale a pena criá-la?

Um outro insumo para a fixação de metas deriva dos processos necessários à produção das características do produto, o projeto do processo ótimo interage com o projeto do produto ótimo, fato que torna cada um, um insumo para o outro. Examinaremos essa interface no próximo capítulo.

Análise econômica

Em termos econômicos, a meta é minimizar os custos combinados de clientes e fornecedores. Para chegar a esse ponto ótimo, é preciso que determinemos:

- Quais são as maneiras alternativas para satisfazer (ou rever) as necessidades dos clientes.
- Quais são os custos associados, para clientes e fornecedores.

A preparação desses insumos exige uma exploração muito abaixo da superfície. Um exemplo comum é a determinação do ciclo de vida para bens duráveis. O projeto desses bens exige uma decisão de optar por uma de duas alternativas:

a. Projetar para um custo inicial baixo, para permitir um baixo preço de venda. Esses projetos costumam resultar em "alto custo de propriedade" – um alto custo operacional e de manutenção do produto ao longo do seu tempo de vida. Esse alto custo deve-se, por sua vez, a custos de manutenção, horas paradas, alto consumo de energia etc., resultante da ênfase do projeto no baixo custo inicial.

b. Projetar para um baixo custo de propriedade ao longo da vida do produto. Esses projetos com frequência resultam em alto preço inicial, com os associados problemas de vendas.

O conceito de custo do ciclo de vida é saudável e pode contribuir de formas importantes para melhorar a produtividade nacional. O maior obs-

210 A QUALIDADE DESDE O PROJETO

táculo é a resistência cultural. Em quase toda a história humana, o principal determinante na compra tem sido o preço inicial. É necessária uma grande dose de projeto criativo de produtos e de marketing inovativo para estender o conceito do custo do ciclo de vida a toda a economia. (Para mais detalhes, ver Juran, 1988, "Custo do Ciclo de vida", pp. 3.20 a 3.27.)

Análise tecnológica

Os projetistas de produtos e processos tecnológicos enfrentam muitos problemas complexos de otimização. Os projetos de produtos são constituídos por muitas partes, feitos de numerosas espécies de materiais, reunidos de numerosas maneiras, programados para operar em uma variedade de ambientes e assim por diante. O número de combinações potenciais é enorme, mas as combinações ótimas são em menor número. Os projetos de produtos apresentam, analogamente, números enormes de combinações potenciais e poucas combinações ótimas.

Os projetistas estão cientes da existência desses problemas há séculos, mas antigamente eles careciam das ferramentas para resolvê-los. Então, durante o século XX, duas novas famílias de ferramentas foram desenvolvidas para colocar à disposição dos projetistas os meios para a solução daqueles problemas de otimização. Essas ferramentas eram:

1. Projeto de Experimentos e Análises de Variação, que forneceram as equações e algoritmos necessários à organização das variáveis em forma passível de solução. Essas ferramentas na verdade estavam disponíveis havia décadas, mas o problema de resolver as equações resultantes estava além da capacidade dos métodos de cálculo então existentes.

2. O computador eletrônico, que forneceu a capacidade de computação para a solução das complexas equações resultantes.

A aplicação dessas ferramentas envolve muitos detalhes, que estão fora do escopo deste livro. Existe, entretanto, uma literatura considerável sobre o assunto. Para mais detalhes e bibliografia, ver Juran (1988) sob o título "Projeto e Análise de Experimentos" (Seção 26), "Desenvolvimento de Produtos" (Seção 13), "Indústrias de Processo" (Seção 28) e "Computadores e Qualidade" (Seção 27).

O processo Coonley-Agnew

Este processo para a resolução de diferenças foi publicado em um artigo em 1941. Este referia-se a uma tentativa para estabelecer padrões nacionais de qualidade para tubos de ferro fundido. O clima era decididamente desfavorável a acordos – os fabricantes e os usuários finais estavam insatisfeitos uns com os outros havia anos. Quando foi formado um comitê conjunto para desenvolver os padrões de qualidade, seu presidente estipulou três condições a serem satisfeitas durante as deliberações:

1. Eles devem identificar suas áreas de acordo e de desacordo. "Isto é, eles devem, antes de mais nada, concordar a respeito do ponto exato no qual a estrada começou a se dividir". Quando isso foi feito, constatou-se que um ponto importante de desacordo dizia respeito à validade de certas fórmulas.
2. "Eles devem chegar a um acordo a respeito do por que discordam". Eles concluíram que os fatos conhecidos eram inadequados para se decidir se a fórmula era ou não válida.
3. "Eles devem decidir o que farão a respeito disso". A decisão foi de levantar um fundo para condução das pesquisas necessárias ao estabelecimento dos fatos, "com os fatos em mãos, as controvérsias desapareceram" (Coonley e Agnew, 1941).

As alternativas de Mary Parker Follett

Os trabalhos de Follett incluíram uma análise da resolução de diferenças através das alternativas de domínio, compromisso e conflito construtivo (Metcalf e Urwick, 1941).

O *domínio* é, às vezes, encontrado em situações em que as características superiores do produto são protegidas por patentes. Em tais casos, é tentador, para os projetistas de produtos, concluir: "Sabemos melhor quais são as necessidades dos clientes". Entretanto, os clientes se ressentem desse comportamento autocrático. O resultado é um relacionamento adversário, associado à suspeita e desconfiança. Cada parte trabalha para otimizar seus próprios resultados e não para encontrar maneiras para melhorar os resultados para ambas. O relacionamento adversário reduz de fato a comunicação e o trabalho em equipe necessários à descoberta do ponto ótimo comum. Não obstante, os clientes precisam suportar o comportamento autocrático – por enquanto. Então, à medida em que os concorrentes encontram maneiras de contornar as patentes, o domínio é revertido e os clientes têm o prazer de levar seus negócios para outra parte.

O domínio também é amplamente praticado entre fornecedores e clientes internos. A maior parte dele tem sua origem em monopólios internos. Para ilustrar:

212 A QUALIDADE DESDE O PROJETO

- O Setor do Orçamento tem a responsabilidade de preparar o orçamento. Para simplificar seu trabalho, ele impõe formulários e procedimentos elaborados a todos os outros departamentos. O resultado final é um custo global mais alto para a empresa.
- Da mesma forma, Sistemas de Informações Gerenciais podem impor cargas injustificadas sobre outros departamentos. O marketing pode exigir perfeccionismo em qualidade, com pouco efeito sobre as vendas mas com consequências custosas. O Setor de Desenvolvimento de produtos pode surgir com projetos de novos produtos que são de fabricação antieconômica.

Quanto aos clientes internos, a regra deve ser: Ninguém tem o direito, unilateralmente, de causar problemas para um cliente.

O *comportamento* é largamente usado no processo de negociação, mas não necessariamente para chegar ao ponto ótimo. Em algumas reuniões de revisão de projetos, um impasse pode ser rompido por métodos semelhantes aos "conchavos" usados nos processos políticos:

"Você vota a favor do meu projeto e eu voto a favor do seu". Cada parte satisfaz algumas metas desejadas, mas ao preço de aceitar algumas ações indesejadas e mesmo desagradáveis.

A atmosfera de compromisso é menos abrasiva que aquela de domínio, mas o compromisso ainda não consegue chegar ao ótimo. Ele não satisfaz ninguém de maneira fundamental e também carece do espírito básico de equipe que é essencial à criação da comunicação e do esforço conjunto necessários à descoberta do ótimo.

Conflito construtivo é a expressão de Follett para uma abordagem de trabalho em equipe para se *descobrir uma nova solução que supere* aquelas derivadas do domínio ou do compromisso. O conceito pode ser ilustrado por exemplos nos quais um ponto comum importante é o engenho:

- Em grandes empresas, é comum as divisões venderem umas às outras sob um arranjo monopolista: as divisões fornecedoras possuem um mercado cativo; as divisões compradoras têm uma fonte cativa de suprimento; os preços de transferência são determinados por negociação. As numerosas negociações são demoradas e uma fonte frequente de irritação, uma vez que as transações com fornecedores ou clientes externos são vedadas pela insistência da corporação no arranjo monopolista. Muitas empresas resolveram o problema separando a política de preços daquela monopolista. A base para a determinação de preços passa a ser o preço de mercado. Tanto a divisão compradora como a fornecedora podem insistir na manutenção do monopólio, mas somente a preços de mercado.
- Um exemplo clássico envolvendo bens é o caso da porta dos refrigeradores domésticos. A porta deve abrir para a esquerda ou para a direita, dependendo do *layout* da cozinha. As previsões de vendas totais

de refrigeradores eram bastante confiáveis, mas o mesmo não se dava quanto ao lado de abertura das portas. Como resultado, os fabricantes foram forçados a manter dois conjuntos de estoques de refrigeradores. O tamanho desses estoques era uma fonte constante de controvérsias. Os profissionais de marketing queriam amplos estoques de ambos os modelos. Os gerentes de fábricas queriam estoques mínimos. A nova solução foi um reprojeto do utensílio, para tornar a porta reversível na fábrica ou no campo. Hoje, os estoques são mínimos e o pessoal de marketing conseguiu o máximo de flexibilidade (Ackoff 1978, Fábula 4.5, p. 91).

CARACTERÍSTICAS DE PRODUTOS COMO METAS PARA OS PROJETISTAS DE PROCESSOS

No início do desenvolvimento do produto, as necessidades dos clientes são declaradas em termos *qualitativos*. Para ilustrar, a Figura 6-13 relaciona algumas necessidades de clientes em termos qualitativos (coluna da esquerda) e a quantificação associada (coluna da direita).

As características quantificadas do produto (coluna da direita) tornam--se a base para a fixação de metas quantitativas para o produto metas em termos de valores visados e limites de especificações. Essas metas passam então a ser os alvos para os projetistas de processos e as forças operacionais.

Para tornar as coisas mais complicadas, as metas para muitas características de produtos são estabelecidas em dois níveis:

- Para unidades do produto individualmente
- Para unidades do produto coletivamente

Para ilustrar, uma meta de presteza de serviços pode ser fixada em cinco minutos para cada ciclo individual de serviço. Porém, para os ciclos em conjunto, a meta pode ser expressa como sendo de 85% dos clientes serem atendidos até cinco minutos depois de entrarem na fila.

Necessidades dos Clientes (em termos qualitativos)	Resultado da Quantificação
Presteza	Prazo de entrega
Ausência de erros	Taxa de erros
Nada de interrupções	Porcentual de tempo parado
Espaço	Dimensões espaciais
Confiabilidade	Tempo médio entre falhas
Segurança	Resistência à tração
Pureza	Partes por milhão de impurezas

Figura 6-13 – Necessidades qualitativas dos clientes e características quantificadas do produto.

214 A QUALIDADE DESDE O PROJETO

Uma prática semelhante é seguida no caso de bens. A especificação de um projetista para um componente mecânico pode definir as dimensões em termos de valores nominais e limites de especificação. Essa definição se aplica a cada unidade do produto. Entretanto, os pedidos de compra, as tabelas de amostragem e assim por diante podem ser projetadas para impor um limite sobre as unidades em desconformidade em termos de X partes por milhão.

Metas baseadas na uniformidade do produto

As metas para as características de produtos são há muito expressas em termos de um alvo visado, com limites de especificação ao redor desse alvo. À medida em que os projetistas de produtos adquiriram conhecimentos a respeito das capacidades dos processos, tornou-se evidente que as distribuições de frequência dos produtos resultantes não eram de fato compatíveis com os conceitos vigentes de limites de especificação. A Figura 6-14 mostra o contraste.

Na Figura 6-14, os limites de especificação são mostrados como linhas verticais, enquanto a distribuição de frequência com frequência toma a forma da curva em forma de sino.

O primeiro esforço em larga escala para criar uma compatibilidade mais próxima foi, provavelmente, o caso do sistema de transmissão coaxial para canais múltiplos de telefone ou televisão (Dodge, Kinsburg e Kruger, 1953). Naquele sistema, os limites de especificação para as características chave dos produtos componentes foram estabelecidas com base em:

- Um máximo para o desvio padrão da distribuição de frequência da característica do produto.
- Um limite sobre a média, igual a + um terço daquele desvio padrão.

Durante as décadas seguintes o conceito de metas do produto baseadas na uniformidade ficou em grande parte adormecido. Então, durante os anos 1980, emergiu um interesse renovado, envolvendo um conceito de limites de especificação baseado em:

- Um alvo visado.
- Redução continuada na variabilidade do processo (e do produto).

Por trás desse conceito está a percepção de que, para algumas espécies de produtos, a redução na variabilidade dos componentes pode melhorar de forma significativa o desempenho do sistema. A Ford Motor Company descobriu que árvores de transmissão feitas a partir de componentes de alta uniformidade resultavam em custos de garantia muito inferiores àqueles de árvores de transmissão feitas a partir de componentes com uniformidade convencional (Ford, 1981).

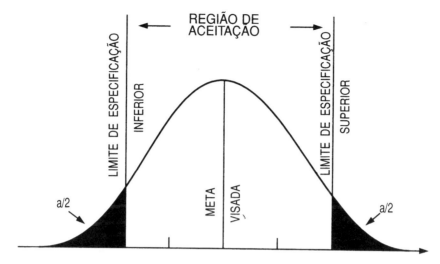

Figura 6-14 – Limites de especificação comparados à distribuição de frequência.

As aplicações potenciais para este conceito são inúmeras e os autores acreditam que ele seja intrinsecamente sólido. Resta porém saber se ele será adotado em larga escala. A aplicação (nos anos 1950) ao sistema coaxial L3 também era intrinsecamente sólida, mas não havia pressa para aplicar o conceito de forma mais ampla.

COMPLETANDO A DOCUMENTAÇÃO

Os resultados do desenvolvimento de produtos são oficialmente transmitidos às outras funções através de várias espécies de documentação. Estas incluem as especificações para as características dos produtos e suas metas, bem como as planilhas e outros documentos de apoio. Tudo isso é suplementado por instruções, tanto escritas como verbais.

Completando as planilhas

O preenchimento das planilhas é um processo permanente durante todo o desenvolvimento dos produtos. À medida em que progridem as várias análises, os resultados são colocados nas colunas apropriadas. O processo de otimização das características dos produtos é concluído com uma lista de metas para essas características. O estabelecimento dessas metas para os produtos também completa a planilha (que relaciona as características do produto às necessidades dos clientes).

Publicação de metas para as características do produto

A publicação de metas para as características do produto é um monopólio natural. Se houver mais de um responsável pela publicação, haverá inevitavelmente confusão a respeito de qual publicação é a oficial. Essa publicação envolve, na verdade, duas funções separáveis:

1. *Autenticação.* Este é o trabalho de certificar qual é a meta oficial. O autenticador pode ser aquele departamento especializado, que tem "o benefício da dúvida e a última palavra". O autenticador também pode ser um departamento de coordenação, que obtém um consenso e certifica: "Aqui está o consenso que foi conseguido".
2. *Emissão.* Este é o trabalho administrativo de preparação de cópias das metas oficiais do produto e sua distribuição aos clientes. Mais uma vez, o departamento emissor pode ser aquele que fez a autenticação, ou pode ser um serviço separado.

Não existe nada de trivial ou humilhante a respeito do trabalho de publicação das metas de qualidade. Muitos danos já foram provocados como resultado de erros na publicação de especificações de projetos de produtos, manuais de instruções operacionais, manuais de manutenção e assemelhados. O trabalho de publicação deve ficar nas mãos de pessoas cujo treinamento e experiência as qualifica para a realização de um trabalho tão minucioso.

Alguns aspectos da publicação das metas influem na satisfação dos critérios para "o que deve ser uma meta".

- ▲ As metas devem ser escritas. Essa disciplina ajuda a garantir que elas sejam *compreensíveis.*
- ▲ As metas devem ser aprovadas pela autoridade apropriada. Isso ajuda a garantir sua *legitimidade.*

Publicação do know-how associado

Durante o trabalho de desenvolvimento do produto, os projetistas adquirem muitos conhecimentos a respeito do assunto. Grande parte desse *know-how* é incluído na documentação, sendo assim transferida aos projetistas de processos e a outras funções. Uma parte desse *know-how* adquirido não é documentada, mas é comunicada através de revisões do projeto e outras formas de participação. O *know-how* adicional não documentado não é comunicado através de canais usuais, mas tem valor para outras funções e deve ser a elas comunicado. Isso pode ser feito por meio de reuniões com a finalidade específica de transmiti-lo aos projetistas de processos e, caso necessário, a outras funções.

CARACTERÍSTICA DE QUALIDADE

Muitos especialistas em qualidade, especialmente em indústrias de manufatura, utilizam a expressão "característica de qualidade" para designar qualquer propriedade de um produto ou processo. Neste livro, evitamos o uso dessa expressão. Em vez disso, estamos usando a palavra "característica" para designar essa propriedade de produtos ou processos.

A razão para não utilizar a expressão "característica de qualidade" é que ela raramente é usada nas indústrias de serviços e praticamente não é usada pelo público em geral. Em contraste, a palavra "característica" é usada e compreendida universalmente.

A RESPEITO DO DESENVOLVIMENTO DE PROCESSOS

O próximo capítulo é "Desenvolver características de processos". Ele começa com as características e metas dos produtos. A seguir, desenvolve os processos necessários à realização dessas metas.

UMA NOTA A RESPEITO DE DESDOBRAMENTO DE METAS DE QUALIDADE (DMQ)

O DMQ é uma ferramenta de planejamento recentemente popularizada nos Estados Unidos. Sua essência é uma série de matrizes interligadas, que começam com as necessidades dos clientes e depois as desdobram até as características de controle do processo. A natureza e o uso das matrizes de DMQ está intimamente relacionado às planilhas genéricas mostradas na Figura 1-11a-d. Na verdade, a "casa da qualidade" é uma adaptação especial de uma planilha genérica.

A planilha DMQ (conhecida como "casa da qualidade") foi inicialmente desenvolvida nos estaleiros de Kobe, Japão, no início dos anos 1970, tendo sido também usada para aplicações específicas pela Toyota em meados daquela década. Ela permite que informações adicionais sejam acrescentadas à planilha genérica, inclusive dados técnicos sobre os concorrentes, dados de pesquisas sobre os clientes e fatores de importância.

Os exemplos publicados de DMQ relacionam-se, em geral, ao projeto de bens e focalizam o desdobramento bem-sucedido de necessidades dos clientes em aspectos técnicos de projeto dos bens. A emergência do DMQ apoia a importância de planilhas interligadas para auxiliar o processo de planejamento da qualidade.

Para detalhes sobre as matrizes DMQ, ver Hauser e Clausing (1984), Sullivan (1986) e Morrell (1987).

LISTA DE PONTOS ALTOS

- O produto isolado mais importante é aquele que traz a receita da empresa.
- As inúmeras combinações de clientes e necessidades requer uma abordagem estruturada ao desenvolvimento de produtos.
- A planilha (matriz, tabela de qualidade etc.) é a principal ferramenta usada durante uma abordagem estruturada ao planejamento da qualidade.
- A planilha *não fornece respostas;* ela é basicamente um depositório para perguntas.
- O desenvolvimento de produtos exige não só perícia funcional; ele também exige o uso de um bloco de *know-how* relativo à qualidade – as disciplinas da qualidade.
- Não existe nada que exija que os projetistas de produtos façam uso das disciplinas de qualidade.
- As empresas estão nos estágios iniciais de provisão do treinamento necessário à conversão dos planejadores amadores em profissionais.
- O caráter crítico deve ser visto pelo ponto de vista tanto do cliente como do fornecedor.
- No caso de monopólios internos, frequentemente é possível obter informações competitivas de fornecedores externos ou de serviços semelhantes.
- Para o desenvolvimento de produtos baseados em novas tecnologias, a primeira e mais básica pergunta é: "Se nós o tivéssemos, poderíamos vendê-lo?"
- O comportamento dos clientes no passado é um indicador útil, um preditor do comportamento futuro.
- Os projetistas de produtos devem usar as percepções dos clientes como insumos para a tomada de decisões, uma vez que os clientes agem baseados em suas percepções.
- A abordagem planejada ao desenvolvimento de produtos deve incluir disposições específicas de proteção contra falhas externas.
- Um importante benefício da metodologia moderna é que ela força os projetistas a quantificar certos elementos que, no passado, eram frequentemente mal interpretados.
- A transferência de características propensas a falhas tem sido um câncer muito difundido e destruiu muitas linhas de produtos.
- O planejamento simultâneo irá provavelmente tornar-se a forma dominante durante o próximo século.
- A responsabilidade pela assinatura de documentos críticos deve ser um monopólio.
- A escolha de insumos não deve ser um monopólio.

- O espírito de trabalho em equipe, gerado durante a execução de um projeto, não se interrompe com o final do projeto; ele é transferido também para as operações do dia a dia.
- Uma parte essencial do trabalho de encontrar o ponto ótimo é a identificação dos insumos necessários.
- A respeito dos clientes internos, a regra deve ser: Ninguém tem o direito, unilateralmente, de criar problemas para um cliente.
- As metas devem ser escritas.
- As metas devem ser aprovadas pela autoridade competente.

TAREFAS PARA OS ALTOS GERENTES

- Os altos gerentes devem enfrentar a questão de obrigar ou não a adoção de uma abordagem estruturada ao desenvolvimento de produtos.
- Os altos gerentes devem tomar providências para garantir que as metas de confiabilidade serão atingidas.
- Os gerentes que estão pensando em introduzir o conceito de planejamento participativo devem se familiarizar com a natureza dos padrões culturais e com a maneira pela qual eles afetam o comportamento humano.

BIBLIOGRAFIA SELECIONADA SOBRE CONFIABILLDADE

Bajaria, H. J., "Integration of Reliability, Maintainability and Quality Parameters in Design". Artigo SP-533. Warrendale, Pa.: Society of Automotive Engineers, n.d.

Feigenbaum, Armand V. *Total Quality Contrai,* 3ª edição. Nova York: McGrawHill Book Co., 1983.

Groocock, J. M. *The Cost of Quality.* Nova York: Beekman, 1974.

Juran, J. M., e F. M. Gryna. *Quality Contrai Handbook,* 4ª edição. Nova York: McGraw-Hill Book Co., 1988.

Kapur, K. c., e L. R. Lamberson. *Reliability in Engineering Design.* Nova York: John Wiley & Sons, 1977.

Lloyd, D. K., e M. Lipow. *Reliability Management, Methods and Mathematics,* 2ª edição. Publicado pelos autores, 1977.

Nixon, Frank. *Managing to Achieve Quality and Reliability,* Nova York: McGrawHill Book Co., 1971

O'Connor, Patrick D. T. *Practical Realibility Engineering,* Nova York: John Wiley & Sons, 1981.

7 | DESENVOLVER CARACTERÍSTICAS DOS PROCESSOS

PROPÓSITO DESTE CAPÍTULO

O propósito deste capítulo é mostrar como desenvolver processos que sejam capazes de produzir as características do produto exigidas para o atendimento das necessidades dos clientes. O diagrama de insumos resultados é mostrado na Figura 7-1.

Na Figura 7-1:

- O *insumo* são as características e metas do produto.
- O *processo* é o desenvolvimento de processos.
- O *resultado* é um processo capaz de atingir as metas do produto em condições operacionais.

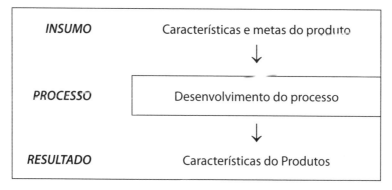

Figura 7-1 – Diagrama Insumo-Resultados.

A QUALIDADE DESDE O PROJETO

As características do produto e as metas de qualidade já foram definidas através do estudo de quem são os clientes e quais são as suas necessidades. As metas estão expressas em formas como especificações do produto, declarações de missão, objetivos e assim por diante. A função do desenvolvimento de processos é criar os meios para atingir essas metas.

DEFINIÇÃO DE "PROCESSO"

Já começamos a usar a palavra "processo". Essa palavra irá aparecer repetidamente ao longo deste livro. Ela irá nos causar muitos problemas, porque tem tantos significados que a confusão é quase garantida. Para ajudar a minimizar essa confusão, vamos, neste ponto, relacionar as principais maneiras pelas quais iremos usar a palavra processo, juntamente com uma breve explicação das nuances associadas. Começaremos pela definição genérica básica:

Um processo é "uma série sistemática de ações dirigidas à realização de uma meta".

Essa definição genérica cobre uma ampla variedade de processos:

- O processo global de gerência de um negócio. Esta é responsabilidade do Chief Executive Officer (CEO). Não existe um nome consensual para este processo.
- As amplas atividades funcionais executadas dentro de grandes funções como Finanças ou Assistência ao Cliente. Chamaremos antes de *processos funcionais*. Quando são mapeados no organograma, eles assumem uma direção quase sempre vertical.
- Os amplos sistemas multifuncionais através dos quais são conduzidos os principais negócios da empresa. São exemplos o processamento dos pedidos dos clientes ou o faturamento. Chamaremos estes de *macroprocessos*. Quando mapeados no organograma, eles assumem uma posição horizontal.
- Os macroprocessos são compostos por operações departamentais (passos, tarefas etc.), às vezes chamadas subprocessos ou procedimentos. São exemplos a abertura da correspondência ou a montagem de caixas de câmbio. Chamaremos estes de *microprocessos*.

Essa mesma definição genérica de um processo também abrange os processos usados para realizar os vários passos do mapa de planejamento da qualidade:

- Identificar quem são os clientes. Alguns chamam esta parte de processo de pesquisa de mercado.

DESENVOLVER CARACTERÍSTICAS DOS PROCESSOS **223**

- Determinar as necessidades dos clientes. Este é visto há muito como uma parte do processo de pesquisa de mercado.
- Desenvolver características do produto. Este processo é frequentemente chamado desenvolvimento de produto.
- Desenvolver características do processo. Este é chamado, geralmente, desenvolvimento de processos ou engenharia de processos.
- Estabelecer controles do processo. Este carece de um nome amplamente usado, mas é mesmo assim um processo reconhecido.

Outras classificações de processos são baseadas nas metas em cuja direção eles estão voltados. Os processos dirigidos à produção de bens em fábricas são, normalmente, chamados *processos de fabricação*. Os processos dirigidos à produção de serviços em escritórios são normalmente chamados *processos de escritório*. Contudo, a terminologia não está padronizada.

Uma hierarquia de terminologia

A existência de processos em vários níveis hierárquicos dá origem a uma correspondente hierarquia de processos. Aqui estão alguns dos termos que são amplamente usados:

Nível na hierarquia	Termo usado para "Processo"
Empresa ou divisão	Sistema ou processo
Grande função	Subsistema ou subprocesso
Subfunção ou departamento	Atividade ou processo de unidade
Unidade básica da organização	Tarefa ou operação

Frequentemente o projeto de processos deve ser encaixado em processos mais amplos, funcionais ou hierárquicos. Para ilustrar:

- Um processo para a seleção de funcionários, seu treinamento e motivação para a qualidade, deve estar combinado com a estrutura mais ampla de relações humanas.
- Um processo para a qualificação de fornecedores quanto à qualidade deve estar combinado com o processo mais amplo de compras.
- Um processo para a administração de garantias de qualidade deve estar combinado com o processo mais amplo de assistência aos clientes.

Pode parecer que não existem dois processos iguais, que cada um é "diferente". Isso é verdade quanto às funções, à tecnologia etc. Entretanto, a abordagem gerencial ao planejamento da qualidade do processo é, em grande parte, comum a todos os processos.

A QUALIDADE DESDE O PROJETO

Diante desses numerosos significados da palavra "processo", os autores tentaram redigir o texto de forma a deixar claro exatamente que tipo de processo está em discussão. Ficará, entretanto, um resíduo de usos da palavra processo, nos quais o leitor precisará deduzir as nuances mais finas de significado a partir do contexto circundante.

Critérios para um processo

▲ Como é usado aqui, o termo "processo" inclui os componentes humanos, bem como as instalações físicas. Além disso, um processo (como é
▲ aqui usado) satisfaz os seguintes critérios:

- *Orientado para metas.* Não podemos planejar no abstrato. Somente podemos planejar se conhecemos a meta. Para planejar para a qualidade precisamos antes estabelecer as metas de qualidade do produto que estamos tentando atingir.
- *Sistemático.* As atividades que compõem um processo são todas interligadas através de um conceito coerente.
- *Capaz.* O resultado final correto de planejamento da qualidade é um processo capaz de atingir as metas de qualidade do produto em condições operacionais.
- *Legítimo.* O processo evolui através de canais autorizados. Ele ostenta a aprovação daqueles a quem foram delegadas as responsabilidades associadas.

Definições afins

No sentido em que é aqui usado, *desenvolvimento de processos* é uma expressão abrangente que inclui as atividades de: revisão do projeto do produto, escolha do processo, projeto do processo, provisão de instalações e provisão de *software* (métodos, procedimentos, cuidados). Neste capítulo, nossa ênfase é sobre o *projeto do processo.*

Projeto do processo é a atividade de definição dos meios específicos a serem usados pelas forças operacionais para atingir as metas de qualidade do produto. A definição resultante inclui:

- As características do processo que, em conjunto, compõem os meios para se atingir as metas de qualidade do produto.
- O equipamento físico a ser providenciado.
- O *software* associado (métodos, procedimentos, cuidados etc.).
- Informações a respeito de como operar, controlar e manter o equipamento.

O PLANEJAMENTO DA QUALIDADE DO PROCESSO REQUER O PLANEJAMENTO PRÉVIO DA QUALIDADE DO PRODUTO?

Uma pergunta frequentemente levantada é se o planejamento da qualidade do processo deve ser precedido pelo planejamento da qualidade do produto. Por exemplo, é tomada uma decisão de planejar (ou replanejar) o processo de produção das faturas. É necessário passar pelas etapas de identificação de clientes, determinação das suas necessidades e desenvolvimento das características do produto, antes de iniciar o trabalho de planejar aquele processo?

A resposta é: Sim, é necessário. Não existe nenhuma forma conhecida de planejamento de um processo de faturamento sem que se saiba quem será afetado pelas faturas e pelo processo; quais são as necessidades daqueles que serão afetados; e quais são as características de produto das faturas que o processo deve ser projetado para produzir.

Em alguns casos, pode ser sentido que todas essas coisas já são conhecidas e que não há necessidade de refazer todo esse trabalho. Se essa hipótese for válida, então é claro que não há necessidade de duplicar aquilo que foi feito anteriormente. Entretanto, elas normalmente não são válidas – o conhecimento anterior não se originou do acompanhamento do mapa de planejamento da qualidade de forma estruturada.

- Essa hipótese não válida vigorou, por muitos anos, com referência aos impactos ambientais. Muitas empresas deixaram de reconhecer o público como cliente. O resultado foram leis rigorosas para proteção do meio ambiente.

PLANEJAMENTO DA QUALIDADE DO PROCESSO POR "AMADORES EXPERIMENTADOS"

Como no caso de desenvolvimento de produtos, o componente de planejamento da qualidade do desenvolvimento de processos tem sido, em grande parte, executado por "amadores experimentados".

Ao nível multifuncional, esses planejadores incluem, muitas vezes, analistas de sistemas em tempo integral, engenheiros de processos, analistas de procedimentos e supervisores mecânicos. Além disso, esses planejadores podem incluir equipes de gerentes agindo como comitês, forças tarefas ou assemelhados. No nível departamental, os planejadores podem incluir planejadores departamentais em tempo integral ou supervisores departamentais. Na base da hierarquia (tarefas e operações), os planejadores podem incluir trabalhadores em nível não de supervisão.

226 A QUALIDADE DESDE O PROJETO

▲   Um passo essencial em direção ao melhoramento do planejamento da qualidade de processos é prover esses projetistas amadores de processos com o treinamento orientado para a qualidade que é necessário para convertê-los em profissionais. A natureza desse treinamento será discutida no Capítulo 12.

PROJETO DE PROCESSO

Projeto de processos é a atividade de definição dos meios específicos a serem usados pelas forças operacionais para atingir as metas de qualidade do produto. A definição desses meios requer insumos como:

- Conhecimento das metas de qualidade do produto.
- Conhecimento das condições operacionais.
- Conhecimento da capacidade de processos alternativos.

Esses insumos apresentam muitos aspectos em comum, a despeito da ampla variação em tecnologia. Existem aspectos comuns adicionais nas habilidades e ferramentas, orientadas para a qualidade, usadas durante o projeto do produto. Estes incluem a compreensão do conceito de capacidade do processo, a anatomia dos processos e a natureza e o uso de fluxogramas e planilhas.

Projeto e reprojeto de processos

A expressão *reprojeto* de processos é usualmente aplicada a situações nas quais não houve mudanças nas metas do produto. Nesses casos, qualquer novo trabalho de projeto do processo significa refazer um trabalho anterior, sendo, portanto, chamado reprojeto de processo.

Em contraste, o trabalho de projeto feito para prover os meios para atingir novas metas do produto é comumente chamado projeto de processo.

REVISÃO DAS METAS DE QUALIDADE DO PRODUTO

Idealmente, as metas de qualidade do produto são estabelecidas com a participação prévia daqueles que serão afetados. Deixar de prover essa participação reduz as opções disponíveis. Alternativas que poderiam ter sido prontamente adotadas em estágios anteriores tornam-se mais dispendiosas ou mesmo proibitivas. Além disso, aqueles que fixaram as metas desenvolvem um interesse fixo em suas decisões e demonstram resistência cultural às propostas para mudanças.

A despeito dessas complicações, os projetistas de processos devem começar pela revisão das metas de qualidade do produto. Algumas das suas constatações poderão se mostrar utilizáveis. Outras serão acadêmicas – é tarde demais para usá-las.

Uma revisão óbvia para a revisão das metas de qualidade do produto é garantir que elas sejam compreendidas. Além disso, a revisão é usada para ajudar a atingir o ponto ótimo. Os projetistas de processos podem apresentar, aos projetistas de produtos, alguns fatos relativos aos custos da realização das metas de qualidade do produto. O processo de revisão deve prover um caminho legítimo e desimpedido para o questionamento de metas onerosas. "Se você puder reduzir essa meta em X por cento, será possível reduzir o custo em Y por cento".

- Em uma empresa, o setor interno de ferramentaria era obrigado a concorrer com oficinas externas para cada trabalho de produção de uma nova ferramenta necessária à empresa. Em sua maioria, as propostas da ferramentaria interna eram significativamente inferiores àquelas das oficinas externas. Um estudo mostrou por quê. A ferramentaria interna tinha acesso muito mais fácil aos projetistas de produtos da empresa, estando, portanto, mais capacitados para obter mudanças de projetos que resultavam em reduções nos custos das ferramentas.

À medida em que evolui o projeto do processo, também pode evoluir novos questionamentos às metas de qualidade do produto. Dessa forma, a revisão das metas de qualidade podem continuar durante toda a vida do projeto.

CONHECIMENTO DAS CONDIÇÕES OPERACIONAIS

Por definição, o processo deve ser capaz de atingir as metas de qualidade sob condições operacionais. Portanto, os projetistas do mesmo devem estar bem informados a respeito de quais são essas condições. Elas existem em várias dimensões.

Compreensão do processo pelos usuários

Chamamos de usuários aqueles que estarão empregando os processos para atingir as metas. Esses usuários são constituídos, em parte, por clientes internos (unidades da organização ou pessoas) que têm a responsabilidade de dirigir os processos para atingir as metas de qualidade. Os usuários também incluem clientes externos, que dirigem os processos para atingir *suas próprias* metas.

Os usuários variam grandemente em sua capacidade para usar o processo sem auxílio. Alguns usuários possuem o treinamento e as habilidades necessários ao uso de processos tecnológicos sofisticados. Outros podem ser capazes de adquirir treinamento suplementar para compensar qualquer deficiência. Outros ainda, por exemplo, o público geral ocupam um amplo espectro de aptidão tecnológica. O projeto do processo, em conjunto com o *software* (manuais etc.), deve, idealmente, permitir que todo o espectro de usuários usem o processo com sucesso.

Os consumidores são uma classe de usuários que apresenta problemas especiais, devido à sua ampla gama de conhecimento e ignorância a respeito de bens e serviços tecnológicos. Alguns fabricantes de eletrodomésticos reportam que mais de 25% das reclamações de consumidores envolvem casos nos quais não há nada de errado com o produto. Muitos consumidores deixam de seguir as instruções, perdem ou jogam fora o manual e assim por diante. As empresas de fabricação e de serviços estão, cada vez mais, priorizando o uso à prova de erros de seus produtos e serviços, provendo projetos que se automantêm, oferecendo cursos de treinamento sobre como usar os produtos e assim por diante.

Como será usado o processo

O projetista de processos sempre conhece o uso pretendido do processo, mas não necessariamente o uso (e o mau uso) real. Existem, porém, caminhos para ele descobrir a respeito do uso real:

- Adquirir pessoalmente experiência direta no uso real. Alguns cursos de treinamento são concebidos para prover essa experiência.
- Fazer a ronda, isto é, observar o comportamento dos usuários durante o uso e tentar aprender as razões que estão por trás desse comportamento.
- Obter conhecimentos indiretamente, por exemplo, através da participação daqueles que estão familiarizados com o uso real.

A escolha entre planejar para o uso pretendido e o uso real não é uma decisão puramente tecnológica. Por exemplo, o mau uso de alguns processos representa riscos à segurança ou à saúde humanas. Em casos assim, a decisão (planejar para o uso pretendido *versus* uso real) envolve conhecimentos legais, mercadológicos e de outras especialidades de negócios, bem como a perícia tecnológica.

Os ambientes de uso

Os projetistas de processos podem aprender a respeito desses ambientes da mesma forma pela qual aprendem a respeito de como o processo é realmente usado:

- Experiência em primeira mão.
- Fazer as rondas.
- Obter conhecimento através da participação.

Os projetistas estão bem cientes de que seus projetos precisam levar em conta os ambientes que podem influenciar o desempenho do processo. Os projetistas de processos físicos, normalmente, levam em conta fatores ambientais como temperatura, vibração ou sujeira.

Os projetistas de processos que dependem fortemente de respostas humanas também devem levar em conta a maneira pela qual o ambiente pode afetar o desempenho humano. Um exemplo notável envolveu a derrota em um importante jogo de futebol americano, ocorrido em 26 de dezembro de 1982 entre os New York Giants e o St. Louis Cardinals (Anderson, 1982).

- Os Giants estavam vencendo pela contagem de 21 a 17, faltando 67 segundos para terminar o jogo. Então, quando faltavam 34 segundos, os Giants estavam em posição defensiva, prevendo um passe para a frente. O projeto do processo de defesa dos Giants, contra um passe para a frente, incluía:
  - Uma defesa "homem a homem". Para esse tipo de defesa, o sinal era a expressão "verde cinco", mas na realidade somente a palavra "verde" era usada.
  - Uma defesa "por zona". Para esse tipo de defesa, o sinal era a expressão "pilha três", mas na realidade somente a palavra "três" era usada.
- O comandante da defesa dos Giants deu o sinal "green", mas um dos jogadores pensou ter ouvido "three". Como resultado, nas palavras do treinador defensivo dos Giants, "De repente, tínhamos três sujeitos marcando homem a homem, como era esperado que fizessem, e um outro marcando por zona".
- O jornalista que cobriu o evento atribuiu a culpa ao jogador que "entendeu mal" o sinal. Porém, nem o jornalista nem o treinador discutiram o projeto do sistema de sinalização com relação ao ambiente.
  A parte mais audível dos dois sinais ("green" e "three") é constituída pelas mesmas letras "ree". Os dois sinais têm sons quase idênticos. O ambiente em um campo de futebol é intrinsecamente hostil à comunicação verbal. Os espectadores são barulhentos. Neste caso, as circunstâncias se combinaram para elevar o nível de ruído

a um pico ensurdecedor: tratava-se de um jogo importante, com dezenas de milhares de espectadores; as contagens estavam próximas, com o vencedor ainda indefinido; o jogo havia atingido seu clímax, faltando apenas 67 segundos. É compreensível que o ruído tendesse a abafar o sinal.

O ambiente não é simplesmente uma questão das condições físicas que atuam sobre as forças operacionais. Ele também inclui fatores como:

- Estresses do cargo: metas múltiplas a atingir, o chefe, a pressão dos pares.
- Estresses externos: saúde pessoal, problemas familiares, a comunidade social.

Esses e outros aspectos não físicos do "ambiente" são muitos. Eles têm incomodado os seres humanos através da história. É por isso que um dos critérios de um bom projeto de processo é que ele seja capaz de atingir as metas *sob condições operacionais*.

Clientes adicionais: necessidades adicionais

À medida em que os projetistas de processos adquirem conhecimento das condições operacionais, eles também podem descobrir a existência de clientes não identificados anteriormente.

- Por exemplo, os projetos em perspectiva para o processo podem representar riscos para a força de trabalho – fadiga ocular devida a longas horas diante de terminais de computador; vapores tóxicos em departamentos da fábrica.
- Além disso, os clientes adicionais podem ser externos à empresa. Esses clientes adicionais também têm necessidades; portanto, o projeto do processo deve prover para a satisfação dessas necessidades.

TRANSPORTE DE PROJETOS DE PROCESSOS

Grande parte dos projetos de processos é dirigida a macroprocessos amplos – sistemas, procedimentos e assim por diante. Um procedimento amplo de escritório é constituído por uma série de "Passos" ou "Tarefas" específicos. Um processo químico amplo é constituído por uma série de "processos unitários". Um processo fabril amplo é constituído por várias "operações" específicas.

Virtualmente todos os macroprocessos são compostos por uma mistura de:

- Projetos transportados de processos existentes.

DESENVOLVER CARACTERÍSTICAS DOS PROCESSOS   **231**

- Projetos transportados, mas modificados, para correção de fraquezas ou adaptação a novas necessidades.
- Projetos recém-criados.

As perguntas levantadas para a decisão de transporte incluem:

- Quais dos projetos existentes devem ser transportados para o novo processo?
- Caso devam ser criados novos projetos, eles devem ser de natureza evolucionária ou devem incorporar a última palavra em tecnologia?

As vantagens do transporte são consideráveis. O custo do projeto do processo torna-se mínimo. O desempenho é previsível, isto é, o desempenho anterior pode ser avaliado. As forças operacionais estão em terreno já conhecido. Devido a essas vantagens, o transporte é o ingrediente dominante na maior parte dos projetos de processos.

O transporte também inclui um hóspede potencial, não convidado e indesejável. A característica transportada pode incluir problemas crônicos de qualidade, que nunca foram resolvidos.

- Nos primeiros dias de instalação de computadores, era prática comum projetar os novos sistemas de processamento de dados para que fizessem eletronicamente aquilo que, anteriormente, era feito manualmente por escriturários. Porém, o processamento manual com frequência incluía características deficientes e desperdícios crônicos, que eram então transportados para o sistema eletrônico de dados. A "confusão manual" passava a ser encerrada em uma "confusão automatizada".

Para se defender desses hóspedes indesejáveis, os projetistas de processos devem informar-se a respeito do desempenho anterior dos itens a serem transportados. Uma vez informados, eles enfrentam as alternativas:

PROJETO DE MACROPROCESSOS

O termo macroprocessos refere-se a processos multifuncionais nos níveis mais altos das hierarquias das empresas.

Subdivisão de processos

Um estágio inicial comum para os macroprocessos é sua subdivisão em grandes segmentos, chamados subsistemas, procedimentos etc. Essa subdivisão é bastante semelhante a um projeto de "caixa-preta" para

232 A QUALIDADE DESDE O PROJETO

bens. Cada caixa-preta tem um amplo rótulo, identificando seu conteúdo (fonte de energia, sensor, atuador), mas os detalhes do conteúdo de cada caixa ainda não foram resolvidos. À medida em que progride o planejamento ocorrem outras subdivisões e, no devido tempo, todos os detalhes são resolvidos.

O mesmo se dá com o projeto de processos. O macroprocesso é subdividido em equivalentes a caixas-pretas. Nesse estágio o conteúdo funcional de cada segmento (ou caixa) do subsistema (ou procedimento) é estabelecido em termos amplos, juntamente com os interfaces. A divisão continua em subdivisões mais estreitas, que chamaremos microprocessos. Ao mesmo tempo o planejamento fica cada vez mais detalhado, entrando em características muito específicas do produto e nas características do processo associado.

Razões para a subdivisão de processos

Uma razão forçosa para essa subdivisão é a necessidade de planejamento simultâneo. A divisão em múltiplas caixas-pretas possibilita que os gerentes designem cada caixa-preta a uma equipe diferente, garantindo assim um planejamento simultâneo, ao invés de sequencial.

Outra razão para essa subdivisão progressiva é que ela permite flexibilidade na atribuição de responsabilidade. Uma equipe de planejamento pode ser responsável pelo planejamento ao nível macro. Outras equipes podem, então, ser designadas para o planejamento das várias caixas-pretas. E assim por diante.

Por exemplo, uma empresa projetou uma série de macroprocessos, cada um orientado para um aspecto importante do planejamento para a qualidade: relações com os fornecedores, controles internos de qualidade, assistência aos clientes e assim por diante. O macroprocesso para a assistência aos clientes então gerou processos subsidiários, como segue:

- *Contato com os clientes*. Este identificou as categorias de funcionários que têm contato com os clientes. A seguir, atribuiu aos seus superiores a responsabilidade de garantir que as metas de desempenho fossem definidas e que os funcionários estivessem qualificados para cumprir aquelas metas.
- Interfaces *com clientes*. Este identificou as categorias de funcionários que têm interface com os clientes e definiu de forma mais específica a natureza dessas interfaces. Também definiu as responsabilidades dos superiores para garantir que os funcionários fossem treinados para serem capazes de cumprir as metas fixadas.

- *Visitas a clientes.* Este tratava do plano para a realização de visitas aos clientes. Ele definiu os objetivos, juntamente com a responsabilidade pela escolha de quem deve ser visitado e por quem.
- *Propaganda, promoção de vendas e* feedback *do campo.* Essas caixas também definem objetivos, planos amplos e responsabilidade.

Coordenação de *interfaces*

O planejamento amplo deve fazer provisões para a coordenação das ▲ *interfaces* entre microprocessos. Essa coordenação é mais necessária nos macroprocessos multifuncionais, que não têm um "dono" óbvio. Sem essa coordenação, é fácil que algumas funções sejam duplicadas e outras omitidas.

- Em uma empresa, as mesas telefônicas acabadas eram embaladas em caixas, seladas e enviadas para a expedição. Naquele setor as caixas eram abertas, para que os inspetores pudessem fazer seu trabalho. Um reprojeto do processo mudou a sequência, para que a inspeção pudesse ser realizada antes da embalagem (Bowen, 1986).

Os avanços tecnológicos estão facilitando o estabelecimento de ligações próximas entre os macrossistemas e seus microssistemas subsidiários. Os exemplos incluem:

- Processamento de enormes volumes de papelada com auxílio de sistemas de símbolos óticos (Markoff, 1988).
- Integração de múltiplos processos fabris através de redes de computador.

O uso dessas ligações tem conexão com o projeto de processos para reduzir a duração dos ciclos. Este tornou-se um subtópico importante no projeto de processos e será discutido neste capítulo, sob o título "Projeto de Processos para Reduzir a Duração dos Ciclos".

PROJETO PARA PROCESSOS CRÍTICOS

Como é usada aqui, a expressão "processos críticos" significa aqueles projetos que representam sérios perigos à vida humana, à saúde e ao meio ambiente, ou que podem causar a perda de grandes somas de dinheiro. Alguns desses processos envolvem escalas maciças de operações: sistemas de controle de tráfego de aeroportos, grandes projetos de construção, sistemas de cuidados com pacientes em hospitais e até mesmo o processo para a gerência de mercados de ações (Stewart e Hertzberg, 1987).

234 A QUALIDADE DESDE O PROJETO

O planejamento para esses processos deve, obviamente, incluir: amplas margens de segurança quanto à integridade estrutural, disposições à prova de falhas, redundância, alarmes múltiplos e outras salvaguardas da moderna tecnologia. Salvaguardas adicionais podem ser fornecidas por métodos como:

- Um projeto básico de processo que proporciona, ao pessoal operacional, bastante tempo para lidar com as crises.
- Treinamento e exames de qualificação para o pessoal operacional.
- Procedimentos de manutenção rigorosos e estruturados, reforçados por auditorias.
- *Feedback* e investigação sistemáticos de "incidentes críticos".

▲ Além de prover essas salvaguardas para o processo, *o planejamento para processos críticos deve também incluir o planejamento do sistema de controle de qualidade operacional.* Este é bastante diferente daquele que é feito em processos menos críticos. Nestes, o planejamento do sistema de controle de qualidade é geralmente deixado para as forças operacionais.

O projeto do sistema de controle de qualidade deve enfatizar o autocontrole pelas forças operacionais. Esse projeto provê a alça de *feedback* mais curta, mas também exige que os projetistas garantam que a capacidade do processo é adequada para satisfazer as metas de qualidade do produto (ver adiante "Capacidade do Processo – o Conceito" e títulos subsequentes). Também é essencial reduzir a oportunidade para erros humanos no mínimo (ver, a seguir, "Projetar para Reduzir Erros Humanos").

PROJETAR PARA REDUZIR ERROS HUMANOS

Os seres humanos são, por natureza, propensos a erros. Eles são incapazes de manter a atenção 100% do tempo, de fazer esforço muscular 100% do tempo, de recordar todos os eventos passados, ou de tomar 100% de decisões boas. Os seres humanos também variam em suas capacidades. Alguns desenvolvem um truque que lhes possibilita superar aqueles que não conhecem esse truque. Alguns violam conscientemente regras da empresa, por exemplo, deixam de comunicar erros porque sentem a existência de uma atmosfera de culpa. Alguns não estão conscientes de que tomar atalhos aparentemente inocentes pode prejudicar os usuários. Alguns são rebeldes que violam as regras deliberadamente, para se vingar da sociedade por injustiças reais ou imaginárias. Em seu conjun-
▲ to, a extensão dos erros humanos é grande o suficiente para exigir que o projeto de processos forneça os meios para redução e controle dos erros humanos.

DESENVOLVER CARACTERÍSTICAS DOS PROCESSOS   235

O ponto de partida é analisar os dados sobre erros humanos e aplicar o princípio de Pareto. Os erros que são poucos, mas vitais, tornam-se candidatos ao projeto de processos especiais em bases individualizadas.

- Por exemplo, alguns trabalhadores superam persistentemente os outros a respeito de características específicas de qualidade. A razão provável é a posse de um truque especial. Nesses casos, é necessário estudar os métodos usados pelos trabalhadores para descobrir as diferenças em métodos. Essas diferenças, normalmente, incluem o truque – uma pequena diferença de métodos que produz uma grande diferença no desempenho. Uma vez descoberto o truque, os projetistas de processos podem encontrar uma forma de incluí-lo na tecnologia. Como alternativa, o truque é incluído no programa de treinamento dos trabalhadores, para que todos sejam elevados ao nível dos melhores.

Um princípio útil, no projeto de tarefas humanas, é o de prover ▲ *feedback* instantâneo ao trabalhador, para que *o desempenho do trabalho comunique uma mensagem ao trabalhador.* Por exemplo, um trabalhador em um painel de controle aperta um botão e recebe três *feedbacks*: a *sensação* da forma do botão, o *som* de um estalo audível assinalando que o botão tinha ido até o fim e a *visão* de uma iluminação visual de cor e forma específicas.

Outro princípio útil é de projetar o trabalho humano de formas que ▲ exijam atenção humana como pré-requisito, isto é, a tarefa não pode ser executada a menos que a pessoa dedique atenção a ela e a mais nada.

Um caso muito comum é a "verificação" ou inspeção de documentos, produtos ou quaisquer outras coisas. A verificação humana é feita de duas maneiras muito diferentes:

1. Por atos *passivos:* ouvir, olhar, ler. Esses atos são notoriamente sujeitos a lapsos de atenção humana. Eles também não deixam traços; não há como saber se o ser humano em questão está realmente prestando atenção ou se está em estado de desatenção.

2. Por atos *ativos:* operar um quadro de comando, escrever, falar. Esses atos não podem ser executados sem que se preste atenção neles e em mais nada. Esses atos ativos deixam traços atrás de si.

    Por exemplo, as companhias telefônicas têm o problema de garantir que os textos referentes aos assinantes nas listas telefônicas correspondem ao texto original aprovado por eles. A abordagem convencional à provisão dessa garantia era a verificação passiva: um escriturário comparava visualmente a prova de impressão com o original aprovado. Uma abordagem posterior, utilizando o princípio ativo, é a seguinte:

236 A QUALIDADE DESDE O PROJETO

a) Trabalhando a partir dos dados básicos do assinante, um funcionário de entrada de dados usa um teclado para colocar essas informações em fita magnética.

b) Na sequência o revisor de provas, também trabalhando a partir dos mesmos dados básicos do assinante, usa um teclado para colocar essas informações em um computador.

c) O computador compara as duas entradas para ver se são iguais. Caso sejam, a fita verificada é usada para a produção da lista telefônica.

O princípio subjacente é a baixa probabilidade de dois funcionários cometerem, separadamente, erros idênticos a respeito do mesmo elemento na listagem.

Também é possível reduzir os erros humanos na extremidade inferior da distribuição de Pareto – os numerosos tipos de erros cada um dos quais é relativamente raro. Aqui os projetistas procuram uma solução genérica, que seja aplicável a uma ampla variedade de tipos de erros.

- Por exemplo, o trabalho de escritório sempre sofreu o irritante problema de palavras com erros de ortografia. Estes eram, em sua maioria, erros inadvertidos, espalhados por uma ampla variedade de palavras diferentes. Hoje em dia, alguns programas de processamento de textos incluem em sua memória um dicionário, como meio para detectar palavras mal escritas. Os projetistas encontraram uma forma de lidar com numerosos tipos de erros, cada um dos quais é relativamente raro.

- Abordagens similares ao planejamento podem ser encontradas nas fábricas.

- No projeto de transportadores de linhas de montagem, cada posto de trabalho é projetado para dar, ao trabalhador, tempo suficiente para realizar a operação sob condições normais de operação. Ocasionalmente surge uma anormalidade: um componente não se encaixa, o trabalhador se atrapalha, um passante cria uma distração etc., nesses casos, o trabalhador pode ser incapaz de completar a operação antes que o transportador leve a unidade para fora do seu alcance. Alguns transportadores de montagem proporcionam hoje meios para que os trabalhadores destaquem o produto do transportador para completar a operação. Aqui, mais uma vez, os projetistas encontraram uma forma de lidar com numerosos tipos de erros, cada um dos quais é relativamente raro.

▲ Os erros humanos inadvertidos também podem ser reduzidos, mas os meios envolvem o conceito de "sistemas à prova de erros": embutir salvaguardas na tecnologia, projetos à prova de falhas, automação, robótica ou sistemas que se autoverificam, para garantir a pronta detecção de erros.

DESENVOLVER CARACTERÍSTICAS DOS PROCESSOS   **237**

Os processos não humanos não têm lapsos de atenção, não se cansam e não perdem a memória (desde que sejam mantidos de forma adequada).

- Os códigos de barras são cada vez mais usados para reduzir erros humanos na identificação de bens.
- Algumas empresas de serviços públicos evitam que faturas incorretas sejam enviadas aos clientes programando os computadores para que rejeitem faturas que apresentem valores discrepantes em relação aos históricos. As faturas rejeitadas são então verificadas por meios humanos.
- Da mesma forma, algumas operações fabris são equipadas com instrumentos automatizados, que verificam o produto e/ou o processo e soam o alarme quando as coisas saem de controle.

Princípios dos métodos à prova de erros

Dois autores japoneses recentemente generalizaram os princípios dos métodos à prova de erros. Eles revisaram cerca de mil casos – providências tomadas para proteção contra os efeitos de erros humanos. A partir desses casos eles estabeleceram uma classificação dos métodos à prova de erros, que é mostrada a seguir:

ELIMINAÇÃO. Este consiste em mudar a tecnologia, de modo a eliminar as operações propensas a erros. Por exemplo, em algumas operações de manuseio de materiais, o trabalhador deve inserir uma almofada de proteção entre o cabo de elevação e o produto, para que este não seja danificado. A eliminação pode consistir no uso de fitas de náilon para suspender o produto.

SUBSTITUIÇÃO. Este método mantém a operação propensa a erros, mas substitui o trabalhador humano por um operador não humano. Por exemplo, um trabalhador humano pode instalar um componente errado em uma montagem. Um robô evita tais erros.

FACILITAÇÃO. Por este método, a operação propensa a erros é mantida, bem como o trabalhador humano. Porém, este recebe meios para reduzir a propensão a erros. A codificação de peças com cores é um exemplo.

DETECÇÃO. Este método nada faz para evitar que aconteça o erro humano. Em vez disso, ele visa encontrar o erro o mais cedo possível, para minimizar os danos. Um exemplo muito comum é o sistema de testes automáticos entre processos.

MITIGAÇÃO. Aqui, mais uma vez, o método nada faz para evitar a ocorrência do erro humano. Entretanto, são fornecidos meios para evitar os danos. Um exemplo comum é a instalação de um fusível para evitar danos a equipamentos elétricos.

Classes de erros

Os autores também classificaram os erros humanos da seguinte maneira:

- Erros de memória.
- Erros de percepção.
- Erros de movimento.

Depois de prover as bases para a classificação dos erros humanos e os métodos à prova de erros, o restante do artigo entra em detalhes para mostrar como os vários métodos à prova de erros são aplicados às várias categorias de erros humanos. São apresentados muitos exemplos para ilustrar essas aplicações.

Os exemplos são bem conhecidos dos especialistas. Entretanto, a organização do assunto é quase toda nova e inteiramente esclarecedora. Trata-se de uma pesquisa útil e deve se tornar um clássico em seu campo (Nakajo e Kume, 1985).

A ANATOMIA DOS PROCESSOS

Uma das decisões mais importantes para o projetista de processos é a escolha da 'anatomia' deles. Existem várias opções principais.

O departamento autônomo

Esta forma de processo recebe "materiais" básicos e os converte em bens e serviços acabados, tudo isso dentro de um só departamento autônomo. Um diagrama esquemático é mostrado na Figura 7-2.

- Um exemplo comum é o profissional autônomo, como um médico ou um artesão. Nas fábricas, um exemplo bem conhecido é uma ferramentaria. Ela inicia com aço e termina com punções, moldes, acessórios, calibres etc.

Para esses departamentos autônomos, grande parte do projeto de processos é realizado pela supervisão departamental e pelos trabalhadores. Os projetos de processos adicionais podem ser adquiridos de fontes externas. Por exemplo, o médico autônomo pode comprar equipamentos e outros processos projetados de fornecedores de suprimentos, empresas farmacêuticas etc.

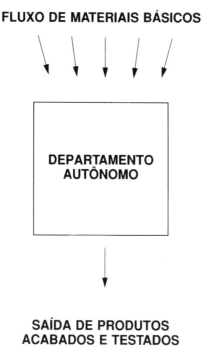

Figura 7-2 – O Departamento Autônomo.

A "árvore" de montagem

Este conhecido processo é amplamente usado pelas grandes indústrias mecânicas e eletrônicas, que montam veículos automotivos, eletrodomésticos, aparelhos eletrônicos e assemelhados. As raízes (ou folhas) da árvore são os numerosos fornecedores ou departamentos internos, que fazem peças e componentes. A Figura 7-3 mostra esse processo de forma esquemática.

Nos escritórios, certos processos de coleta e resumo de dados também apresentam características da árvore de montagem. A preparação de grandes relatórios contábeis (por exemplo, balanços, declarações de lucros) exige a montagem de miríades de fragmentos de dados em resumos cada vez mais amplos, que finalmente convergem nos relatórios consolidados.

A árvore de montagem requer projetos de processos de dois tipos muito diferentes: multifuncionais e departamentais. Nas grandes operações, é praticamente obrigatório o uso de assessoria especializada para projetos ao nível multifuncional. Seu uso, porém, não é obrigatório em projetos departamentais, embora isso seja feito com frequência.

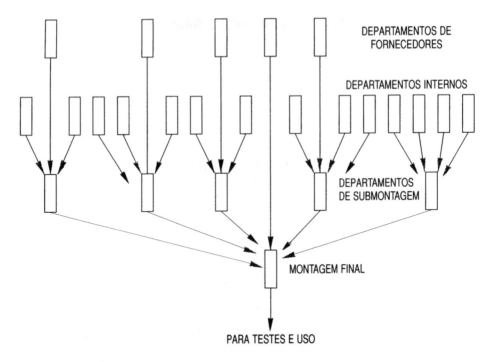

Figura 7-3 – A Árvore de montagem.

A procissão

Nesta forma, existem, mais uma vez, numerosos departamentos internos (com ocasionais departamentos de fornecedores). Entretanto, todos os produtos progridem sequencialmente através de todos os departamentos, cada um deles executando uma operação que contribui para o resultado final. Essa é a forma usada pela maior parte das indústrias de "processos". Também é utilizada por muitos processos de escritórios, nos quais os documentos vão sequencialmente de mesa em mesa. A Figura 7-4 mostra o esquema.

Como na forma da árvore de montagem, uma procissão extensa exige tanto projetos de processos multifuncionais como departamentais. Para os primeiros, costuma ser obrigatório o uso de assessoria especializada. Para os projetos departamentais, pode ser possível utilizar planejadores departamentais, supervisores ou trabalhadores sem funções de supervisão.

O processo biológico

Neste processo, uma célula se divide em múltiplas células, que se diferenciam para criar organismos, cada um deles controlado por um sistema nervoso. Um empreendimento criado por um só fundador e depois "franqueado" segue um processo semelhante de crescimento.

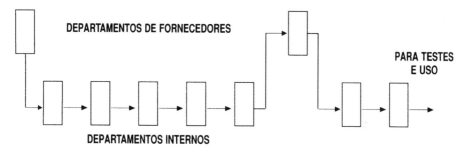

Figura 7-4 – A procissão.

A Figura 7-5 mostra alguns exemplos dos processos anteriores em várias indústrias.

Revisões na anatomia dos processos

Para muitos processos existem maneiras alternativas para projetar a anatomia. Além disso, muitas vezes, é possível revisar a anatomia de uma forma para outra. Um exemplo foi o "caso de ampliação do cargo", envolvendo listas telefônicas (ver Capítulo 4, sob "Ser um Cliente"). Naquele caso, uma procissão de um escritório foi convertida em processo autônomo, com resultados que valem a pena repetir:

	Antes	Depois
Turnover anual de funcionários	28	0
Taxa de absenteísmo	2,8%	0,6%
Erros por 1000 linhas	3,9	1,1

Uma mudança semelhante na anatomia do processo é a criação de "células" autônomas, nas quais equipes autodirigidas de trabalhadores produzem bens que eram, anteriormente, produzidos por procissões envolvendo numerosas "entregas".

- Uma companhia de seguros (Kemper) computadorizou seu processo (uma procissão) de emissão de apólices de seguros. Essa mudança teve pouco efeito sobre a produtividade. Posteriormente, a companhia mudou a anatomia do processo, criando células de três funcionários cada uma. Ela deu a cada equipe responsabilidade pela execução de todas as etapas necessárias à emissão de apólices.

O resultado foi um revolucionário aumento de produtividade. Nesse caso, o ganho com o reprojeto da anatomia do processo foi muito superior ao ganho com a nova tecnologia (Bowen, 1986).

242 A QUALIDADE DESDE O PROJETO

Indústria	Departamento Autônomo	Árvore de Montagem	Procissões	Biológico
Hoteleira	Bar	Montagem do bufê	Montagem de refeições na cozinha	
Militar	Unidade	Invasão	Treinamento básico	Insurreição
Editorial	Panfletário	Manual	Impressão e acabamento	Boletim experimental
Transporte	Táxi autônomo	Montar um trem de carga	Excursão com guia	
Computadores	Computador pessoal	Instalação complexa de computador		Construção de um sistema de usuário não gerenciado
Treinamento	Platão mais um discípulo	Treinamento para uma missão espacial	Currículo escolar	Treinamento em uma "disciplina" emergente
Construção	Henry Thoreau no Lago Walden	Construção de edifícios	Pavimentação	Favela
Comunicação	Radioamador	Relatórios de eleição de redes	Repetidoras de sinais	
Serviços de saúde	Dr. Schweitzer	Cirurgia cardíaca	Exame físico no quartel	Remédios caseiros
Serviços de alimentação	Cozinha familiar	Serviço de mesa em restaurante	Cafeteria	Cadeia franqueada

Figura 7-5 – Anatomia de vários processos.

- As operações de seguros de outra organização (Aid Association for Lutherans) passaram por uma mudança semelhante no projeto do processo. Foram criadas equipes autodirigidas, cada uma delas capaz de executar as numerosas (mais de 160) tarefas anteriormente espalhadas por múltiplos departamentos funcionais. O tempo de processamento por caso foi drasticamente reduzido, enquanto a produtividade cresceu de forma significativa (Hoerr, 1988).

DESENVOLVER CARACTERÍSTICAS DOS PROCESSOS   243

Os processos fabris também têm tido sua anatomia revisada. Os exemplos mais amplamente divulgados mostraram a substituição das linhas de montagem por células envolvendo equipes autodirigidas de trabalhadores. Em alguns casos, o projeto reverteu ao processo autônomo, no qual um artesão qualificado monta um produto completo a partir de peças e componentes. O nome dado, algumas vezes, a essas revisões da anatomia do processo é "engrandecimento do cargo".

Em praticamente todos esses casos (substituição da árvore de montagem por equipes autodirigidas ou artesãos qualificados), a qualidade resultante dos produtos melhorou significativamente. Uma razão importante é, sem dúvida, o fato da equipe (ou o artesão) *ser sua própria cliente, vezes sem fim*. O conhecimento íntimo resultante (do inter-relacionamento das muitas tarefas) possibilita que a equipe identifique a existência de problemas de qualidade e, em muitos casos, resolva esses problemas.

A herança do sistema de Taylor

Muitos dos casos existentes de anatomia desatualizada do processo são ▲ atribuíveis ao Sistema de Taylor, do final do século passado, de separação entre planejamento e execução. O planejamento tornou-se responsabilidade dos engenheiros. A execução foi deixada para os supervisores de linha e trabalhadores. Os planejadores, então, projetavam processos que eram constituídos por numerosas tarefas simples e de ciclos curtos. Essas tarefas podiam ser executadas por trabalhadores semi ou não qualificados. Dessa maneira, tornou-se possível aumentar a produção sem aumentar o quadro de artesãos qualificados.

O sistema funcionava de modo brilhante. Foi largamente adotado e tornou-se um dos fatores mais importantes para levar os Estados Unidos à liderança mundial em produtividade. Porém, o sistema era baseado na premissa de que os supervisores e a força de trabalho careciam da educação da aptidão tecnológica – necessária para fazer o planejamento. Essa premissa era válida no tempo de Taylor, quando os níveis educacionais eram muito baixos. Desde então, tem havido uma elevação notável nesses níveis, abalando assim a premissa básica do sistema de Taylor. Um resultado disso é que um importante *ativo subutilizado* da ▲ economia é a educação, experiência e criatividade dos supervisores e trabalhadores. (Todos esses casos de mudança da anatomia do processo, para criar equipes de trabalhadores autodirigidas, envolvem uma extensa reunificação do planejamento com a execução).

Hoje a tendência é claramente de ampliar a participação dos supervisores de linha e trabalhadores no processo de planejamento. A natureza dessa participação foi discutida no Capítulo 6, sob o título "Otimizar através da Participação". A aplicação da participação ao projeto de processos é baseada em princípios semelhantes. O ritmo é lento, simplesmente porque todas essas décadas de separação criaram interesses no *status quo*, que provocam fortes resistências culturais. Em muitas empresas, a extensão desses interesses é tal, que é necessária uma iniciativa dos altos gerentes para que se possa fazer uso desse ativo subutilizado. (Para mais detalhes sobre a natureza do sistema de Taylor e seu efeito sobre a qualidade, ver Copley, 1923 e Juran, 1973.)

CAPACIDADE DO PROCESSO – O CONCEITO

Um conceito de longo alcance, no processo de produtos e processos, é aquele de capacidade do processo. Todos os processos possuem uma capacidade *intrínseca* para prover produtos de qualidade. Essa capacidade pode ser avaliada através de coleta e análise de dados. A avaliação resultante torna-se um auxílio valioso durante o projeto do processo, e também durante a subsequente condução das operações.

- A capacidade do processo para prover produtos de qualidade consiste, na realidade, em duas capacidades diferentes:
  - A capacidade para realizar as metas de qualidade do produto. Chamaremos esta de "realização do alvo".
  - A capacidade inerente de reproduzir seus resultados com consistência. Essa capacidade é, usualmente, chamada "capacidade do processo".

Os conceitos de realização do alvo e capacidade do processo estão intimamente relacionados aos conceitos de precisão e exatidão, que são usados para a avaliação de instrumentos de medição. A relação pode ser colocada em uma tabela da seguinte forma:

Natureza da capacidade	Nome da capacidade, quando aplicada a:	
	Instrumentos de medição	Processos operacionais
Atingir o alvo	Exatidão	Realização do alvo
Reproduzir seus próprios resultados	Precisão	Capacidade do processo

Atingimento do alvo

O conceito de avaliação do atingimento do alvo existe há séculos. Os antigos planejadores mediam a capacidade de carregamento de cargas dos animais (e dos escravos humanos) juntamente com seu consumo de alimentos, para poderem tomar decisões de projeto de processos. As primeiras máquinas a vapor eram usadas para bombear água para fora das minas. Os planejadores avaliavam os motores a vapor em termos de "serviço", isto é, o carvão consumido por unidade de trabalho executado. Essas medidas influenciavam as decisões gerenciais e estimularam o desenvolvimento dos motores.

As indústrias de serviços têm usado por séculos o conceito de realização do alvo, mas sem chamá-lo por esse nome. Um exemplo comum é a "avaliação de crédito". A maior parte das empresas vende a prazo, mas alguns compradores não pagam. Esse risco de maus devedores levou a uma demanda por informações de alerta prévio, que podem predizer o merecimento de crédito. A base mais conhecida para essas predições são as informações sobre (a) se os devedores em perspectivas dispõem atualmente dos meios e (b) se eles, no passado, costumavam pagar suas dívidas. Durante séculos essas informações eram adquiridas empiricamente, através de conversas no mercado e assim por diante. Hoje em dia existe um banco de dados formal (Dun & Bradstreet), que compila e publica dados sobre merecimento de crédito.

Existem também bancos de dados que "avaliam" bônus e outros papéis. Todas essas avaliações são predições de atingimento do alvo. As empresas ou papéis sendo avaliados são vistas como um processo financeiro. As avaliações publicadas constituem um banco de dados de atingimento de alvos. Esses bancos de dados são largamente usados como ferramentas de planejamento por gerentes de crédito, gerentes de compras, gerentes financeiros e outros.

As sociedades industriais fazem extenso uso da avaliação do atingimento de alvos. As unidades de medida assumem formas como as seguintes:

- Prazo para a prestação de serviços.
- Capacidade de carga de equipamentos industriais e eletrodomésticos.
- Consumo de combustível de veículos.

Capacidade do processo

A expressão capacidade do processo é amplamente usada para designar a *reprodutibilidade* de um processo, isto é, a capacidade de repetir seus resultados durante múltiplos ciclos de operação. Um alto grau de reprodutividade é exigido pelas modernas sociedades industriais, para a satisfação de certas necessidades precisas: intercambialidade em escala maciça, desempenho previsível, padronização e assim por diante. Quanto maior o grau de industrialização, e quanto mais avançada a

246 A QUALIDADE DESDE O PROJETO

tecnologia, maior a demanda por uniformidade nos produtos. Essa uniformidade, por sua vez, exige processos uniformes para produzi-los.

O termo técnico para reprodutibilidade é "variabilidade" (ou "dispersão"). Quanto mais alta a variabilidade ou a dispersão, menor a reprodutividade. Logo mais discutiremos a variabilidade, uma vez que ela transformou-se na base para a quantificação da capacidade do processo.

"Índice de desempenho"

Tem havido esforços para combinar o atingimento de alvos e a capacidade do processo em um único "índice de desempenho" (ver Kane, 1986; ver também Juran, 1988, p. 16.24).

A NECESSIDADE DE QUANTIFICAR

Em termos não quantitativos, a definição de capacidade do processo é a seguinte:

- Capacidade do processo é a inerente variabilidade dos produtos que emergem desse processo.

As crescentes demandas por uma uniformidade de produtos cada vez maior têm estimulado uma evolução nas maneiras para quantificar a capacidade dos processos. Até recentemente, a avaliação de processos era feita de forma empírica: estimativas, regras práticas, rotina. O que é novidade é a tendência a *quantificar a capacidade de processos com base na coleta e análise de dados.* Além disso, é nova a tendência a *padronizar os métodos quantitativos de avaliação,* para torná-los aplicáveis a uma ampla variedade de processos.

Vida sem quantificação

A quantificação da capacidade dos processos exige um trabalho adicional, sob a forma de coleta e análise de dados. Porém, a maioria dos projetos de processos foi feita empiricamente, sem avaliação quantitativa da sua capacidade, e certamente sem métodos padronizados de quantificação. Por que então precisamos agora fazer todo esse trabalho extra? ▲ A razão é que *as organizações que adotaram esses métodos de quantificação têm superado significativamente aquelas que não o fizeram.*

Para exemplificar, na indústria automotiva americana as atividades de planejamento da fabricação haviam sido, por décadas, executadas sem quantificação da capacidade dos processos de fabricação. Durante essas mesmas décadas, existia uma situação notória: os processos de fabricação eram incapazes de satisfazer as metas de qualidade dos produtos. Os planejadores dos processos eram engenheiros inteligentes e competentes. Eles eram, certamente, treinados na tecnologia dos processos. Além disso, possuíam experiência prática, derivada do seu envolvimento nos ciclos anteriores do projeto daqueles processos. Esse treinamento e essa experiência tornava-os competitivos com outros planejadores com formação semelhante.

Com o passar do tempo, aqueles planejadores da qualidade constataram que estavam sendo superados por um novo nível de concorrência. A nova superioridade em planejamento se devia, em parte, ao uso da quantificação da capacidade dos processos. Tornou-se, então, imperativo adotar a quantificação como ferramenta para a competição no planejamento da qualidade. As empresas automotivas americanas faziam isso sob nomes como "Controle Estatístico de Processos".

Outra forma de descrever a situação é em termos da porcentagem resultante de produtos com defeitos. As formas empíricas de planejamento da qualidade resultavam tipicamente em processos que rendiam entre 80% a 90% de produtos bons; os defeitos eram contados em termos de partes por cem. As rejeições, a repetição de trabalhos, a inspeção detalhada etc., eram um preço pago pelas deficiências do planejamento. Isso funcionou enquanto todos os concorrentes conduziam seus negócios da mesma forma. Mas não podia funcionar quando alguns concorrentes apareceram com formas para reduzir os níveis de defeitos a partes por milhão.

O efeito de processos incapazes

Os processos excessivamente variáveis são incapazes de satisfazer as metas de qualidade dos produtos. Esses processos geram desperdício, na forma de trabalho refeito, material descartado e assim por diante. O efeito dessa variabilidade excessiva está mostrado graficamente nas contrastantes Figuras 7-6a e 7-6d.

Nessas figuras, os limites de especificação são idênticos. O valor visado também é o mesmo. O que difere é a variabilidade do processo e a resultante extensão de produtos não conformes.

- Menos óbvio é o dano causado em outras formas, algumas das quais estão sob a superfície:
  - Os supervisores e trabalhadores descobrem cedo que o processo é incapaz e que a solução pode ter que vir dos níveis gerenciais superiores.
  - Se os gerentes forçarem por uma qualidade mais alta, será estabelecida uma dissensão. Os níveis mais baixos sentirão que os gerentes não estão jogando limpo.

O dano é maior nos casos em que a prioridade máxima é o cumprimento das metas de produtividade ou de datas de entrega. A força de trabalho pode, conscientemente, afrouxar os controles do processo, enquanto a supervisão olha para o outro lado.

AVALIAÇÃO DA CAPACIDADE DO PROCESSO – OS MÉTODOS

▲ O principal método para a avaliação da capacidade de processos é através da análise de dados coletados sob condições operacionais. (Outros métodos incluem modelos matemáticos e simulações.)

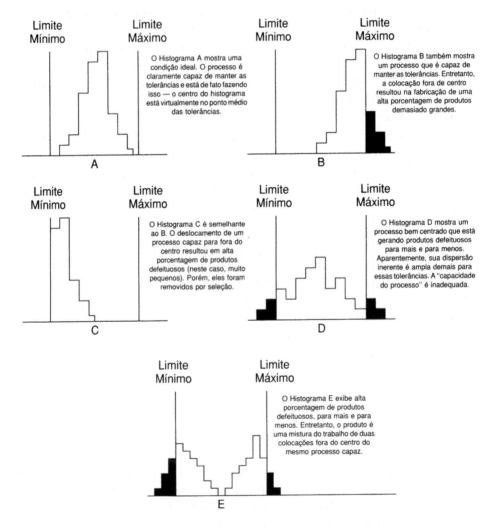

Figura 7-6 – Histogramas de Frequência Comparados à Tolerância do Produto.

A expressão "sob condições operacionais" significa que:

- O processo já existe.
- As operações estão sendo conduzidas sob condições "regulares", não de, 'laboratório'.
- O pessoal que conduz as operações pertence às forças operacionais regulares.

A capacidade do processo, para um processo já existente, pode ser avaliada pela coleta de dados a respeito de:

- As características de qualidade do *processo* em si; ou
- As características de qualidade do *produto* gerado pelo processo. (O produto "fala" sobre o processo.)

Avaliação da capacidade do processo a partir de dados operacionais

Vamos iniciar com um processo de escritório: a preparação de apólices de seguros. O processo consiste em um "escritor de apólices" equipado com um teclado. Os insumos são, basicamente, o pedido do cliente, um formulário de apólice em branco, os manuais da companhia e o treinamento dos trabalhadores. O resultado são contratos de seguros prontos para serem assinados.

Os escritores de apólices preenchem os formulários em branco com dados extraídos dos vários insumos. A seguir, os formulários vão para um verificador, que os revisa em busca de erros. Durante um certo período, o verificador registrou 80 erros, como mostra a Figura 7-7.

ESCRITORES DE APÓLICES

TIPO DE ERRO	A	B	C	D	E	F	TOTAL
1	O	O	1	O	2	1	4
2	1	O	O	O	1	O	2
3	O	16	1	O	2	O	19
4	O	O	O	O	1	O	1
5	2	1	3	1	4	2	13
6	O	O	O	O	3	O	3
28							
29							
TOTAIS	6	20	8	3	36	7	80

Figura 7-7 – Matriz de erros por escritor de apólices.

250 A QUALIDADE DESDE O PROJETO

Aqueles 80 erros representam o *desempenho* do processo – aquilo que ele realmente faz. Isso não é o mesmo que a *capacidade* do processo – aquilo que ele poderia fazer. Entretanto, pela análise dos dados, podemos avaliar a capacidade do processo.

O total de 80 erros, quando dividido pelos seis trabalhadores, resulta em uma média de 13,3 por trabalhador. Porém, os trabalhadores variaram amplamente em sua propensão a erros. Quatro ficaram bem abaixo da média; seus erros totalizaram 6, 8, 3 e 7, respectivamente. Dois deles (os trabalhadores B e E) ficaram muito acima da média: 20 e 36 respectivamente. *Nenhum ficou próximo à média.*

No caso do trabalhador B, seu total de 20 erros é aumentado por 16 erros do mesmo tipo. Constatou-se que isso se devia à sua compreensão errônea de uma parte dos procedimentos. Seu desempenho é representado por 20 erros, mas sua capacidade inerente é representada por 4 erros.

Em contraste, o trabalhador E cometeu 36 erros, em virtualmente todas as categorias. Assim, o número 36 reflete a propensão a erros do trabalhador E nesse tipo de trabalho. Esse número era tão alto, em comparação com os restantes, que sugeria que o trabalhador E estava mal colocado nesse tipo de trabalho.

Outro fenômeno significativo são os 13 erros do tipo 5. Todos os trabalhadores cometeram um ou mais erros desse tipo. O total ficou significativamente acima da média para todos os tipos de erros. A análise mostrou que a interpretação dos escritores a respeito das instruções diferia daquela do inspetor. Quando foi esclarecida a diferença, desapareceu a anormalidade do erro tipo 5.

Para chegar à capacidade do processo, é necessário excluir os desempenhos anormais: os erros do tipo 3 do trabalhador B; os erros do tipo 5; os erros do trabalhador E. Os números de erros, para os cinco escritores restantes, passam a ser, respectivamente, 4, 3, 5, 2 e 5. A média passa a ser 3,8 e cada trabalhador está próximo a ela. Então, o número 3,8 representa nossa melhor estimativa para a capacidade desse processo.

Desempenho e capacidade; diferenças significativas

- Desempenho do processo é aquilo que ele *realmente faz.*
- Capacidade do processo é aquilo que ele *poderia* fazer, se fossem removidas as causas significativas do fraco desempenho.

No caso dos escritores de apólices, o *desempenho* real do processo era representado por 80 erros para seis trabalhadores, ou uma média de

13,3 por trabalhador. Com base na análise, a *capacidade* do processo foi de 3,8 por trabalhador.

Note que a definição de capacidade do processo (aquilo que um processo *poderia fazer*) inclui a condição: "Se fossem removidas as causas *significativas* do fraco desempenho". Em alguns casos, torna-se importante definir quão grande é "significativo".

- No caso das apólices de seguros, não tivemos problemas. Para o Trabalhador B, a presença de 20 erros era, obviamente, significativamente diferente da capacidade de quatro. Para o Trabalhador E, o número 36 era significativamente maior que o número de qualquer dos colegas.

Entretanto, em muitos casos as diferenças não são tão óbvias. Além disso, existem casos em que as diferenças entre desempenho e capacidade são menores, mas não menos importantes. Em tais casos, existem ferramentas estatísticas para ajudar a determinar aquilo que é significativo.

A distinção entre desempenho e capacidade do processo tem larga aplicação a todas as funções. Idealmente, as metas devem ser fixadas com base nas capacidades dos processos. Devem ser empreendidos projetos para elevar a qualidade dos processos, para que seu desempenho igual e sua capacidade. Entretanto, muitas metas operacionais continuam a ser baseadas no desempenho passado, ao invés de na capacidade do processo.

VARIABILIDADE DO PROCESSO

Todos os processos apresentam variabilidade. A extensão desta é um insumo crítico para o projeto do processo.

- Os erros dos escritores de apólices variavam de um escritor para outro. Caso houvesse sido coletado um segundo conjunto de dados, os números de erros para os respectivos trabalhadores teriam sido semelhantes àqueles do primeiro conjunto, mas não idênticos.

Outros seres humanos, por exemplo, os atletas, também variam em desempenho de um para outro, bem como de uma tentativa para outra.

Os processos não humanos também apresentam variabilidade. Os materiais variam quanto às suas propriedades. As variações nas condições ambientais afetam o desempenho dos equipamentos. O mesmo se dá com mudanças progressivas devidas a depleção, desgaste e assim por diante.

252 A QUALIDADE DESDE O PROJETO

Todas essas e outras fontes de variação constituem um fato da vida para as forças operacionais. Sua responsabilidade é cumprir as metas dos produtos, mas a realidade é que devem fazê-lo sob condições operacionais variáveis.

Em consequência, os projetistas de projetos têm a responsabilidade de determinar, antecipadamente, quais serão as condições operacionais, inclusive a natureza e a extensão das variações. Os projetistas carentes dessas informações podem desenvolver um processo que funciona sob "condições de laboratório", mas não necessariamente sob condições operacionais,

CAPACIDADE DO PROCESSO BASEADA EM VARIABILIDADE

▲ Durante as últimas décadas, muitas indústrias de fabricação têm adotado a avaliação da capacidade dos processos através da análise da variabilidade. Essa abordagem tem muitos méritos e está aí para ficar.

Também é muito provável que ela se espalhe para outras indústrias.

Assim, vale a pena os planejadores entenderem o conceito de variabilidade e sua aplicação ao projeto e à capacidade de processos.

Unidade de medida para variabilidade

Toda característica de qualidade tem sua própria unidade de medida, como temperatura em graus ou velocidade em rotações por minuto. Porém, hoje podemos expressar a variabilidade em unidades de medida *universais* – unidades que são aplicáveis a *qualquer* característica de qualidade. A mais amplamente usada dessas unidades de medida universais é chamada de "desvio-padrão". Nós o representamos pela letra grega sigma (σ).

Os métodos de computação do desvio padrão têm sido amplamente disseminados por cursos de "Controle Estatístico de Qualidade" e não serão repetidos aqui. Uma vez computado o desvio-padrão, torna-se possível expressar a capacidade do processo em termos de desvios-padrão.

A aplicação mais ampla da avaliação da capacidade de processos em termos de desvios-padrão tem sido nas indústrias de fabricação, em especial na indústria automotiva. Muitos processos de fabricação fazem unidades de produtos para os quais a qualidade é avaliada em termos de *variáveis,* por exemplo, comprimento em milímetros, resistência em ohms.

Para esses processos de fabricação, o método usual de expressar a capacidade do processo tomou-se:

Capacidade do processo = 6 σ

(Na ausência de dados expressos em variáveis, a capacidade do processo pode ser expressa em unidades de medida como rendimento ou erro porcentual.)

Índice de capacidade do processo

A adoção de seis desvios-padrão como unidade de medida universal tem simplificado grandemente a comunicação e a fixação de metas. Para exemplificar, na indústria automotiva é comum se exigir que a capacidade do processo (60') não deva ser maior que 0,75 da distância entre os limites de especificação – a "amplitude de tolerância". Enunciada ao contrário, a regra exige que a relação entre a amplitude de tolerância e a capacidade do processo seja, no mínimo, de 1,33. Esta relação é, às vezes, chamada Índice de Capacidade do Processo (também Índice de Capacidade, Índice de Desempenho etc.)

A fixação de um mínimo quantificado para o Índice de Capacidade do Processo provê uma meta quantitativa para os projetistas de processos. Como os dados sobre capacidade são elaborados para vários processos, os planejadores podem usá-las de múltiplas maneiras. O uso principal tem sido prever se um processo será capaz de satisfazer as metas de qualidade do produto. Essa previsão é feita pela comparação da capacidade do processo com a amplitude de tolerância do produto. A Figura7-6 mostra algumas comparações simples entre dados de variabilidade do produto e a amplitude de tolerância.

(Para mais detalhes sobre o uso da relação entre a capacidade do processo e as tolerância do produto, ver Juran, 1988, "Relação com a Tolerância do Produto", pp. 16.18 a 16.21.)

Nos casos em que a distribuição da frequência é "normal" (segue a curva em forma de sino), o conhecimento do índice de capacidade do processo permite uma estimativa do rendimento do mesmo, de acordo com a Figura 7-8.

Os projetistas de processos fazem outros usos dos dados da capacidade de processos, tais como:

- Julgar os méritos relativos de processos alternativos.
- Comunicar as necessidades de precisão aos fornecedores de processos.

254 A QUALIDADE DESDE O PROJETO

Número de desvios- -padrão dentro dos limites de tolerância	Índice de capacidade do processo resultante	Defeitos resultantes por milhão
4	0,67	46.000
5	0,83	12.000
6	1,00	3.000
7	1,17	500
8	1,33	60
9	1,50	7

Figura 7-8 – Rendimentos de processos a vários níveis de índice de capacidade do processo (Assume Estabilidade e Centralização).

Note que a capacidade do processo nos diz somente qual é a uniformidade inerente ao processo. Ela *não* nos diz se o processo é *capaz de satisfazer as metas de qualidade do produto*. Esta é uma questão de atingimento do alvo. Um processo empresarial pode prover serviços em 24 horas aos clientes, de forma bastante uniforme. Porém, as necessidades dos clientes podem ser de obter os serviços em oito horas. Um processo de fabricação pode produzir baterias que têm uma vida uniforme de 30 dias, enquanto as baterias concorrentes têm uma vida de 90 dias. Em casos assim, os processos são uniformemente *incapazes* de atingir o alvo.

APLICAÇÃO A PROCESSOS QUE NÃO SÃO DE FABRICAÇÃO

O conceito de seis desvios padrão como medida da capacidade do processo é aplicável a qualquer processo, desde que possamos adquirir uma base de dados adequada. Alguns casos envolvendo processos empresariais têm, de fato, aplicado o conceito. Entretanto, são poucos os casos publicados de aplicação a processos não de fabricação. Também tem sido difícil separar (a) aquilo que o processo fez, (b) daquilo que ele poderia fazer. Sem essa separação, os planejadores correm o risco de perpetuar desempenhos fracos através do transporte de baixos rendimentos, características propensas a falhas e assim por diante.

Ainda resta muito a ser feito para se estudar um amplo espectro de processos não de fabricação e desenvolver um método padronizado, para a quantificação da capacidade dos processos, que seja largamente aplicável.

BANCOS DE DADOS: CAPACIDADE DO PROCESSO E ATINGIMENTO DO ALVO

Um banco de dados sobre a capacidade do processo é uma coleção organizada de avaliações de capacidades de processos. Uma vez preparado um banco de dados assim, os planejadores de processos podem usaras informações de várias maneiras, tais como:

- Prever resultados antes de conduzir as operações.
- Garantir o aviso-prévio sobre deficiências.
- Escolher a melhor entre as alternativas disponíveis.

Fora da empresa

Os bancos de dados sobre capacidades de processos são abundantes no mundo fora da empresa.

No mundo dos esportes, existem extensos registros do desempenho passado de equipes e atletas individuais. Esses registros são largamente usados para designar equipes para várias divisões, determinar *handicap-se* chaves para torneios, prever o desempenho futuro, estabelecer escalas de pagamento e assim por diante.

Dentro da empresa

Dentro da empresa, os bancos de dados sobre processos cobrem uma mistura de capacidades de processos e atingimento de alvos. Esses bancos são encontrados em todas as funções. Para exemplificar:

Função	Bancos de Dados
Projeto de produtos	Tabelas de propriedades de materiais
	Listas de componentes aprovados (aqueles que podem ser especificados sem outros testes de qualificação)
Compras	Merecimento de crédito dos fornecedores
Fabricação	Tabelas de uniformidade inerente de processos de produção
Marketing	Potencial de vendas de vários territórios
	Merecimento de crédito dos clientes em potencial
Engenharia industrial	Padrões de trabalho para tarefas e operações
Relações humanas	Lista de trabalhadores certificados como qualificados para desempenhar várias tarefas

Unidades de medida

A criação de bancos de dados também exige a criação de unidades de medida. Essas unidades variam entre as funções da empresa. Veja em geral o Capítulo 5, especialmente sob o título "Medidas para Funções".

Visão dos usuários finais

Muitos produtos vendidos por seus fabricantes transformam-se em processos nas mãos dos usuários finais. Os exemplos desses produtos incluem copiadores de escritórios, máquinas operatrizes, caminhões e computadores. Para os usuários de tais produtos, o atingimento do alvo pode ser expresso em termos positivos: porcentual de tempo em funcionamento, cópias por minuto. Por outro lado, a expressão pode ser negativa: porcentual de tempo parado, índice de falhas, uso de peças de reposição.

Essas avaliações são o equivalente moderno do "dever" das primeiras máquinas a vapor. Como naqueles dias, essas modernas avaliações têm influência na decisão a respeito de quais produtos serão comprados. É obviamente útil, para os fabricantes, adquirir as informações nesses bancos de dados.

Procedimento para a criação de bancos de dados

O estabelecimento de bancos de dados sobre a capacidade de processos requer uma abordagem organizada como aquela usada para os projetos de melhoramentos. Uma equipe é designada para guiar o projeto. Ela recebe responsabilidade para:

- Determinar o escopo dos bancos de dados – que processos devem ser incluídos.
- Definir e padronizar a terminologia básica.
- Estabelecer a abordagem conceitual: definição de capacidade do processo, dados de entrada essenciais, unidades de medida, método de avaliação etc.
- Preparar o manual de instruções para avaliação da capacidade do processo: formas para coleta e análise de dados, critérios para a precisão de medição, tamanhos de amostras etc.
- Prover um curso de treinamento para orientar aqueles que irão coletar e analisar os dados de capacidade do processo.
- Estabelecer um procedimento para a publicação do banco de dados: formato, lista de distribuição etc.
- Providenciar auditoria para garantir a obediência ao plano.

DADOS DE CAPACIDADE DO PROCESSO INDISPONÍVEL

Em muitos casos, o projetista do processo carece de informações sobre a capacidade do mesmo. Os dados podem não existir ou, caso existam, não estão em uma forma utilizável. Mesmo em casos assim os projetistas podem criar fontes de informações utilizáveis. Eles podem:

1. Reunir informações sobre o desempenho anterior de instalações, materiais etc., iguais ou semelhantes, e estimar a capacidade do processo a partir dessas informações. Elas são uma forma de "lições aprendidas"(ver Capítulo 12, sob o título "A Base de Dados: A Revisão de Santayana").
2. Conduzir testes competitivos de alternativas.
3. Adquirir dados de usuários ou de bancos de dados.
4. Usar a simulação para estimar a capacidade do processo.

SIMULAÇÃO PARA ESTIMAR A CAPACIDADE DO PROCESSO

Os "novos" processos consistem, normalmente, em uma mistura de:

- Características transportadas de processos anteriores, para as quais possuímos experiência operacional.
- Características para as quais não existe experiência operacional anterior.

Quanto às características transportadas, geralmente é possível avaliar a capacidade do processo por meio de coleta e análise diretas. No caso de características de processo realmente novas, essa abordagem não é possível. As características em questão ainda não estiveram em serviço sob condições operacionais. Em consequência, os projetistas precisam recorrer a outras formas de avaliação da capacidade do processo. Uma das formas mais utilizadas é a simulação.

O significado literal de simulação é *uma imitação da realidade.* Nosso planejamento pode contemplar um novo processo, que envolve investimentos consideráveis. Como o processo é novo, esses investimentos são de risco: não dispomos de provas de que ele será capaz de satisfazer nossas metas sob condições operacionais. Contudo, podemos reduzir nosso risco através da simulação. Podemos projetar um processo em escala reduzida e testá-lo. Depois podemos usar os resultados do teste para prever quais serão os resultados na operação em escala plena.

Exemplos de simulação

O conceito de simulação é largamente aplicado. Para exemplificar:

- Uma pesquisa de mercado faz a seguinte pergunta: Você compraria este produto?
- As respostas são uma imitação da realidade – nenhum dinheiro está sendo gasto.
- As forças armadas realizam manobras para testar sua prontidão operacional.
- A companhia de teatro conduz ensaios.
- O edifício de escritórios mantém exercícios de combate a incêndios.
- Os estagiários executam exercícios antes de aplicar as novas ferramentas às suas funções.
- Os projetistas de produtos criam protótipos, que testam em laboratório.
- Os projetistas de processos criam fábricas piloto para obter uma previsão daquilo que pode ser esperado em escala real.

Modelos matemáticos

Uma forma especial de simulação é feita através de modelos matemáticos, que lidam com símbolos ao invés de coisas físicas. No projeto de muitos tipos de processos e produtos, pode-se utilizar modelos de confiabilidade para ajudar na quantificação e previsão da confiabilidade, na identificação de prováveis pontos fracos nos projetos e assim por diante. Numerosas ferramentas especiais têm sido desenvolvidas para capacitar os projetistas a compreender e usar esses modelos.

A aceitação desses modelos matemáticos pelos projetistas não tem sido entusiástica. Eles não querem que seus projetos falhem. Porém, seu método tradicional para julgar a adequação ao uso tem sido pelo teste do equipamento, em laboratório ou em serviço. Um projeto que falhasse no teste era um sinal de alarme, ao qual os projetistas prestavam (e ainda prestam) atenção. Em contraste, um projeto que "falhou" em uma análise matemática não era visto como sinal de alarme, pois nenhum equipamento havia falhado no teste.

Tudo isso está passando por mudanças. Os projetistas estão, cada vez mais, adquirindo treinamento no uso de modelos de confiabilidade como extensão do processo de simulação.

LIMITAÇÕES E RISCOS NA SIMULAÇÃO: DOIS MUNDOS

A simulação é uma ferramenta de grande valor, desde que entendamos suas limitações e riscos. Podemos entender melhor essas limitações e riscos observando que a simulação e a operação a plena escala são realizadas em dois "mundos" diferentes – o "laboratório" e o "mundo real". A existência desses dois mundos significa que estamos lidando com duas versões da capacidade do processo:

- Capacidade do processo no laboratório.
- Capacidade do processo no mundo real.

Esses dois mundos podem diferir amplamente em vários aspectos críticos.

Escala de operações

Quando progredimos do laboratório para o mundo de operações, normalmente multiplicamos várias vezes a escala. Precisamos então extrapolar a partir de números pequenos para prever o efeito sobre os grandes números.

Os números pequenos são uma base traiçoeira para a tomada de decisões. Eles exibem o efeito do tratamento que receberam no laboratório, mas também exibem variações consideráveis devidas ao acaso. Estas variações podem e devem ser quantificadas, para que seu significado estatístico possa ser avaliado. Os tecnólogos devem aprender como fazê-lo. Enquanto não apresentarem, alguém deve fazer as avaliações por eles.

Tecnologia

Os dois mundos diferem, em parte, devido às demandas da tecnologia. No laboratório, podemos nos esforçar para excluir os efeitos de certas variáveis, para obter dados adequados sobre as relações entre causa e efeito. No mundo real, pode não ser prático excluir essas variáveis.

A missão

No laboratório, a missão é produzir o plano: o projeto do sistema, o procedimento, o projeto do produto, o projeto do processo etc. No mundo real, a missão é satisfazer as várias metas operacionais. Essa diferença de missões cria outras diferenças, tais como:

- As prioridades atribuídas às várias metas.
- O tipo e a intensidade da supervisão prevista.
- A integridade da coleta e análise de dados.

Pessoal

Uma outra consequência da diferença de missão são as várias diferenças nas práticas de pessoal, tais como:

- A formação educacional das pessoas empregadas.
- O treinamento e a experiência suplementares.
- O conceito de carreira.
- A escolha de incentivos.

▲ As diferenças anterior deixam claro que a *extrapolação a partir de constatações de laboratório deve ser baseada em insumos de ambos os mundos*. Os tecnólogos são bastante competentes para interpretar aquilo que aconteceu no laboratório. Entretanto, eles não são necessariamente aptos para extrapolar – para prever o que irá acontecer no mundo real – a menos que possuam conhecimento adequado de como a vida é vivida naquele mundo. Caso não o possuam, precisam adquiri-lo como habitantes do mundo real, através de esforços em equipe como revisão do projeto ou planejamento conjunto.

REPROJETO DO PROCESSO

O reprojeto de um processo é um trabalho muito semelhante àquele de projetá-lo. A principal diferença é o caráter novo das metas de qualidade do produto. O trabalho feito para prover os meios para a satisfação de *metas de qualidade que não mudaram* é chamado *reprojeto* do processo. O trabalho feito para satisfazer *metas de qualidade do produto novas ou modificadas* é chamado *projeto* do processo.

A necessidade do reprojeto de processos surge por uma variedade de razões, tais como:

- Um novo projeto de processo, transferido às forças operacionais, mostras e incapaz, devendo então ser revisado.
- Um projeto de melhoramento da qualidade descobre que a solução para o problema é reprojetar o processo.
- Um plano reconhecidamente deficiente tem, não obstante, se mostrado competitivo. Contudo, devido às pressões competitivas, ele não pode mais ser preservado.

Processo não capaz

Em alguns casos, os projetistas transferem um processo às forças operacionais apenas para descobrir que ele não é capaz de satisfazer as metas de qualidade. Em tais casos, existem múltiplas opções à disposição dos planejadores:

1. Examinar com cuidado, para verificar se a "incapacidade" é realmente baseada na *capacidade* inadequada do processo, ou deve-se a uma avaliação baseada no *desempenho* do processo. Caso a base tenha sido, de fato, o desempenho do processo, tentar avaliar a capacidade do mesmo.
2. Analisar o escopo da incapacidade. O processo pode ser capaz com respeito a algumas metas de qualidade, mas não a outras. Essa análise identifica o resíduo incapaz, estreitando o problema.
3. Melhorar a capacidade do processo, cavando mais fundo para descobrir novas relações entre as variáveis do processo e os resultados do produto. Concentrar-se nas variáveis dominantes para simplificar a análise.
4. Rever as metas de qualidade do produto associadas à incapacidade do processo, para ver se a otimização é melhor servida pela revisão das metas.
5. Preservar a incapacidade e o desperdício crônico resultante. Nesse caso, é necessário prover um nível adequado de assistência aos clientes, tanto externos como internos.

A última dessas opções (preservar a incapacidade) deve sempre ser vista como medida temporária. Os futuros projetos de planejamento, bem como o processo de melhoramento anual, devem manter a revisão desses casos, para verificar se a marcha do progresso tecnológico e gerencial descobriu maneiras para solucionar o problema.

Reprojetar através de mudanças na anatomia

Uma ampla oportunidade de aperfeiçoamento, através do projeto do processo, está na mudança da anatomia do mesmo. Vimos alguns exemplos anteriormente, sob o título" A Anatomia dos Processos: Revisões na Anatomia do Processo". Os casos a seguir (sob "Redução da Duração do Ciclo") também envolvem algum grau de mudança na anatomia do processo.

REDUÇÃO DA DURAÇÃO DO CICLO

A redução da duração do ciclo de produção tem sido, há muito tempo, uma meta dos projetistas de *processos fabris*. Durante os anos 1980, os projetistas de *processos empresariais* intensificaram seus esforços em direção à mesma meta. Os processos visados incluíam o lançamento de novos produtos, a prestação de serviços aos clientes, o recrutamento de novos funcionários e a resposta às reclamações dos clientes, entre outros.

262 A QUALIDADE DESDE O PROJETO

A redução da duração do ciclo exige um diagnóstico para identificar as causas e oportunidades para melhoramentos, seguidas pelas soluções. O diagnóstico prossegue ao longo de várias linhas:

- Coleta e análise de dados básicos relativos "àquilo que leva tanto tempo".
- Análise do projeto do processo, aos níveis macro e micro.
- Análise das principais influências do cenário.

Diagnóstico da duração do ciclo

Este diagnóstico segue uma série de passos, aplicáveis a uma ampla variedade de processos.

1. O ponto de partida é a obtenção de dados sobre o tempo consumido durante o processamento de um certo número de ciclos anteriores. Esses dados incluem:
O tempo consumido por cada um dos passos que compõem o ciclo.
O tempo total necessário à execução do ciclo inteiro.
2. Além disso, são adquiridos dados sobre a duração total do ciclo para outras organizações que realizam trabalhos semelhantes. Algumas dessas organizações são "amistosas"; outras são concorrentes. Podem ser necessários meios especiais para a aquisição desses dados[*].
3. Esses dados são então plotados como uma distribuição de frequência, como o diagrama mostrado na Figura 7-9.

Na Figura 7-9, o eixo horizontal é o tempo – horas, dias, meses etc. O eixo vertical é a frequência – o número de ciclos processados naquele intervalo de tempo. A distribuição de frequência é usualmente assimétrica: existe uma longa cauda se estendendo para a direita. Como resultado, a média fica bem à direita do pico de frequência.

4. Além disso, os dados sobre as etapas individuais entram em forma gráfica. No modelo da Figura 7-9, há 15 etapas dentro de um ciclo completo. O diagrama mostra essas etapas em ordem cronológica. A distância horizontal coberta por cada etapa é o tempo médio consumido na execução dessa etapa. O tempo total para todas as etapas é a média para um ciclo completo.

---

[*] *Uma observação a respeito da coleta de dados para o diagnóstico da duração do ciclo:* A escolha do número de ciclos anteriores a serem estudados (o tamanho da amostra) é inicialmente arbitrário. A análise subsequente irá revelar se a amostra era adequada para o nível de confiança pretendido. A aquisição de dados de mercado pode exigir "acordos". Alguns clientes também são clientes de empresas concorrentes, sendo, portanto, uma fonte potencial de dados sobre o desempenho competitivo. No caso de monopólios internos, existem em geral fornecedores externos que oferecem serviços concorrentes, sendo, portanto, uma fonte potencial de dados sobre o desempenho do mercado.

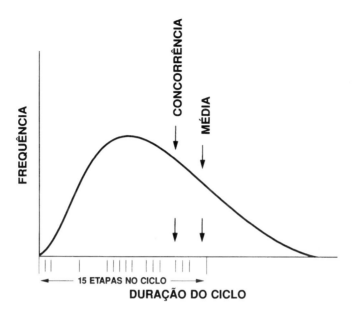

Figura 7-9 – Modelo para análise da duração do ciclo.

A análise de dados focaliza então (a) a duração total do ciclo, e (b) o tempo consumido pelas etapas "poucas, mas vitais".

A adequação da duração total do ciclo é julgada com base:

- No desempenho de outros, isto é, no desempenho do mercado. "Se eles podem, por que nós não podemos?"
- O grau de satisfação dos clientes apresenta ciclos de duração. Os clientes podem estar insatisfeitos com a duração do ciclo do mercado, assim como com nosso desempenho.

Se a duração total" do ciclo é considerada excessiva, então, é provável que a solução *não* venha exclusivamente de ações a respeito de etapas específicas. Em vez disso, serão necessárias algumas mudanças radicais no projeto básico do próprio macroprocesso.

Diagnóstico do processo

Esta parte da análise se concentra em como o processo foi projetado e operado. Um bom começo é preparar um fluxograma para entender:

- O número de transferências que têm lugar, tanto verticalmente na mesma função como horizontalmente entre funções.
- O número de funções afetadas.
- A extensão até a qual o mesmo macroprocesso é usado para os clientes poucos, mas vitais, e também para os muitos e úteis.

264 A QUALIDADE DESDE O PROJETO

- A existência de repetição de trabalhos já feitos
- A extensão e localização de gargalos, tais como numeros as necessidades de assinaturas.

É efetuada a análise das etapas poucas, mas vitais (microprocessos). Aqui a análise focaliza:

- Existe um cliente para o trabalho feito nesta etapa?
- Esta etapa pode ser executada depois de servido o cliente, ao invés de antes?
- O que pode ser feito para reduzir o tempo de execução desta etapa?

Diagnóstico de influências importantes

Como é usada aqui, a expressão "influências importantes" refere-se a forças poderosas que estão por toda parte e não podem ser ignoradas: elas devem ser enfrentadas, mesmo que isso signifique mudar a cultura.

A INFLUÊNCIA DA ORGANIZAÇÃO FUNCIONAL. Qualquer processo multifuncional é prejudicado com respeito à duração do ciclo. Para muitos gerentes funcionais, a função é uma fonte de *status* e eles dão alta prioridade a esse *status* e seus símbolos associados – monopólios, território, jurisdição etc. A prioridade na jurisdição funcional, muitas vezes, assume prioridade sobre as necessidades do processo multifuncional. Os gerentes funcionais possuem as funções, mas não possuem os processos multifuncionais.

O desencontro entre a hierarquia funcional e o processo multifuncional dá origem a uma conduta que parece lógica para os gerentes funcionais, mas não para aqueles que tentam otimizar as operações. Um caso desses foi a abertura das caixas seladas para inspecionar e testar o produto (ver "Projeto de Macroprocessos: Coordenação de *Interfaces*"). Naquele caso, o projeto ótimo para o processo seria que o teste fosse feito "no fim da linha", dentro da área de produção. Esse projeto evitaria a tarefa de desembalar e reembalar os bens, reduziria o tempo de espera, minimizaria os custos de transporte e assim por diante. No entanto, o Departamento de Qualidade pode insistir que o teste seja realizado em seu território. O Departamento de Produção pode apoiar essa ideia, porque prefere não ceder espaço para outros departamentos.

A resistência à "engenharia simultânea" é igualmente atribuível, em parte, à prioridade dada aos direitos jurisdicionais. Os gerentes funcionais tendem a preferir executar seu trabalho sem "interferências" de outros. Então, quando seu trabalho está terminado, tendem a preferir uma transferência completa – por cima do muro.

A INFLUÊNCIA DA ANATOMIA DO PROCESSO. A escolha da anatomia do processo tem grande influência sobre a duração do ciclo.

DESENVOLVER CARACTERÍSTICAS DOS PROCESSOS 265

Uma longa procissão envolve numerosas etapas com as transferências associadas, tempos de espera entre etapas, limites de jurisdição e outros itens que consomem tempo.

Muitas dessas procissões são resíduos obsoletos do sistema de Taylor, de separar o planejamento da execução. A subsequente elevação nos níveis educacionais possibilitou a atribuição de responsabilidades mais amplas aos supervisores e trabalhadores. Por sua vez, essas atribuições possibilitam a criação de equipes autodirigidas para executar muitas etapas e minimizar o número de transferências. A redução do número de etapas não reduz apenas a duração global do ciclo; ela também melhora a qualidade, através do fenômeno da equipe tornar-se sua própria cliente.

A INFLUÊNCIA DE NOVAS TECNOLOGIAS. As novas tecnologias continuam vindo por cima do horizonte e parte delas oferece novas oportunidades para a redução da duração do ciclo. A análise deve incluir um exame dessas oportunidades. Logo iremos examinar alguns exemplos do uso bem-sucedido de novas tecnologias para a redução da duração dos ciclos.

Soluções para redução da duração dos ciclos

Têm sido descobertas inúmeras maneiras para a redução do ciclo dos macroprocessos. Elas incluem:

1. *Prover um processo simplificado para as aplicações muitas e úteis.* Em um número surpreendente de casos, os planejadores projetam um processo abrangente para servir a todas as aplicações, tanto as muitas e úteis como as poucas, mas vitais. O processo abrangente é necessário para estas, mas demasiado oneroso para as muitas e úteis, que tipicamente representam mais de 80% das aplicações. A solução é prover um processo mais simples para as muitas e úteis.

O processo mais simples, usualmente, envolve a delegação de mais responsabilidade aos níveis inferiores da organização e o treinamento em como levá-la a cabo. Em alguns casos, pode haver a necessidade de criação de novas formas de "propriedades".

- Numerosos departamentos funcionais estão envolvidos em fazer com que um avião parta no horário: manutenção, manuseio de bagagens, limpeza da cabine, serviço de alimentos, *checkin,* etc. Cada um deles tem metas funcionais e uma cultura, que podem retardar a partida. Algumas empresas aéreas resolveram esse problema designando um gerente de portão de embarque, uma espécie de "proprietário" para cada partida. O gerente de portão é responsável pelas decisões sobre a partida.

266 A QUALIDADE DESDE O PROJETO

2. *Reduzir o número de etapas e transferências.* As transferências ocorrem vertical e horizontalmente. De qualquer maneira elas introduzem multiplicidade de manuseio, tempo de espera, fontes de erro etc. A redução do número de transferências tem sido feita de várias maneiras:
   - Delegar mais aprovações aos níveis inferiores. Isso reduz o número de transferências verticais.
   - Estabelecer equipes multifuncionais autodirigidas para substituir o processamento funcional consecutivo. (Para alguns exemplos, ver "A Anatomia do Processo: Revisões na Anatomia do Processo".)
   - Combinar várias etapas, para criar cargos de escopo mais amplo. Hoje os trabalhadores transferem para si mesmos e são seus próprios clientes.
   - Estabelecer "células" autônomas, para reduzir as transferências entre departamentos.
3. *Eliminar as "alças" dispendiosas.* Essas alças consistem em inúmeras formas de se refazer trabalhos anteriores. Elas ficam evidentes no fluxograma, bem como na análise da operação do processo. Cada uma dessas alças transforma-se em origem de um projeto de aperfeiçoamento.
4. *Reduzir o tempo de conversão.* Alguns processos exigem frequentes mudanças de "acerto", para que se adaptem a revisões nos pedidos dos clientes. Em tais casos, o tempo necessário à conversão pode ser uma fonte importante de aumento da duração do ciclo. Uma das soluções é a criação de instalações especializadas, que não envolvam conversões.
   - Algumas salas de cirurgia de hospitais são utilizadas somente em cerca de 20% da sua capacidade. A maior parte do tempo é consumida em conversões de um tipo de cirurgia para outro.
   - A criação de salas especializadas em apenas um tipo de cirurgia tem resultado em notável aumento na porcentagem da capacidade utilizada, bem como na redução do custo das cirurgias.
   - Uma outra solução é encontrar formas para reduzir o tempo de conversão.
   - Algumas fábricas têm feito muitos progressos na redução do tempo de conversão. Um elemento importante desse progresso é a padronização das características pertinentes das máquinas operatrizes, transportadores, moldes, instalações etc. Alguns ciclos de conversão têm sido, muitas vezes, de oito horas para poucos minutos (Holusha, 1987).
5. *Mudança do processamento sequencial para simultâneo.* As oportunidades aqui são encontradas tanto em altos níveis gerenciais como nos operacionais.

- Em um caso de preparação de propostas de preços, era necessário um total de 28 assinaturas de vários gerentes. Essas assinaturas eram obtidas, em sua maioria, de forma sequencial, com sérios atrasos no envio das propostas.
- Uma solução é sugerida pelo processo seguido durante o fechamento da venda de uma cena. Existe uma extensa formalidade nesse processo, exigindo a assinatura de numerosos documentos por numerosas pessoas. O processo é executado de forma simultânea. E feita uma reunião detodas as partes: o vendedor e seu cônjuge; o comprador e seu cônjuge; os respectivos advogados; os financiadores; os seguradores etc. Depois de uma discussão mútua, os papéis são assinados. O processo é concluído em uma ou duas horas. Caso fosse feito sequencialmente, levaria semanas ou meses.

Soluções através de mudança na tecnologia

Algumas reduções surpreendentes na duração do ciclo vieram da adoção de novas tecnologias. Um exemplo comum é o uso de computadores para fornecimento instantâneo das informações necessárias para dar assistência aos clientes, ou para solicitá-la aos fornecedores (Wessel, 1987).

A formação de redes de informações para múltiplas funções também tem contribuído para reduções na duração do ciclo. Microprocessadores computadorizados são capazes de efetuar conversões em menos tempo e com menores taxas de erros. A comunicação computadorizada também reduz o tempo de transmissão. Para mais detalhes e exemplos, ver Dumaine (1989). Ele apresenta dados sobre reduções nas durações dos ciclos para o desenvolvimento de produtos e daqueles entre o pedido e os produtos acabados, como mostra a tabela a seguir.

		Tempo de desenvolvimento do produto	
Empresa	Produto	Antigo	Novo
Honda	Carros	5 anos	3 anos
AT&T	Telefones	2 anos	1 ano
Navistar	Caminhões	5 anos	2,5 anos
Hew lett-Packard	Impressoras de computador	4,5 anos	22 meses
General Electric	Caixas de interruptores	3 semanas	3 dias
Motorola	Paginadores	3 semanas	2 horas
Hewlett-Packard	Equip. eletrônico de teste	4 semanas	5 dias
Brunswick	Carretilhas de pesca	3 semanas	I semana

268 A QUALIDADE DESDE O PROJETO

As empresas que se dispuseram a fazer uso judicioso da moderna tecnologia têm, em alguns casos, superado grandemente seus concorrentes em termos de duração de ciclos.

- Uma empresa de confecções faz uso de múltiplas tecnologias: computadores para prover informações em tempo real sobre as posições de vendas e estoques; comunicação via satélite para transmitir pedidos aos fornecedores; aviões fretados para transportar os bens pedidos; classificação e apreçamento automatizados no centro de distribuição; e assim por diante. O ciclo entre a colocação do pedido e o lançamento dos bens para venda passa a ser de 60 dias, enquanto a maior parte dos concorrentes necessita de um ciclo de seis meses (Main, 1988).

Uma cautela é necessária, quando se substitui processos humanos por tecnologia, isto é, ao se automatizar processos humanos. É essencial, antes de tudo, detetar e eliminar os erros do processo humano. Caso contrário, os problemas ficam embutidos na tecnologia, o que costuma dificultar sua posterior solução.

Soluções para microprocessos

Também existem oportunidades para se reduzir a duração do ciclo para as etapas individuais – os microprocessos. A Figura 7-9 identifica as etapas "poucas, mas vitais" em termos de tempo consumido. O foco sobre elas considera opções como as seguintes:

- Eliminar a etapa. Eventos anteriores podem ter tornado essa etapa obsoleta e assim ela não tem mais um cliente.
- Mudar a sequência, de forma que essa etapa seja realizada depois de servir ao cliente, ao invés de antes. Em alguns casos o serviço ao cliente tem esperar até que a papelada interna esteja pronta, quando pode ser viável mudar a sequência.
- Adotar tecnologias modernas, para reduzir o tempo necessário à execução da etapa.

METAS PARA CARACTERÍSTICAS DO PROCESSO

À medida em que progride o projeto do processo, emergem suas características específicas, através das quais torna-se possível satisfazer as metas de qualidade do produto. *Essas mesmas características do processo transformam-se em metas a serem atingidas.*

Algumas dessas metas de processos estão diretamente relacionadas às metas do produto. Os equipamentos de processamento precisam ser mantidos e assistidos. As informações e materiais de entrada passam por auditorias e testes. As condições operacionais devem ser mantidas em níveis especificados. O não cumprimento dessas metas do processo coloca em risco o cumprimento das metas do produto. A fixação de metas de qualidade para essas características do processo ligadas ao produto pode exigir o mesmo tipo de trabalho experimental que é necessário a fixação de metas de qualidade do produto.

Outras metas do processo não têm relação com as metas do produto. Mesmo assim, elas devem ser cumpridas porque o processo, uma vez estabelecido, cria vários efeitos próprios, tais como um risco para a força de trabalho, uma ameaça ao ambiente ou uma vitrine para os visitantes.

Independente da natureza das metas do processo, seu planejamento deve prover para o reconhecimento da sua existência e seu cumprimento. O projeto dos controles do processo (Ver Capítulo 8) deve prover para o cumprimento de todas as metas de qualidade do processo, sejam ou não relacionadas ao produto. As metas de qualidade do processo entram na planilha e tornam-se os alvos para a etapa de controle do processo do mapa de planejamento da qualidade.

A PLANILHA PARA AS CARACTERÍSTICAS DO PROCESSO

À medida em que o projeto do processo avança, do nível macro para os detalhes, emerge uma longa lista de características muito específicas. Cada uma dessas características visa diretamente à produção de uma ou mais características do produto. Por exemplo:

- A característica X do produto (para uma fatura) requer uma característica do processo que possa efetuar cálculos aritméticos.
- A característica X do produto (para uma engrenagem) requer uma característica do processo que possa executar furos precisos em metal.

Essas características entram nas colunas da planilha de projeto do processo (Figura 7-10). No devido tempo, cada uma dessas características do processo torna-se o ponto focal de um sistema de controle do processo, como veremos no próximo capítulo.

OTIMIZAÇÃO DO PROJETO DO PROCESSO

Nossas viagens pelo mapa de planejamento da qualidade incluíram o exame de várias formas de otimização:

- Durante o desenvolvimento do produto, tentamos satisfazer nossas necessidades, bem como as dos clientes.
- Vimos a análise de valor como um meio para prover as funções necessárias a custo mínimo.

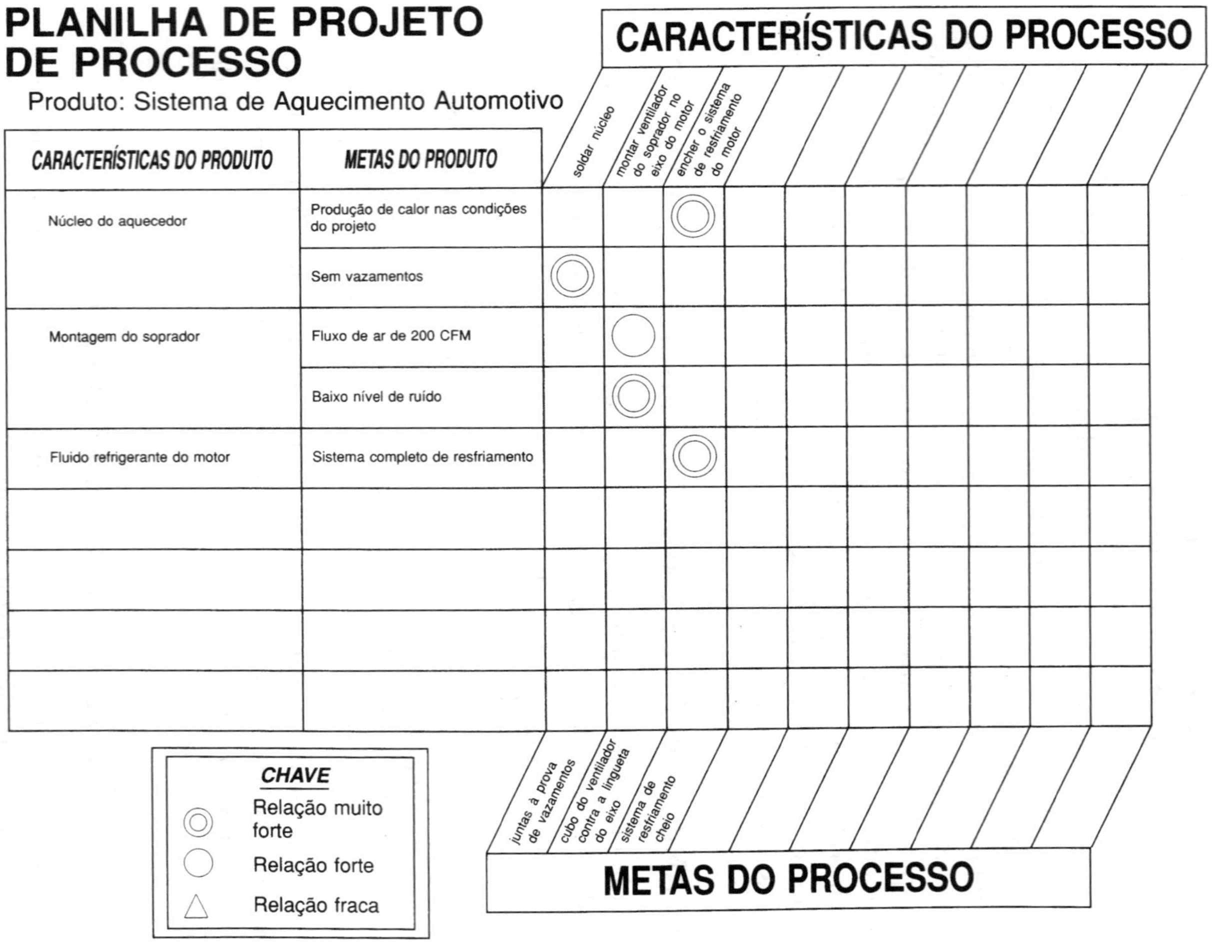

PLANILHA DE PROJETO DE PROCESSO

Produto: Sistema de Aquecimento Automotivo

CARACTERÍSTICAS DO PROCESSO

METAS DO PROCESSO

Características do processo (colunas):
- soldar núcleo
- montar ventilador do soprador no eixo do motor
- encher o sistema de resfriamento do motor

Metas do processo:
- juntas à prova de vazamentos
- cubo do ventilador contra a lingueta do eixo do ventilador
- sistema de resfriamento cheio

CARACTERÍSTICAS DO PRODUTO	METAS DO PRODUTO
Núcleo do aquecedor	Produção de calor nas condições do projeto
	Sem vazamentos
Montagem do soprador	Fluxo de ar de 200 CFM
	Baixo nível de ruído
Fluido refrigerante do motor	Sistema completo de resfriamento

CHAVE
- ◎ Relação muito forte
- ○ Relação forte
- △ Relação fraca

Figura 7-10 – Planilha para características do processo.

- Vimos a determinação do custo do ciclo de vida como um meio para otimizar o custo da propriedade para produtos de vida longa.
- Observamos o uso de experimentos projetados para otimizar o desempenho do produto e do processo.

Essas e outras formas de otimização, em geral, relacionam-se aos nossos clientes externos. Existem áreas adicionais que também exigem otimização, especialmente:

- Nosso relacionamento com nossos fornecedores externos.
- O relacionamento dos planejadores com as forças operacionais.

Otimização relativa a fornecedores externos

Cada fornecedor externo é uma extensão das nossas forças operacionais. Visto dessa forma, tudo aquilo que dissemos a respeito das nossas "forças operacionais" também se aplica aos fornecedores externos. Algumas coisas, entretanto, são diferentes:

- O fornecedor externo é uma entidade jurídica separada; não há um chefe comum.
- Os fornecedores externos raramente têm um monopólio. Eles têm concorrentes e há um amplo uso de propostas competitivas.
- Os fornedores externos podem fornecer projetos de produtos e processos como parte dos seus serviços.
- O tradicional relacionamento adversário estimulou o impulso à sub--otimização.

Não obstante, os ganhos potenciais com a otimização são consideráveis:

- A designação do trabalho pode ser baseada em quem está melhor qualificado para executar as tarefas.
- O melhoramento da qualidade pelos fornecedores pode conduzir a custos menores, bem como a outros melhoramentos, por exemplo, as operaçoes "Just in time".
- Um espírito de trabalho em equipe emergente pode conduzir ao planejamento conjunto.
- Uma confiança mútua emergente pode conduzir à redução da duplicidade de instalações, instrumentos, testes, relatórios e assim por diante.

A chave para se alcançar esses ganhos é o trabalho em equipe, que assume formas tais como revisão de projetos e planejamento conjunto. A criação desse trabalho em equipe é uma tarefa delicada em um relacionamento adversário. Um relacionamento desses gera suspeita e desconfiança, o pior clima possível para a otimização.

272 A QUALIDADE DESDE O PROJETO

▲ Uma forma de romper o relacionamento adversário é a experimentação. Todas as organizações têm múltiplos fornecedores externos. Estes invariavelmente incluem alguns com os quais existiu um relacionamento prolongado e confortável. Esses fornecedores tornam-se o terreno de teste para a otimização. Os resultados desses testes fornecem uma base de experiência para a extensão do conceito.

Otimização internamente

Aqui o problema principal é atingir o equilíbrio ótimo entre o trabalho de planejamento e o subsequente trabalho de operações – executando o plano. Os planejadores estão sempre sob pressão para cumprir suas programações e seus orçamentos. Contudo, os atalhos no planejamento normalmente resultam em cargas muito maiores sobre operações, sob a forma de processos incapazes, combates frequentes e incêndios e altos custos de manutenção. A chave para a otimização interna é a abordagem em equipe.

Suponha que perguntemos, a uma audiência de altos gerentes: Vocês favorecem o trabalho em equipe em suas organizações? A resposta será unânime: É claro que sim! Entretanto, muitos daqueles altos gerentes agem de outra forma:

- Eles estabelecem metas departamentais estruturadas e sistemas estruturados de avaliação de mérito, para premiar os gerentes dos departamentos pelo cumprimento das metas departamentais. Esses sistemas de premiação *tendem intrinsecamente a subotimizar*, a menos que sejam bem coordenados.
- Esses mesmos altos gerentes não conseguem estabelecer a estrutura organizacional necessária à coordenação.

▲
★ A questão é que as exortações ao trabalho em equipe não são suficientes; é necessário também prover as estruturas que *favoreçam intrinsicamente a otimização*. No capítulo sobre desenvolvimento de produtos, discutimos duas dessas estruturas: revisão de projetos e planejamento conjunto. Essas mesmas estruturas são aplicáveis ao projeto de processo.

Revisão de projetos

Aplicada aos projetos de processos, a revisão envolve a criação de uma *equipe de revisão de projetos,* para incluir a participação das áreas que são fortemente afetadas pelo projeto, das áreas que irão produzir o produto, usá-lo, rnantê-lo e assim por diante. A revisão em equipe dos projetos de processos provê um aviso prévio ao projetista: "Se você projetar dessa forma, estas serão as consequências em nossa área".

Pelo conceito de revisão de projetos, a responsabilidade pelas ações a respeito dos avisos prévios fica com o projetista do processo. Os outros membros da equipe de revisão estão lá para fornecer insumos e avisos prévios, não para tomar decisões. Esses avisos são frequentemente recebidos com atenção. Caso contrário, os membros da equipe contam com um canal para apelar a autoridades mais altas, através da cadeia regular de comando.

Planejamento conjunto

O conceito de planejamento conjunto também envolve a criação de uma equipe que inclua aqueles que são afetados, assim como os projetistas do processo. Entretanto, por esse conceito, a equipe (ao invés de somente os projetistas) é responsável pelo projeto final. (Em alguns empreendimentos elaborados, por exemplo um programa de desenvolvimento de um novo e importante produto, existem até mesmo equipes migratórias, que permanecem com o programa à medida em que ele avança através das suas fases.) Essa responsabilidade da equipe estimula a comunicação e a participação entre seus membros, contribuindo assim para a otimização.

TAREFAS PARA PROJETISTAS DE PROCESSOS

No decorrer deste capítulo discutimos as tarefas básicas dos projetistas de processos: adquirir os insumos necessários, projetar as características do processo com ajuda de vários conceitos e ferramentas orientados para a qualidade. Além dessas, existem tarefas adicionais. Algumas relacionam-se diretamente com a própria função de projeto de processos. Outras referem-se ao projeto de controles de processos e à transferência às forças operacionais (ver Capítulo 8).

Estabelecer a relação entre variáveis do processo e resultados do produto

Para processos simples, o estudo da capacidade do processo praticamente estabelece esse relacionamento. Os histogramas da Figura 7-6 ilustram como esses estudos simples podem ser úteis.

Para processos complexos, o simples estudo da capacidade, embora ainda seja útil, não é suficiente. Os projetistas precisam, além disso, desenvolver uma compreensão das relações entre as múltiplas variáveis do processo complexo e os resultados do produto associado. Essa compreensão é necessária, não apenas durante o desenvolvimento do processo no laboratório; ela também é necessária para as forças operacionais que, no devido tempo, precisam lidar com aquelas mesmas variáveis. Ver, a este respeito, o Capítulo 8, sob "Estágios do Controle de Processo: Ação corretiva-solução".

O estabelecimento dessas relações requer experimentos projetados. Os estatísticos têm surgido com uma variedade de maneiras para projetar esses experimentos: Operação Evolucionária e Metodologia de Superfície de Resposta são exemplos. O que elas têm em comum é uma coleta de dados, planejada e sistemática, de variáveis múltiplas do processo e dos resultados do produto associado. Os dados são então analisados de forma sistemática, para estabelecer as relações. As relações resultantes proporcionam múltiplos benefícios: as operações podem ser conduzidas com rendimentos e custos ótimos; os controles do processo podem ser projetados para máxima eficácia; a força de trabalho pode ser dotada de uma compreensão mais profunda das variáveis que devem manter sob controle.

Prover capacidade de medição

Esta tarefa está intimamente relacionada àquelas de "estabelecer a capacidade do processo" e "projetar os controles do processo". A medição é uma parte vital da alça de *feedback*.

A capacidade de medição depende basicamente da precisão – da capacidade do sensor para reproduzir seus resultados em testes repetidos. Para os instrumentos tecnológicos, essa capacidade de repetição é relativamente fácil de ser quantificada. Além disso, os projetistas de instrumentos têm feito espantosos progressos no aperfeiçoamento da precisão de medição.

Para outros tipos de sensores, em especial os humanos, os progressos na precisão foram bem mais modestos. (Ver, neste mesmo capítulo, "Projetar para Reduzir Erros Humanos".) Essa falta relativa de progresso exige que o projetista do processo estabeleça a capacidade de medição através de experimentos planejados.

Prover capacidade de ajuste

Esta tarefa refere-se ao segmento de ação corretiva da alça de *feedback*, que iremos discutir no próximo capítulo sob o título "Estágios do Controle de Processos; Ação Corretiva-Solução". A não execução desta tarefa pelos projetistas do processo costuma deixar as forças operacionais com uma carga residual de tentativa e erro na escolha das ações corretivas.

Para um estudo singularmente útil sobre as tarefas dos projetistas de processos, ver o artigo "Approving a Process for Production" (Bemesderfer, 1979).

TRANSFERIR PARA OPERAÇÕES

A transferência de responsabilidade, dos planejadores para as forças operacionais, é uma etapa importante no mapa de planejamento da qualidade. Voltaremos a ela no próximo capítulo.

LISTA DE PONTOS ALTOS

- "Processo" inclui os componentes humanos, bem como as instalações físicas.
- Um projeto de processo deve satisfazer os seguintes critérios: orientado para as metas, sistemático, capaz e legítimo.
- O componente de planejamento da qualidade do desenvolvimento do processo tem sido, em grande parte, realizado por" amadores experientes".
- Um passo essencial em direção ao melhoramento da qualidade do processo é treinar os projetistas "amadores" para que se tornem "profissionais".
- O projeto do processo deve começar pela revisão das metas de qualidade do produto.
- Os projetistas do processo devem estar bem informados a respeito das condições operacionais.
- A decisão de planejar com base no uso pretendido ou no uso real é uma decisão empresarial e não puramente tecnológica.
- O transporte de características de projetos anteriores para o processo pode trazer com ele um hóspede não convidado e mal recebido. Essas características podem incluir problemas crônicos de qualidade que nunca foram resolvidos.
- O planejamento de processos amplos deve fazer provisões para a coordenação das *interfaces* entre os microprocessos.
- O planejamento para processos críticos deve também incluir o planejamento do sistema de controle da qualidade operacional.
- O projeto do processo deve prover meios para redução e controle dos erros humanos.

276 A QUALIDADE DESDE O PROJETO

- O projeto de tarefas humanas deve prover *feedback* ao trabalhador. O desempenho do trabalho deve transmitir uma mensagem ao trabalhador.
- O trabalho humano deve ser projetado de formas que exijam a atenção humana como pré-requisito, para que a tarefa não possa ser executada a menos que a pessoa que a está executando dedique atenção a ela e a nada mais.
- Os erros humanos inadvertidos podem ser reduzidos através de métodos à prova de erros.
- Para muitos processos, existem maneiras alternativas para projetar sua anatomia.
- Em alguns casos de reprojeto de processos, o ganho com a mudança da anatomia do processo foi muito maior que o ganho com novas tecnologias.
- Muitos dos casos existentes de anatomia obsoleta do processo são atribuíveis ao Sistema de Taylor, do século passado, de separar o planejamento da execução.
- Um resultado disso é que um importante ativo subutilizado da economia é a educação, experiência e criatividade dos supervisores e trabalhadores.
- As organizações que adotaram a quantificação da capacidade de processos têm superado de forma significativa aquelas que não o fizeram.
- O principal método para avaliação da capacidade de processos é através de dados colhidos sob condições operacionais.
- As metas de qualidade devem ser baseadas nas capacidades do processo e não no desempenho do processo anterior.
- Todos os processos apresentam variabilidade.
- A avaliação da capacidade do processo através da análise da sua variabilidade tem méritos consideráveis e está aí para ficar.
- Os tecnólogos devem aprender a extrapolar de números pequenos para grandes números. Enquanto não aprenderem, alguém terá que fazer isso por eles.
- A extrapolação das constatações em laboratório devem ser baseadas em insumos oriundos do mundo das operações, assim como do mundo do laboratório.
- Muitas maneiras têm sido encontradas, para reduzir a duração do ciclo para macroprocessos:
  - Prover um processo simplificado para as transações muitas e úteis.
  - Reduzir o número de etapas e transferências.
  - Eliminar as alças dispendiosas.
  - Reduzir o tempo de conversão.
  - Mudar o processamento, de sequencial para simultâneo.

- Uma forma para romper o relacionamento adversário com os fornecedores é experimentar.
- As exortações para o trabalho em equipe não são suficientes; também é necessário prover as estruturas que favorecem intrinsecamente a otimização.

TAREFAS PARA OS ALTOS GERENTES

No desenvolvimento de processos, como nos outros capítulos, os altos gerentes precisam decidir se tornam ou não obrigatório:

- O planejamento estruturado da qualidade para substituir o empirismo.
- A participação daqueles que são afetados.
- Planilhas para ajudar a memória e a comunicação.
- Treinamento dos amadores, para que se tomem profissionais.

Uma questão especial a ser enfrentada refere-se ao resíduo do Sistema de Taylor: Os altos gerentes devem tomar a iniciativa de fazer uso do ativo subutilizado – educação, experiência e criatividade da supervisão e dos trabalhadores?

8 DESENVOLVER CONTROLES DE PROCESSOS: TRANSFERIR PARA OPERAÇÕES

PROPÓSITO DESTE CAPÍTULO

O propósito deste capítulo é mostrar como desenvolver os controles necessários para se manter um processo em estado estável, para que ele continue a cumprir as metas de qualidade dele próprio e do produto. O capítulo também mostra como transferir o processo planejado, mais o seu plano de controle de processos associado, às forças operacionais.

- O diagrama de insumos-resultados é mostrado na Figura 8-1.
- O insumo é o projeto do processo, estabelecido durante o desenvolvimento do processo.

Figura 8-1 – Diagrama insumo-resultado para desenvolver controles do processo.

- O processo consiste em (a) desenvolvimento de um sistema de controles do processo e (b) transferir o projeto do processo e o sistema de controles às forças operacionais.
- O resultado passa a ser o meio a ser usado pelas forças operacionais paraa satisfação das metas de qualidade do produto e do processo.

PROJETAR O CONTROLE DO PROCESSO

O "controle do processo", como é aqui usado, consiste em várias atividades:

- Avaliar o desempenho real do processo.
- Comparar o desempenho real com as metas.
- Tomar providências a respeito da diferença.

A alça de feedback

Essas atividades de controle ocorrem em uma sequência sistemática chamada alça de *feedback*. Em sua forma mais simples, a alça pode ser diagramada como na Figura 8-2.

O fluxo de informações prossegue da seguinte forma:

- O sensor (que está "ligado no processo") avalia o desempenho real.
- O sensor reporta esse desempenho a um árbitro (ou verificador, comparador etc.).
- O árbitro também recebe informações a respeito de qual é a meta.
- O árbitro compara o desempenho real à meta. Se a diferença justificar uma ação, ele aciona um atuador.
- O atuador modifica as condições do processo para colocar o desempenho em linha com as metas.

ESTÁGIOS DO CONTROLE DO PROCESSO

Os controles do processo podem ocorrer em vários estágios de progressão das operações. A seguir estão os mais frequentes desses estágios.

Controle de partida

O resultado final desta forma de controle é a decisão de se "apertar ou não o botão de partida". Este controle tipicamente envolve:

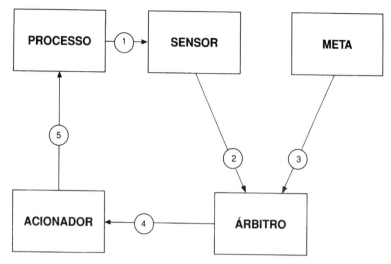

Figura 8-2 – A alça de *feedback*.

- Uma *contagem regressiva* listando os passos preparatórios necessários para se ter o processo pronto para produzir. (Essas contagens regressivas, às vezes, vêm dos fornecedores. As empresas aéreas fornecem listas de verificação para ajudar os passageiros a planejar suas viagens. As empresas fornecedoras de energia elétrica fornecem listas de verificação para ajudar os chefes de famílias a preparar suas casas para o inverno.)
- *Avaliação* das características do processo e/ou produto, para determinar se o processo, uma vez iniciado, irá ou não cumprir as metas.
- *Critérios* a serem satisfeitos pelas avaliações.
- *Verificação* para saber se os critérios foram satisfeitos.
- *Atribuição de responsabilidade* (esta atribuição varia, dependendo, em grande parte, do caráter crítico das metas de qualidade. Quanto mais crítica a meta, maior a tendência para se designar as tarefas iniciais a especialistas, supervisores e verificadores "independentes", ao invés dos trabalhadores sem funções de supervisão).

Controle de operação

Esta forma de controle ocorre periodicamente durante a operação do processo. A finalidade é de tomar a decisão de "tocar ou parar" – se o processo deve continuar produzindo ou deve ser interrompido.

O controle de operação consiste em fechar a alça de *feedback* repetidas vezes. O desempenho do processo e/ou produto é avaliado e comparado com as metas. Se o processo e/ou produto estiver em conformidade com as metas, e se o processo não tiver sofrido nenhuma mudança adversa, a decisão será de "continuar tocando". Caso haja uma não conformidade, ou tenha havido alguma mudança significativa, então deve ser tomada uma medida corretiva.

O termo "significativa" tem significados além daqueles que estão no dicionário. Um deles refere-se ao fato de uma mudança indicada ser real ou apenas um falso alarme devido a variações fortuitas. O projeto do controle do processo deve prover as ferramentas necessárias para ajudar as forças operacionais a distinguirem entre mudanças reais e falsos alarmes (ver neste capítulo, sob "Projeto para Avaliação do Desempenho: Interpretação; Significância Estatística").

Controle do produto

Esta forma de controle ocorre depois que uma certa quantidade do produto houver sido produzida. A finalidade do controle é decidir se o produto está ou não em conformidade com as metas de qualidade do produto. A atribuição de responsabilidade para essa decisão varia de uma empresa para outra. Entretanto, em todos os casos, aqueles que devem tomar a decisão precisam estar munidos dos meios e do treinamento que lhes possibilitará:

- Compreender as metas de qualidade.
- Avaliar a qualidade real.
- Decidir se existe ou não conformidade.

Como tudo isso envolve a tomada de uma decisão factual, esta pode, teoricamente, ser delegada a qualquer um, inclusive os trabalhadores. Na prática, essa decisão não é delegada àqueles cujas prioridades designadas poderiam distorcer seu julgamento. Em tais casos, a decisão é normalmente delegada àqueles cujas responsabilidades estão isentas dessas distorções, por exemplo, inspetores "independentes" ou mesmo instrumentos automáticos.

Ação corretiva – diagnóstico

▲ O projeto do controle do processo deve também fornecer, às forças operacionais, os meios para ações corretivas. "Ação corretiva" consiste no *diagnóstico* da causa, bem como da provisão de uma *solução*. Alguns projetos de processos proporcionam meios para o pronto diagnóstico da causa e para ações terapêuticas: gire este botão graduado até acender-se a luz verde; remova esta bateria e coloque uma nova. Em casos assim, as forças operacionais, no fundo da hierarquia, podem ser treinadas para executar as ações corretivas e reiniciar o processo.

DESENVOLVER CONTROLES DE PROCESSOS: TRANSFERIR PARA OPERAÇÕES **283**

Os problemas realmente difíceis de ação corretiva envolvem mudanças esporádicas, para as quais as causas não são imediatamente óbvias. Em tais casos, o maior obstáculo à restauração do *status* quo é o diagnóstico da causa. Este utiliza métodos e ferramentas tais como:

- *Autópsias* para determinar com precisão os sintomas apresentados pelo produto e pelo processo.
- *Comparação de produtos* feitos antes e depois de surgir o problema, para verificar o que mudou; também a comparação entre produtos bons e ruins, feitos desde que surgiu o problema.
- Comparação do *processo* antes e depois de ocorrido o problema, para verificar quais parâmetros de processo mudaram.
- *Reconstrução da cronologia.* Esta consiste em se registrar, sobre uma escala temporal (de horas, dias etc.):
  a) Os eventos que ocorreram no processo antes e depois da mudança esporádica: mudança de turnos, novos funcionários naquele trabalho, ações de manutenção etc.
  b) As informações sobre o produto referentes a tempo: códigos de data, duração do ciclo de processamento, tempo de espera, datas de movimentação etc.

A análise dessa cronologia usualmente lança bastante luz sobre a validade das várias teorias de causas. Algumas delas são negadas. Outras sobrevivem para serem testadas posteriormente. (Para mais detalhes, ver Juran, 1988, Capítulo 22, sob "Resolução de Problemas".)

Se as forças operacionais não forem treinadas para efetuar esses diagnósticos, elas poderão ser forçadas a interromper o processo e solicitar assistência de alguma fonte indicada: os tecnólogos, o departamento de manutenção ou alguém mais. (Elas também podem tocar o processo "do jeito que está" para cumprir a programação, arriscando-se assim a não satisfazer as metas de qualidade.)

Ação corretiva – solução

Além disso, os projetistas de processos devem prover os meios para ajustar o processo segundo as necessidades, para colocá-lo em conformidade com as metas de qualidade. Esses ajustes são quase sempre necessários no início do processo e também periodicamente, durante sua operação. Este aspecto do projeto para controle do processo deve satisfazer os seguintes critérios:

- Deve haver uma relação conhecida entre as variáveis do processo e os resultados do produto.

284 A QUALIDADE DESDE O PROJETO

- Devem ser fornecidos os meios para o ajuste conveniente dos cenários do processo às suas variáveis chave.
- Deve haver uma relação previsível entre o volume de mudanças nos cenários do processo e o volume de efeitos sobre as características do produto.

Para satisfazer esses critérios, os projetistas de processos podem precisar efetuar experimentos planejados. Estes não só podem revelar as relações entre as variáveis do processo e os resultados do produto, mas também prover as informações necessárias à otimização do desempenho do produto e dos rendimentos do processo. Se os projetistas carecerem desse conhecimento em profundidade, as forças operacionais acabarão sendo forçadas a tentar ações corretivas. As frustrações resultantes serão um desincentivo à atribuição de alta prioridade à qualidade.

- Em uma fundição, um projeto de processo automatizado para controle da quantidade de metal despejado não conseguiu prover uma regulagem adequada. Como resultado, a regulagem humana assumiu o controle. Os trabalhadores então optaram pela segurança despejando metal demais, uma vez que as peças fundidas com metal a menos tinham que ser descartadas. O resultado era um grande desperdício, até que uma nova tecnologia resolvesse o problema (Burgam, 1985).

Controle das instalações

A maior parte dos processos inclui várias instalações físicas: equipamentos, instrumentos, ferramentas. A tendência crescente é de se usar processos automatizados, computadores, robôs e assemelhados. Essa mesma tendência torna a qualidade do produto cada vez mais dependente da manutenção das instalações.

Os elementos de projeto para o controle das instalações são bem conhecidos:

- Estabelecer uma programação para a realização da manutenção das instalações.
- Estabelecer uma lista de verificação – uma lista de tarefas a serem executadas durante uma ação de manutenção.
- Treinar as forças de manutenção para executar as tarefas.
- Designar responsabilidades claras para a obediência à programação.

O elo mais fraco na lista acima tem sido a obediência à programação. A garantia dessa obediência requer uma auditoria independente.

Em casos envolvendo a introdução de novas tecnologias, um outro elo fraco é o treinamento das forças de manutenção.

DESENVOLVER CONTROLES DE PROCESSOS: TRANSFERIR PARA OPERAÇÕES **285**

Durante os anos 1980, os fabricantes de automóveis começaram a introduzir computadores e outros itens eletrônicos em seus veículos. Logo ficou evidente que muitos técnicos das oficinas de reparos careciam da educação tecnológica necessária para diagnosticar e resolver as falhas desses itens durante o uso. Para piorar as coisas, os fabricantes de carros não davam alta prioridade à padronização dos computadores. Como resultado, desenvolveu-se um maciço atraso de treinamento (White, 1988).

PROJETO PARA AVALIAÇÃO DO DESEMPENHO

Em todos esses estágios de controle do processo, existe a necessidade de se adquirir e analisar os dados para avaliação do desempenho do produto e do processo. Essa necessidade dá origem a ainda outras áreas de planejamento do processo: planejar para:

- *Inspeção e testes.* Designar responsabilidade para as avaliações e o estabelecimento dos procedimentos que fornecem tabelas de amostragem, critérios para a tomada de decisões etc. Algumas das características deste plano entram na planilha de controle do processo (ver Figura 8-14). Para mais detalhes, ver Juran (1988), Seção 18, "Inspeção e Teste".
- *Controle de medição.* Definir os sensores e os meios para manter sua precisão – para sensores tecnológicos e humanos. Para mais detalhes, ver o Capítulo 5, sob o título "O Sensor", e também "Sensores Humanos". Ver também Juran (1988), Seção 18, p. 18.63 a 18.97.
- *Análise e interpretação dos dados.* Conhecer, a partir dos dados, o que está acontecendo no processo. Grande parte da tecnologia para essa área de planejamento se origina daquilo que é geralmente chamado Controle Estatístico do Processo (CEP). Um uso importante do CEP é para interpretar os dados que avaliam o desempenho (ver a seguir). Existem também muitos outros usos. Para uma exposição ampla, ver Juran (1988), Seção 24, "Controle Estatístico do Processo".

Controle estatístico do processo (CEP)

Este termo geralmente se refere ao conceito de aplicação de metodologia estatística aos problemas de controle do processo. O conceito inclui, entre outras coisas, a coleta dos dados básicos e o uso do quadro de controle de Shewhart para se distinguir as mudanças reais no processo das mudanças aparentes.

Esses métodos e ferramentas estatísticas são conhecidos há décadas, mas sua aplicação era limitada até os anos 1980. Aqueles anos, então, testemunharam uma grande expansão no uso dessas ferramentas e na sua aplicação ao controle de processos. Na opinião dos autores, esses métodos e ferramentas estatísticas contribuíram de forma importante para o efetivo controle de processos e para certos aspectos da gerência para a qualidade.

O movimento do CEP também resultou no treinamento de muitos supervisores e trabalhadores em ferramentas estatísticas básicas. O aumento resultante em conhecimentos de estatística capacitou esses profissionais a entender melhor o comportamento de processos e produtos. Muitos deles aprenderam que as decisões baseadas na coleta e análise de dados superam as decisões baseadas no empirismo.

Interpretação: significância estatística

Um problema frequente no controle de processos é a interpretação das diferenças observadas. Qualquer avaliação do produto ou processo usualmente difere da avaliação anterior. Essas diferenças observadas podem resultar de:

a) Uma mudança real no produto ou no processo.
b) Uma mudança aparente, originária de variações fortuitas (essas mudanças aparentes são abundantes quando as amostras são pequenas). Uma mudança aparente é um falso alarme. É uma perda de tempo buscar a causa: ela não é "encontrável".

Como os falsos alarmes são abundantes, eles devem ser distinguidos das mudanças reais antes de se tentar descobrir as causas. Uma ferramenta elegante para esse propósito é o quadro de controle de Shewhart (ou apenas quadro de controle). A Figura 8-3 mostra um quadro de controle típico.

Na Figura 8-3 o eixo horizontal normalmente é o tempo, ou alguma variável a ele relacionada. O eixo vertical é o desempenho. Os pontos marcados mostram desempenhos sucessivos ao longo do tempo.

O quadro também apresenta três linhas horizontais. A linha do meio é o desempenho médio ao longo de um certo período anterior. As duas outras linhas são as "linhas limite". Elas servem para separar os falsos alarmes das mudanças reais, com base em um determinado nível escolhido de probabilidades, por exemplo 1.000 para 1.

O ponto A no quadro difere da média histórica, mas essa diferença pode ser devida a variações fortuitas (com probabilidades menores que 1.000 para 1). Portanto, supõe-se que não houve mudanças reais. O ponto B também difere da média histórica, mas nesse caso as probabilidades indicam que a causa não é fortuita – acima de 1.000 para 1. Assume-se, portanto, que houve uma mudança real e que sua causa é encontrável.

DESENVOLVER CONTROLES DE PROCESSOS: TRANSFERIR PARA OPERAÇÕES 287

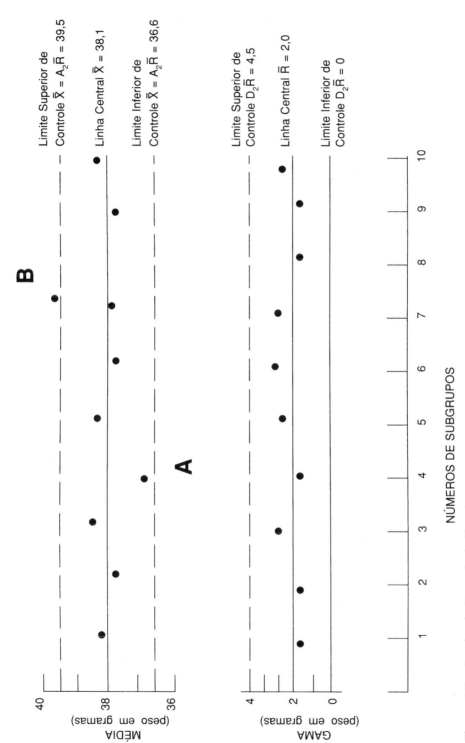

Figura 8-3 – Quadro de Controle de Shewhart.

288 A QUALIDADE DESDE O PROJETO

(Para uma ampla discussão sobre os muitos tipos de quadros de controle e outros auxílios gráficos para o controle de processos, ver Juran, 1988, Seção 24, "Controle Estatístico do Processo".)

AUTOCONTROLE

▲ Idealmente, a responsabilidade pelo controle deve ser entregue a indivíduos. Essa delegação é intrinsecamente clara. Ela também confere *status* – uma forma de "propriedade" que corresponde a algumas necessidades básicas humanas.

▲ Critérios para Autocontrole

Também idealmente, a responsabilidade deve ser acompanhada da correspondente autoridade. No caso do controle de qualidade, isso significa que as forças operacionais ficam em estado de autocontrole, no qual elas estão aptas a executar todas as atividades da alça de *feedback*. Para criar esse estado de autocontrole, os projetistas do processo devem prover as forças operacionais com:

- Os meios para saber qual é seu desempenho alvo. Este critério é satisfeito através da fixação e divulgação das metas de qualidade.
- Os meios para saber qual é seu desempenho real. Este critério é satisfeito através do estabelecimento do sistema de avaliação.
- Os meios para mudar seu desempenho, caso este não esteja em conformidade com as metas. A satisfação deste critério requer um processo operacional que (a) seja intrinsecamente capaz de cumprir as metas e (b) possua características que tornem possível, às forças operacionais, mudar seu desempenho conforme as necessidades, para deixá-lo em conformidade com as metas.

Esses critérios para o autocontrole são aplicáveis a processos em todas as funções e em todos os níveis, do gerente geral ao operário.

É muito fácil, para os gerentes, concluir que os critérios anteriores foram satisfeitos. Na prática, existem muitos detalhes a ser resolvidos antes que os critérios possam ser satisfeitos. A natureza desses detalhes fica evidente nas listas de verificação preparadas para processos específicos, para assegurar a satisfação dos critérios para o autocontrole. Os exemplos dessas listas de verificação incluem:

Pessoal envolvido	Ver o *Quality Control Handhook de Juran, 4ª* (1988), nas páginas:
Projetistas de produtos	13.71
Trabalhadores da produção	17.12; 18.18; 17.21
Pessoal administrativo e de apoio	21.13

O termo *controlabilidade* é usado frequentemente para descrever a extensão até a qual os critérios para o autocontrole foram satisfeitos. O grau de controlabilidade está intimamente ligado ao grau de responsabilidade pelos resultados. Tornar alguém responsável pelos resultados sem antes satisfazer os critérios para autocontrole cria o risco de culpa injustificada e dissensão. Dessa forma, um dos testes de perfeição do projeto, para o controle de processos e produtos, é se os critérios para o autocontrole foram satisfeitos.

Controlabilidade e os trabalhadores

Grande parte do controle de produtos e processos é feita por métodos automatizados. A maior parte do resíduo é executada pelos *trabalhadores:* trabalhadores em escritórios e em fábricas, vendedores e outros. Muitos deles foram colocados em estado de autocontrole; portanto, eles são capazes de detetar e corrigir as não conformidades. Também existem muitas operações para as quais os critérios de autocontrole do trabalhador não foram plenamente satisfeitos. Em tais casos, é arriscado para os gerentes fazer os trabalhadores "responsáveis" pela qualidade.

Se todos os critérios para o autocontrole foram satisfeitos ao nível do trabalhador, qualquer não conformidade do produto é considerada como sendo *controlável pelo trabalhador.* Se algum critério para o autocontrole não foi satisfeito, então o planejamento da gerência foi incompleto: o planejamento não forneceu inteiramente os meios para a execução das atividades dentro da alça de *feedback.* Os produtos não conformes, resultantes dessas deficiências de planejamento, são então considerados *controlaveis pela gerência.*

Nas mentes dos trabalhadores e dos gerentes, a responsabilidade pelos resultados deve estar ajustada à controlabilidade. Entretanto, no passado muitos gerentes não entenderam a extensão da controlabilidade ao nível do trabalhador. Numerosos estudos conduzidos nos anos 1950 e 1960 mostraram que, para as operações ao nível do trabalhador, a proporção entre as não conformidades controláveis pela gerência e aquelas controláveis pelo trabalhador era da ordem de 80 para 20. Essa proporção ajuda a explicar o fracasso de tantos esforços para resolver os problemas de qualidade das empresas exclusivamente pela motivação da força de trabalho.

OBJETOS DO CONTROLE

Todo controle é centrado em itens específicos a serem controlados. Vamos chamá-los "objetos de controle". Cada objeto de controle é o ponto focal de uma alça de *feedback*. Os objetos de controle são uma mistura de:

- *Características do produto*. Alguns controles são efetuados pela avaliação das características do próprio produto (a fatura, a engrenagem, o relatório de pesquisa etc.).
- *Características do processo*. Muitos controles consistem na avaliação daquelas características do processo que afetam diretamente as características do produto, por exemplo, o estado da fita na impressora, a temperatura do forno de recozimento, a validade das fórmulas usadas no relatório de pesquisa.
- *Características dos efeitos secundários*. Essas características não têm impacto sobre o produto, mas podem criar efeitos secundários importunos, como irritação dos funcionários, ofensas aos vizinhos e ameaças ao ambiente.

CONCEITO DE DOMINÂNCIA

Os objetos de controle podem ser muito numerosos. Em casos assim, é aconselhável que os projetistas do controle do processo identifiquem os poucos objetos de controle que são vitais, para que estes recebam prioridade adequada. Uma das ferramentas disponíveis para esse propósito é o conceito de dominância.

Os processos operacionais são influenciados por numerosas variáveis: insumos materiais, instalações físicas, habilidades humanas, condições ambientais e assim por diante. É frequente uma das variáveis ser mais importante que todas as outras combinadas. Essa variável é chamada dominante. Uma vez que os projetistas saibam qual variável é dominante, eles podem, com confiança, atribuir prioridade máxima à aquisição de poder sobre essa variável. As variáveis dominantes mais usuais incluem:

1. *Dominância da preparação*. Alguns processos apresentam alta estabilidade e reprodutibilidade de resultados ao longo de muitos ciclos de operação. O projeto de controle deve prover as forças operacionais com os meios para preparação e validação precisas,

antes do prosseguimento das operações. Um exemplo comum é o processo de impressão.

2. *Dominância de tempo.* Aqui sabe-se que o processo muda progressivamente com o tempo, por exemplo o esgotamento de suprimentos consumíveis, aquecimento, desgaste de ferramentas. O projeto do controle deve prover meios para a avaliação periódica do efeito da mudança progressiva e para os reajustes convenientes.

3. *Dominância de componentes.* Aqui a variável principal é a qualidade dos materiais e componentes que são insumos. Um exemplo é a montagem de equipamentos eletrônicos ou mecânicos complexos. Em curto prazo, pode ser necessário recorrer à inspeção no recebimento. Em longo prazo, o projeto do controle deve ser dirigido às relações com os fornecedores, inclusive o planejamento conjunto com os fornecedores para melhorar os insumos.

4. *Dominância do trabalhador.* Nesses processos, a qualidade depende principalmente das habilidades e dos truques possuídos pelos trabalhadores. Os sindicatos de trabalhadores qualificados são exemplos bem conhecidos. O planejamento para o controle deve enfatizar os testes de aptidão dos trabalhadores, o treinamento e a certificação, a avaliação da sua qualidade e métodos à prova de erros.

5. *Dominância da informação.* Aqui os processos são de natureza intermitente e aleatória; portanto, há mudanças frequentes nos produtos a serem feitos. Como resultado, as informações sobre os serviços mudam frequentemente. O planejamento do controle deve concentrar-se na provisão de um sistema de informações que possa prestar informações precisas e atualizadas a respeito de como o serviço em andamento difere daqueles que o antecederam.

POSTOS DE CONTROLE

A organização do controle normalmente começa pela definição de "postos de controle" específicos. Nos níveis mais baixos da organização, um posto de controle está normalmente confinado a uma so área física. Como alternativa, o posto de controle assume formas como uma patrulha ou uma "torre de controle". Em níveis mais altos, um posto de controle pode estar amplamente disperso em termos geográficos, como, por exemplo, o escopo da responsabilidade de um supervisor ou gerente.

Uma revisão de numerosos postos de controle mostra que eles são geralmente projetados para fornecer avaliações e/ou avisos antecipados das seguintes maneiras:

- Em mudanças de jurisdição, onde a responsabilidade é transferida de uma organização para outra.

- Antes do envolvimento em uma atividade importante e irreversível.
- Depois da criação de uma característica crítica de qualidade.
- No terreno de variáveis dominantes do processo.
- Em áreas ("janelas") que permitem a avaliação econômica a ser feita.

A PLANILHA DE CONTROLE DE PROCESSO

Para cada posto de controle os projetistas identificam os objetos de controle sobre os quais este deve ser exercido. Esses objetos são, normalmente, numerosos. Cada um requer uma alça de *feedback*, composta por múltiplas características de controle do processo. Para acompanhar todos esses detalhes, os projetistas fazem uso de uma planilha de controle de processo, como a que é mostrada na Figura 8-4.

Nessa planilha, as linhas horizontais são os vários objetos de controle do processo. As colunas consistem em elementos da alça de *feedback*, além de outras características das quais as forças operacionais necessitam para exercer o controle do processo e atingir as metas do produto.

Alguns dos itens das colunas são únicos para características específicas do processo. Contudo, algumas colunas se aplicam a muitas características de processos, tais como:

CARACTERÍSTICAS DO CONTROLE DO PROCESSO/OBJETO DE CONTROLE	UNIDADE DE MEDIDA	TIPO DE SENSOR	META	FREQUÊNCIA DE MEDIÇÃO	TAMANHO DA AMOSTRA	CRITÉRIOS PARA TOMADA DE DECISÕES	RESPONSABILIDADE PELA TOMADA DE DECISÕES	
Condições de soldagem: Temperatura de solda	°F	Termopar	505°F	Contínua	Irrelevante	510°F reduzir calor 500°F aumentar calor	Operador	
Velocidade do transportador	Pés/Minuto (ppm)	Medidor de ppm	4,5 ppm	1/hora	Irrelevante	5 ppm reduzir velocidade 4 ppm elevar velocidade	Operador	
Pureza da liga	% de impurezas	Análise em laboratório químico	1,5% máximo	1/mês	15 gramas	Ao atingir 1,5%, drenar o banho e substituir a solda	Engenheiro de Processos	

Figura 8-4 – Planilha de Controle de Qualidade:

- Unidade de medida.
- Tipo de sensor.
- Meta do produto (valor visado).
- Meta do produto para uniformidade (tolerância).
- Frequência de medição.
- Tamanho da amostra.
- Critérios para a tomada de decisões.
- Responsabilidade pela tomada de decisões.

CONFORMIDADE OU NÃO DO PRODUTO: AUTOINSPEÇÃO

As políticas das empresas normalmente estabelecem que os produtos em conformidade com as especificações devem ser enviados ao destino seguinte. Supõe-se que o produto que está em conformidade com as especificações esteja também pronto para o uso. Essa hipótese é válida na maioria dos casos.

A conformidade ou não das características às metas do produto envolve inúmeras decisões, as quais, devido a esse número elevado, devem ser delegadas aos níveis mais baixos da organização. Idealmente, as forças operacionais que estão nesses níveis devem tomar essas inúmeras decisões de conformidade do produto. Antes, porém, alguns critérios precisam ser satisfeitos:

- *A qualidade é a número um.* A qualidade precisa ter prioridade máxima clara.
- *Confiança mútua.* Os gerentes precisam confiar nos trabalhadores o suficiente para que se disponham a fazer a delegação e estes precisam ter confiança suficiente nos gerentes para que se disponham a aceitar a responsabilidade.
- *Autocontrole.* As condições para o autocontrole devem estar em vigor, para que os trabalhadores tenham todos os meios necessários para fazer um bom trabalho.
- *Treinamento.* Os trabalhadores devem ser treinados para tomar as decisões de conformidade do produto e também ser testados para garantir de que tomam boas decisões.

Em muitas empresas esses critérios ainda não foram satisfeitos; portanto, as decisões quanto à conformidade são delegadas a um departamento separado de inspeção ou verificação, ao invés das forças operacionais. Em geral, a razão é o fato da prioridade não ter recebido prioridade máxima. Em casos assim, existe um risco das decisões sobre a conformidade do produto, tomadas pelas forças operacionais, se inclinarem em favor da satisfação dos parâmetros de prioridade máxima (sejam quais forem), e não do parâmetro da qualidade.

Destinação dos produtos não conformes

Muitos produtos não conformes são tão obviamente impróprios para uso que são descartados (ou reparados) normalmente. Outros produtos não conformes não são tão obviamente impróprios para uso. Para alguns desses casos, a decisão ótima pode ser de usar o produto como está.

A tomada dessa decisão de "adequação para uso" requer a obtenção de certas informações adicionais pertinentes, tais como:

- Como será usado o produto? Quais serão os ambientes de uso?
- Quem serão os usuários?
- Existem riscos potenciais à segurança ou à saúde humanas?
- Existem violações potenciais de obrigações para com a sociedade?
- Qual é a urgência de entrega?
- Como as alternativas disponíveis afetam nossa economia?
- Como essas alternativas afetam as economias dos usuários?

Algumas empresas precisam lidar com numerosos casos de produtos não conformes. Nessas empresas é comum o estabelecimento de um comitê permanente (Conselho de Revisão de Materiais etc.) especificamente para cuidar da destinação de produtos não conformes.

A destinação inadequada de produtos não conformes é uma área potencialmente problemática. Deixar de usar produtos que atendem às necessidades dos clientes é um desperdício. Expedir produtos que não atendem as necessidades deles é pior. Tendo em vista esses problemas em potencial, o sistema de auditoria da qualidade das empresas deve garantir que as decisões a respeito da destinação de produtos não conformes sejam tomadas por pessoas munidas das informações necessárias para se equilibrar as considerações da satisfação dos clientes e dos custos.

DEFINIÇÃO DE TRABALHO: QUEM FAZ O QUÊ

A alça de *feedback* envolve muitas tarefas. Elas incluem:

- Avaliação do desempenho real.
- Interpretação das metas.
- Decisão a respeito da conformidade.
- Ações a serem tomadas.

Existem, normalmente, muitas pessoas associadas a cada posto de controle: os trabalhadores, a supervisão, planejadores (p. ex., engenheiros de processos), inspetores, coletores de dados e outros. Mesmo entre os trabalhadores pode haver muitas categorias: especialistas em instalação, operadores, pessoal de manutenção etc. Nesses casos de múltiplas categorias, é necessário um consenso a respeito de: Quem deve tomar quais decisões? Quem deve empreender quais ações? Um auxílio para se chegar a esse consenso é uma planilha especial, semelhante àquela mostrada na Figura 8-5.

| Decisões, ações | Produção | Inspeção | |
	Apontador trabalhador supervisor	Bancada patrulha	Outras
Decisões sobre o processo:			
Instalação			
Verificação da instalação			
Sequência			
Verificação corrente			
Decisões sobre o produto:			
Conformidade			
Adequação para uso			

Figura 8-5 – Planilha para quem faz o quê.

Nessa planilha, as decisões e ações essenciais estão listadas na coluna da esquerda. As colunas restantes são encabeçadas pelos nomes das classificações de cargos associados ao posto de controle. Então, através de discussões multidepartamentais, chega-se ao consenso a respeito de quem deve fazer o quê.

A planilha é uma forma comprovada para se achar respostas para a antiga pergunta: "Quem é responsável pela qualidade?" Essa pergunta nunca foi respondida, porque ela é intrinsecamente irrespondível. Porém, se ela for reformulada em termos de decisões e ações, o caminho estará aberto para o consenso a respeito das respostas.

RESPONSABILIDADE PELO PROJETO DE CONTROLES DE PROCESSOS

O projeto de controles de processos é feito, dependendo do caso, por:

- Planejadores de assessorias multifuncionais.
- Equipes multifuncionais de planejadores e gerentes operacionais.

296 A QUALIDADE DESDE O PROJETO

- Planejadores departamentais.
- Gerentes e supervisores de departamentos.
- Os trabalhadores.

A atribuição dessa responsabilidade é complicada pelo fato do controle do processo consistir em múltiplas tarefas dentro da alça de *feedback*. Essas tarefas foram vistas mais cedo neste capítulo:

- Escolha de postos de controle.
- Alocação de objetos de controle aos postos de controle.
- Escolha das características do controle do processo.
- Estabelecimento dos critérios a serem satisfeitos, tais como regras para coleta e análise de dados, regras para a tomada de decisões.
- Estabelecimento dos procedimentos exigidos para satisfazer os critérios: operações a serem realizadas, sequência de operações, dados a serem registrados etc.

A atribuição dessas tarefas varia, dependendo de fatores como: o caráter crítico do processo, as tradições na indústria, a estrutura organizacional da empresa e assim por diante. A principal pergunta, na atribuição de responsabilidades, é se elas devem ser atribuídas aos planejadores da assessoria ou às chefias operacionais, e que tarefas atribuir a quem.

No caso de processos críticos, é comum os planejadores realizarem também o planejamento dos controles do processo. Por exemplo, eles podem estabelecer critérios para seleção, treinamento e qualificação do pessoal operacional.

Para processos bem padronizados, é bastante comum a maior parte do projeto para controle do processo ser delegada às forças operacionais.

Existe também um plano, largamente usado, que envolve responsabilidade e auditoria conjuntas, como segue:

Atividade	Operações	Planejadores
Planejamento	X	X
Execução	X	
Auditoria		X

Segundo essa alocação, a responsabilidade pelo planejamento é conjunta. Todos podem nomear e todos podem vetar. A responsabilidade pela execução fica com Operações; rodar o processo, cumprir as metas. Porém, é estabelecida uma auditoria para prover garantias adicionais de que a execução segue o plano. (Em algumas empresas, a auditoria é atribuída a departamentos especiais de auditoria.)

PROVISÃO PARA AUDITORIA

A experiência tem mostrado que os sistemas de controle estão sujeitos a"escorregões" de todas as espécies. A rotatividade do pessoal pode resultar na perda de conhecimentos essenciais. A ocorrência de mudanças imprevistas pode resultar em obsolescência. Os atalhos e o mau uso podem solapar gradualmente o sistema, até que ele não seja mais eficaz.

A ferramenta principal para se proteger um sistema de controle contra a deterioração tem sido a auditoria. De acordo com esse conceito, é estabelecida uma revisão independente, para fornecer respostas às seguintes perguntas:

- O sistema de controle ainda é adequado para a função?
- O sistema está sendo seguido?

As respostas são úteis para os gerentes operacionais. Entretanto, essa não é a finalidade principal da auditoria. Sua principal finalidade é fornecer essas respostas às pessoas que, embora não estejam diretamente envolvidas nas operações, têm necessidade de saber. Se a qualidade deve ter prioridade máxima, aqueles que têm necessidade de saber incluem os altos gerentes.

Segue-se que uma das responsabilidades dos altos gerentes é obrigar o estabelecimento de uma auditoria do sistema de controle de qualidade.

Na prática, a auditoria de qualidade dos altos gerentes vai muito além do sistema de controle de qualidade. Veja, a este respeito, o Capítulo 9, sob "Auditorias de Qualidade".

TRANSFERIR PARA OPERAÇÕES

"Transferir para operações" inclui uma transferência de responsabilidade dos planejadores aos gerentes operacionais. Esses gerentes não querem, compreensivelmente, aceitar a responsabilidade pelos resultados, se o processo não consegue realizar sua função pretendida – em nosso dialeto, se o processo carece de capacidade ou de controlabilidade.

Prova de capacidade do processo

Em alguns casos, a prova da capacidade do processo pode ser fornecida pela sua medição direta, como foi descrito no Capítulo 7, sob o título "Avaliação da Capacidade do Processo – Os Métodos", e também sob o título "Capacidade do Processo Baseada na Variabilidade". Onde a medição direta não é possível, existem outros meios. Estes incluem:

298 A QUALIDADE DESDE O PROJETO

TESTE SECO. Este é um teste do processo sob condições operacionais. A finalidade é de testar o processo. Qualquer produto resultante não é enviado aos clientes.

A gerente de processamento de um banco de dados comprou um *software* de computador projetado para substituir o processamento manual de um complexo sistema de dados. Ela testou o *software* passando os mesmos dados de entrada por ambos os sistemas – manual e de computador – e comparando depois os resultados.

TESTE PILOTO. Este é um passo intermediário entre a fase de planejamento e as operações a plena escala. A abordagem recebe vários nomes:

- Um "mercado teste" para testar um novo plano de marketing.
- Um "lote piloto" para testar um processo de fabricação.
- Um "departamento de teste" para testar um novo conceito gerencial, por exemplo os Círculos de Qualidade.

TESTE DE ACEITAÇÃO. Esta é uma forma altamente estruturada de teste, comum em sistemas de computador, mas aplicável também a outras situações. Um plano de testes é elaborado por uma equipe especial, não diretamente envolvida no projeto do processo que está sendo testado. O plano de teste determina as condições ambientais, insumos, intervenções relevantes e condições operacionais adequadas. O teste objetiva salientar, de formas relevantes, a importante característica funcional e também outras nas quais o processo pode falhar. O teste é conduzido por um grupo específico de testes ou pelas forças operacionais. Ele não é conduzido pelos projetistas do processo.

SIMULAÇÃO. Esta assume formas como construção e teste de protótipos, pesquisas de mercado anteriores à venda, ensaios, ou modelos matemáticos. *Simulação é uma imitação da vida real,* com muitos benefícios e riscos. Estes podem ser reduzidos, se o pessoal operacional participar do planejamento da simulação e da subsequente interpretação de resultados.

(Para mais detalhes sobre simulações, ver o Capítulo 7, sob o título "Simulação para Estimar a Capacidade do Processo" e sob "Limitações e Riscos Simulação: Dois Mundos".)

Validação do processo

Em algumas indústrias, um dos significados de "capacidade do processo" é a conformidade com as especificações, ao invés da capacidade para satisfazer as necessidades dos clientes. Exemplos típicos são indústrias nas quais:

- O cliente é uma agência do governo, por exemplo o Departamento da Defesa.
- Reguladores do governo recebem responsabilidade para proteger a saúde e a segurança humanas, ou o meio ambiente.

Nessas indústrias, os clientes e reguladores preparam especificações de produtos e processos que supostamente refletem as necessidades dos usuários. Os fornecedores recebem a responsabilidade de:

- Fornecer produtos em conformidade com as especificações.
- Providenciar processos em conformidade com as especificações. (Aqui, "processo" estende-se aos processos gerenciais, bem como aos tecnológicos.)

Esses mesmos clientes e reguladores do governo tendem a enfatizar a garantia de qualidade, na forma de "validação do processo". A seguir está um exemplo de uma definição (de uma diretriz preparada pela Food and Drug Administration):

- Validação do processo é um programa documentado que provê um alto grau de garantia de que um processo específico irá produzir, de forma consistente, um produto que satisfaça suas especificações prefixadas e seus atributos de qualidade.

As formas associadas de garantia de qualidade incluem, então, uma revisão de todas as atividades do processo relacionadas à qualidade, para garantir que elas sejam conformes com as especificações do processo.Essas especificações assumem formas como a MIL-Q-9858 do Departamento da *Defesa ou a Good Manufacturing Practice* da FDA.

Prova de que o processo é controlável

A transferência do Planejamento para Operações inclui a transferência de responsabilidade pelo controle. As forças operacionais tornam-se responsáveis não só pela produção do produto, mas também pela manutenção do processo em seu nível planejado de capacidade. O cumprimento desta última responsabilidade requer que o processo seja controlável que o planejamento tenha fornecido os meios para a execução das atividades que estão na alça de *feedback*.

Para muitos processos, o projeto do sistema de controle é deixado por conta das forças operacionais. Em tais casos, o projeto do controle não deve esperar até que a transferência do processo tenha sido feita. Ao contrário, o projeto do controle deve ser feito à medida em que prossegue o projeto do processo. Sem isso, existe o risco do projeto carecer de plena controlabilidade e da descoberta tardia desse fato. Nossa experiência tem sido que esses casos envolvem onerosas revisões retroativas.

Para os processos "críticos", o projeto do controle deve fazer parte do projeto básico do processo. Há indicações de que, para vários desastres ou quase desastres, existem ligações com certos aspectos do projeto do sistema de controle:

- Tempo para reagir a uma crise.
- Critérios para a qualificação das forças operacionais.
- Simulação; ensaio.
- Manutenção.

Na maior parte dos casos, as instalações físicas fizeram aquilo que foram projetadas para fazer. As fraquezas, normalmente, parecem se centrar no componente humano dos sistemas de controle.

▲ A prova de controlabilidade humana é fornecida melhor por demonstração. Em consequência, o planejamento deve incluir a definição dos termos da demonstração, isto é, os critérios a serem satisfeitos pelas forças operacionais quando defrontadas com crises do tipo que pode surgir no decorrer das operações. Esses critérios consistem em questões como tempo de resposta a sinais de alarme, exatidão de diagnóstico e adequação das ações corretivas.

Uma abordagem semelhante pode ser usada para o projeto do sistema de auditoria independente, necessário para garantir que as forças operacionais executem o plano de controle e mantenham a integridade do processo básico.

Transferência de *know-how*

Durante o projeto do processo, os planejadores adquirem uma grande dose de *know-how* a respeito do mesmo. As forças operacionais podem se beneficiar com esse *know-how,* caso ele seja transferido. Existem várias maneiras para fazer essa transferência:

- *Especificações do processo.* Estas fixam as metas do processo a serem cumpridas. Constituem uma informação vital para as forças operacionais, mas ainda são o mínimo aceitável.
- *Procedimentos.* Estes são um aperfeiçoamento bem-vindo. Podem incluir instruções, advertências e o por que além do como. Sendo escritos, eles transformam-se em base de referência e em auxílio para a doutrinação de novos funcionários. Um Manual do Proprietário bem redigido serve a propósito semelhantes.

DESENVOLVER CONTROLES DE PROCESSOS: TRANSFERIR PARA OPERAÇÕES 301

- *Briefings.* Estas são reuniões instituídas especificamente para a transferência de informações, Quando bem organizadas, elas são de grande utilidade. Os planejadores fazem uma apresentação montada ao redor de uma declaração escrita, suplementada por auxílios visuais. As perguntas e os debates são encorajados, para que a transferência não seja superficial.
- *Treinamento no trabalho.* Em muitos casos, os planejadores podem participar do treinamento dado aos supervisores operacionais e trabalhadores. Os méritos desta abordagem vão além da transferência de *know-how*, existe um valioso *feedback* associado para os planejadores. O fornecedor aprende com os clientes.
- *Cursos formais de treinamento.* Estes são necessários em casos em que onovo processo é radicalmente diferente do antigo. Os exemplos incluem a introdução de processadores de textos, projeto auxiliado por computador (CAD), Círculos de Controle de Qualidade, usinagem a laser e arranjos ortogonais. Esses cursos formais tornam-se essenciais, se o novo processo for ser largamente aplicado em toda a organização.
- *Participação prévia.* A transferência de *know-how* é uma mistura de transferência antes e depois do fato. Ambas as formas são necessárias, mas o maior dano é provocado pela falta de transferência antes do fato. Essa negligência provoca a perda dos benefícios do aviso antecipado e do trabalho em equipe que resultam da participação.
- A introdução dos equipamentos para diagnóstico auxiliado por computador nas oficinas de reparos trouxe alguns efeitos secundários não previstos. Os mecânicos experimentados podem, na verdade, ser retardados pela necessidade de passar pela contagem regressiva estruturada. Além disso, um mecânico com experiência mínima pode, ajudado pela base de dados do computador, obter acesso a conhecimentos que os mecânicos graduados levaram 20 anos para acumular (Fisher, 1988).

Note que a transferência de *know-how* é feita tanto a clientes externos como a departamentos operacionais internos. Muitos "produtos" feitos por fornecedores tornam-se "processos" nas mãos de clientes externos. Esses "departamentos operacionais" externos também necessitam de *know-how* com respeito ao produto/processo.

- A transferência de *know-how* a muitos clientes externos tem lugar durante a instalação do processo nos locais de trabalho destes e durante a fase de funcionamento experimental.
- Outro exemplo comum de transferência de *know-how* é através do manual do proprietário fornecido aos consumidores.

(Para mais detalhes sobre transferência de *know-how*, ver Bemesderfer, 1979.)

A formalidade da transferência

Em algumas empresas, a transferência do processo do Planejamento para Operações é estruturada e formalizada. É preparado um pacote de informações, composto por certos itens essenciais: metas a serem cumpridas, instalações a serem usadas, procedimentos a serem seguidos, instruções, advertências e assim por diante. Também existem suplementos exclusivos do projeto. Além disso, são tomadas providências para instruções e treinamento das forças operacionais, em áreas tais como manutenção e trato de crises. O pacote é acompanhado por uma carta formal de transferência de responsabilidade. Em algumas dessas empresas, essa transferência ocorre em uma atmosfera quase cerimonial. Em outras, a formalidade é mínima.

A abordagem estruturada tem valor. Ela tende a desenvolver listas de verificação e contagens regressivas, que ajudam a garantir que a transferência seja ordenada e completa. (A formalidade é útil se contribui para essa ordem e inteireza.)

Nas empresas que já contam com essa abordagem estruturada, os planejadores precisam somente adaptar o pacote de informações do projeto às práticas estabelecidas. Se a empresa tem apenas uma estrutura frouxa, ou nenhuma estrutura, os planejadores precisam tomar as decisões com respeito ao conteúdo do pacote de informações e até onde ir com as formalidades.

APLICAÇÃO À HIERARQUIA

A transferência a operações completa a jornada pelo mapa de planejamento da qualidade. Aquilo que foi discutido até agora é o processo universal de planejamento da qualidade, juntamente com a metodologia para a execução das várias etapas.

Os capítulos restantes levam a aplicação do processo de planejamento da qualidade a vários níveis da hierarquia. Embora o mapa seja comum a todos os níveis, os problemas de aplicação são diferentes. Além disso, cada nível apresenta seus próprios problemas especiais com respeito a aspectos críticos como motivação, treinamento e assim por diante.

LISTA DE PONTOS ALTOS

- O projeto do controle do processo deve prover as forças operacionais comos meios para ações corretivas.
- O elo mais fraco na manutenção das instalações tem sido a obediência à programação de verificações.

DESENVOLVER CONTROLES DE PROCESSOS: TRANSFERIR PARA OPERAÇÕES **303**

- A garantia de estrita obediência à manutenção programada das instalações requer uma auditoria independente.
- A responsabilidade pelo controle deve ser atribuída a indivíduos.
- Um estado de autocontrole consiste em:
  - Saber qual é o desempenho alvo.
  - Saber qual é o desempenho real.
- Dispor dos meios para modificar o desempenho em caso de não conformidade.
- Um teste da perfeição do projeto para controle de processos e produtos é se os critérios para autocontrole foram satisfeitos.
- A responsabilidade pelos resultados deve ser ajustada à controlabilidade.
- O controle de dominância ajuda os planejadores a se concentrarem nas variáveis mais importantes.
- A organização para o controle, geralmente, se inicia pela definição de "postos de controle" específicos.
- As decisões sobre a conformidade devem, idealmente, ser tomadas pelas forças operacionais nos níveis mais baixos da organização.
- A pergunta "Quem é responsável pela qualidade?" é intrinsecamente irrespondível.
- O projeto para o controle do processo deve ser feito, simultaneamente, como projeto do próprio processo.
- A prova da controlabilidade humana é melhor fomecida por demonstração.

TAREFAS PARA OS ALTOS GERENTES

- O sistema de auditoria da qualidade deve garantir que as decisões sobre a destinação dos produtos não conformes sejam tomadas por pessoas munidas das informações necessárias para equilibrar as considerações sobre satisfação dos clientes e custos.
- Uma das responsabilidades dos altos gerentes é obrigar o estabelecimento de uma auditoria do sistema de controle de qualidade.

9 | PLANEJAMENTO ESTRATÉGICO DA QUALIDADE

PROPÓSITO DESTE CAPÍTULO

O propósito deste capítulo é explicar como aplicar o planejamento da qualidade aos níveis superiores da hierarquia da empresa. Esses níveis consistem, principalmente, em unidades, organizacionais autônomas. No setor privado, essas unidades são centros de lucros. A corporação é um centro de lucros. O mesmo se dá com as divisões autônomas. No setor público, as unidades organizacionais autônomas, normalmente, incluem a agência, as regiões autônomas e os escritórios autônomos.

O CONCEITO DE PLANEJAMENTO ESTRATÉGICO DA QUALIDADE

O planejamento estratégico de negócios é, essencialmente, um processo estruturado para definir a missão ampla e as metas estratégicas para a empresa e, a seguir, determinar os meios a serem usados para se atingir aquelas metas. No setor privado, as metas estratégicas são fortemente orientadas para rendas, incluindo, portanto, metas financeiras como vendas, renda líquida e retomo sobre o investimento. No setor público, as metas estratégicas são fortemente orientadas para missões: defesa nacional, administração de justiça, arrecadação de impostos.

Até os anos 1980, o planejamento estratégico de negócios raramente incluía o planejamento da qualidade. Este existia, mas ao nível do "Q Pequeno". O escopo era estreito, sendo confinado a entidades operacionais selecionadas, como as fábricas. Os anos 1980 testemunharam uma importante tendência no sentido da adoção do conceito de planejamento estratégico da qualidade. Os autores apoiam fortemente essas tendências. Eles acreditamque as empresas devem adotar o conceito do Q Grande para sobrevivência competitiva e devem ampliar seu planejamento de negócios para que inclua o planejamento estratégico da qualidade. Os autores também acreditam que essas mesmas tendências irão acelerar e que, nas décadas futuras, irão dominar todas as atividades relacionadas à gerência para a qualidade.

A TERMINOLOGIA

Embora tenha havido relativamente poucas adoções reais do conceito de planejamento estratégico da qualidade, tem havido muitas tentativas na direção geral de se aumentar, de algum modo, a atenção dada à qualidade durante o processo de planejamento de negócios. Essas tentativas têm gerado uma longa lista de termos usados para descrever aquilo que as empresas estão tentando fazer. Entre os termos mais comuns estão:

- Controle de Qualidade por Toda a Empresa.
- Gerência Estratégica da Qualidade.
- Planejamento Estratégico da Qualidade.
- Gerência de Qualidade Total.
- Controle de Qualidade Total.

Em sua maioria, as empresas não têm definido esses termos com precisão. Como resultado, seu pessoal fica confuso a respeito de qual mudança está supostamente ocorrendo. A confusão é ampla nas empresas em que "Total" e "por Toda a Empresa" parecem não se aplicar aos altos gerentes. (Muitos altos gerentes limitaram seu papel ao estabelecimento de metas vagas e à exortação de todos os outros para o cumprimento das metas.) A situação tem sido pior nos numerosos casos em que não se conseguiu deixar claro, para o pessoal, o que deveria ser feito de diferente em relação às práticas anteriores.

A confusão a respeito do significado por trás da bandeira é intrinsecamente provocadora de dissensões. As empresas que embarcam em iniciativas amplas devem definir sua terminologia com precisão. É essencial dar ao pessoal da empresa uma clara compreensão de (1) quais são as mudanças pretendidas em relação às práticas anteriores e (2) como eles serão afetados por aquelas mudanças.

Neste livro, os autores optaram por adotar o termo Gerência Estratégica da Qualidade (GEQ) para designar o planejamento estratégico da qualidade. Como é usado neste livro.

- Gerência Estratégica da Qualidade (GEQ) é um processo estrutura-do para o estabelecimento de metas de qualidade em longo prazo nos níveis mais altos da organização e a definição dos meios a serem usados para o cumprimento daquelas metas.

Note que o termo Gerência Estratégica na Qualidade difere do títu-lo deste capítulo. A escolha foi proposital. O termo "gerência da quali-dade" é abrangente, referindo-se a todos os processos da Trilogia Juran: planejamento da qualidade, controle de qualidade e melhoramento da qualidade. Esse mesmo termo é apropriado no nível da alta gerência, no qual existe uma convergência da responsabilidade pela condução de todos esses processos.

O restante deste capítulo é dedicado à explicação detalhada do conceito de GEQ, como aplicá-lo a uma empresa em funcionamento e como o conceito afeta o pessoal da empresa.

A ANALOGIA FINANCEIRA

A estrutura da GEQ é semelhante àquela usada há muito para estabe-lecer e cumprir as metas financeiras. A semelhança é tão notável que vale a pena rever rapidamente a bem conhecida abordagem à gerência estratégica financeira.

Muitas empresas gerenciam suas finanças através do uso de uma abordagem estruturada e coerente, que pode ser adequadamente des-crita como *gerência estratégica financeira*. Os elementos chave consistem em fixação de metas financeiras, determinação das ações necessárias para atingi-las, provisão dos recursos necessários, estabelecimento das medidas de desempenho, revisão do desempenho em relação às metas e provisão das recompensas com base nos resultados.

Esta abordagem é, atualmente, suficientemente genérica para ser aplicável a toda a empresa, por toda a hierarquia. Ela também é aplicá-vel a outras funções, inclusive a de qualidade. As características genéri-cas consistem principalmente em:

- *Uma hierarquia de metas* (As principais metas financeiras, conforme estão refletidas no orçamento corporativo, são apoiadas por uma hierarquia de metas financeiras nos níveis mais baixos: orçamentos divisionais e departamentais, cotas de vendas, padrões de custos, esti-mativas de custo de projetos etc.)
- *Uma metodologia formalizada* para estabelecimento das metas e provi-são dos recursos necessários.
- *Uma infraestrutura,* que inclui gerentes financeiros e pessoal de su-porte.

- *Um processo de controle,* que inclui sistemas para a coleta e análise de dados, relatórios financeiros e revisões do desempenho financeiro em relação às metas.
- *Provisão de recompensa* (O desempenho em relação às metas financeiras recebe um peso substancial no sistema de avaliação e reconhecimento do mérito.)
- *Participação universal* (As metas, relatórios, revisões etc., financeiros são planejados em forma hierárquica para se equipararem à hierarquia organizacional da empresa. Esses planos hierárquicos possibilitam que os gerentes de todos os níveis deem apoio aos altos gerentes na gerência financeira.)
- *Uma linguagem comum,* centrada sobre uma importante unidade comum de medida – o dinheiro. (Existem outras unidades comuns de medida, por exemplo as relações como o retorno sobre o investimento. Além disso, as palavras chave – como orçamento, despesa, lucro etc. – adquirem significados padronizados, para que a comunidade se torne cada vez mais precisa.)
- *Treinamento.* (É comum os gerentes de todos os níveis receberem treinamento em vários conceitos financeiros, processos, métodos, ferramentas etc. As empresas que tiverem treinado dessa forma os seus gerentes, em todas as funções e todos os níveis, irão superar aquelas nas quais esse treinamento ficou confinado ao departamento financeiro.)

ESTABELECIMENTO DA GEQ: O CONSELHO DE QUALIDADE

Os elementos que compõem a GEQ costumam ser iguais em todas as empresas. Contudo, o caráter único de cada empresa irá determinar a sequência e o ritmo de aplicação, bem como a extensão até a qual é preciso prover elementos adicionais.

▲ Um passo fundamental, no estabelecimento da GEQ, é a criação do Conselho de Qualidade (ou Comitê de Qualidade etc.). O Conselho de Qualidade é o elemento chave na infraestrutura da empresa para a GEQ. Ele exerce supervisão completa com respeito ao estabelecimento e à manutenção da GEQ.

O Conselho de Qualidade é composto pelos gerentes mais graduados. Em muitos casos, ele é composto pela diretoria executiva. Em certo ponto das suas reuniões, eles declaram: Terminamos essa parte da nossa pauta; vamos agora tratar da qualidade. Nesse ponto, eles "trocam de chapéu" e transformam-se no Conselho de Qualidade.

Nas grandes organizações, pode haver conselhos de qualidade em vários níveis da organização. Nesses casos, os conselhos são interligados, isto é, os membros de nível mais alto presidem os conselhos de níveis mais baixos. A Figura 9-1 mostra um exemplo de interligação praticada em uma grande empresa.

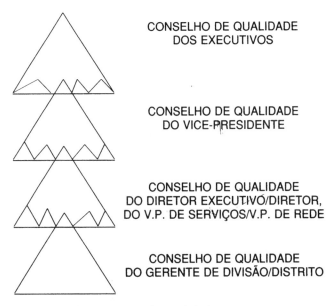

Figura 9-1 – Interligação de conselhos de qualidade.
Fonte: AT&T Network Operations Group.

(Se houver um conselho de melhoramento da qualidade, ele será igual ao Conselho de Qualidade ou um braço dele.)

Caso os conselhos de qualidade necessários ainda não existam, os altos gerentes devem criá-los.

Uma vez criado, o Conselho de Qualidade tem a responsabilidade de definir e incorporar os elementos da GEQ ao planejamento estratégico de negócios da empresa. Além disso, o conselho tem a responsabilidade de garantir que qualquer infraestrutura associada que seja necessária seja criada nos níveis subordinados da organização.

POLÍTICAS DE QUALIDADE

Os propósitos da GEQ incluem o estabelecimento de diretrizes para as ações a serem empreendidas para se atingir as metas de qualidade. As Políticas de Qualidade constituem uma importante ferramenta para o estabelecimento dessas diretrizes.

"Políticas", como é aqui usado, é *um guia para ação gerencial*. As declarações de política publicadas são o resultado de muita deliberação em altas posições, seguida pela aprovação ao nível mais alto de todos.

310 A QUALIDADE DESDE O PROJETO

O Conselho de Qualidade desempenha um papel importante nesse processo.

As declarações de política são uma necessidade durante um período de mudanças sérias e as empresas têm agido de acordo com isso. Os anos 1980 presenciaram uma onde sem precedentes de atividades de elaboração e publicação de políticas de qualidade. Embora os detalhes variem, as políticas publicadas têm muitos pontos em comum.

Todas as políticas de qualidade publicada declaram, sem exceção, a intenção de *atender às necessidades dos clientes*. O teor inclui frequentemente a identificação de necessidades específicas a serem atendidas, por exemplo, que os produtos da empresa devem prover a satisfação dos clientes.

A maior parte das políticas publicadas inclui a competitividade em qualidade, por exemplo, os produtos da empresa deverão *igualar* ou *exceder a qualidade dos concorrentes.*

Uma terceira área frequente nas políticas de qualidade publicadas refere-se ao melhoramento da qualidade, por exemplo, as declarações publicadas exprimem a intenção de *conduzir melhoramentos anuais.*

Algumas declarações de políticas de qualidade incluem referências específicas aos clientes internos, por exemplo, a qualidade deve *ser estendida a todas as fases do negócio.*

O reforço das políticas de qualidade é um problema comparativamente novo, devido ao fato das políticas de qualidade por escrito serem relativamente recentes. Em algumas empresas, são tomadas providências para a revisão independente da obediência às políticas de qualidade.

- Em uma grande empresa de eletrônica, existe uma política de qualidade que exige que os novos modelos de produtos, na ocasião em que são lançados para o público, tenham uma confiabilidade no mínimo igual àquela dos modelos que substituem, e também no mínimo igual àquela dos modelos dos concorrentes. Os departamentos de desenvolvimento de produtos são obrigados a demonstrar que essa política foi cumprida. Além disso, o Departamento de Garantia de Qualidade tem a responsabilidade de vistoriar a demonstração.

★ Como parte da introdução da GEQ, o Conselho de Qualidade deve se assegurar de que as políticas de qualidade vigentes reflitam corretamente as intenções da empresa com respeito à qualidade. Se as políticas forem consideradas obsoletas, o Conselho de Qualidade deve tomar providências para garantir que as declarações de política de qualidade sejam atualizadas.

METAS ESTRATÉGICAS DE QUALIDADE

Como é aqui usada, uma meta de qualidade é um alvo visado de qualidade. Uma meta é específica. Ela é usualmente quantificada e deve ser cumprida dentro de um período específico.

Um elemento essencial da GEQ é o estabelecimento de metas amplas de qualidade como parte do planejamento estratégico de negócios. ▲
Aqui estão alguns exemplos reais de metas de qualidade de alto nível, estabelecidas e cumpridas pelas empresas:

- Produzir os modelos Taurus/Sable com um nível de qualidade que seja o melhor em sua classe. (Esta meta foi estabelecida pela Ford Motor Company).
- Reduzir à metade o tempo de atendimento dos pedidos dos clientes (Becton, Dickinson & Company.)
- Reduzir as falhas no uso dos principais eletrodomésticos em 50% nos próximos três anos. (Esta meta foi fixada em 1981 pela AB Electrolux sueca. A meta foi cumprida. Uma segunda meta igual foi fixada em 1984 e também foi cumprida uma terceira meta estabelecida em 1987.)
- Reduzir os erros de faturamento em 90%. (Florida Power & Light Company.)

Note que todas as metas anteriores envolvem atividades amplas e multifuncionais.

Objeto das metas de qualidade

A despeito do caráter único de indústrias e empresas específicas, certas metas de qualidade são largamente aplicáveis:

DESEMPENHO DO PRODUTO. Esta meta refere-se àquelas características de desempenho do produto que determinam a resposta às necessidades dos clientes: presteza do serviço, consumo de combustível, tempo médio entre falhas, cortesia e assim por diante. Essas características influenciam diretamente as vendas do produto.

COMPETITIVIDADE EM QUALIDADE. Esta tem sido sempre uma meta em economia baseada no mercado, mas, raramente, faz parte do plano estratégico de negócios. A tendência para trazer a competitividade em qualidade para o plano de negócios é recente, mas irreversível.

MELHORAMENTO DA QUALIDADE. Esta meta pode visar o aumento das vendas e/ou à redução do custo da má qualidade. De qualquer forma, o resultado final, depois do desdobramento, é uma lista formal de projetos de melhoramento da qualidade, com a correspondente atribuição de responsabilidades.

REDUÇÃO DO CUSTO DA MÁ QUALIDADE. A meta de melhoramento da qualidade, usualmente, inclui uma meta de redução dos custos devidos à má qualidade. Esses custos não são conhecidos com precisão, mas sabe-se que são muito altos. A despeito da falta de cifras completas,e possível, através de estimativas, trazer essa meta para o plano estratégico de negócios e desdobrá-la com sucesso até os níveis inferiores.

DESEMPENHO DE MACROPROCESSOS. Esta meta só entrou recentemente no plano estratégico de negócios. A meta refere-se ao desempenho de processos importantes que são multifuncionais por natureza, por exemplo, lançamento de novos produtos, processamento de pedidos de clientes, faturamento. Para esses macroprocessos, um problema especial é: Quem deve ter a responsabilidade pelo cumprimento da meta? Veremos isso daqui a pouco, sob o título "Desdobramento das Metas de Qualidade".

PROPOSTAS DE METAS DE QUALIDADE

As metas de qualidade que devem entrar no plano estratégico de negócios são, em todos os casos, selecionadas pelos altos gerentes. Nas empresas que praticam a gerência participativa, essa seleção é precedida por um processo de propostas, aberto a todos os níveis da hierarquia. Pode haver muitas propostas, mas somente umas poucas irão sobreviver ao processo de seleção, entrando no plano estratégico de negócios. Outras propostas podem entrar nos planos estratégicos de níveis inferiores na hierarquia. Muitas serão adiadas, por não conseguirem obter a prioridade necessária.

Os altos gerentes sempre recebem contribuições que são úteis na seleção das metas de qualidade, provenientes de contatos com clientes ou com altos gerentes de outras empresas. À medida em que aumenta a experiência com a GEQ, os altos gerentes recebem contribuições adicionais de fontes como:

- Participação no Conselho de Qualidade.
- Revisões periódicas do desempenho em relação às metas de qualidade.
- Auditorias de qualidade conduzidas por altos gerentes (ver neste capítulo, sob "Auditorias de Qualidade").

DESDOBRAMENTO DAS METAS DE QUALIDADE

Inicialmente, uma lista de metas estratégicas de qualidade é uma "lista de desejos". Para convertê-la em realidades potenciais, é preciso aprofundar-se em itens específicos: que ações devem ser empreendidas para atingir as metas, quem deve empreendê-las e assim por diante. O processo para a identificação desses itens específicos será chamado "desdobramento das metas de qualidade"*.

Como é aqui usado, "desdobramento" significa subdividir as metas e alocar as submetas a níveis mais baixos. Esse desdobramento cumpre alguns propósitos essenciais:

- A subdivisão continua, até que identifique as ações específicas a serem empreendidas.
- A alocação continua, até que atribua responsabilidades claras pelas ações.
- Aqueles que são designados para empreender as ações respondem então pela determinação dos recursos necessários e sua comunicação aos níveis mais altos.

O desdobramento prossegue através da sequência de eventos mostrada na Figura 9-2.

Subdividir as metas

As metas estratégicas de qualidade já foram estabelecidas pelo Conselho de Qualidade. Agora é necessário alocá-las aos níveis mais baixos.

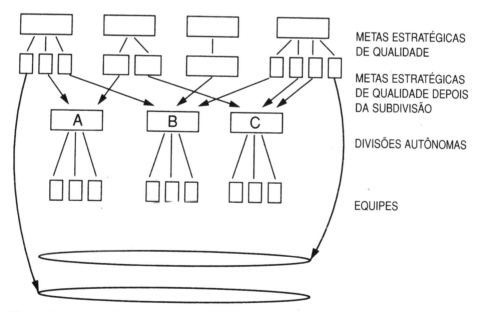

Figura 9-2 – Desdobramento de Metas Estratégicas alidade

---

* *Uma nota sobre terminologia:* Algumas empresas utilizam o termo "desdobramento da política" para designar o desdobramento das metas de qualidade. Este uso parece resultar de dificuldades na tradução do termo japonês correspondente.

Porém, a maior parte das metas estratégicas de qualidade consiste em projetos de amplo escopo, de planejamento ou melhoramento da qualidade. (Também chamados projetos "globais" ou "paquidérmicos".) O processo de desdobramento inclui a divisão dessas metas amplas em pedaços gerenciáveis. Por exemplo:

1. A meta de uma empresa aérea, de atingir X por cento de chegadas no horário, pode exigir subprojetos que tratem de questões como:
   - A *política* de retardar as partidas, para acomodar os voos de conexão atrasados
   - A *organização* para a tomada de decisões nos portões de embarque
   - A necessidade de revisões em *procedimentos departamentais*
   - O estado do *comportamento* e da conscientização dos *funcionários*

2. Uma meta de qualidade, de reduzir o custo da má qualidade em Y milhões de dólares, precisa antes ser subdividida e desdobrada aos níveis inferiores e, então, fragmentada em pequenos projetos gerenciáveis, usando-se as ferramentas do processo de melhoramento da qualidade.

3. Qualquer meta de melhorar a pontualidade dos serviços ao cliente requer uma subdivisão do processo de atendimento ao cliente em seus componentes, a identificação dos componentes poucos, mas vitais, e, então, o tratamento de cada um como projeto de melhoramento, juntamente como próprio macroprocesso.

Em alguns casos, o Conselho de Qualidade dispõe das informações necessárias para fazer a subdivisão. Em outros, ele pode designar metas amplas específicas a unidades subordinadas e deixá-las fazer a subdivisão.

Alocar a níveis subordinados

Depois da subdivisão pelo Conselho de Qualidade, as metas são alocadas às unidades organizacionais apropriadas. Grande parte desse desdobramento segue o padrão hierárquico: de corporação para divisão, de divisão para departamento funcional etc. Por exemplo, uma meta ampla para reduzir o custo da má qualidade em X milhões de dólares pode ser subdividida pelo Conselho de Qualidade e as partes alocadas aos vários gerentes gerais. Esses gerentes gerais podem então subdividir aquelas partes e alocá-las aos seus subordinados; esse processo continua até o nível das ações.

Note, porém, que esse arranjo hierárquico falhará, caso o cumprimento das metas exija o manejo de projetos multifuncionais de melhoramento da qualidade. A prática vigente é de designar essas metas a *equipes*.

PLANEJAMENTO ESTRATÉGICO DA QUALIDADE **315**

As metas relacionadas a macroprocessos representam um problema semelhante. A meta estratégica pode ser planejar ou replanejar um macroprocesso. Normalmente, um macroprocesso envolve muitas etapas e várias funções, de forma que não existe um "proprietário" óbvio e, portanto, uma resposta óbvia para a pergunta: Desdobrar para quem? A experiência até hoje sugere que, em tais casos, o desdobramento deva ser para uma equipe, ao invés de um gerente funcional ou "proprietário"arbitrário. Contudo, esse problema só recentemente passou a ser ativamente estudado pelas empresas. Até o final dos anos 1980, nenhum consenso claro havia sido alcançado.

(Faremos um exame detalhado da propriedade de macroprocessos no Capítulo 10. Neste momento, o que é pertinente é que não pode haver falta de clareza a respeito da pergunta "Desdobrar a quem?")

O desdobramento para equipes assumiu novas dimensões em consequência da tendência ao estabelecimento de relações de trabalho em equipe com fornecedores externos. Existem inúmeros casos em que a equipe designada deve incluir o(s) fornecedor(es) afetado(s) e ainda outros agentes externos. (Para um exemplo de projeto de melhoramento da qualidade realizado por uma equipe fornecedor-cliente, ver Kegarise e Miller, 1986.)

Identificar as ações e recursos necessários

As alocações estabelecem responsabilidades, mas não esclarecem que ações devem ser empreendidas. Somente quando essas ações vão sendo identificadas é que a lista de desejos começa a ter um sabor de realidade. O que acontece a seguir é que cada unidade organizacional ou equipe de projeto examina sua missão e chega a conclusões como esta:

- Com base nos dados disponíveis, os tipos de erros poucos, mas vitais (cinco deles) respondem por 80% de todos os erros. Em nosso julgamento, devemos ser capazes de trazer as taxas de erros daqueles cinco tipos para níveis que irão resultar em uma redução global de 50%. Para fazer isso, necessitaremos dos seguintes recursos:

Nesse estágio, o processo de desdobramento já realizou um importante propósito: atribuir responsabilidades e definir as ações a serem empreendidas.

Prover recursos

Agora a direção da comunicação é invertida. As propostas do nível de ação fluem para cima até o Conselho de Qualidade, juntamente com as solicitações de recursos. As propostas são então analisadas. Pode haver muitas negociações e revisões. Emerge um acordo: ações a serem empreendidas, recursos a serem previstos, resultados a serem alcançados.

Note que o processo de desdobramento provê para a participação dos níveis mais baixos, bem como para a comunicação acima e abaixo na hierarquia. As metas estratégicas de qualidade podem ser propostas no topo. Os níveis mais baixos então identificam as ações que, se forem empreendidas, irão, coletivamente, atingir as metas. Estes níveis também apresentam a fatura: "para executar essas ações, precisamos dos seguintes recursos". As negociações subsequentes tentam chegar a um ponto ótimo, que pondera o valor do cumprimento das metas em relação ao custo do mesmo.

A característica de comunicação nos dois sentidos do processo de desdobramento tem se mostrado um auxílio importante na obtenção de resultados. As informações das empresas que utilizam este processo sugerem que ele supere o processo de fixação unilateral de metas pelos saltos gerentes.

O trabalho a ser feito nos níveis de ação pode atingir proporções formidáveis.

- A meta de "Melhor em sua classe" do Ford Taurus acabou com mais de 400 submetas específicas, cada uma relativa a uma característica específica do produto. O esforço total de planejamento foi enorme.

(Para um exemplo em uma empresa de serviços, ver Brunetti 1987.)

Treinar os receptores

▲ O processo de desdobramento requer que os receptores sejam treinados em como reagir. Sem esse treinamento, a lista de desejos normalmente permanece uma lista de desejos.

Um pré-requisito essencial é o treinamento no processo de planejamento da qualidade. Além disso, a experiência dos autores diz que uma ampla experiência anterior em projetos de melhoramento da qualidade é um valioso auxílio para aqueles envolvidos no processo de desdobramento. A participação em tais projetos constitui uma forma de exposição de alta densidade a todos os processos da Trilogia – planejamento e controle da qualidade, bem como melhoramento da qualidade. (Iremos examinar mais de perto o assunto do treinamento no Capítulo 12.)

RECURSOS PARA O SISTEMA DE GEQ

Os recursos são o preço a ser pago pelos benefícios do cumprimento das metas estratégicas de qualidade. Esses recursos são, em parte, relacionados a metas específicas. Cada meta requer certas ações e estas, por sua vez, requerem recursos. A provisão desses recursos é feita meta por meta, com base nos méritos de cada uma.

Em contraste, existem outros recursos que são necessários para o estabelecimento e manutenção do sistema de GEQ. Esses recursos são comparáveis àqueles necessários para o estabelecimento e manutenção do sistema de gerência estratégica financeira. Mais especificamente, esses recursos incluem:

- O esforço necessário ao estabelecimento da infraestrutura básica, inclusive os processos para fixação e desdobramento de metas, avaliação de resultados e reconhecimento e premiação.
- Treinamento na abordagem conceitual e na operação do sistema.
- O esforço necessário, em todos os níveis, para se administrar o sistema em bases permanentes.

O dano provocado pela falta de recursos ficou amplamente demonstrado durante os anos 1980. Durante aquela década, muitas empresas empreenderam iniciativas para a realização de projetos de melhoramento da qualidade. Levar esses projetos até sua conclusão exige:

- Uma infraestrutura básica para o conjunto dos projetos.
- Apoio individual para cada um dos projetos

Com exceção de alguns aspectos de treinamento, raramente esses recursos eram fornecidos de maneira adequada. Assim, a falta deles exauriu muitos esforços para melhoramento da qualidade.

A abordagem da GEQ, pelo fato de estar embutida no planejamento estratégico de negócios, oferece uma forma mais promissora para a provisão dos recursos. O planejamento estratégico de negócios inclui, há muito tempo, uma abordagem positiva para a liberação dos recursos necessários ao cumprimento das metas estratégicas de negócios. Aqueles que estão apreensivos com a "interferência corporativa" (ver a seguir) devem se dar conta de que a GEQ provê um canal para se lidar com o problema da obtenção de recursos.

INTERFERÊNCIA CORPORATIVA

Na maior parte das empresas, a GEQ enfrenta resistência das divisões autônomas (ou dos departamentos funcionais), sob a alegação de "interferência corporativa". É verdade que a adoção da GEQ tira uma parte da autonomia anteriormente gozada por essas divisões e departamentos.

Essa redução de autonomia nunca é bem recebida, mesmo que as relações humanas associadas sejam harmoniosas. Quando elas não chegam a ser harmoniosas, o problema pode ficar sério.

A natureza dessa redução de autonomia fica evidente se olharmos de lado para a função de finanças. Em, virtualmente, todas as grandes empresas, a sede central da corporação "interfere" nos assuntos financeiros das divisões. A corporação não abre mão de:

- Aprovar os orçamentos financeiros divisionais.
- Aprovar os planos financeiros divisionais para o cumprimento dos seus orçamentos.
- Revisar os desempenhos financeiros divisionais em relação aos orçamentos.

Sob a GEQ, pode ocorrer uma "interferência" semelhante com respeito à qualidade. A corporação pode querer:

- Aprovar as metas de qualidade divisionais.
- Aprovar os planos divisionais para cumprimento das metas de qualidade.
- Revisar os desempenhos de qualidade divisionais.

No caso de finanças, a prática da interferência corporativa existe há muito tempo. Por essa razão, os problemas de resistência cultural e rejeição pelo sistema de imunidade já foram, em grande parte, superados. No caso da qualidade, a prática está apenas começando. Portanto, os problemas de resistência cultural e rejeição pelo sistema de imunidade ainda precisam ser resolvidos. A GEQ invade de fato a autonomia das divisões e funções e seu caráter de novidade torna essa invasão mais visível.

A INFRAESTRUTURA PARA CONTROLE

A gerência estratégica de negócios inclui disposições para controle – para avaliação dos resultados de operações, comparação dos resultados com as metas e ações a respeito da diferença. Este é o processo universal de controle. Ele é amplamente praticado no caso de gerência financeira. Também é plenamente aplicável à gerência estratégica da qualidade, mas somente se a infraestrutura necessária houver sido montada.

A montagem dessa infraestrutura é responsabilidade do Conselho de Qualidade. Muitos conselhos de qualidade têm pedido ao gerente de qualidade que os assista no cumprimento dessa responsabilidade. A situação é semelhante à prática em finanças, na qual a diretoria executiva recorre ao controller em busca de assistência no estabelecimento de controles financeiros.

AVALIAÇÃO DE DESEMPENHO

O ponto de partida é o estabelecimento dos meios para avaliação do desempenho em relação às metas estratégicas. Isso requer um acordo a respeito daquilo que deve ser avaliado, das unidades de medida, dos métodos de medição e assim por diante. Esse acordo deve ser alcançado como parte do processo de fixação de metas – estas não podem ser comunicadas com precisão, a menos que sejam quantificadas. A metodologia dessa avaliação já foi discutida em detalhe no Capítulo 5, "Medição da Qualidade". Naquele capítulo, os tópicos pertinentes à GEQ incluem:

- Medidas de Qualidade nos Níveis mais Altos.
- Medidas para Processos Operacionais.
- Medidas para Funções.
- Medidas de Desempenho do Produto.
- Medidas de Desempenho dos Gerentes.
- O Pacote de Relatórios.

Revisão do desempenho

A adoção da GEQ requer que os altos gerentes revisem regularmente o desempenho em relação às metas estratégicas de qualidade. Essa revisão é semelhante àquela que eles fazem há muito tempo com respeito ao desempenho financeiro.

A prática varia, mas, em geral, a revisão do desempenho em qualidade é conduzida pelos altos gerentes durante a mesma reunião que examina outras matérias de importância estratégica. Essa abordagem tende a enviar mensagens que deixam claro que a qualidade tem prioridade no nível mais alto e que os altos gerentes estão pessoalmente envolvidos. De fato, a prática emergente é de se encarar a revisão de desempenho em qualidade como uma extensão da tradicional revisão corporativa do desempenho relativo a outras matérias de importância estratégica.

Ação sobre a diferença

O próprio fato dos altos gerentes conduzirem revisões regulares aumenta a probabilidade dos desempenhos atingirem as metas de qualidade. Caso fiquem abaixo das metas, os custos usuais de ação gerencial são abertos. Alguns deles relacionam-se a metas específicas que não estão sendo atingidas; prover assistência, estimular etc. Um segundo curso de ação envolve o uso do sistema de premiação para reforçar a prioridade atribuída ao cumprimento das metas estratégicas de qualidade. (A natureza desse sistema de premiação, com respeito à sua aplicação no cumprimento das metas de qualidade, será discutida no Capítulo 12, sob o título "Motivação pelo Sistema de Premiação".)

AUDITORIAS DE QUALIDADE

▲ Uma parte essencial do sistema de controles de qualidade dos altos gerentes é constituída pelas auditorias de qualidade. Como é aqui usada:

- Uma auditoria de qualidade é uma revisão independente do desempenho em qualidade.

(Para ser "independente", o auditor não pode ter qualquer responsabilidade próxima pela adequação do desempenho.)

A finalidade das auditorias é fornecer informações, independentes e imparciais, não apenas aos cabeças operacionais, mas também a outros que tenham necessidade de saber. No caso do desempenho em qualidade relativo às metas estratégicas de qualidade, entre aqueles que têm necessidade de saber onde estão os altos gerentes.

Objeto

As auditorias de qualidade têm sido tradicionalmente usadas para prover garantia de que os produtos estão em conformidade com as especificações e as operações em conformidade com os procedimentos. Nos níveis gerenciais superiores, o objeto das auditorias de qualidade se expande, para fornecer respostas para perguntas como:

- Nossa qualidade provê a satisfação com o produto aos nossos clientes?
- Nossa qualidade é competitiva com o alvo móvel do mercado?
- Estamos cumprindo nossas responsabilidades para com a sociedade?
- Estamos fazendo progressos na redução do custo da má qualidade?
- Nossas políticas e metas de qualidade são adequadas à missão da nossa empresa?
- A colaboração entre nossos departamentos funcionais é adequada para assegurar a otimização do desempenho da empresa?

Perguntas como essas não são respondidas por auditorias tecnológicas convencionais. Além disso, os auditores que conduzem as auditorias tecnológicas raramente possuem a experiência e o treinamento gerenciais necessários à condução de auditorias de qualidade orientadas para negócios. Em consequência, as empresas que desejam realizar auditorias de qualidade orientadas para assuntos ligados a negócios normalmente o fazem utilizando os altos gerentes ou consultores externos como auditores. O uso mais amplo deste conceito tem ocorrido nas grandes empresas japonesas.

(Uma outra opção para a condução dessas auditorias é uma função de auditoria corporativa para todas as finalidades. Até hoje, as informações sobre o uso dessa abordagem são demasiado limitadas para permitir uma avaliação segura.)

Um exemplo de objetos para essas auditorias é a lista de critérios usados no Japão para a outorga do Prêmio Deming de Aplicação. Essa lista está em evolução desde 1951. Em 1987, ela podia ser resumida como segue:

- Políticas e objetivos.
- Organização e sua operação.
- Educação e sua disseminação.
- Fluxo e utilização das informações.
- Qualidade de produtos e processos.
- Padronização.
- Controle e gerência.
- Garantia de qualidade de funções, sistemas e métodos.
- Resultados.
- Planos para o futuro.

Para mais detalhes, ver Ishikawa (1987).

Em 1987 o governo dos Estados Unidos estabeleceu um premio nacional de qualidade, conhecido como Prêmio Nacional de Qualidade Malcolm Baldrige. Os primeiros prêmios foram entregues pelo presidente Reagan na Casa Branca, em 1988.

Os critérios para o prêmio Baldrige e os respectivos pesos são mostrados na tabela a seguir. Os detalhes referentes à interpretação desses termos podem ser conseguidos no *National Institute of Standards and Technology*, Gaithersburg, MD, 20899.

Categoria	Peso
Satisfação dos clientes	30
Resultados em qualidade	15
Utilização de recursos humanos	15
Garantia de qualidade de produtos e serviços	14
Liderança	12
Planejamento para qualidade	8
Informação e análise	6
Total	100

Condução de auditorias pelos altos gerentes

As auditorias pelos altos gerentes devem ser programadas com bastante antecedência, para a preparação da base de informações necessárias. O objeto da auditoria também deve ser determinado com antecedência, com base em discussões anteriores no Conselho de Qualidade.

Algumas dessas auditorias são conduzidas *in loco* nas grandes instalações ou regiões. Nesses casos, os gerentes locais podem participar ativamente, fazendo apresentações, respondendo perguntas e orientando os altos gerentes durante sua visita.

A auditoria de qualidade do presidente

Em algumas grandes empresas japonesas, as auditorias de qualidade são conduzidas pelos gerentes dos níveis mais altos, seja pelo Comitê de Qualidade Global, ou por alguma outra equipe de altos gerentes. Quando o presidente participa pessoalmente da auditoria, ela é normalmente chamada auditoria de qualidade do presidente (Kondo, 1988).

Essas auditorias, conduzidas pelos gerentes de alto nível, podem ter efeitos importantes em toda a empresa. O objeto é de natureza tão fundamental que as auditorias atingem todas as principais funções. A participação pessoal dos altos gerentes simplifica a comunicação entre os vários níveis e aumenta a probabilidade da ação ser imediata. O próprio fato dos altos gerentes participarem pessoalmente demonstra, a toda a organização, qual é a prioridade dada à qualidade e qual é o tipo de liderança previsto pelos altos gerentes – liderar e não chefiar torcidas (Shimoyamada, 1987).

Para mais detalhes sobre auditorias de qualidade nos níveis superiores de gerência, ver Juran (1988), Seção 8, "Alta Gerência e Qualidade' " sob o título "Auditorias de Qualidade pelos Altos Gerentes".

GEQ: OS PRÓS E CONTRAS

Até agora, neste capítulo sobre "Planejamento Estratégico da Qualidade", nós nos concentramos:

- Na natureza da Gerência Estratégica da Qualidade
- Na metodologia para tomar eficaz a GEQ

Tudo isso pode parecer lógico e natural. Contudo, a experiência dos anos 1980 mostrou que a introdução da GEQ em uma empresa envolve mudanças profundas e muita resistência cultural. Embora o clima dos anos 1990 deva ser mais favorável à adoção da GEQ, é útil examinar a experiência dos anos 1980. Quais eram os argumentos dos seus defensores? Qual era a natureza da resistência enfrentada? Como as empresas resolviam os pontos de vista conflitantes?

As premissas dos defensores da GEQ

A defesa da GEQ começa com algumas premissas que têm uma sólida base factual:

- Muitas de nossas indústrias não mais estão entre os líderes de qualidade no mercado.
- Algumas de nossas indústrias enfrentam uma crise devida, em grande parte, à falta de competitividade em qualidade.
- Todas as nossas indústrias sofrem enormes desperdícios, resultantes da repetição de trabalhos anteriores.

Afirmações quanto às causas

As explicações de por que nossas indústrias chegaram a esse estado normalmente citam os "métodos do passado" – práticas como:

- Cada departamento perseguia suas metas departamentais de qualidade; com isso, deixava-se de otimizar o desempenho global em qualidade.
- O planejamento da qualidade era, em grande parte, feito por amadores não treinados.
- Os projetos de planejamento multifuncional sofriam atrasos e desperdícios, devidos à participação inadequada dos envolvidos.
- Não havia responsabilidade clara para a redução dos principais desperdícios de qualidade. As empresas desligavam os sinais de alarme, ocultando os desperdícios nos padrões.
- Era assumido que a qualidade somente se aplicava a bens fabricados e a processos de fabricação ("Q Pequeno").

Da lista de causas anteriores emerge uma *supercausa:*

- As deficiências do passado se originavam da falta de uma abordagem sistemática e estruturada à gerência da qualidade, como aquela que já existe na gerência das finanças.

Essa afirmação conduz, logicamente, à proposta de um corretivo que coloque a gerência da qualidade sobre uma base estrategicamente

324 A QUALIDADE DESDE O PROJETO

planejada, como já se faz na gerência financeira. Esse planejamento estratégico consiste, essencialmente, dos elementos listados sob o título "A Analogia Financeira", mas aplicados à qualidade.

OBJEÇÕES À GEQ

Antes dos anos 1980, os benefícios declarados da GEQ, em geral, não persuadiam os gerentes. Suas objeções eram uma mistura de razões declaradas e reais, que em sua maioria caíam nas categorias relacionadas a seguir.

"AÍ VEM MAIS UM". Alguns gerentes haviam passado por experiências anteriores, nas quais propostas aparentemente lógicas não resultavam naquilo que seus defensores haviam prometido. Esses gerentes consideravam os benefícios da GEQ teorias não testadas naquilo que dizia respeito às suas empresas.

VAI CONSUMIR TEMPO DEMAIS. Essas objeções referiam-se ao tempo necessário à participação no estabelecimento e desdobramento das metas anuais, às subsequentes revisões periódicas de resultados e assim por diante.

VAI CAUSAR PERTURBAÇÕES. Encaixar a carga adicional de trabalho é uma perturbação óbvia. O mesmo se dá com a mudança nas prioridades – a prioridade mais alta para a qualidade significa prioridade mais baixa para outras coisas. (Uma objeção não declarada é a perturbação nos padrões de carreira, causada pela mudança nas prioridades.)

VAI TRAZER INTERFERÊNCIA DA CORPORAÇÃO. É claro que sim, de forma muito semelhante àquela que já existe na área financeira.

Resistência cultural

A introdução de mudanças em qualquer sociedade humana também enfrenta resistência daquilo que é chamado padrão cultural – o conjunto de crenças, práticas, hábitos, símbolos de *status*, etc., acumulados por aquela sociedade ao longo de sua vida. Esse padrão cultural inclui valores que são importantes para a sociedade. Portanto, cada uma examina cuidadosamente qualquer mudança proposta para ver se contém alguma ameaça àqueles valores.

A introdução da GEQ inclui ameaças aos padrões culturais das várias sociedades que compõem a empresa. Por exemplo:

- A adoção do Q Grande no lugar do Q Pequeno é uma perturbação óbvia para antigas crenças e hábitos.

PLANEJAMENTO ESTRATÉGICO DA QUALIDADE **325**

- A mudança da responsabilidade pelo planejamento (do nível funcional para o divisional ou corporativo) enfrenta imediatamente resistência cultural da função que "possuía" anteriormente essa responsabilidade.
- A obrigatoriedade de uma abordagem estruturada ao planejamento pode ser perturbadora para os planejadores cujo *status* deriva da sua longa experiência com métodos empíricos.

Os cientistas comportamentais têm fornecido aos gerentes algumas explicações úteis a respeito da natureza dos padrões culturais. Além disso, eles desenvolveram algumas regras úteis para se lidar com a resistência cultural às mudanças. Para mais detalhes, ver Capítulo 12, sob os títulos "Comportamento Humano e Valores Culturais" e "Lidando com a Resistência Cultural".

Rejeição pelo sistema imunológico

As grandes organizações apresentam algumas das características de um organismo biológico. Uma delas é a reação imunológica à introdução de um corpo estranho. O organismo sente a presença do estranho e mobiliza-se para rejeitá-lo. A introdução da GEQ é análoga a um transplante. Ela pode ser de grande valor para a empresa, mas, mesmo assim, estimula uma reação imunológica. Essa reação pode ser tratada de formas semelhantes àquelas usadas para o organismo biológico:

- Projetar a GEQ de forma que ela faça parte de alguma coisa conhecida, isto é, faça parte da estrutura existente de planejamento de negócios.
- Reformular o sistema de premiação, para mudar a receptividade dos gerentes às novas metas de qualidade.

UNINDO OS PONTOS DE VISTA – TESTES PILOTO

Os esforços para introduzir a GEQ fazem surgir duas escolas contrárias de pensamento:

1. Os defensores apontam para os benefícios derivados da GEQ.
2. Os gerentes conservadores salientam que esses benefícios não foram demonstrados na empresa, podendo acabar como apenas mais uma iniciativa malsucedida.

Essa disputa raramente é resolvida por meio de debates ou de um decreto dos altos gerentes. Em geral, ela é resolvida pelos resultados obtidos em um teste piloto. Se os resultados desse teste são favoráveis, a nova abordagem é ampliada, porque os resultados atraem outros gerentes.

O teste piloto é realizado na área de um gerente ousado – um "explorador" – que esteja disposto a fazer da sua área um local de testes. Em qualquer organização de porte considerável sempre existem alguns gerentes dispostos a participar de um teste piloto.

▲ Quando as empresas mudam de direção, raramente o fazem movendo-se através de uma frente ampla. Em vez disso, elas seguem em fila única: uma divisão depois da outra, um departamento depois do outro, uma linha de produtos depois da outra. Isso tende a acontecer mesmo que a alta gerência tenha mandado que todos se movam ao mesmo tempo. A fila única resulta, em parte, de gargalos em serviços essenciais, como a capacidade de treinamento, e de diferenças de prioridade e entusiasmo entre os vários gerentes da organização.

O fenômeno da fila única significa que pouco é perdido pela designação deliberada de um teste piloto, para ser conduzido nas unidades organizacionais dos "exploradores". De qualquer maneira, é provável que esses exploradores venham a estar na frente da fila. Os resultados dos testes piloto transformam-se nos meios para a conversão dos cético sem crentes.

EMBARCANDO NA GEQ – O CENÁRIO

As empresas que instituíram com sucesso a GEQ o fizeram através de uma série de fases. A Figura 9-3 mostra a progressão dessas fases em forma gráfica.

A primeira fase: escolha da estratégia

Na primeira fase, normalmente, os gerentes juntam suas habilidades para adotar uma estratégia, um cenário, que possa conduzir sua empresa à GEQ. Essa escolha não costuma ser fácil, pelas seguintes razões:

- Existem inúmeras estratégias à escolha.
- Cada uma delas foi recomendada por defensores persuasivos.
- Os responsáveis pela escolha da estratégia, geralmente, carecem dos conhecimentos necessários para julgar para onde as várias alternativas poderiam conduzir a empresa.

Esta primeira fase costuma levar um mínimo de seis meses. Algumas vezes, ela tem levado muito mais tempo, como resultado de inícios errados.

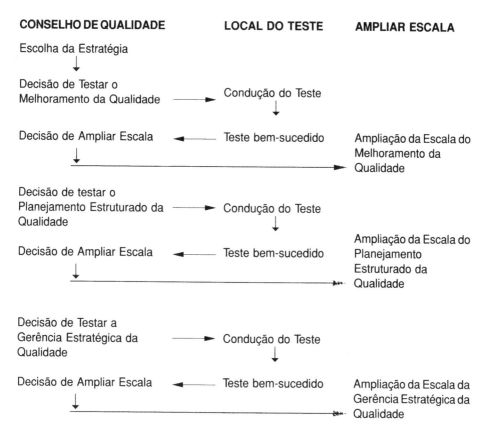

Figura 9-3 – Gerência Estratégica da Qualidade: A Sequência de Fases.

Melhoramento projeto a projeto no local de testes

As escolhas de estratégias mais bem-sucedidas têm sido através do melhoramento projeto a projeto. Esta é, em si mesma, uma abordagem estruturada; o melhoramento da qualidade é um dos processos que compõem a Trilogia Juran.

As empresas que adotaram esta estratégia não empreenderam o melhoramento projeto a projeto simultaneamente em toda a empresa. Em vez disso, elas testaram o conceito em um local. Os resultados no local de testes transformaram-se, então, na base para a ampliação da escala para toda a empresa.

O teste piloto do melhoramento projeto a projeto e a respectiva avaliação de resultados costumam consumir cerca de um ano. Sua ampliação pode levar mais um ou dois anos.

Um importante subproduto de todos esses projetos de melhoramento é um dramático aumento no treinamento e na experiência, orienta-

328 A QUALIDADE DESDE O PROJETO

dos para a qualidade, dos gerentes que participaram das equipes de melhoramento da qualidade. A experiência de aprendizado com múltiplos projetos de melhoramento é profunda:

- Para a maior parte dos melhoramentos de qualidade, a solução é replanejar o produto e/ou o processo. Como resultado, as equipes aprendem muito a respeito dos processos de planejamento da qualidade.
- Para a maior parte dos projetos de melhoramento da qualidade, devem ser estabelecidos controles para manter os ganhos. Como resultado, as equipes aprendem muito a respeito do processo de controle de qualidade.

Outro subproduto dos projetos de melhoramento é uma crescente atmosfera de trabalho em equipe. Os grandes projetos de melhoramento da qualidade são multifuncionais por natureza, exigindo equipes multifuncionais e trabalho em equipe para sua conclusão. O espírito de equipe resultante é, então, transferido para os trabalhos tradicionais de condução das operações.

Ampliação da escala

Os resultados obtidos no local de testes abrem o caminho para a ampliação da escala do melhoramento da qualidade a toda a empresa. Ao mesmo tempo, a experiência adquirida tem demonstrado que a maior parte dos problemas foi planejada dessa forma. Isso conduz ao teste de uma abordagem mais estruturada ao planejamento da qualidade, para evitar a criação de novos problemas de qualidade. São empreendidos projetos para planejar/replanejar processos específicos, especialmente os multifuncionais.

Finalmente, a GEQ

À medida em que se adquire experiência com o planejamento estruturado da qualidade, surge o interesse em trazer as metas de qualidade para o plano de negócios da empresa. Esse conceito também passa por um teste piloto antes de ser ampliado até o nível corporativo.

A Figura 9-3 também mostra como a abordagem em fases fornece, aos gerentes, a experiência necessária à passagem para a GEQ a plena escala.

Outras sequências são possíveis

A sequência anteriormente descrita (e mostrada na Figura 9-3) é a sequência real mais frequentemente seguida por empresas "surpreendentemente bem-sucedidas" no melhoramento da qualidade e no atingimento de um estado de GEQ. Outras sequências são possíveis, mas todas exigem que os gerentes participantes sejam treinados nos tópicos básicos e experientes em planejamento real de qualidade, bem como em melhoramento da qualidade. Se não houver essa experiência e esse treinamento, o resultado será a incapacidade de cumprir as metas estratégicas durante os primeiros anos. É claro que os gerentes aprenderão com seus insucessos. Existe, porém, uma grande probabilidade deles se desencorajarem, abandonando o esforço sob o pretexto de que ele não é eficaz em termos de custos.

A duração total

Os gerentes ficam desanimados quando ouvem que o atingimento da GEQ leva anos. Mas esses são os fatos, baseados na experiência. Os intervalos típicos têm sido aproximadamente os seguintes:

Fases	Intervalo
Escolha da estratégia	6-12 meses
Melhoramento da qualidade em um local de teste, mais a avaliação dos resultados	Um ano
Ampliação da escala para o melhoramento da qualidade em toda a empresa; início do planejamento estruturado da qualidade	Dois anos
Ampliação da escala até a GEQ	Dois anos

No total, um mínimo de seis anos irá se passar antes que a GEQ esteja bem implantada. ▲

O DEPARTAMENTO DE QUALIDADE

Um recurso essencial para a GEQ é um departamento de qualidade - o equivalente, para a qualidade, do setor do *controller*. A necessidade desse departamento será melhor compreendida se olharmos para os papéis desempenhados pelo setor do *controller*.

A analogia financeira

A função de finanças inclui a estrutura organizacional necessária para:

a. Estabelecer as metas estratégicas financeiras. Estas são o resultado final do processo orçamentário. Um *controller* (os títulos variam) preside esse processo orçamentário.

330 A QUALIDADE DESDE O PROJETO

b. Avaliar o desempenho em relação às metas financeiras. O sistema contábil provê a base factual para os relalórios financeiros resumidos. O *controller* é bastante envolvido na edição e interpretação desses relatórios.

c. Conduzir auditorias. Auditores (internos e externos) são designados para determinar (1) se o sistema, caso seja seguido, irá resultar no cumprimento das metas financeiras da empresa e (2) se o sistema está sendo seguido.

A execução das atividades anteriores exige recursos na forma de um *controller*, juntamente com um administrador do orçamento, contadores etc. Nas empresas que estabelecem um Comitê de Finanças (ao nível do conselho ou da alta gerência), o *controller*, às vezes, provê um serviço de, 'secretaria'.

O equivalente na qualidade

Virtualmente todas as empresas de porte já contam com uma ou mais unidades organizacionais dedicadas à qualidade em tempo integral. Essas organizações recebem nomes como Controle de Qualidade ou Garantia de Qualidade. Nas empresas de fabricação suas atividades têm sido fortemente orientadas para assuntos tecnológicos, tais como inspeção e teste de produtos e processos – o foco tradicional no Q Pequeno. Entretanto, em todas as empresas (inclusive nas de fabricação) algumas das atividades do departamento de qualidade se assemelham àquelas do departamento do controller. A forma para estabelecer mais amplamente o equivalente, para a qualidade, do setor do *controller*, ainda não está definida, uma vez que a maior parte das empresas ainda não implantou a GEQ.

O departamento de qualidade do futuro

As indicações são de que as atuais funções e estrutura do departamento de qualidade deverão sofrer mudanças consideráveis nas empresas bem-sucedidas na conversão para a GEQ.

AVALIAÇÃO DO PRODUTO. Esta função é hoje executada pelos inspetores, conferentes e analistas, a maioria dos quais está no departamento de qualidade. No futuro essa função será executada pelas forças operacionais, em especial pelos trabalhadores sem cargos de supervisão, desde que alguns critérios essenciais sejam satisfeitos:

- A qualidade tem realmente prioridade máxima entre todos os parâmetros.

- As forças operacionais estão em estado de autocontrole. Para mais detalhes ver o Capítulo 8, sob o título "Autocontrole! Os Critérios".
- A confiança mútua está estabelecida entre os gerentes e a força de trabalho, com respeito à nova delegação.
- As forças operacionais estão treinadas para executar a função recém-delegada.

SERVIÇOS DE CONSULTORIA. Esta função consiste principalmente nas especialidades de engenharia de confiabilidade e de qualidade. A tendência clara é de transferir essa função aos especialistas dos departamentos de linha. Um pré-requisito para essa transferência é o treinamento daqueles especialistas. Para dar esse treinamento e prover assistência consultiva será necessário um resíduo de especialistas em qualidade, no próprio departamento de qualidade ou fora da empresa.

SERVIÇO AO CONSELHO DE QUALIDADE. As empresas que adotam a GEQ necessitam de alguma forma de secretaria para fazer o trabalho detalhado do Conselho de Qualidade. Uma escolha lógica para a secretaria do Conselho é o gerente de qualidade. Essa escolha acrescenta uma significativa orientação para negócios as atividades do gerente de qualidade.

MEDIDAS DE DESEMPENHO. A adoção da GEQ amplia o escopo das atividades orientadas para a qualidade, exigindo, portanto, uma expansão correspondente das medidas de desempenho.Para detalhes, ver o Capítulo 5, "Medição da Qualidade", sob o título "Medidas de Qualidade nos Níveis mais Altos" e subsequentes.

AUDITORIAS DE QUALIDADE. As tradicionais auditorias de qualidade, conduzidas pelo departamento de qualidade, têm pouca relação com as necessidades de auditoria criadas pela adoção da GEQ. Além disso, a maioria dos auditores de qualidade do passado careciam do treinamento em negócios e da experiência exigida para a condução de auditorias amplas e orientadas para negócios. Como resultado, grande parte da auditoria de qualidade exigida pela GEQ precisa ser feita pelos próprios altos gerentes. (Ver anteriormente, sob "Auditorias de Qualidade".) Porém, essas auditorias de alto nível exigem extensos trabalhos preparatórios, e parte deles será logicamente delegada ao gerente de qualidade.

O processo de transição

A conversão do atual departamento de qualidade no departamento de qualidade do futuro deve ser feita em fases. A maior parte das mudanças depende do cumprimento de pré-requisitos bastante demorados.

A conversão presta-se facilmente para o estabelecimento de metas (ou marcos) e, a seguir, à definição dos passos necessários para atingir as metas.

332 A QUALIDADE DESDE O PROJETO

O cargo emergente de gerente de qualidade

Este cargo irá diferir radicalmente do padrão vigente nos anos 1980. Essa diferença é ditada pela gama sem precedentes de metas estratégicas de qualidade. Uma forma de resumi-la é dizer que o cargo emergente será orientado para negócios, ao invés de orientado para metas tecnológicas ou departamentais.

Essa é uma mudança profunda e muitos gerentes de qualidade irão enfrentar um grande problema de adaptação. Alguns terão dificuldade em compreender conceitualmente o papel mais amplo. Alguns irão relutar em delegar tantas das suas funções familiares às organizações de linha. Outros precisarão receber treinamento em gerência de negócios.

Os altos gerentes também devem perceber que uma profunda mudança está envolvida. O gerente de qualidade tem um papel chave a desempenhar na GEQ. A nomeação para esse papel chave não deve ser automática. O papel de gerente de qualidade deve ir para alguém capaz de captar conceitualmente o papel e que esteja, além disso, disposto a aplicar o esforço necessário para se qualificar a sua execução.

Os papéis dos altos gerentes na GEQ

Antes de discutir esses papéis, uma boa ideia é *descartar alguma bagagem diversionista*. Existem escolas de pensamento que tentam definir os papéis da alta gerência pela escolha hábil de um rótulo: os altos gerentes devem tornar-se comprometidos, envolvidos, conscientes e assim por diante. A escolha desses rótulos é um exercício de futilidade. Nenhum deles deixa claro, para os altos gerentes, o que devem fazer que seja diferente daquilo que estavam fazendo. O que é necessário é uma definição de itens específicos: quais ações exatamente devem ser empreendidas, quais decisões devem ser tomadas. O descarte da bagagem diversionista facilita a concentração nesses itens específicos.

Servir no conselho de qualidade

A participação no Conselho de Qualidade expõe os membros a insumos essenciais, referentes aos problemas de qualidade que exigem solução, aos recursos necessários, e assim por diante. O conselho raramente será eficaz, se os membros não tiverem poder de decisão sobre o assunto. Além disso, o nível dos membros do conselho comunica, ao restante da organização, a prioridade dada à qualidade.

Participar da formação de políticas

Esta participação assume várias formas:

- Ajudar a identificar a necessidade de políticas de qualidade. (Um importante sintoma dessa necessidade são as repetidas solicitações, vindas de baixo, de orientação a respeito de questões amplas.) *
- Designar responsabilidade para o esboço das declarações de políticas e sua verificação junto às unidades organizacionais afetadas.
- Revisar, corrigir e aprovar.

Participar da fixação e do desdobramento de metas *

O estabelecimento das metas amplas de qualidade é uma responsabilidade típica da alta gerência. Ele também será um exercício de futilidade, se os "planos" para o cumprimento das metas consistirem em exortar os subordinados. Em vez disso, é essencial desdobrar as metas aos níveis subordinados para depois revisar/corrigir/aprovar suas propostas.

Prover os recursos necessários *

Os recursos são o preço a ser pago pelo cumprimento das metas. Uma grande falha dos altos gerentes tem sido deixar de prover esses recursos. E não é só o desempenho que sofre; essa falha também envia uma mensagem negativa aos níveis mais baixos.

Estabelecer a infraestrutura da organização *

Os principais elementos na organização da GEQ consistem em:

- Conselho(s) de qualidade
- Gerente (diretor etc.) de qualidade
- Equipes multifuncionais

As equipes multifuncionais são necessárias principalmente para:

- Planejar processos multifuncionais, como o ciclo de lançamento de novos produtos
- Levar adiante os poucos, mas vitais, projetos de melhoramento da qualidade

Essas equipes requerem legitimidade, prioridades, recursos, treinamento etc., previstos em grande parte através de ações da alta gerência.

✳ Revisar progressos

As revisões dos progressos são parte essencial da garantia de que as metas estão sendo alcançadas. O próprio fato dos altos gerentes efetuarem as revisões envia, ao restante da organização, uma mensagem a respeito da prioridade dada às metas de qualidade.

- Grande parte da base de dados para essas revisões provém de:
  - Relatórios resumidos do desempenho real em relação às metas de qualidade;
  - Auditorias dos processos em uso, em especial os processos amplos denegócios.

✳ Dar reconhecimento

O reconhecimento consiste, em sua maior parte, de ações "cerimoniais" para registrar publicamente desempenhos meritórios. Essas ações cerimoniais focalizam melhoramentos em atividades, ao invés de controle de operações.

É prática comum, para os altos gerentes, presidir entregas cerimoniais de certificados ou placas a pessoas que completaram cursos de treinamento. Em algumas empresas, os altos gerentes participam, pessoalmente e com destaque, de jantares organizados especificamente para homenagear equipes que completaram seus projetos de melhoramento da qualidade. Eventos semelhantes são organizados para reconhecer contribuições notáveis feitas por fornecedores. Outras empresas estabelecem prêmios especiais para equipes ou indivíduos cujas contribuições são julgadas notáveis. Esses prêmios são entregues por altos gerentes em ocasiões cerimoniais e são divulgados através de vários veículos: o boletim da empresa, os quadros de avisos, a imprensa local etc.

✳ Corrigir o sistema de premiação

O sistema de premiaçao (avaliação de mérito, aumentos de salário, promoções, bônus etc.) serve ao propósito básico de premiar o desempenho em relação às metas operacionais. Ele também serve para informar todos os interessados a respeito das prioridades dos altos gerentes. Se metas adicionais forem impostas pela adoção da GEQ, mas sem correções no sistema de premiação, os níveis subalternos receberão sinais conflitantes. A maioria dos subordinados resolve esse conflito seguindo as prioridades tradicionais, associadas ao sistema de premiação que não foi alterado.

Estabelecer a necessária auditoria de qualidade ✶

A abordagem para isso já foi vista sob o título" Auditorias de Qualidade".

ESFORÇOS PARA EVITAR A PARTICIPAÇÃO DA ALTA GERÊNCIA

O que vimos anteriormente é uma lista formidável de papéis a serem assumidos pelos altos gerentes. A maioria deles preferiria delegar a gerência da qualidade aos níveis gerenciais inferiores e aos trabalhadores. Contudo, a função qualidade cresceu de importância a um ponto em que *a grande estratégia não é mais delegável;* os altos gerentes precisam assumi-la pessoalmente.

Uma falha comum

Um esforço, amplamente testado, para delegar, consiste essencialmente em:

1. Fixação de metas pelos altos gerentes. Algumas dessas metas são específicas, por exemplo: Vamos cortar pela metade o custo da má qualidade. Mas a maior parte delas é vaga, por exemplo: Fazer direito na primeira vez.
2. Exortação dos subordinados para que aumentem a "conscientização" e atinjam as metas.

As razões do fracasso

Essas abordagens estão condenadas ao fracasso, porque carecem do conteúdo substantivo necessário para competirem com a ordem existente.

- Alguns altos gerentes, desapontados com o fracasso de uma abordagem dessas, queixaram-se amargamente com um dos autores (Juran) de que seus subordinados os haviam "deixado na mão". O autor ofereceu uma explicação bastante diferente, a qual está resumida na Figura 9-4.

É evidente, pela Figura 9-4, que a ordem existente impôs há muito, aos subordinados, um sistema claro de responsabilidades baseado em metas específicas, planos, estrutura organizacional, recursos, revisões de progressos, prêmios e assim por diante. Essas responsabilidades não mudam quando a nova abordagem (a abordagem "condenada") é aplicada. Os subordinados ainda devem cumprir seus programas, orçamentos etc. A imprecisão da nova abordagem não pode competir com a ordem existente.

Influências sobre o desempenho	A ordem existente	A "abordagem condenada"
Metas	Claras: orçamentos, programações, especificações etc.	Normalmente vagas. Suspeitas por serem parte de uma iniciativa nova: "Aí vem mais uma"
Planos para cumprimento das metas	Adequados; específicos	Vagos
Definições de responsabilidades	Claras; nas descrições de cargos	Vagas
Recursos	Previstos	Raramente previstos
Revisão de progressos	Adequada: relatórios padronizados, revisões programadas	Vaga
Motivação	Adequada, por meio de: revisões de controle dos relatórios de progressos; sistema de premiação	Exortação

Figura 9-4 – Por que muitos esforços para delegar foram condenados ao fracasso.

GEQ OU NÃO: O ELEMENTO DECISIVO

A decisão, pelos altos gerentes, de levar ou não a empresa para a GEQ é única para cada empresa. O que é decisivo é a importância da qualidade em relação à saúde futura da empresa. Os benefícios potenciais da GEQ são claros:

- As metas tornam-se claras – o processo de planejamento exige a clarificação das imprecisões e provê uma relação coerente entre metas em vários níveis.
- O processo de planejamento torna assim as metas atingíveis.
- O processo de controle ajuda a garantir que as metas sejam atingidas.
- Os desperdícios crônicos são reduzidos através do processo de melhoramento da qualidade.
- A criação de novos desperdícios é reduzida através da correção do processo de planejamento da qualidade.

TREINAMENTO

Tomar a GEQ operante requer extenso treinamento em gerência para a qualidade. Essa necessidade de treinamento afeta toda a hierarquia da empresa. Entre as mais importantes necessidades de treinamento estão aquelas para:

ALTOS GERENTES. Aqui o treinamento concentra-se em conceitos básicos e nos papéis específicos dos altos gerentes para integrar a gerência para a qualidade com o plano de negócios da empresa.

PLANEJADORES. O termo "planejadores" inclui planejadores em tempo integral, bem como gerentes operacionais, até onde estes participam do processo de planejamento da qualidade. A finalidade do treinamento é minimizar a extensão até a qual o planejamento da qualidade é feito por amadores experimentados, resultando depois em problemas de qualidade para os clientes, externos e internos.

EQUIPES DE MELHORAMENTO DA QUALIDADE. Essas equipes são designadas para projetos específicos, que visam melhorar a qualidade do produto e reduzir os custos crônicos da má qualidade. O treinamento serve para muni-las com a metodologia sobre melhoramento da qualidade: o processo, as habilidades, as ferramentas.

O treinamento foi examinado mais de perto no Capítulo 2.

A RESPEITO DO PLANEJAMENTO MULTIFUNCIONAL DA QUALIDADE

A GEQ ocupa-se, por definição, com os níveis mais altos da organização. De maior interesse para os altos gerentes é o desempenho de certos processos essenciais, como aqueles que colocam novos produtos no mercado, atendem pedidos dos clientes, cobram as receitas e recrutam pessoal.

A abordagem ao planejamento e replanejamento desses processos é o assunto do Capítulo 10.

LISTA DE PONTOS ALTOS

- As empresas que embarcam na GEQ devem definir com precisão sua terminologia.
- A estrutura da GEQ é semelhante àquela há muito utilizada para fixar e cumprir metas financeiras.
- Um passo fundamental no estabelecimento da GEQ é a criação do Conselho de Qualidade.
- Um elemento essencial da GEQ é o estabelecimento de metas amplas de qualidade como parte do planejamento estratégico de negócios.
- A prática vigente é de entregar as metas funcionais a equipes. Não deve haver incertezas a respeito da pergunta "Desdobrar para Quem?"
- O desdobramento a equipes tem assumido novas dimensões devido à tendência ao estabelecimento de relações de trabalho em equipe com fornecedores externos.
- O processo de desdobramento exige que os receptores sejam treinados em como reagir.

- A não provisão de recursos tem matado muitos esforços para melhorar aqualidade.
- A adoção da GEQ requer que os altos gerentes revisem regularmente o desempenho em relação às metas estratégicas de qualidade.
- Uma parte essencial do sistema de controles de qualidade dos altos gerentes são as auditorias de qualidade.
- A introdução da GEQ em uma empresa envolve profundas mudanças e muita resistência cultural.
- Os pontos de vista conflitantes a respeito de se entrar ou não na GEQ são, normalmente, resolvidos pelos resultados obtidos em um teste piloto em algum setor da empresa.
- As empresas mudam de direção movendo-se em fila única: uma divisão depois da outra; um departamento depois do outro; uma linha de produtos depois da outra.
- Um mínimo de seis anos se passarão antes que a GEQ esteja perfeitamente adequada.
- O cargo emergente de gerente de qualidade será orientado para negócios, e não para metas tecnológicas ou departamentais.
- Os papéis dos altos gerentes não podem ser definidos através de rótulos simplistas. É preciso deixar claro o que eles devem fazer que é diferente daquilo que faziam.
- A exortação ao cumprimento de metas vagas não pode competir com a ordem existente.

TAREFAS PARA OS ALTOS GERENTES

- Caso os conselhos de qualidade necessários ainda não existam, os altos gerentes devem criá-los.
- O Conselho de Qualidade deve garantir que as políticas de qualidade vigentes reflitam corretamente as intenções da empresa com respeito à qualidade.
- A montagem da infraestrutura de controle da GEQ é de responsabilidade do Conselho de Qualidade.
- A adoção da GEQ exige que os altos gerentes:
  - Sirvam no conselho de qualidade.
  - Participem da formação de políticas.
  - Participem da fixação e do desdobramento das metas.
  - Forneçam os recursos necessários.
  - Estabeleçam a infraestrutura da organização.
  - Revisem os progressos.
  - Prestem reconhecimento.
  - Corrijam o sistema de premiação.
  - Estabeleçam a necessária auditoria de qualidade.

10 | PLANEJAMENTO MULTIFUNCIONAL DA QUALIDADE

PROPÓSITO DESTE CAPÍTULO

O propósito deste capítulo é explicar como planejar processos de maneira que irão satisfazer às necessidades dos clientes e, ao mesmo tempo minimizar a criação de desperdícios crônicos durante as operações subsequentes.

MACROPROCESSOS

As empresas e suas divisões autônomas conduzem seus afazeres mais importantes através de grandes sistemas de uso repetitivo, que são de natureza intrinsecamente multifuncionais (também chamados "transfuncionais" ou "interfuncionais"). Usaremos o termo "macroprocessos" para designar esses processos multifuncionais.

Papéis dos macroprocessos

Os macroprocessos são, em sua maioria, processos de negócios com papéis dentro do conceito do Q Grande: lançar novos produtos, processar pedidos dos clientes, cobrar as receitas, recrutar funcionários. Outros macroprocessos têm papéis intimamente associados ao conceito do Q Pequeno: planejar para a fabricação, comprar materiais, produzir bens.

Para desempenhar esses papéis, os macroprocessos recebem insumos dos fornecedores, processam esses insumos, criam produtos específicos e os entregam aos clientes, externos e internos. O processamento feito está de acordo com nossa definição de um processo: uma série sistemática de ações, dirigidas para a realização de uma meta.

340 A QUALIDADE DESDE O PROJETO

À medida em que as empresas crescem, os macroprocessos tornam-se muito numerosos. Por exemplo, em uma grande empresa, os principais processos de negócios associados ao setor do *controller* corporativo constituíam por si mesmos uma longa lista, como pode ser visto na Figura 10.1.

A anatomia dos macroprocessos

Um macroprocesso consiste em muitos segmentos, que chamaremos "microprocessos". Cada microprocesso é tipicamente executado dentro de uma só unidade funcional da orgnização, muitas vezes, chefiada por um supervisor de primeira linha. As atividades de um microprocesso consistem em operações estritamente focalizadas (etapas, tarefas etc.), tais como abrir a correspondência ou montar caixas de transmissão. (Discutiremos o planejamento para microprocessos no Capítulo 11.)

Pagamentos a fornecedores
Registro de horas trabalhadas e folha de pagamento
Reembolso de despesas dos funcionários
Transferências/faturamentos internos
Serviços financeiros internacionais
Aumento das cobranças financeiras
Alocação de custos dentro da empresa
Planejamento financeiro
Preparação do orçamento
Preparação e análise de relatórios financeiros
Preparação da informação de ativos fixos
Preparação da informação de gerência de estoques
Políticas e padrões contábeis
Funções de apoio comum

Figura 10-1 – Principais Processos Associados ao Setor de um *Controller* Corporativo.

A "anatomia" dos macroprocessos varia, mas a maior parte deles consiste em uma "procissão" como aquela mostrada na Figura 10-2 (esta é igual à Figura 7-4, mas está reproduzida aqui por conveniência).

Outra forma importante de macroprocesso é a "árvore de montagem", mostrada na Figura 10-3 (igual à Figura 7-3, reproduzida por conveniência).

Relação com as organizações funcionais

As empresas e suas divisões autônomas são normalmente organizadas ao longo de linhas funcionais. A organização por função começa com a separação da pilha global de trabalhos em agrupamentos funcionais lógicos: finanças, marketing, relações humanas e assim por diante. Depois dessa separação, cada função é designada para um gerente funcional, que tem a responsabilidade de realizá-la.

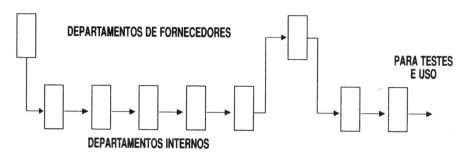

Figura 10-2 – Um Macroprocesso como Procissão.

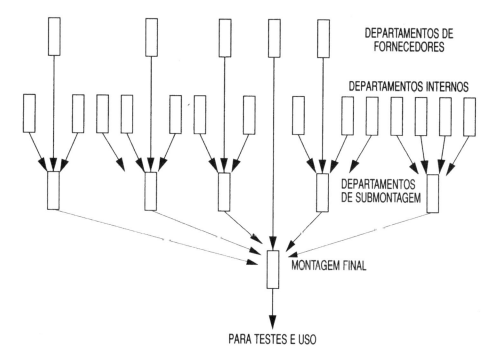

Figura 10-3 – Um Macroprocesso como Árvore de Montagem.

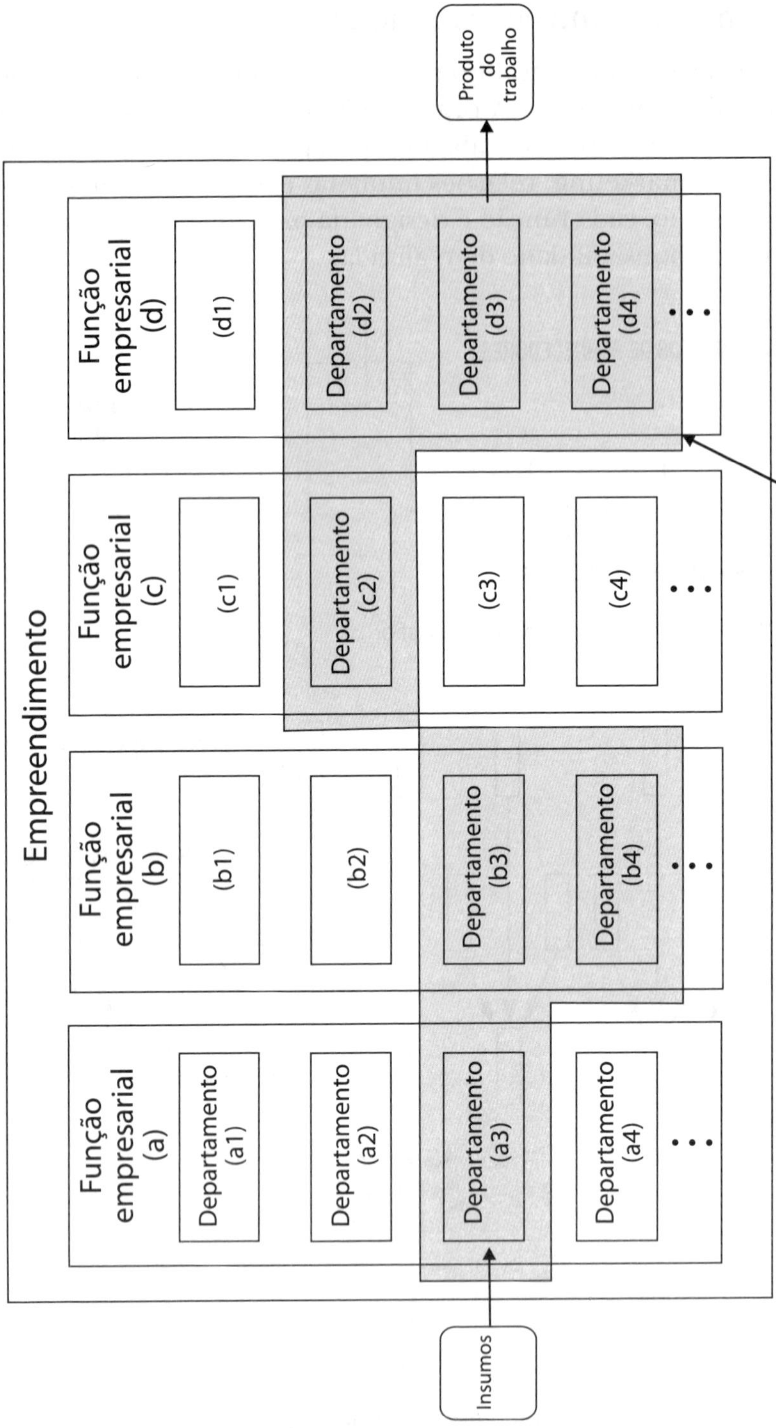

Figura 10-4 – Macroprocesso conduzido em várias organizações funcionais.

Fonte: Gabriel A. Pall, *Quality Process Management* (Englewood Cliffs, N.J.: Prentice-Hall, 1987).

Embora essa seja a forma convencional de organizar, a empresa faz seu trabalho principalmente através de macroprocessos. Estes são compostos por microprocessos espalhados aqui e ali entre os departamentos funcionais. Como resultado, um macroprocesso entra e sai de várias grandes organizações funcionais. Essa relação entre as funções "verticais" e os macroprocessos "horizontais" segue, com frequência, um padrão como aquele mostrado graficamente na Figura 10-4.

O fato notável é que a *anatomia dos macroprocessos não casa com aquela da organização funcional.* O macroprocesso abre caminho através dos domínios de várias funções importantes. Não existe uma resposta óbvia para a pergunta: Quem é responsável pela gerência de qualidade do macroprocesso? Esta pergunta é especialmente pertinente com respeito a macroprocessos muito críticos, tais como o processo para lançamento de novos produtos. Esses macroprocessos passam através de praticamente todas as principais organizações funcionais (ver a "Espiral do Processo em Qualidade", Figura 6-2, no Capítulo 6).

NEGLIGÊNCIA ANTERIOR A RESPEITO DE MACROPROCESSOS

Até os anos 1980, a maior parte das empresas demonstrava pouca preocupação com o fato das anatomias dos macroprocessos não serem compatíveis com aquela da organização funcional. A ênfase estava na definição de responsabilidades funcionais, na fixação de metas funcionais e no uso dos sistemas de premiação como auxílio para cumprimento das metas. As metas funcionais eram cumpridas frequentemente, mas um alto preço era pago pela negligência em relação aos macroprocessos. Ao longo das décadas, essa negligência resultou em um enorme acúmulo de macroprocessos ineficazes na satisfação das necessidades dos clientes e também geradores de desperdícios.

Algumas empresas demonstravam preocupação com o desempenho dos macroprocessos. Na época, porém, ainda não havia sido desenvolvido nenhum meio eficaz para resolver o problema da incompatibilidade. As empresas que tentavam lidar com ele normalmente o faziam através de comitês ou de uma estrutura matricial, com resultados variados.

Então, na década de 1980, surgiu o conceito do Q Grande, juntamente com a percepção de que os processos de negócios tinham profunda influência na formação da imagem de qualidade das empresas. Essa percepção estimulou muitas empresas a examinarem mais de perto seus principais processos de negócios, que eram quase todos macroprocessos. A medida em que se foi dedicando atenção àquele enorme

344 A QUALIDADE DESDE O PROJETO

acúmulo de macroprocessos ineficazes e desperdiçadores, tornou-se evidente que uma solução iria exigir das empresas o seguinte:

- Estudar bem as metas: quais são os critérios a serem satisfeitos por um macroprocesso.
- Estabelecer "propriedade" para os macroprocessos.
- Projetar uma metodologia para o replanejamento dos macroprocessos existentes.
- Projetar uma metodologia para o planejamento de novos macroprocessos de forma que evitem a criação de novos problemas.

Durante os anos 1980 algumas empresas, em especial a IBM, fizeram progressos consideráveis nas direções acima. A discussão que se segue inclui parte do pensamento dessas empresas e faz referência a algumas das suas publicações a respeito do assunto.

MACROPROCESSOS – OS CRITÉRIOS

Qualquer macroprocesso provê valor adicionado como retomo sobre o trabalho feito. O macroprocesso ideal também satisfaz os critérios a seguir – ele é:

- *Eficaz.* O produto resultante do macroprocesso satisfaz às necessidades dos clientes.
- *Adaptável.* Os macroprocessos são projetados em módulos, que tornam o macroprocesso resultante facilmente adaptável às mudanças das necessidades dos clientes.
- *Eficiente.* Os vários microprocessos (tarefas, etapas etc.) são inter-relacionados e coordenados de forma lógica. O macroprocesso opera a custo mínimo, ao tempo mínimo por ciclo e com mínimo desperdício.
- *Mensurável.* São estabelecidos sensores e unidades de medida em etapas chave, para fornecer as avaliações necessárias ao controle.
- *Controlável.* O macroprocesso é capaz de executar ciclos repetidos de trabalho com variabilidade mínima no produto.
- *Formalizado.* O macroprocesso está descrito em documentos formais, aprovados pelas autoridades competentes.

Além de satisfazer os critérios anteriores, deve haver uma clara responsabilidade pela supervisão do macroprocesso. A omissão no estabelecimento dessa clara responsabilidade é comum. Quando as empresas examinaram seus macroprocessos durante os anos 1980, ficou evidente que ninguém estava encarregado – não havia "proprietários" dos macroprocessos. Ficou também evidente que, para os macroprocessos chave, essa situação não poderia continuar. Para aqueles macroprocessos, seria preciso haver uma clara designação de propriedade.

(No caso dos microprocessos, a clara designação de propriedade não constituía problema. O microprocesso é, por definição, de natureza departamental, e o chefe do departamento é, normalmente, seu proprietário natural.)

OS MACROPROCESSOS CHAVES

Os macroprocessos são numerosos. Em uma grande empresa, os números chegam a muitas centenas. Estabelecer proprietários para tantos macroprocessos é uma tarefa formidável. Assim as empresas inicialmente optaram por estabelecer propriedade somente para os macroprocessos "chave".

A seleção dos macroprocessos chave é feita pelo Conselho de Qualidade, ou por algum subconselho ou comitê especialmente designado para essa finalidade. O comitê recebe informações de várias fontes: *feedback* de clientes, pesquisas de opinião, estudos especiais e assim por diante. A partir destas, o comitê faz sua seleção baseado em critérios múltiplos, que incluem:

- *Não eficaz:* O macroprocesso não está provendo satisfação aos clientes.
- *Não competitivo.* As informações disponíveis mostram que o macroprocesso está sendo superado por outros.
- *Causa insatisfação nos clientes.* As reclamações dos clientes (externos e internos) são atribuíveis a deficiências no macroprocesso.
- *Intensivo de capital.* Recursos consideráveis da empresa estão presos ao macroprocesso.
- *Crítico para a empresa.* O caráter crítico pode ser devido ao impacto do macroprocesso sobre as relações com os funcionários, a conformidade com regulamentações governamentais, o cumprimento de programações ou outras áreas.
- *Grande potencial para melhoramento.* Análises podem ter mostrado que há oportunidades para melhoramentos significativos, por exemplo, na assistência aos clientes ou em redução de custos.

RESPONSABILIDADE DOS PROPRIETÁRIOS DE MACROPROCESSOS

Uma discussão sobre a propriedade de macroprocessos deve começar por uma clara distinção entre:

346 A QUALIDADE DESDE O PROJETO

- *Propriedade relativa ao planejamento.* Se o planejamento deve ser feito com a participação de todos os afetados, então é necessário um *esforço em equipe.* Esse esforço é necessário tanto para macroprocessos como microprocessos.
- *Propriedade relativa a operações.* Se puder ser estabelecido um estado de autocontrole, então a propriedade poderá ser *individual.* Muitos microprocessos foram historicamente planejados para serem autocontrolados, de modo que pudesse ser estabelecida a propriedade individual. Porém, muito poucos macroprocessos foram planejados para um estado de autocontrole, resultando na carência de propriedade.

Nas discussões que se seguem, a ênfase está na propriedade de *operações,* em especial na operação de macroprocessos.

A maneira de definir a propriedade de macroprocessos tem sido extensamente estudada, com os trabalhos mais influentes sendo, mais uma vez, da IBM. Esses estudos deixam claro que o estabelecimento de propriedade deve ser procedido por um acordo a respeito das responsabilidades de um proprietário. Esses mesmos estudos também deixam claro que, em algumas empresas, especialmente nas grandes, pode ser necessário estabelecer vários níveis de proprietários (para detalhes, ver a seguir "Propriedade de Quem?").

Em algumas empresas, os ganhos obtidos com os "locais de testes" para melhoramento de macroprocessos têm sido extensos. Essas empresas geralmente instituem um comitê para administrar o aumento de escala desses melhoramentos. (O comitê poder ser idêntico ao Conselho de Qualidade.) Esse comitê supervisiona a gerência dos macroprocessos em termos gerais e possui o mais alto nível de propriedade – a propriedade coletiva dos macroprocessos.

A Figura 10-5 mostra as responsabilidades desse comitê em uma grande empresa.

Suprir direção global para a gerência do macroprocesso
Identificar os macroprocessos chave e designar proprietários
Assegurar o estabelecimento de metas e medidas
Prover recursos
Revisar desempenho em relação às metas e medidas
Estimular as mudanças necessárias
Estimular o melhoramento contínuo
Resolver conflitos

Figura 10-5 – Responsabilidades do Comitê Governativo.

Um segundo nível de propriedade é o do macroprocesso. Aqui, um gerente de alto nível é designado proprietário de um macroprocesso específico. Esse gerente pode ser designado como "proprietário executivo", em contraste com o "proprietário operacional" ao nível de microprocesso. A Figura 10-6 é um exemplo das responsabilidades do proprietário ao nível de macroprocesso.

Um terceiro nível de propriedade está no nível de microprocesso, no qual, normalmente, existe plena compatibilidade entre a responsabilidade funcional e a relativa ao microprocesso. Neste nível, o chefe do departamento, frequentemente, também é o proprietário do microprocesso.

No final dos anos 1980, as responsabilidades de propriedade ainda estavam passando por testes e experimentos de campo, bem como a escolha de proprietários (ver a seguir).

PROPRIEDADE DE QUEM?

A escolha do proprietário é um problema complexo, devido ao conflito entre duas realidades:

Responsabilidades dos Proprietários de Macroprocessos
Determinar as necessidades dos clientes; garantir acordo
Definir os limites do macroprocesso
Documentar o fluxo do processo
Definir metas e critérios de qualidade a serem cumpridos
Estabelecer medições; garantir integridade de informações e medições
Identificar os fatores críticos de sucesso e dependências chave
Definir os microprocessos
Designar propriedade para os microprocessos; garantir concordância
Definir responsabilidades e autoridade dos proprietários
Estabelecer relações transfuncionais
Revisar desempenho em relação às metas; reportar resultados
Identificar deficiências; garantir mudanças para prover soluções
Fixar metas para melhoramento continuado
Acompanhar progressos, estimular melhoramentos
Resolver questões transfuncionais
Nota: Algumas dessas responsabilidades exigem direção pessoal pelo proprietário. Outras envolvem delegação, seguida por revisão e aprovação

Figura 10-6 – Exemplo de Responsabilidades dos Proprietários de Macroprocessos.
Fonte: Extraído de Nickell e McNeil (1987). Ver também Kane (1986).

348 A QUALIDADE DESDE O PROJETO

- A forte preferência das empresas nos Estados Unidos pela designação da responsabilidade por operações a indivíduos, especialmente a gerentes funcionais.
- A natureza multifuncional dos macroprocessos.

A propriedade dos macroprocessos pode ser arbitrariamente designada a gerentes individuais. O problema surge quando esses gerentes tentam cumprir as responsabilidades recebidas. Normalmente, podem ter sucesso quanto (a) aos microprocessos sobre os quais eles têm comando, mas não quanto (b) àqueles sobre os quais carecem de comando. No caso (b) carecem de "legitimidade" (ver Figura 10-4). As prioridades para os microprocessos da categoria (b) são fixadas pelos seus respectivos superiores funcionais, que possuem o comando e a legitimidade. Note que, para o macroprocesso descrito na Figura 10-4, as decisões e ações operacionais ficam principalmente com a estrutura hierárquica (a cadeia de comando) e só secundariamente com o proprietário do macroprocesso.

Embora os gerentes responsáveis careçam de legitimidade em razão da falta de comando, é possível criar novas formas de legitimidade. A tradição de favorecer a propriedade individual tem estimulado muitos experimentos no projeto de formas organizacionais que designam a propriedade de macroprocessos a gerentes individuais, a despeito do fato do seu "comando" – sua responsabilidade funcional – estender-se somente a uma parte do macroprocesso. A maior parte desses experimentos tem resultado na designação a uma de duas categorias:

1. Um proprietário assumido.
2. Um proprietário designado.

O proprietário assumido

Assume-se, normalmente, que o gerente da função dominante possua o macroprocesso inteiro. Essa suposição não é feita às cegas; sabe-se que várias funções estão envolvidas. Não obstante, a decisão pode ser de agir com base na suposição. Esta ação também pode ocorrer por uma espécie de omissão. Se não há uma designação clara, a propriedade permanece vaga. Nessas condições, é lógico que a função dominante seja atraída para esse vácuo.

Na opinião dos autores, muitos danos têm sido causados pelo uso do conceito do proprietário assumido. A razão é que as prioridades de planejamento estão focalizadas na missão da organização funcional do proprietário, ao invés de na otimização para a empresa. Para ilustrar:

- A compra de materiais envolve vários custos, sendo os principais: o preço de compra, os danos internos devidos à má qualidade e os custos dos serviços externos em razão da má qualidade. Em muitas empresas, assume-se que este macroprocesso seja "propriedade" do diretor de compras. Este normalmente dispõe de bons dados sobre os preços de compra, mas não sobre os custos atribuíveis à má qualidade dos materiais comprados. Como resultado, o que é otimizado é o desempenho da função de compras, não o desempenho da empresa.

A situação de assumir que a função dominante é proprietária do macroprocesso inteiro é comum. Para ilustrar, aqui estão vários macroprocessos juntamente com a função dominante associada e um foco importante dessa função:

Macroprocesso para a Produção de	Função Dominante	Um Foco Importante
Pedidos de compra	Compras	Preço de compra
Contratos de vendas	Marketing	Volume de vendas
Novos produtos	Desenvolvimento de produtos	Tecnologia

O que está realmente em questão aqui é se a propriedade de macroprocessos pode ser deixada exclusivamente a proprietários individuais. A opinião dos autores é um não qualificado. É necessário algum tipo de equipe.

O proprietário designado

Por este conceito, uma pessoa é *designada* como proprietária, a despeito da carência de comando sobre todas as etapas do macroprocesso. A lista mostrada na Figura 10-6 refere-se exatamente a um proprietário designado. Essa lista consiste em uma mistura de responsabilidades de planejamento e operacionais.

As empresas que fazem uso de proprietários designados são, normalmente, cuidadosas no estabelecimento de critérios a serem satisfeitos pela pessoa escolhida. Um desses critérios é o nível gerencial adequado na hierarquia. A seguir está o texto atribuído a uma empresa:

Um proprietário deve ocupar, na organização, uma posição alta o suficiente para identificar o impacto, sobre o processo, de uma nova direção da empresa, para monitorar a eficácia e a eficiência, influenciar as mudanças em práticas/procedimentos que afetam o processo, comprometer-se com um plano e implantar mudanças para melhorar o processo (ver Nickell eMcNeil, 1987).

350 A QUALIDADE DESDE O PROJETO

Neste caso, um dos critérios para a seleção do proprietário era "uma posição alta o suficiente na organização". É uma forma de reconhecimento das realidades enfrentadas ao se tentar alcançar resultados na ausência de comando.

Uma variação do conceito de proprietário designado é o estabelecimento de dois proprietários:

- Um "proprietário executivo", que recebe as responsabilidades mostradas na Figura 10-6.
- Um "proprietário operacional", que está ao nível de microprocesso. Este proprietário operacional é um subordinado direto do proprietário executivo. Ele tem a responsabilidade de organizar uma equipe composta pelos chefes dos microprocessos chave. Essa equipe fica à disposição para ajudar o proprietário executivo na execução das responsabilidades a ele designadas.

Proprietários assessores

Uma outra forma de "proprietário" é um gerente de assessoria que é designado para ajudar a preparar um plano transfuncional e depois é mantido "responsável" pelos resultados. Os exemplos incluem: 7.

GERENTES DE PRODUTO. Eles têm, tipicamente, a responsabilidade básica pela preparação do orçamento (um plano financeiro) para uma linha de produtos e garantir compromissos dos vários gerentes operacionais. Eles também são responsáveis pela medição dos progressos e pelo estímulo de ações corretivas caso as metas não sejam atingidas. Com frequência eles são considerados "responsáveis" pelos resultados operacionais, mas não estão em estado de autocontrole.

GERENTE DE CONFIABILIDADE. Estes também são uma forma de proprietários designados. Possuem ampla responsabilidade com relação ao planejamento da confiabilidade do produto, do conceito até o cliente, e sobre o ciclo de vida do produto. Assim como o gerente de produto, eles garantem compromissos dos gerentes operacionais, avaliam o desempenho e soam o alarme caso as metas não sejam atingidas. Também não estão em estado de autocontrole.

Propriedade individual ou de uma equipe?

O conceito de propriedade individual de macroprocessos tem algumas limitações intrínsecas. A condução ótima das operações requer a participação dos microprocessos, sob a forma de dados, negociações para che-

PLANEJAMENTO MULTIFUNCIONAL DA QUALIDADE **351**

gar à otimização e acordos para empreender ações. Na prática, o proprietário individual deve obter essa participação. O resultado é uma estrutura de *equipe informal*, mas com deficiências embutidas:

- Uma equipe informal carece de legitimidade na hierarquia da organização.
- As responsabilidades departamentais do proprietário podem influenciar seu papel.
- Os principais fatores na obtenção de resultados são as habilidades, o treinamento e a capacidade de persuasão do proprietário. Como estes variam amplamente, os resultados também irão variar amplamente.

Impacto sobre os padrões de carreiras

A interação entre organizações funcionais e macroprocessos é fortemente influenciada pelas percepções das pessoas envolvidas a respeito do impacto sobre suas carreiras. Muitas pessoas pensam que suas carreiras estão ligadas a uma profissão, na qual elas têm treinamento especial e experiência, tais como piloto comercial, eletricista ou engenheiro de *software*. Em casos assim, o conceito de progresso é fortemente "horizontal". O progresso na carreira envolve a consecução de altos níveis de qualificação, o reconhecimento como um perito no campo de atuação, e a designação para as tarefas mais difíceis na especialidade. As recompensas incluem o autorrespeito e o respeito dos pares, bem como prêmios tangíveis.

Uma outra especialidade é a gerência – a arte e ciência de obter resultados através de outras pessoas. Nesta especialidade, o conceito de progresso é fortemente "vertical". A progressão nessa carreira envolve a ascensão a níveis mais elevados na hierarquia, com o comando sobre cada vez mais subordinados. As recompensas vêm na forma de *status* e poder, bem como prêmios tangíveis.

Essas duas carreiras – horizontalmente em uma especialidade, ou verticalmente na gerência – podem ser seguidas dentro de uma só empresa ou passando-se de uma empresa para outra.

Tudo isso tem relação com o desempenho dos macroprocessos. As pessoas envolvidas certamente procurarão saber como a interação da organização funcional com o macroprocesso afeta o progresso das suas carreiras. Portanto, os proprietários designados devem se informar a respeito dos prováveis efeitos das suas propostas sobre os padrões de carreira das pessoas afetadas. Essas informações devem se tornar dados de entrada para o seu planejamento.

ORGANIZAÇÕES CONSTRUÍDAS AO REDOR DE MACROPROCESSOS

Uma outra opção para se lidar com macroprocessos é projetar a organização ao redor de macroprocessos, ao invés de funções amplas.

- Na indústria de publicações, um dos macroprocessos críticos é o "atendimento". Este envolve serviços aos clientes: colocá-los na lista de assinantes, remeter seus jornais e livros, agir a respeito das suas mudanças de endereço, e assim por diante. Este macroprocesso é normalmente designado para um "gerente de atendimento" e os assuntos são organizados de forma que os microprocessos associados fiquem todos sob o comando direto desse gerente.

Esse projeto da organização toma o escopo da função compatível com o comando do macroprocesso. Também torna estes dois compatíveis com uma fase do conceito de carreira. Porém, à medida em que as organizações aumentam de tamanho, elas não podem fugir da organização por funções e, incidentalmente, da criação do fenômeno ilustrado pela Figura 10-4. Houve, nos anos 1980, algumas experiências entusiasmantes no uso de equipes conjuntas. Algumas delas eram orientadas, principalmente, para o planejamento; outras eram orientadas tanto para operações como para o planejamento.

GERÊNCIA DA QUALIDADE DE MACROPROCESSOS

A gerência da qualidade para macroprocessos é realizada pelo uso da Trilogia Juran: planejamento da qualidade, controle de qualidade, melhoramento da qualidade. Aplicada a macroprocessos, a gerência da qualidade era, no passado, prejudicada por várias deficiências, entre as quais:

- A responsabilidade pela propriedade era vaga, resultando em má coordenação e nenhuma delegação para melhoramentos.
- O planejamento era feito por "amadores", resultando na subutilização de métodos modernos ligados à qualidade.
- Os macroprocessos, apesar de intrinsecamente importantes, recebiam pouca atenção da alta gerência.

Para corrigir essa (e outras) deficiências, os altos gerentes devem estabelecer a infraestrutura necessária para:

- Determinar quem deve possuir macroprocessos.
- Definir as responsabilidades dos proprietários.
- Revisar regularmente o desempenho.

Além disso, é necessário tomar certas providências específicas com relação aos processos da Trilogia, como veremos a seguir.

PLANEJAMENTO DA QUALIDADE PARA MACROPROCESSOS

O planejamento da qualidade para macroprocessos inclui (1) definir o trabalho a ser feito pelos planejadores, (2) designar esse trabalho para uma equipe apropriada e (3) utilizar práticas modernas.

As duas missões

É importante, inicialmente, distinguir entre (a) a missão da equipe de ▲ planejamento e (b) a missão do macroprocesso.

A missão da equipe de planejamento está colocada na definição básica de planejamento da qualidade, repetida aqui por conveniência:

- Planejamento da qualidade é a atividade de (a) estabelecer metas de qualidade e (b) desenvolver os produtos e processos necessários ao cumprimento dessas metas.

A missão do macroprocesso é gerar produtos que realizem as metas planejadas e façam isso com o mínimo de desperdício (eficazes e eficientes).

Quem são os planejadores?

A noção popular de planejador é de uma pessoa que passa o tempo todo fazendo planejamento. Na maior parte das empresas existem, de fato, pessoas que passam grande parte do seu tempo fazendo planejamento: administradores do orçamento, projetistas (de equipamentos e de *software*), analistas de sistemas, engenheiros de processos e assim por diante. Algumas empresas também têm planejadores de qualidade em tempo integral: engenheiros de qualidade, engenheiros de confiabili- ▲ dade. Entretanto, a maior parte do planejamento da qualidade é feito por gerentes e outras pessoas nos departamentos funcionais.

- Como é aqui usada, a palavra "planejador" aplica-se a qualquer pessoa que esteja empenhada em planejar, seja em tempo integral ou como parte de uma lista mais ampla de responsabilidades.

O fato é que os gerentes de departamentos funcionais podem ser designados para três papéis, com respeito aos macroprocessos:

- Planejadores dos microprocessos em seus departamentos funcionais.
- Planejadores dos macroprocessos para os quais são designados como proprietários.
- Proprietários designados de macroprocessos no sentido operacional.

O trabalho a ser feito

A lista de trabalhos para o planejamento da qualidade para os macroprocessos inclui:

DEFINIR A MISSÃO DO MACROPROCESSO. Cada equipe de planejamento é criada para uma finalidade específica de planejamento. Um dos primeiros passos é esclarecer essa finalidade. Na verdade, a equipe deve completar a frase: "Este plano foi completado quando _____ ".

SEGUIR O MAPA DE PLANEJAMENTO DA QUALIDADE. Esse mapa é o processo de planejamento passo a passo mostrado no Capítulo 1, sob o título "O Mapa do Planejamento da Qualidade", e elaborado nos capítulos subsequentes.

DEFINIR OS MICROPROCESSOS. É muito comum delegar o planejamento de microprocessos a equipes departamentais locais. Esse arranjo requer uma clara definição da missão de cada um desses microprocessos delegados, bem como os critérios para as interfaces.

COORDENAR O PLANEJAMENTO. O planejamento para um macroprocesso sempre inclui algum planejamento para ser feito por fontes que, provavelmente, não são membros da equipe. Por exemplo:

- Planejadores de alguns dos microprocessos.
- Clientes externos.
- Fornecedores externos.
- Várias forças da sociedade.

A equipe de planejamento tem a responsabilidade de coordenar tudo isso, para chegar à otimização.

A equipe de planejamento

▲ O planejamento de macroprocessos é, por natureza, um esforço em equipe. Ele é feito melhor com a participação daqueles que serão afetados pelo plano resultante. Existem várias maneiras de se criar uma estrutura de equipe.

PROPRIETÁRIO DESIGNADO MAIS PARTICIPAÇÃO INFORMAL. A natureza desta abordagem está evidente na lista de responsabilidades dos proprietários mostradas na Figura 10-6.

PLANEJADOR EM TEMPO INTEGRAL MAIS REVISÃO FORMAL DO PROJETO. Por esta abordagem, são estabelecidos comitês formais

PLANEJAMENTO MULTIFUNCIONAL DA QUALIDADE **355**

de revisão de projetos, para permitir que os departamentos afetados revisem os planos e forneçam alertas antecipados ao planejador, isto é, "se você planejar dessa maneira, este será o efeito em minha área".

PLANEJAMENTO CONJUNTO. Por esta abordagem, uma equipe de planejadores executa todo o planejamento, fase após fase. Esta abordagem tem o potencial para fornecer o planejamento mais completo. Ela é também a mais exigente em termos de horas gastas com planejamento.

ORGANIZAÇÃO MATRICIAL. Esta é uma forma de estrutura de equipe superposta a uma hierarquia funcional. Em algumas empresas, ela tem sido bastante útil para coordenar as funções associadas a produtos ou mercados específicos. Também é amplamente usada para apagar incêncios – para lidar com problemas esporádicos que cruzam linhas funcionais. O uso de organizações matriciais como equipes de planejamento da qualidade não tem sido muito documentado. Entretanto, há experiências que indicam que mesmo dentro de uma organização matricial, os melhores veículos para um planejamento bem-sucedido são as equipes focalizadas de planejamento conjunto.

Experiência para o planejamento da qualidade

Uma deficiência comum no passado era o fenômeno do planejamento da qualidade por amadores – planejamento da qualidade sem experiência em qualidade. É preciso prover a experiência faltante. As principais opções para fazer isso são:

1. Designar especialistas em qualidade para assistir as equipes de planejamento, como consultores ou como membros. Esta opção tem sido favorecida pelas empresas nos Estados Unidos.
2. Treinar os planejadores (gerentes e especialistas de linha) nas técnicas necessárias, isto é, transformar os amadores em profissionais. Esta opção tem sido favorecida pelas grandes empresas japonesas.

Cada uma dessas opções foi amplamente testada. Com base no *feedback* desses testes, a opinião dos autores é que a opção (2), treinar os planejadores, supera a opção (1) de forma significativa, devendo, portanto, ser adotada no futuro.

Para uma exposição adicional, ver o Capítulo 12, sob o título "Treinamento em Planejamento da Qualidade" e títulos subsequentes.

356 A QUALIDADE DESDE O PROJETO

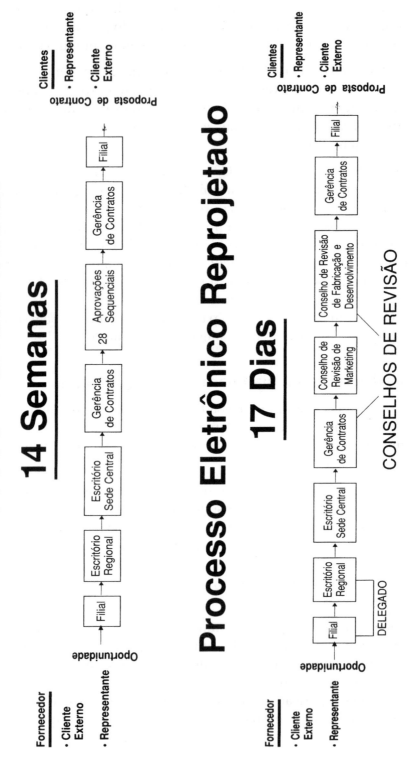

Figura 10-7 – Exemplo de replanejamento de um macroprocesso.

Replanejamento de macroprocessos

O trabalho feito nos anos 1980, para designar proprietários para macroprocessos, conduziu ao replanejamento de alguns deles. Um exemplo desse replanejamento refere-se a um processo de propostas para concorrer a contratos. Pelo planejamento original, o processo exigia uma média de 14 semanas para preparar uma proposta. O rendimento em contratos era de cerca de 20%. A razão mais forte para o baixo rendimento era a demora do processo de preparação de propostas.

Um replanejamento do processo reduziu o tempo de preparação para três semanas e meia e elevou o rendimento para uma faixa entre 50% e 60%. A Figura 10-7 mostra o fluxo do processo antes e depois do replanejamento.

As mudanças que resultaram nesse dramático melhoramento incluíam a introdução de um subsistema *on-line* de gerência de contratos no já existente Sistema de Informações de Marketing para a preparação de propostas. Os principais benefícios foram:

1. Uma sequência de lembretes, refletindo uma base de dados atualizada de regras, procedimentos etc., apressou grandemente a preparação do documento inicial e assegurava a conformidade às diretrizes do contrato, reduzindo assim as frequentes correções e resultantes atrasos que caracterizavam o sistema anterior.
2. A transferência eletrônica de informações entre os participantes do processo, que estavam geograficamente dispersos, eliminou os atrasos associados à transferência de cópias de papel pelo correio.
3. Foram determinados os prazos para o término de cada etapa do processo e revisões periódicas do desempenho em relação a esses prazos.
4. Foi estabelecido um sistema de aprovações simultâneas, para substituir o sistema anterior de aprovações consecutivas.
5. Foram feitas disposições para a aprovação regional de certas propostas de baixa renda – cerca de 20% de todas as propostas.

CONTROLE DE QUALIDADE PARA MACROPROCESSOS

Virtualmente, todos os controles de qualidade são montados ao redor da alça de *feedback*. A Figura 10-8 mostra o modelo gráfico (esta é também a Figura 5-7, reproduzida aqui por conveniência).

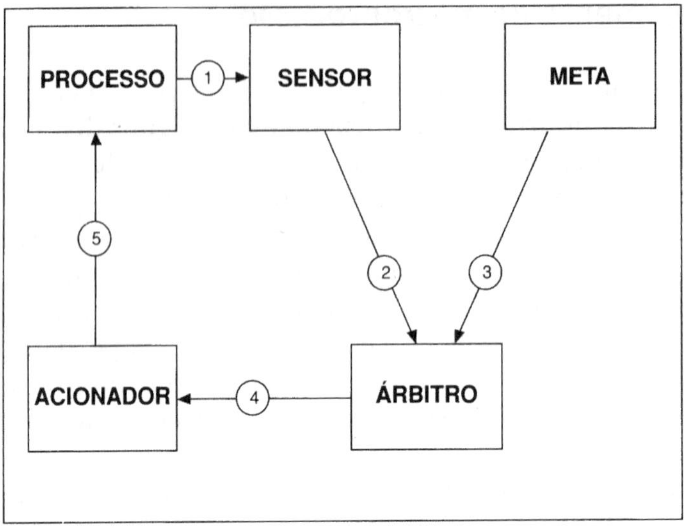

358 A QUALIDADE DESDE O PROJETO

Figura 10-8 – A alça de *feedback*.

A aplicação do controle de qualidade aos macroprocessos requer o estabelecimento dos elementos essenciais de controle:

- Metas de desempenho.
- Meios para a avaliação do desempenho real.
- Revisão do desempenho em relação às metas e fechamento da alça de *feedback*.

Responsabilidade pelo estabelecimento dos elementos de controle

Para muitos macroprocessos, a responsabilidade pelo estabelecimento dos elementos de controle tem sido vaga. O planejamento original não definiu metas de qualidade, nem fez provisões para avaliação de desempenho. Era comum, no passado, assumir-se que, se fossem feitas provisões para o controle de qualidade dos microprocessos, então, o resultado final seria um macroprocesso bem controlado. Com muita frequência o resultado final era o oposto.

Um ótimo remédio para essas deficiências no controle de qualidade de macroprocessos é o estabelecimento dos elementos da alça de *feedback* durante o planejamento original do macroprocesso. As responsabilidades de cada equipe de planejamento devem incluir o estabelecimento desses elementos.

Nos casos em que o planejamento original deixou de prover esses elementos, deve ser responsabilidade do "proprietário" do macroprocesso provê-los através do replanejamento.

O painel de instrumentos da qualidade

A maior parte das empresas desenvolve um pacote de relatórios – um painel de instrumentos – que resume, para os altos gerentes, o desempenho para parâmetros chave: vendas, despesas, lucro, programação, produtividade etc. Em muitas empresas, esse sistema de relatórios inclui o desempenho com respeito à qualidade. Nessas empresas, existe uma notável diferença de ênfase quanto aos objetos de controle:

- A ênfase maior está sobre os desempenhos relacionados à vendabilidade do produto e à insatisfação dos clientes com respeito aos produtos vendidos.
- A ênfase é muito menor sobre os desempenhos de processos administrativos, a despeito do fato deles terem impactos significativos sobre a imagem de qualidade da empresa e o custo da má qualidade.

Este desequilíbrio não pode continuar. Algumas pesquisas têm indicado que os processos administrativos podem ser tão influentes, em termos de reação dos clientes e de imagem de qualidade, quanto os processos que produzem os produtos para venda. Na opinião dos autores, os altos gerentes devem tomar providências positivas para trazer o desempenho de qualidade dos macroprocessos para o sistema de relatórios da alta gerência. O resultado final dessa ação é de equipar os altos gerentes com medidas como aquelas mostradas na tabela a seguir.

Objeto de Controle	Unidades de Medida
Presteza de atendimento	Tempo médio decorrido; porcentagem de promessas cumpridas
Exatidão no faturamento	Perda de receita devida a atraso no pagamento; taxa de erros; custo de correção dos erros
Sucesso nas propostas	Rendimento porcentual; custo por contrato
Resposta às reclamações	Tempo de resposta; porcentagem de clientes satisfeitos
Mudanças evitáveis em desenhos de engenharia, pedidos de compras etc.	Porcentagem de mudanças que eram evitáveis; custo das mudanças evitáveis
Qualidade do *software*	Erros por 1.000 linhas de código; custo de correção dos erros

Para detalhes sobre o controle geral da qualidade pela alta gerência, ver o Capítulo 9, sob o título "A Infraestrutura para Controle". Ver também o Capítulo 5, sob "Medidas para Processos Operacionais".

MELHORAMENTO DA QUALIDADE PARA MACROPROCESSOS

A abordagem projeto a projeto para melhoramento da qualidade (destacado no Capítulo 1, sob o título "A Trilogia Juran") é aplicável a macroprocessos.

Sugestões para projetos

Alguns projetos potenciais de melhoramento podem ser identificados através de *feedback* dos clientes, tais como:

- As necessidades dos clientes não estão sendo satisfeitas.
- O serviço não é competitivo.

Os altos gerentes são uma importante fonte de sugestões, devido à sua participação no Conselho de Qualidade e à sua exposição a informações de clientes, relatórios executivos, auditorias etc.

Uma oportunidade comum para o melhoramento de macroprocessos é a redução da duração do ciclo, para melhorar o atendimento aos clientes e, ao mesmo tempo, reduzir os custos. Tivemos um exemplo no processo de propostas (ver "Planejamento da Qualidade para Macroprocessos: Replanejamento de Macroprocessos"). Para uma ampla discussão de métodos de diagnóstico e soluções para a redução da duração do ciclo, ver o Capítulo 7, sob o título "Redução da Duração do Ciclo".

Outra oportunidade comum para melhoramento de macroprocessos é através da redução da repetição dos trabalhos. Uma das evidências dessa repetição é a existência de "alças" de repetição de trabalhos nos fluxogramas, como mostra a Figura 3-5 no Capítulo 3. Com frequência, o chefe do microprocesso associado não foi capaz de eliminar a alça porque o problema é de natureza multifuncional. Em tais casos, é necessário um proprietário ou uma equipe multifuncional para prover uma solução.

Liderança para os projetos de melhoramento da qualidade

O melhoramento da qualidade para macroprocessos pode exigir diagnóstico e remédio em dois níveis:

- O nível multifuncional. Neste nível, o projeto de melhoramento é dirigido pelo proprietário do macroprocesso, caso um tenha sido designado. Na ausência de um proprietário designado, o projeto é

PLANEJAMENTO MULTIFUNCIONAL DA QUALIDADE **361**

entregue a uma equipe multifuncional. A equipe designada torna-se então a proprietária, naquilo que conceme ao melhoramento da qualidade.

- O nível de microprocesso. Aqui pode ser possível delegar o diagnóstico e o remédio à supervisão local ou ao pessoal sem funções de supervisão. Examinaremos esses casos no Capítulo 11.

Motivação para o melhoramento da qualidade de macroprocessos

Nossa principal discussão sobre motivação será no Capítulo 12, sob o título "Base de Dados Motivação e Treinamento". Neste ponto, porém, é útil observar um aspecto especial da motivação para melhoramento da qualidade, quando aplicada a macro e microprocessos.

Um melhoramento de qualidade bem-sucedido em um *microprocesso*, muitas vezes, melhora o desempenho departamental do supervisor que executou o projeto. Essa característica de benefício pessoal tem estimulado muitos supervisores de microprocessos a empreender o melhoramento da qualidade voluntariamente, isto é, mesmo na ausência de uma ordem da alta gerência para melhorar a qualidade.

No caso de macroprocessos, a situação motivacional é bastante diferente. Aqui o processo é de natureza multifuncional, portanto, é necessária uma equipe multifuncional para a execução de um projeto de melhoramento da qualidade. Se esse projeto tiver sucesso, haverá um benefício para a empresa, mas não necessariamente para o desempenho departamental de qualquer membro da equipe.

Essa ausência de benefício pessoal é um desincentivo aos melhoramentos voluntários da qualidade. Como resultado, é preciso que os altos gerentes estabeleçam a infraestrutura necessária ao melhoramento da qualidade e tornem esse melhoramento obrigatório.

O processo detalhado de melhoramento projeto a projeto não é discutido neste livro. Para um tratamento abrangente, ver Juran (1989), Capítulo Três, "Melhoramento da Qualidade". Ver também as referências no final deste livro.

AUDITORIA DE QUALIDADE DE MACROPROCESSOS E FUNÇÕES

Os macroprocessos podem ser difíceis de se corrigir, porque envolvem várias funções importantes da empresa. Contudo, muitos desses mesmos macroprocessos necessitam de correções, porque apresentam mau

362 A QUALIDADE DESDE O PROJETO

desempenho, envolvem desperdícios onerosos e assim por diante. Os clientes do macroprocesso estão insatisfeitos com os resultados, mas não existe uma forma rápida para mudar as coisas. Surge um impasse. Normalmente, o macroprocesso não tem proprietário e sempre há resistência cultural por parte dos proprietários funcionais dos componentes – os microprocessos. Uma forma de romper esses impasses é através da auditoria da alta gerência.

- O caso do macroprocesso para a produção de cartões de crédito envolvia 22 microprocessos, passando pelos domínios de cinco vice-presidentes. Os resultados eram fracos: a duração do ciclo era excessiva; 15% das solicitações deixavam de completar sua jornada através de todas aquelas transferências; alguns solicitantes recebiam vários cartões de crédito. O impasse resultante somente poderia ser rompido por alguma forma de intervenção da alta gerência, como uma auditoria de qualidade.

Uma auditoria de qualidade pode dar muito trabalho

A condução de uma auditoria de qualidade de um macroprocesso dá, normalmente, muito trabalho, grande parte do qual consiste no seguinte:

Identificação das perguntas para as quais são necessárias respostas. As perguntas chave mais frequentes são:

Quem são os clientes chave?
Quais são as suas necessidades?
Como essas necessidades estão sendo satisfeitas?
Como esse serviço se compara com a concorrência?

Obtenção das respostas, algumas das quais envolvem a avaliação do desempenho do macroprocesso e dos seus concorrentes. Outras respostas devem vir da compreensão da maneira pela qual o processo é executado – o fluxograma e assim por diante.

Conclusões, recomendações e correções são elementos que variam de um caso para outro. Em alguns casos, é preciso mudar a anatomia básica do macroprocesso. Por exemplo, no caso dos cartões, pode ser preciso estabelecer uma organização separada para produzir cartões de crédito e também reduzir o número de "transferências". Em outros casos, a solução pode exigir melhores definições dos microprocessos e das interfaces. Em ainda outros casos pode ser necessário melhorar a conformidade dos microprocessos às suas respectivas metas.

GRANDE PARTE DO TRABALHO PODE SER DELEGADA

A maior parte do trabalho, nas auditorias de qualidade, consiste "obtenção das respostas". Este trabalho pode ser, em grande parte, delegado a níveis subordinados. Ele consiste, em parte, na obtenção de dados sobre desempenho e deficiências. O trabalho também inclui a preparação de fluxogramas, planilhas, demonstrações etc., para que os altos gerentes entendam o macroprocesso com facilidade. Além disso, o trabalho inclua preparação de resumos e recomendações como auxílio à tomada de decisões pelos altos gerentes.

Os elementos restantes consistem na identificação das perguntas para as quais são necessárias respostas e na tomada de decisões com base nas conclusões. Esses elementos, normalmente, não são delegáveis.

Auditoria de qualidade de macroprocessos: algumas perguntas chave

O objeto das auditorias de qualidade difere de empresa para empresa e também de uma época para outra. (A qualidade é um alvo móvel.) Em qualquer caso, porém, ele inclui macroprocessos, bem como o desempenho funcional.

A escolha dos macroprocessos a serem auditados deve ser feita pelo Conselho de Qualidade. Normalmente, a lista é semelhante à lista de macroprocessos "chave" que discutimos sob o título "Os Macroprocessos Chave", e baseada nos critérios lá relacionados.

Para macroprocessos, algumas perguntas básicas dominam a auditoria de qualidade:

- O processo é eficaz? Satisfaz as necessidades dos clientes?
- O processo é competitivo com processos semelhantes executados por outros?
- O processo é eficiente – opera com desperdício mínimo?

As respostas a essas perguntas básicas exigem que muitas perguntas subsidiárias sejam levantadas e respondidas. Isso pode significar muito trabalho. Os esforços para evitar esse trabalho podem resultar em uma auditoria superficial e enganosa.

Auditoria de qualidade de funções: algumas perguntas chave

As auditorias de qualidade de funções têm sido realizadas há décadas e muito já foi publicado a respeito da sua condução. A maior parte delas foi realizada em nível de Q Pequeno, mas algumas se estenderam a assuntos de natureza de Q Grande. A seguir está uma seleção das perguntas chave feitas durante auditorias de funções.

FUNÇÃO DE INTELIGÊNCIA DE CAMPO. As perguntas chave são:

- Qual é a importância relativa das características do nosso produto, do ponto de vista dos usuários?
- Quanto a essas características chave, qual é o desempenho do nosso produto em relação àqueles de nossos concorrentes, do ponto de vista dos usuários?
- Quais são os efeitos dessas diferenças competitivas sobre a economia e o bem-estar dos usuários?
- Qual é a adequação da nossa base de dados com relação às perguntas anteriores? Como estamos organizados para a obtenção de inteligência de campo digna de crédito com respeito à qualidade?

FUNÇÃO DE DESENVOLVIMENTO DE PRODUTOS. As perguntas chave são:

- Qual é o histórico do desenvolvimento de nossos produtos – a proporção de sucessos, fracassos e erros?
- Qual é a duração de nosso ciclo do conceito até o cliente, em comparação com aqueles de nossos concorrentes?
- Que medidas estão em uso, para julgar o desempenho da função de desenvolvimento de produtos?
- Qual é o "custo da má qualidade" gerado pela função de desenvolvimento do produto?
- Qual é a adequação do nosso sistema de alerta antecipado, para detectar problemas de qualidade que a função de desenvolvimento de produtos cria para as funções seguintes, na sequência entre o conceito e o cliente?
- Até que ponto as características propensas a falhas dos antigos produtos são transportadas para os novos produtos?
- Que treinamento têm tido nossos projetistas de produtos, em modernas metodologias de qualidade?

FUNÇÃO DE RELAÇÕES COM FORNECEDORES. As perguntas chave são:

- Como nossas necessidades de qualidade são por nós definidas? E pelo nossos fornecedores?
- Como avaliamos o desempenho de qualidade dos fornecedores?
- Até onde nossos problemas de qualidade no uso podem ser atribuídos a itens comprados de fornecedores?

PLANEJAMENTO MULTIFUNCIONAL DA QUALIDADE 365

- Que porcentagem do nosso custo de má qualidade pode ser atribuída a itens comprados de fornecedores?
- Quais são os critérios que usamos para a seleção de novos fornecedores? E para sua eliminação?
- Qual é nossa rotatividade de fornecedores?

FUNÇÃO DE PLANEJAMENTO DE PROCESSOS. As perguntas chave são:

- Quais são as medidas em uso para a função de planejamento de processos?
- Até onde nossos projetos de processos estão em conformidade com as exigências dos clientes para "Just in Time", Controle Estatístico do Processos etc.?
- Que porcentagem do nosso custo de má qualidade pode ser atribuída ao planejamento do processo?
- Qual é a adequação da base de dados do planejamento de processos?
- Até onde nossos planejadores de processos estão treinados em metodologias modernas de qualidade?

FUNÇÃO DE PRODUÇÃO. As perguntas chave são:

- Qual é a prioridade dada à qualidade, em relação a outros parâmetros?
- Até que ponto os funcionários estão em estado de autocontrole?
- Até que ponto os funcionários estão treinados no uso das ferramentas de controle de qualidade?
- Até que ponto os funcionários têm a oportunidade de participar do planejamento e do melhoramento da qualidade?

FUNÇÃO DE GERÊNCIA DA QUALIDADE. As perguntas chave são:

- Qual é a percepção dos gerentes de linha com relação ao papel do Departamento de Qualidade?
- Como está o *feedback* de dados sobre qualidade às funções de linha?
- Qual é a qualificação do Departamento de Qualidade para ajudar a empresa a trazer as metas de qualidade para o plano estratégico de negócios?

FUNÇÃO DE MARKETING. As perguntas chave são:

- O que se sabe a respeito da relação entre a qualidade dos produtos da empresa e o volume de vendas e à estrutura de preços?
- Onde fica a responsabilidade pela determinação dessas relações?
- O que se sabe a respeito do efeito da qualidade dos processos administrativos sobre o volume de vendas e a estrutura de preços?

FUNÇÃO DE ASSISTÊNCIA AOS CLIENTES. As perguntas chave são:

- Quais são as medidas da qualidade da assistência aos clientes?
- Quais são as percepções, pelos clientes, da adequação dos nossos serviços?
- O *feedback* de dados vindos da assistência aos clientes constitui uma base confiável para o planejamento de melhoramentos no desempenho?

TREINAMENTO PARA O PLANEJAMENTO DA QUALIDADE MULTIFUNCIONAL

O propósito declarado deste capítulo era explicar "como planejar processos multifuncionais de forma que satisfaçam as necessidades dos clientes, ao mesmo tempo em que minimizam a criação de desperdícios crônicos durante as operações subsequentes". Para chegar a esses resultados, é preciso que o pessoal das áreas funcionais, entre outras, receba extenso treinamento em planejamento moderno da qualidade.

O treinamento para o planejamento da qualidade (e as ferramentas associadas) será discutido no Capítulo 12, sob o título "Treinamento em Planejamento da Qualidade" a títulos subsequentes.

A RESPEITO DO PLANEJAMENTO DEPARTAMENTAL DA QUALIDADE

O presente capítulo tratou do planejamento da qualidade para processos multifuncionais. Existe uma necessidade paralela de planejamento da qualidade para os microprocessos associados, que são os blocos componentes dos processos multifuncionais. O Capítulo 11, "Planejamento Departamental da Qualidade", trata desse assunto.

LISTA DE PONTOS ALTOS

- A anatomia dos macroprocessos não combina com aquela da organização funcional.
- Um macroprocesso idealmente apresenta as seguintes características:

Eficaz	Mensurável
Adaptável	Controlável
Eficiente	Formalizado

- Durante os anos 1980 tornou-se evidente que ninguém estava encarregado dos macroprocessos – não havia um "proprietário".

- As empresas optaram, inicialmente, por estabelecer proprietários somente para os macroprocessos chave.
- As discussões sobre a propriedade de macroprocessos devem começar pela clara distinção entre:
  - Propriedade relativa ao planejamento
  - Propriedade relativa a operações
- O estabelecimento da propriedade deve ser precedido pelo acordo a respeito das responsabilidades do proprietário.
- Muitos danos foram causados pelo uso do conceito do proprietário assumido.
- Os proprietários designados devem informar-se quanto aos efeitos prováveis das suas propostas sobre os padrões de carreira das pessoas afetadas e devem usar essas informações como dados de entrada em seu planejamento.
- É importante distinguir entre (a) a missão do macroprocesso e (b) a missão da equipe de planejamento.
- A maior parte do planejamento para a qualidade tem sido feita por gerentes e outras pessoas nos departamentos funcionais.
- O planejamento de macroprocessos é, por natureza, um esforço em equipe.
- Uma deficiência comum do passado era o fenômeno do planejamento da qualidade por amadores.
- O treinamento dos planejadores nos métodos necessários, ligados à qualidade, traz resultados significativamente superiores àqueles do uso de consultores para auxiliar os planejadores.
- Se o planejamento original deixou de prover os elementos de controle, o "proprietário" do macroprocesso deve provê-los através do replanejamento.
- O melhoramento de um macroprocesso através de um projeto em equipe traz um benefício para a empresa, mas não necessariamente para o desempenho departamental de qualquer membro da equipe.
- A auditoria pela alta gerência é uma forma de identificar macroprocessos que necessitam de correções, mas carecem de um proprietário para iniciaras mudanças.

TAREFAS PARA OS ALTOS GERENTES

- Estabelecer a infraestrutura necessária para:
  - Determinar quem deve possuir macroprocessos.
  - Definir as responsabilidades dos proprietários.
  - Revisar regularmente o desempenho.

368 A QUALIDADE DESDE O PROJETO

- Treinar os planejadores em métodos ligados à qualidade. Esta abordagem é significativamente superior à provisão de consultores para os planejadores.
- Tomar providências positivas para trazer o desempenho de qualidade dos macroprocessos para o sistema de relatórios da alta gerência.
- Estabelecer a infraestrutura necessária ao melhoramento da qualidade dos macroprocessos e tornar o melhoramento obrigatório.
- Usar a auditoria da alta gerência para identificar os macroprocessos e tornar o melhoramento obrigatório.
- Usar a auditoria da alta gerência para identificar os macroprocessos que necessitam de correções, mas carecem de um proprietário para iniciar as mudanças.

11 | PLANEJAMENTO DEPARTAMENTAL DA QUALIDADE

O PROPÓSITO DESTE CAPÍTULO

A missão deste capítulo é explicar como aplicar o planejamento da qualidade aos níveis mais baixos da hierarquia da empresa. Esses níveis incluem as seguintes unidades organizacionais e processos:

- Os departamentos subordinados às principais funções.
- Os microprocessos executados por esses departamentos.
- Equipes de trabalhadores (sem funções de supervisão) organizadas para executar as missões dos microprocessos.
- Tarefas executadas por trabalhadores individuais.

Note que a palavra "departamento" ainda não adquiriu um significado padronizado entre nossas empresas. Como é aqui usada, a palavra "departamento", geralmente, refere-se a uma unidade organizacional que:

- Executa operações (tarefas etc.) de uma só natureza funcional.
- É composta por trabalhadores chefiados por um supervisor "de primeira linha".

O LEGADO DO SISTEMA DE TAYLOR

O planejamento da qualidade nos níveis mais baixos permanece profundamente influenciado pelo sistema gerencial estimulado, no final do século XIX, por Frederick W. Taylor. Esse sistema foi largamente adotado nos Estados Unidos e ficou profundamente enraizado. Ainda existe um forte resíduo, presente sob formas tais como antigos padrões de hábitos e interesses investidos. Esse mesmo resíduo é hoje um gran-

370 A QUALIDADE DESDE O PROJETO

de obstáculo à introdução de processos modernos para o planejamento da qualidade nos níveis mais baixos.

Para se lidar com esse obstáculo, é útil e até necessário examinar a natureza do sistema de Taylor, em especial o seu impacto sobre o planejamento da qualidade. Quanto mais os gerentes compreenderem esse impacto, mais aptos estarão para introduzir processos modernos para o planejamento da qualidade.

Separação entre planejamento e execução

O conceito básico de Taylor era de gerenciar fábricas através de métodos científicos, ao invés de pelo uso de "regras práticas" empíricas que predominava naquele tempo. Uma importante barreira no uso da gerência científica era a limitada educação dos níveis mais baixos de supervisão e de força de trabalho. Alguns trabalhadores de fábricas eram artesãos qualificados, que haviam aprendido o ofício através de anos de aprendizado. Outros executavam tarefas semi ou não qualificadas, tais como o manuseio de materiais.

Esses operários constituíam a maior parte da população fabril. Eram, em sua maioria, imigrantes recentes, tendo poucos conhecimentos da língua inglesa. Alguns eram completamente analfabetos – os níveis educacionais eram comparativamente baixos naquele tempo. Do ponto de vista de Taylor, supervisores e trabalhadores com níveis tão baixos de educação não estavam qualificados para planejar como o trabalho deveria ser feito. A solução dele foi separar o planejamento da execução.

Para aplicar essa solução, Taylor criou departamentos de planejamento, onde colocou engenheiros, dando-lhes a responsabilidade para:

- Desenvolver métodos científicos para a execução do trabalho.
- Estabelecer metas para a produtividade.
- Estabelecer sistemas de premiação pelo cumprimento das metas.
- Treinar o pessoal no uso dos métodos e assim cumprir as metas.

O sistema de Taylor foi surpreendentemente bem-sucedido em elevar a produtividade. Foi largamente adotado nos Estados Unidos e é provável que tenha sido a principal razão da ascensão desse país à posição de líder mundial em produtividade.

Expansão em outras áreas

O sistema de Taylor teve sua origem nos departamentos de produção fabris. Porém, o conceito de separação entre planejamento e execução era de natureza universal, tendo, portanto, potencial de aplicação a outras áreas: serviços de apoio à produção, operações em escritórios, indústrias de serviços. Os ganhos de produtividade nas fábricas foram bastante divulgados e despertaram o interesse dos gerentes daquelas outras áreas. Outro estímulo veio dos agentes de mudanças: engenheiros industriais e analistas de sistemas. Assim, o conceito se espalhou e grande parte dele ainda estava em vigor no final dos anos 1980.

Os efeitos colaterais

O sistema de Taylor também produziu alguns efeitos colaterais indesejados:

- O pessoal de linha ressentiu-se da perda da responsabilidade pelo planejamento. A mudança enfrentou forte oposição, especialmente dos supervisores e gerentes de linha. A dissensão instalou-se e está latente até hoje.
- A nova ênfase na produtividade teve efeito negativo sobre a qualidade. A resposta das empresas manufatureiras foi a criação de departamentos independentes de inspeção (mais tarde departamentos de "Controle de Qualidade") para salvaguardar a qualidade. Com o tempo, emergiu uma crença generalizada de que a responsabilidade pela qualidade estava com o departamento de qualidade.
- Os departamentos de planejamento e seus engenheiros construíram interesses e carreiras ao redor da responsabilidade de planejar. Com o tempo, esses interesses passaram a se transformar em monopólios.

Obsolescência das premissas

Quase um século se passou desde que Taylor criou sua revolução. Durante esse tempo, muita coisa aconteceu para tornar obsoletas as premissas sobre as quais Taylor baseou seus conceitos:

- O conceito da separação entre planejamento e execução baseava-se na premissa de que os supervisores e operários careciam da educação necessária ao desempenho das atividades de planejamento. Entretanto, os níveis educacionais têm crescido mais de forma marcante na maior parte dos países. A falta de educação não constitui mais um motivo suficiente para se negar a responsabilidade pelo planejamento à maioria dos supervisorese a muitos trabalhadores.

372 A QUALIDADE DESDE O PROJETO

- No tempo de Taylor, o equilíbrio de poder entre gerentes e a força de trabalho pendia fortemente contra esta última. (Os sindicatos industriais eram restrições ilegais da profissão.) Desde então, o sindicalismo industrial (ou a ameaça da sua implantação) tem modificado profundamente esse equilíbrio. Também têm havido mudanças no clima de pensamento social. Mesmo no tempo de Taylor havia protestos contra a "desumanização" do trabalho. As últimas décadas viram fortes tendências à concessão de voz mais ativa à força de trabalho na tomada de decisões amplas, estendendo-se até mesmo ao conceito dela ter uma participação substancial nas empresas.

A busca de uma nova abordagem

▲ O sistema de Taylor ficou tão obsoleto que precisa ser substituído. Não existe um acordo a respeito do que deve entrar em seu lugar, mas muitos experimentos têm sido tentados. Desses experimentos têm emergido alguns pontos comuns. Aplicadas aos níveis mais baixos das hierarquias, as tendências são de:

- Corrigir a anatomia dos processos, de forma a minimizar o uso de tarefas de ciclo curto e repetitivas e as associadas "transferências" de um trabalhador para outro.
- Ampliar horizontalmente o escopo dos cargos, para que incluam várias tarefas e habilidades.
- Ampliar verticalmente o escopo dos cargos, para que incluam várias funções. Criar equipes de trabalhadores autodirigidas para o desempenho dos trabalhos ampliados.
- Devolver ao pessoal de linha grande parte da responsabilidade pelo planejamento de processos, inclusive o planejamento da qualidade.
- Instituir o autocontrole (ver no Capítulo 8, sob" Autocontrole", os critérios a serem satisfeitos).
- Conferir um senso mais alto de "propriedade".
- Ampliar as responsabilidades no trabalho, para incluir a responsabilidade por fazer melhoramentos.
- Prover treinamento em profundidade, para capacitar os níveis mais baixos à execução dessas responsabilidades adicionais.

Voltaremos às tendências anteriores no decorrer deste capítulo, para entender seu impacto sobre a qualidade. Entretanto, os altos gerentes devem decidir se tomam ou não providências positivas para substituir o Sistema de Taylor.

PLANEJAMENTO DA QUALIDADE PARA MICROPROCESSOS

Comparados aos macroprocessos, os microprocessos são muito mais numerosos e de escopo muito mais estreito. Também há profundas diferenças na forma de organização e no relacionamento com a hierarquia, como mostra a Figura 11-1.

Note que os termos "departamentos" e "microprocesso", como são aqui usados, têm geralmente a mesma extensão. Nossa definição de glossário para microprocesso é a seguinte:

- Um sistema operacional envolvendo poucas tarefas, normalmente executadas dentro de um só departamento funcional.

Os microprocessos são tão numerosos, que os níveis superiores das ▲ empresas não podem envolver-se com cada um deles individualmente.Contudo, algumas empresas têm empreendido iniciativas para lidar *coletivamente* com os microprocessos. Elas projetam uma metodologia am- pla, planejada para ajudar os supervisores departamentais a replanejar seus próprios microprocessos. Essas metodologias amplas são lançadas com nomes como Análise da Atividade Departamental. Elas diferem em conteúdo, indo de vagas exortações até ações específicas a serem executadas de acordo com um Manual de Análise Departamental. Esse manual, algumas vezes, fornece formulários e folhas de dados, juntamente com instruções sobre como preenchê-los.

Escopo Usual	Macroprocesso	Microprocesso
	(Processo Administrativo) Multidepartamental: frequentemente Multifuncional	*(Subprocesso) Tarefas ou Operações dentro de um só Departamento*
Relação com a organização hierarárquica	Relações próximas raras	Relações próximas usuais
Propriedade do processo	Não há um proprietário natural	O supervisar departamental é o proprietário natural
Responsabilidade pelo planejamento da qualidade	Requer equipe multidepartamental	Com frequência pode ser delegada ao processo local do departamento
Relações entre os planejadores e o pessoal operacional	Raramente idênticas	Frequentemente idênticas

Figura 11-1– Contraste: gerência da qualidade para macroprocessos *versus* microprocessos.

Um exemplo de formulários de "Análise de Atividade Departamental" está incluído no final deste capítulo (de Parker, 1984).

Os assuntos tratados pelos manuais variam consideravelmente de uma empresa para outra. Alguns dos tópicos relacionam-se a outros parâmetros além da qualidade. Os tópicos ligados à qualidade mais comuns estão relacionados a seguir, juntamente com breves descrições dos mesmos. (Todos os manuais focalizam algumas das etapas do mapa da qualidade, mas raramente toda a sequência.)

Definir a Missão de Departamento

Os supervisores são solicitados a responder perguntas como:

- Por que existe este departamento?
- Que tarefas o departamento executa?
- Que finalidade o departamento deveria estar preenchendo?

O resultado final desta parte da análise é uma declaração de missão, a qual define as tarefas que o departamento deve e pode fazer. Em alguns casos, o conceito de autocontrole é incluído como critério daquilo que o departamento pode fazer.

O conceito do triplo papel

Este conceito é facilmente descrito por um diagrama, a Figura 11-2, que chamaremos diagrama TRIPROL™ (Triple Role).

O diagrama TRIPROL é um modelo básico, usado para explicar os papéis desempenhados por qualquer departamento, à medida em que ele executa a missão de qualidade que lhe foi designada. Existem três desses papéis, a saber:

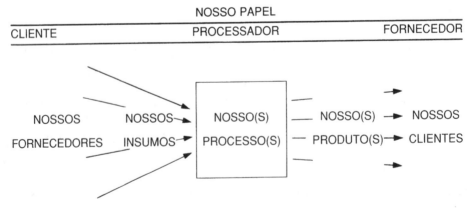

Figura 11-2 – O diagrama Triprol™.

PLANEJAMENTO DEPARTAMENTAL DA QUALIDADE   375

- *Cliente.* O departamento adquire várias espécies de insumos, que são usados na execução da sua missão. Portanto, o departamento é um cliente daqueles que fornecem os insumos.
- *Processador.* O departamento processa aqueles insumos para gerar seus produtos. Ele é, portanto, um *processador.*
- *Fornecedor.* O departamento fornece seus produtos aos seus clientes. Portanto, ele é um *fornecedor.*

A Figura 11-3 exemplifica o conceito de papel triplo aplicado ao recrutamento de funcionários e à preparação de relatórios financeiros.

Alguns dos materiais de treinamento das empresas fazem o possível para explicar este básico e útil conceito. Note que o conceito do papel triplo é *aplicável a qualquer organização:* a empresa, uma divisão, função, departamento, equipe de projeto, um trabalhador. Por conveniência, chamaremos qualquer uma dessas organizações de *equipe processadora.* Nossa entrada no glossário torna-se:

- Uma equipe processadora é qualquer unidade organizacional (de uma ou mais pessoas) que executa um processo determinado.

Cliente/Usuário	Processador	Fornecedor
Pessoal (recrutamento)		
Receber requisições dos clientes interessados Receber descrições de cargos Receber *feedback* das entrevistas	Revisar e criticar as descrições de cargos Publicar informações sobre aberturas de vagas Entrevistar e selecionar candidatos às vagas Fazer verificações das referências	Fornecer recrutas aos clientes internos Prover a documentação associada Prover introdução dos recrutas contratados
Função de Finanças (dados financeiros)		
Receber dados básicos de várias fontes Receber *feedbacks* dos relatórios publicados	Instalar sistema de processamento de dados Processar dados em resumos Analisar dados, preparar relatórios	Publicar relatórios Distribuir aos clientes internos e externos

Figura 11-3 – Exemplos de Papéis Triplos de Cliente/Usuário, Processador e Fornecedor.
Fonte: De *Juran's Quality Control Handbook.* 4. ed (Nova Vork: McGraw-Hill Book CO.,1988), p. 21.5

Identificar os clientes

Todos os manuais destacam a importância de se identificar os clientes. Contudo, eles raramente explicam o conceito de clientes segundo o Q Grande e os passos a serem dados para a sua identificação, ou sugerem o uso do fluxograma para ajudar a descobrir quem é afetado (ver o Capítulo 3, sob o título "O Fluxograma"). Alguns manuais deixam de apontar a presença de clientes internos. Outros adotam o conceito simplista de focalizar o próximo receptor como sendo o cliente. Outros ainda focalizam os usuários dos produtos, mas deixam de destacar que todos aqueles que são afetados são clientes.

- Alguns manuais refletem as situações especiais vigentes em suas empresas. O manual de uma empresa de serviços salienta a importância de se descobrir os prazos críticos a serem cumpridos e as consequências do não cumprimento desses prazos.

Aqueles que recebem a responsabilidade de preparar um manual sobre "Análise da Qualidade do Departamento" devem estudar, no Capítulo 3, "Identificar Clientes", como uma contribuição para a seção do manual que trata de Identificar os Clientes.

Definir as necessidades dos clientes

Os manuais colocam muita ênfase na determinação das necessidades dos clientes. A maioria vai além dos conceitos relativamente simples de satisfação de especificações e requisitos e colocam perguntas penetrantes como:

- Como o produto é usado pelos clientes?
- Como os clientes veem a importância relativa das várias necessidades?
- Como as percepções dos clientes diferem daqueles do departamento fornecedor?

Alguns manuais incluem formulários para serem usados como questionários na obtenção das respostas necessárias dos clientes. Outros propoem que os departamentos fornecedores consultem os clientes, para que possam entender em profundidade as suas necessidades.

Todos os manuais destacam a importância de se fechar qualquer vazio entre clientes e fornecedores, com respeito às percepções das necessidades dos clientes. Em algumas empresas, o manual estipula que a análise deve ser seguida por *um acordo por escrito* com os clientes, inclusive os internos.

Descrever o processo

Todos os manuais incluem instruções para a descrição dos processos. Em alguns casos, os manuais incluem formulários para essa finalidade.

Os manuais apresentam semelhanças a respeito do que deve ser incluído na descrição de um processo. Normalmente as instruções pedem uma descrição que inclui:

- Uma lista das tarefas, ou operações elementares, executadas dentro do departamento.
- O tempo consumido na execução de cada uma das tarefas (horas, homens-dias etc.)
- As necessidades atendidas por cada uma dessas tarefas.
- O resultado dessas tarefas. (Este consiste em produtos – bens ou serviços em suas várias formas. Em alguns manuais, esse resultado é descrito como "valor adicionado" ou "contribuição".)

Para os processos que envolvem muitas tarefas, a preparação dessa descrição para cada tarefa, juntamente com as subsequentes análises (ver a seguir), pode ocupar muito tempo do supervisor do departamento.

Identificar os fornecedores e o que se necessita deles

Todos os manuais exigem a identificação dos fornecedores, externos e internos. Essa identificação conduz à listagem daquilo que é fornecido por eles e das necessidades associadas.

Alguns manuais destacam que o problema de se determinar aquilo que é necessário dos fornecedores assemelha-se àquele de se determinar as necessidades dos clientes. A diferença é que, neste caso, o supervisor é o cliente e não o fornecedor. Aqui também os manuais recomendam que se chegue a um acordo com os fornecedores a respeito das necessidades do processo.

Estabelecer medidas

Todos os manuais mencionam a necessidade de medidas de qualidade. Está implícito que essas necessidades se estendem a cada um dos três papéis: fornecedor, processador e cliente. Ocasionalmente, um manual exige que o supervisor "avalie a capacidade do processo". Contudo, os manuais não explicam a metodologia para se chegar às medidas. Aqui, como nos manuais em geral, muita coisa é deixada para ser preenchida pelo treinamento.

(Para detalhes sobre medidas de qualidade, ver o Capítulo 5, especialmente sob o título "Medidas para Processos Operacionais".)

Instituir *feedback*

Os manuais salientam a necessidade de se instituir um fluxo de *feedback* para os principais caminhos no diagrama Triprol:

- Dos clientes até o processo do supervisor.
- Do processo do supervisor até os fornecedores.

Os caminhos desse *feedback* podem ser acrescentados ao diagrama Triprol, como mostra a Figura 11-4.

A maneira de se instiuir esses *feedbacks* raramente é discutida nos manuais.

Revisar desempenho, efetuar ação corretiva

Os manuais normalmente estipulam que o supervisor deve:

- Coletar dados de *feedback* sobre desempenhos de qualidade.
- Comparar os desempenhos com as necessidades de qualidade (as quais foram previamente convertidas em especificações, padrões, procedimentos etc.).
- Identificar não conformidades, defeitos etc.
- Efetuar ação corretiva.

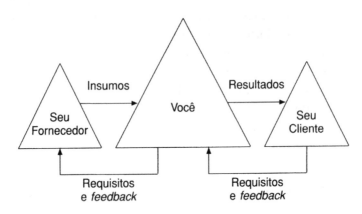

Figura 11-4 – Diagrama Triprol mostrando Caminhos de *Feedback*. Cortesia: AT&T.

Note que esses elementos do manual tratam do controle de qualidade pelo uso da alça de *feedback* e não do planejamento da qualidade. Aqui, mais uma vez, os manuais são incompletos no "como fazer" para as ações prescritas; muita coisa irá depender do treinamento suplementar.

Conduzir melhoramentos de qualidade

Os manuais são geralmente incompletos em suas descrições do processo para melhoramento da qualidade. Os segmentos cobertos diferem de um manual para outro.

Os tópicos específicos em certos manuais incluem:

- Analisar o custo da má qualidade. (O método de análise segue as conhecidas categorias de falha, avaliação e prevenção. Aqui e ali, um manual entra em mais detalhes no estabelecimento de subcategorias para vários elementos desses custos.)
- Identificar problemas e oportunidades para melhoramentos.
- Selecionar projetos a serem empreendidos.
- Implementar os melhoramentos.

LIÇÕES APRENDIDAS COM AS ABORDAGENS DA EMPRESA

As empresas que iniciaram análises de microprocessos pelos supervisores o fizeram por razões inteiramente construtivas. Os objetivos eram:

- Melhorar os microprocessos através do replanejamento.
- Utilizar a experiência e a criatividade dos supervisores (e do pessoal a eles subordinado).
- Dar, àqueles mesmos supervisores, maior participação e maior senso de propriedade.
- Ampliar a compreensão dos supervisores a respeito de seus papéis.
- Dar alguns passos no sentido de converter amadores experimentados em planejadores profissionais de qualidade.

As metodologias

Para atingir esses objetivos, algumas empresas prepararam uma metodologia estruturada, incluindo formulários para serem preenchidos e treinamento sobre como replanejar. Essas metodologias apresentam, em seu conjunto, pontos fortes e fracos.

Os pontos fortes incluem:

- O foco no supervisor como proprietário do microprocesso.
- A adoção de grande parte do mapa de planejamento da qualidade.
- A provisão de um procedimento estruturado e compreensível, incluindo formulários para ajudar na preparação dos dados (ver, por exemplo, os formulários no final deste capítulo).

380 A QUALIDADE DESDE O PROJETO

- Uma extensa listagem das ações a serem efetuadas.
- A provisão de treinamento para suplementar o manual.

Os pontos fracos que emergiram durante os testes de campo incluem:

- Foco sobre microprocessos sem provisão para a coordenação com outros elementos do macroprocesso.
- Responsabilidade individual por uma atividade de replanejamento que exige, pela sua natureza, extenso trabalho em equipe.
- Definição das ações a serem efetuadas, mas com explicações inadequadas da metodologia a ser usada na execução dessas ações.
- Treinamento frequentemente focalizado no manual, ao invés de na execução de um projeto real de replanejamento.
- Trabalho com papelada excessivamente completo em alguns casos.
- Ênfase inadvertida no desempenho departamental, em detrimento do desempenho global da empresa.

À luz dessas lições aprendidas, os altos gerentes devem determinar se tomam ou não a iniciativa de prover os supervisores com uma abordagem estruturada para analisar microprocessos.

UMA ILUSÃO COMUM

Muitas vezes, as empresas partem para o replanejamento de seus micro processos supondo que ele irá resolver os problemas de qualidade dos seus macroprocessos. Nossa experiência diz o contrário. O replanejamento dos microprocessos raramente resolve os grandes problemas do macroprocesso. No exemplo dos cartões de crédito, a principal necessidade é de reexaminar o plano macro; por exemplo:

- Será que um processo como este deve envolver as hierarquias de cinco vice-presidentes diferentes?
- Será que o número de etapas pode ser drasticamente reduzido?

Vários exemplos de reduções bem-sucedidas no número de etapas em macroprocessos foram citados no Capítulo 7, sob o título "A Anatomia dos Processos". Naqueles casos, nenhum refinamento dos macroprocessos poderia ter garantido um melhoramento equivalente.

Como melhorar as abordagens da empresa

As iniciativas das empresas são em pequeno número e recentes. Em seu conjunto elas devem ser vistas como experimentais. A experiência obtida com esses experimentos iniciais sugere algumas formas para se melhorar as abordagens usadas até agora!

- *Começar com os macroprocessos.* Em geral, os maiores problemas dos macroprocessos são atribuíveis a deficiências de planejamento ao nível macro. Portanto, os primeiros esforços de replanejamento devem ser dirigidos ao topo da hierarquia do processo. A metodologia para isso foi explicada no Capítulo 10.
- *Incluir os supervisares nas equipes de planejamento.* O planejamento de macroprocessos requer equipes multifuncionais. Existe oportunidade para incluir supervisores de microprocessos nessas equipes. O treinamento e a experiência associados irão ajudar esses supervisores mais tarde, quando eles forem realizar o replanejamento de seus microprocessos.

Com respeito à gerência da qualidade de microprocessos, existe um valor definido no conceito de preparação de manuais de amplo espectro, os quais podem ajudar os supervisores a planejar, controlar e melhorar suas operações. Com base na experiência até hoje, esses manuais poderiam ser fortalecidos e suplementados das seguintes maneiras:

- Estabelecer uma infraestrutura para a criação de equipes de projetos. Para muitos microprocessos, o supervisor responsável irá necessitar do auxílio de uma equipe para fazer a análise e prover as soluções. Não se deve deixar para os supervisores a criação dessas equipes pelos métodos de "implorar, emprestar e roubar". Os altos gerentes devem prover um canal através do qual as propostas dos supervisores para o estabelecimento das equipes necessárias podem receber aprovação e legitimidade.
- *Incluir ênfase em projetos ligados à vendabilidade do produto.* Em geral, os manuais dão ênfase a projetos para a redução do custo da má qualidade. Estes são, sem dúvida, importantes. Porém, tornar os produtos vendáveis tem prioridade ainda maior.
- *Explicar a distinção entre problemas de qualidade esporádicos e crônicos.* (Aqueles são tratados pelo controle do processo; estes exigem uma abordagem muito diferente – uma abordagem estruturada ao melhoramento da qualidade.)
- *Foco na conclusão dos projetos.* Os manuais das empresas focalizam o treinamento – relacionado às ações a serem executadas. Esse treinamento é normalmente esquecido, a menor que seja construído ao redor de um projeto a ser completado. O foco deveria estar sobre a conclusão de um projeto e o treinamento deve ser considerado um auxílio para esse fim.

- *Prover treinamento em "como jazer"*. Os manuais das empresas, em geral, limitam-se a definir o que fazer, tratando muito pouco de como fazer. Eles deveriam contar (ou ser suplementados por) informações sobre a formação de equipes, a metodologia e as ferramentas para análise, a provisãode soluções, os elementos de autocontrole etc.
- *Prover facilitadores/treinadores*. A experiência indica que o treinamento necessário raramente é adquirido através do estudo por conta própria. São necessários facilitadores/treinadores, que devem antes passar por um treinamento intensivo no assunto em pauta e em como treinar.
- *Incluir um exemplo totalmente resolvido*. Os supervisores que passaram por treinamento frequentemente sugerem que os materiais de treinamento incluam um caso exemplo totalmente resolvido. A sugestão é inteiramente construtiva.
- *Testar a extensão dos trabalhos escritos antes de publicar o manual*. Algumas iniciativas de empresas têm fracassado devido ao volume e à complexidade dos trabalhos escritos exigidos dos supervisores.

Prognóstico

▲ Está em andamento um movimento maciço para corrigir o sistema de separação entre planejamento e execução. O novo conceito é de se delegar cada vez mais o planejamento aos supervisores e seus subordinados. Esse novo conceito é intrinsecamente sólido e o movimento está destinado a se espalhar por toda a economia.

Ainda estamos nos estágios iniciais desse movimento. Várias grandes empresas tentaram aplicar esse conceito às suas operações, mas seus esforços nos anos 1980 não resultaram no estabelecimento de uma abordagem amplamente aceita. Essa incapacidade de obter ampla aceitação parece ser atribuível aos métodos de aplicação e não às deficiências do conceito básico. Contudo, os métodos de aplicação podem ser aperfeiçoados. Os *feedbacks* das aplicações feitas até agora têm fornecido sugestões específicas a respeito do que fazer para conseguir esses aperfeiçoamentos.

▲ Na opinião dos autores, esse movimento maciço é irreversível. As empresas irão continuar com seus esforços para delegar cada vez mais o planejamento aos níveis mais baixos. À medida em que o fizerem, elas irão aperfeiçoando seus métodos de aplicação e obtendo resultados que estimularão cada vez mais empresas a fazer o mesmo.

ANÁLISE DO MICROPROCESSO: POR QUEM?

Esta análise envolve algumas tarefas demoradas: preencher questionários, contatar aqueles que são afetados, preparar fluxogramas e planilhas, coletar e resumir os dados disponíveis, acompanhar outros dados necessários e mais.

Existem várias opções para se fazer esse trabalho. Examinaremos a seguir algumas delas.

Analistas em tempo integral

Nesta abordagem, um analista em tempo integral (analista de sistemas, engenheiros de qualidade, analista de procedimentos, engenheiro industrial etc.) é designado para conduzir a análise. Esse analista:

- "Faz a ronda" para entrevistar as pessoas competentes – gerentes, supervisores, trabalhadores.
- Prepara os fluxogramas e outros auxílios à coleta e apresentação das informações.
- Coleta e resume os dados pertinentes.
- Prepara um relatório, incluindo recomendações de correções.

Para o supervisor de linha, o uso de um analista em tempo integral ajuda a resolver o problema de achar tempo para fazer a análise. Entretanto, essa abordagem tem deficiências, que algumas empresas não estão mais dispostas a aceitar:

- A abordagem mantém grande parte do conceito de separação entre planejamento e execução. Esse conceito está cada vez mais obsoleto nos níveis departamentais.
- Os analistas exibem as inclinações inerentes à *sua* cultura. Estas entram nas suas recomendações.
- O uso de analistas em tempo integral tende a atribuir a "propriedade" do processo a eles e não ao pessoal de linha.
- A falta de participação na análise reduz a disposição dos supervisores de linha para apoiar as recomendações resultantes.

O supervisor departamental

Nesta abordagem, o supervisor do microprocesso recebe uma responsabilidade do tipo "faça você mesmo" para efetuar a análise. Os supervisores são assistidos por um manual como o de "Análise da Qualidade Departamental". Os pontos fortes e fracos desta abordagem já foram discutidos.

Equipes de supervisores

Por este conceito é organizada uma equipe, formada pelo supervisor de um microprocesso e outros supervisores, que são seus clientes e fornecedores. Essa equipe é designada para fazer a análise e o replanejamento. A designação é precedida pelo treinamento em como planejar para a qualidade.

O uso dessas equipes de supervisores tem potencial para:

- Munir os supervisores com as ferramentas e habilidades para o planejamento da qualidade.
- Aumentar, nos supervisores, o senso de "propriedade" do processo.
- Minimizar o efeito das inclinações dos planejadores em tempo integral.
- Aumentar, nos clientes e fornecedores, a disposição para apoiar as recomendações da análise.

A grande desvantagem de usar equipes de supervisores é o tempo perdido. Várias pessoas (equipes) precisam fazer aquilo que poderia ser feito por um indivíduo treinado. Além disso, esse trabalho adicional frequentemente se superpõe ao tempo de pessoas que já carregam uma carga de tempo integral.

Sabemos que, à medida em que os supervisores de linha adquir em experiência no uso das ferramentas de planejamento da qualidade, eles tornam-se mais hábeis. Mas, para chegar à competência, eles precisam achar tempo para participar do trabalho das equipes.

Equipes que incluem não supervisores

O "Movimento maciço" para corrigir o sistema de separação entre planejamento e execução inclui um movimento para capacitar os trabalhadores para que participem das decisões que afetam seu trabalho. Uma forma potencial dessa participação é sua inclusão nas equipes montadas para replanejar processos. As premissas são as seguintes:

- Todos os trabalhadores conhecem intimamente as condições do trabalho, estando, portanto, aptos para dar contribuições úteis para essas equipes.
- Essas contribuições podem incluir a identificação de problemas, teorias de causas e sugestões para sua solução.
- Muitos trabalhadores querem contribuir.
- Essas contribuições elevam o moral do trabalhador, proporcionam um senso de propriedade e, de modo geral, melhoram as relações gerência trabalhador.

Até agora, os métodos organizados para propiciar a participação dos trabalhadores consistiram basicamente em:

- Provisão para contribuições *individuais* através de métodos como sistemas de sugestões.
- Provisão para contribuições *grupais* por *equipes de trabalhadores,* através de métodos como Círculos de CQ (para detalhes, ver, neste mesmo capítulo, "Planejamento e Melhoramento da Qualidade por Círculos de CQ").
- Redefinição de cargos (ver neste capítulo, sob "Metodologia para Participação no Planejamento").

Esses métodos têm sido amplamente testados, portanto, suas forças e fraquezas são bem conhecidas. Ainda não foram testadas com tanta amplitude as equipes "mistas", compostas por supervisores e trabalhadores. Nos anos 1980, algumas empresas fizeram experimentos com essas equipes. Estes foram em número comparativamente menor e os resultados não levaram a um consenso claro a respeito desse tipo de estrutura.No início dos anos 1990, "o júri ainda não decidiu".

O resultado final da análise

Quando a análise é feita de forma sistemática, seu resultado final é um pacote composto por:

- Conclusões alcançadas pela análise.
- Propostas (recomendações) referentes a produtos, processos, insumos etc.
- Informações de apoio: fluxograma, planilhas, dados etc.

As propostas são geralmente apresentadas nos formatos padrões usados na empresa.

Algumas das propostas dizem respeito a assuntos sobre os quais o próprio microprocesso tem plena jurisdição. Em tais casos, o supervisor do departamento pode adotá-las imediatamente. Outras propostas exigem a concordância ou providências de outros departamentos. Portanto, requerem acompanhamento, até que (a) a providência recomendada é tomada, (b) a recomendação é modificada, ou (c) existe uma decisão das autoridades competentes de não adotar as propostas.

TRABALHADORES E PLANEJAMENTO DA QUALIDADE

O "movimento maciço" para corrigir o sistema de separação entre planejamento e execução é fortemente apoiado por algumas poderosas

386 A QUALIDADE DESDE O PROJETO

forças sociais. Essas forças vêm recomendando e mesmo exigindo que os trabalhadores participem plenamente das questões que os afetam. Muitas empresas têm tomado conhecimento dessas forças sociais. Algumas delas publicaram políticas proclamando sua "parceria" com os trabalhadores e enfatizando "programas para pessoas".

Quem são os trabalhadores?

Em nosso entender, "trabalhadores" inclui todos os empregados não supervisores, com exceção dos "trabalhadores de conhecimentos" em especialidades "profissionais". Por esta definição, "trabalhadores" inclui o pessoal administrativo e de apoio, assim como o pessoal operacional. (A linha divisória entre trabalhadores e "gerência" não é precisa e existem casos fronteiriços.)

(Note que, à medida em que abandonamos o Sistema de Taylor e adotamos formas como equipes autossupervisionadas, cada vez mais "trabalhadores" estão transformando-se em "trabalhadores de conhecimentos".)

Os papéis dos trabalhadores

Os trabalhadores são afetados por todos os processos da Trilogia Juran, embora em graus variáveis. Entre esses processos, a responsabilidade dominante dos trabalhadores, no que se refere à qualidade, tem sido ▲ em *operação e controle* – tocar os processos de acordo com os procedimentos prescritos e produzir produtos que satisfaçam as necessidades dos clientes e/ou as metas de qualidade. Em vista desse domínio, vamos iniciar nosso exame de "Trabalhadores e Planejamento da Qualidade"pelo papel dos trabalhadores no processo de *controle* de qualidade. Depois disso, examinaremos outras contribuições ligadas à qualidade dos trabalhadores. Então, no próximo capítulo, iremos examinar (a) a motivação para fazer as contribuições e (b) o treinamento necessário à capacitação para as contribuições.

TRABALHADORES E A ALÇA DE *FEEDBACK*

No Capítulo 8 vimos que o controle é realizado pelo uso da alça de *feedback*, descrita na Figura 8-2, reproduzida aqui por conveniência como Figura 11-5.

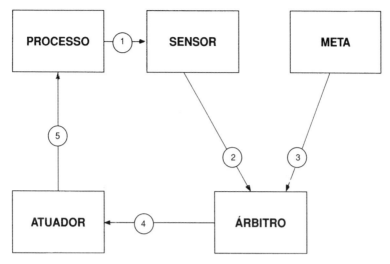

Figura 11-5 – A alça de *feedback*.

Como foi visto no Capítulo 8, a maior parte do controle é executada por meios não humanos. Restam os controles humanos, a maioria dos quais é delegada a trabalhadores. Essa delegação é a resposta ideal às forças sociais predominantes. Por esse arranjo ideal, os trabalhadores executam todos os papéis repetitivos que estão na alça de *feedback*: sensor, árbitro, atuador. Essa delegação proporciona benefícios tanto para os gerentes como para os trabalhadores:

- Uma alça de *feedback* mais curta e, portanto, uma resposta mais rápida aos problemas de qualidade.
- Um maior senso de participação e propriedade pelos trabalhadores.
- Alivia os gerentes de muitos trabalhos delegáveis.

Antes de se fazer essa delegação, é essencial que certos critérios sejam satisfeitos – critérios para autocontrole e autoinspeção. Eles serão discutidos a seguir.

Trabalhadores e autocontrole

A extensão da delegação de controle a um trabalhador depende da extensão até a qual ele está em estado de autocontrole. Os critérios para autocontrole foram definidos no Capítulo 8, sob o título "Autocontrole". Aplicado ao nível do trabalhador, o autocontrole requer que ele seja equipado com:

- Os meios para saber quais são as metas de qualidade. Este critério é satisfeito fornecendo-se ao trabalhador especificações, procedimentos etc.

- Os meios para saber qual é o desempenho real. Este critério é satisfeito fornecendo-se ao trabalhador um sistema de medição.
- Os meios para mudar o desempenho em caso de não conformidade. Este critério é satisfeito fornecendo-se, ao trabalhador, um processo que é (a)intrinsecamente capaz de atender às metas de qualidade e (b) provido com características que possibilitam, ao trabalhador, reajustar o processo de acordo com as necessidades para colocá-lo em conformidade.

Esses critérios estão diretamente relacionados aos vários elementos da alça de *feedback*. A extensão até a qual o controle pode ser designado aos trabalhadores é determinado, em cada caso, comparando-se (a) as atividades desempenhadas dentro de cada elemento da alça de *feedback* com (b) a extensão até a qual os critérios de autocontrole foram satisfeitos para os respectivos elementos.

- Por exemplo, há muitos casos aos quais os instrumentos de medição usados para se avaliar a qualidade não estão fisicamente localizados no departamento produtor, mas sim em um laboratório separado. Para avaliar a qualidade, os trabalhadores precisam enviar amostras ao laboratório e esperar pelos resultados. Durante esse tempo de espera o autocontrole é incompleto, porque os trabalhadores carecem de meios para saber qual é o desempenho real.

Trabalhadores e o controle do processo

A abordagem geral ao controle do processo foi exposta no Capítulo 8, sob os títulos "Projeto para Controle do Processo" e "Estágios de Controle do Processo". Ao nível do trabalhador, o controle do processo consiste em uma série de ações e decisões que exibem muitos aspectos comuns, a despeito das amplas diferenças na tecnologia. Essas decisões e ações são essencialmente as seguintes:

1. *Acerto.* Esta ação consiste em reunir as informações, materiais, equipamentos etc., necessários ao início das operações, e em organizá-los em posição de prontidão para produzir.
   Em muitos casos, o trabalho de acerto é designado aos trabalhadores. Se estes carecerem do treinamento necessário, o trabalho será feito por especialistas em acerto ou pelo supervisor.

2. *Verificação do acerto.* Esta ação é orientada para o controle. Consiste em determinar (avaliar) se o processo, caso seja posto a funcionar, irá produzir um bom trabalho. A avaliação pode ser feita diretamente no processo (lista de verificação, contagem regres-

siva etc). Como alternativa, ela pode ser feita no produto, por exemplo a página de prova do impressor (o produto "fala sobre o processo").

A designação de responsabilidade para verificação do acerto depende do caráter crítico da operação, do treinamento dos trabalhadores, da prioridade à qualidade etc. Em muitos casos, os trabalhadores verificam seu próprio acerto. Caso contrário, a verificação, normalmente, é feita pelo supervisor ou por um inspetor.

3. *Iniciar ou não?* Esta decisão é guiada pelos resultados da avaliação feita para verificar o acerto. A avaliação é basicamente factual: Existe ou não conformidade com as metas de qualidade?

   Contudo, a decisão resultante é influenciada por outros fatores: a prioridade dada à qualidade, a capacidade do processo, a pressão da programação, o esforço e o atraso envolvidos na correção do acerto etc. A entrega ou não dessa decisão aos trabalhadores depende, em grande parte, da extensão até a qual esses fatores são influentes.

4. *Produção.* Esta é a conhecida ação central de condução das operações – tocar o processo e produzir o produto. Esta ação é quase sempre designada aos trabalhadores.

5. *Reverificação.* Esta ação, orientada para o controle, é realizada periodicamente para garantir que o processo continua em estado de prontidão para produzir de acordo com as metas de qualidade. Esta ação é normalmente designada aos trabalhadores.

6. *Continuar rodando ou parar?* Esta decisão ("controle corrente") é baseada nos resultados da reverificação. Alguns dos critérios são idênticos àqueles da decisão de "iniciar ou não". Para os processos de produção em massa, este ciclo (de reverificação e tomada de decisão) é repetido muitas e muitas vezes. A designação desta decisão segue um padrão semelhante ao da decisão acima, "Iniciar ou não?"

Trabalhadores e o controle do produto: autoinspeção

As atividades de controle do processo anterior resultam, em seu conjunto, na produção do produto. Em certo sentido, o trabalhador controla o processo enquanto o processo produz o produto. Uma vez produzido o produto, surgem várias perguntas novas:

1. O produto está em conformidade com as metas de qualidade?

390 A QUALIDADE DESDE O PROJETO

A resposta a esta pergunta requer a determinação dos fatos: avaliara qualidade do produto, comparar a avaliação com as metas de qualidade do produto e julgar se existe ou não conformidade.

Em muitos casos os trabalhadores podem ser treinados para fazer essa determinação final. Entretanto, a experiência tem mostrado que alguns trabalhadores exibem tendências, devido à pressão de metas conflitantes, a sinais conflitantes de seus superiores e assim por diante. Como resultado, muitas empresas nos Estados Unidos não permitem que essa decisão sobre a conformidade do produto seja tomada pelos trabalhadores. Em vez disso, ela é tomada por inspetores independentes.

A entrega dessa decisão aos trabalhadores é possível, mas somente se antes a empresa satisfizer os critérios essenciais:

- A qualidade é realmente a meta de maior prioridade.
- Existe uma atmosfera de confiança mútua entre a gerência e os trabalhadores.
- Existe um estado de autocontrole.

Uma vez satisfeitos esses critérios, normalmente, é possível treinar os trabalhadores para capacitá-los a tomar a decisão de conformidade, sujeita a auditorias periódicas.

2. Que destinação deve ser dada aos produtos em conformidade? (Como sempre, "produtos" inclui tanto serviços como bens).

A regra universal é que os produtos julgados (por um árbitro imparcial) em conformidade com as metas de qualidade devem ser enviados à destinação seguinte. (Assume-se que as metas refletem as necessidades dos clientes.) Note que esta regra não é feita pelos inspetores; ela é uma política estabelecida pela gerência.

3. Que destinação deve ser dada aos produtos não conformes com as metas de qualidade? Esta é a decisão de "adequação para uso", bastante diversa daquela de "conformidade".

Alguns produtos não conformes também são claramente inadequados para uso. Portanto, são enviados de volta para serem refeitos ou descartados.

Outros produtos não conformes podem ser utilizáveis, a despeito da sua não conformidade: algumas aplicações são menos exigentes que as outras, a necessidade do cliente por uma pronta entrega pode ser aguda, a economia pode favorecer o uso deles como estão, as metas podem ser desnecessariamente severas e assim por diante. É evidente que a decisão de adequação para o uso é de natureza multifuncional, exigindo informações e julgamentos de várias funções. Uma prática comum é a de se criar uma equipe multifuncional – um "Conselho de Revisão de Materiais"– para coletar os dados e tomar as decisões.

QUEM É O ÁRBITRO?

Embora todas as situações anteriores discutidas façam uso da alça de *feedback*, elas diferem com respeito a quem toma as decisões e executa as ações. A principal diferença está em quem é o árbitro. Nas situações vistas anteriormente, os árbitros podem ser os seguintes:

Situação	*Árbitro*
Controle do acerto	Especialista em acerto
	Supervisor
	Trabalhador
Controle corrente	Trabalhador
Decisão de conformidade	Inspetor
Decisão de adequação para o uso	Conselho de Revisão de Materiais

Tarefas para sensores e árbitros

Durante a operação da alça de *feedback*, os papéis dos sensores e árbitros incluem várias tarefas que fornecem dados para a tomada de decisões. Entre elas temos:

COLETA E PROCESSAMENTO DE DADOS. O ponto de partida são as medições e observações feitas por sensores tecnológicos e humanos. Os dados resultantes são processados, para que forneçam informações para a tomada de decisões. Nos níveis inferiores, essas informações são normalmente obtidas em tempo real e usadas para o controle corrente. Em níveis mais altos, as informações são resumidas de várias formas para prover medidas amplas, detectar tendências e identificar os problemas vitais.

Existe a necessidade adicional de se definir quem faz o quê: quem interpreta os dados; quem determina as ações a serem empreendidas; quem executa as ações. Nas grandes organizações, é comum se dividir essas responsabilidades entre diferentes funções e níveis.

INTERPRETAÇÃO DE "SIGNIFICÂNCIA ESTATÍSTICA". Em alguns casos os dados são conclusivos a respeito das ações a serem execu-

392 A QUALIDADE DESDE O PROJETO

tadas. Em outros casos, há necessidade de interpretações. Um problema frequente é o de se decidir se uma diferença observada resulta de:

a) uma diferença real no produto ou processo,
b) uma mudança aparente – um falso alarme, devido a uma variação fortuita.

Este problema foi discutido no Capítulo 8, sob "Projeto para Avaliação do Desempenho", "Interpretação" e "Significância Estatística". Essa mesma discussão descreve o uso do Quadro de Controle de Shewhart como teste permanente da significância estatística.

INTERPRETAÇÃO DA SIGNIFICÂNCIA ECONÔMICA. Idealmente, todas as mudanças reais devem estimular uma ação imediata para restaurar o *status quo*. Na prática, algumas mudanças reais não resultam em ações. A razão usual é que elas ocorrem em números tão grandes que o pessoal disponível não pode lidar com todas. Assim, são definidas prioridades, baseadas em significado econômico ou em outros critérios de importância. Algumas mudanças com baixos níveis de prioridade podem esperar muito tempo por ações corretivas.

INTERPRETAÇÃO DE TENDÊNCIAS E IDENTIFICAÇÃO DE PROBLEMAS VITAIS. A descoberta de tendências é útil para a tomada de decisões. As tendências são "indicadores de direção" que ajudam a prever eventos futuros. Existem métodos práticos, como os mapas de total cumulativo, para auxiliar na detecção de tendências. Estes mapas são mais sensíveis às tendências do que os mapas de controle, mas são mais lentos para detectar oscilações súbitas.

Muitos outros tipos de análise são usados para auxiliar a interpretação. Um dos mais comuns é a conhecida análise de Pareto, usada para separar os poucos problemas, mas vitais, dos problemas restantes. A análise de correlação pode ser usada para descobrir relações entre variáveis e assim por diante. Veremos algumas das principais ferramentas de análise no Capítulo 12.

As tarefas anteriores podem ser designadas para trabalhadores, desde que (a) os pré-requisitos tenham sido preenchidos e (b) os trabalhadores tenham sido treinados na metodologia.

O *feedback* mais curto

▲ O *feedback* mais curto ocorre quando o trabalhador consegue fechar tanto a alça do controle do processo como a do controle do produto. Numa situação assim o trabalhador está em estado de autocontrole e também de autoinspeção. O Dr. A. Blanton Godfrey (o CEO do Juran Institute, Inc.) ilustra a oportunidade para *feedback* curto com um exemplo tirado da sua experiência.

O Dr. Godfrey estava observando um trabalhador que produzia carretéis, os quais eram, então, enviados a um inspetor. Este media cada carretel e julgava se o mesmo estava em conformidade com as especificações do produto. Os carretéis em conformidade eram enviados para a armazenagem. Os não conformes eram jogados em uma caixa de rejeitos. Para cada carretel não conforme, o inspetor fazia uma anotação em uma folha de dados. O Dr. Godfrey e o inspetor mantiveram, então, o seguinte diálogo:

Dr. G: O que você está registrando nessa folha de dados?
I: Registro o tipo de defeito que encontrei.
Dr. G: O que você faz com a folha de dados?
I: No final do dia, um engenheiro de qualidade passa por aqui e leva a folha.

A seguir, o Dr. Godfrey procurou o engenheiro de qualidade (EQ) e conversou com ele.

Dr. G: O que você faz com essas folhas de dados?
EQ: Preparo um resumo semanal.
Dr. G: O que acontece com o resumo?
EQ: Eu o envio ao Gerente Assistente de Qualidade.

A seguir, o Dr. Godfrey conversou com o Gerente Assistente de Qualidade (GAQ).

Dr. G: O que você faz com o relatório do engenheiro?
GAQ: Eu o levo para a reunião bissemestral da equipe.
Dr. G: O que acontece nessa reunião?
GAQ: O relatório é discutido e, se a situação for suficientemente séria, alguém será designado para fazer alguma coisa a respeito.

Neste caso, o trabalhador não estava em estado de autoinspeção, uma vez que a decisão sobre a conformidade do produto estava nas mãos do inspetor. Ele também não estava em estado de autocontrole, uma vez que carecia dos meios para medir o produto. O *feedback* dos dados passava por uma demorada série de "transferências":

- Do inspetor para o engenheiro de qualidade
- Do engenheiro de qualidade para o gerente assistente de qualidade
- Do gerente assistente de qualidade para a reunião da equipe
- Da reunião da equipe (talvez) para o supervisor de produção
- Do supervisor de produção para o trabalhador.

Durante todo aquele tempo, o processo continuava a produzir muitos carretéis não conformes.

Uma alça de *feedback* muito mais curta teria resultado, caso o inspetor informasse imediatamente o trabalhador sobre os tipos de defeitos que estava encontrando. (O trabalhador dispunha de meios para corrigir o processo.) Talvez fosse possível ir além e prover o trabalhador com os meios para medição. Isso o colocaria em estado de autocontrole. Nas funções que utilizam moldes de areia é necessário manter a densidade da areia a um nível especificado para garantir a qualidade dos moldes e dos produtos resultantes. Os testes da areia eram feitos enviando-se amostras ao laboratório para medição da densidade. Os resultados dos testes ficavam prontos cerca de duas horas mais tarde. Enquanto isso, a areia estava sendo usada para fazer moldes. Foi então que uma equipe de trabalhadores surgiu com um teste muito mais simples, que podia ser feito em questão de segundos e na própria fábrica. Os resultados desse teste tinham correlação estreita com aqueles do teste no laboratório. Os trabalhadores alcançaram o autocontrole provendo um teste "em tempo real" no próprio local de trabalho.

CONSTRUINDO A ALÇA DE *FEEDBACK*

A construção da alça de *feedback* ao nível do trabalhador requer uma estrutura para tomar o conceito uma realidade. Existem muitas experiências para orientar o planejamento dessa estrutura.

Lições do artesão

▲ Do ponto de vista da obtenção de qualidade, o arranjo ideal é um processo autônomo. Esse ideal é realizado em grande parte no caso do artesão. A imagem popular de um artesão é de alguém que passou pelo aprendizado e assim tornou-se qualificado para praticar uma profissão qualificada em sua vila, por exemplo, de tanoeiro ou sapateiro. Esses artesãos ainda existem em grande número. Porém, muitos deles estão hoje empregados em organizações como trabalhadores. Suas ocupações têm nomes como programador de computador, mecânico de manutenção, representante de assistência técnica e ferramenteiro.

Para desenvolver qualidade, o artesão da vila era muito ajudado por seu íntimo conhecimento das necessidades dos clientes. Ele não só vendia seus produtos diretamente ao mercado, mas também, à medida em que executava as numerosas tarefas sequenciais em seu ofício, *era seu próprio cliente, vezes sem conta.*

PLANEJAMENTO DEPARTAMENTAL DA QUALIDADE **395**

Um dos subprodutos da separação entre planejamento e execução é que os trabalhadores ficam isolados do conhecimento íntimo das necessidades dos clientes. Contudo, eles precisam de orientação a respeito das metas de qualidade que devem atingir. Essa orientação é fornecida por uma espécie de conhecimento substituto, que consiste em especificações, padrões, procedimentos e assim por diante. É claro, o substituto não é tão bom como o original.

Estações de trabalho, estações de controle e planilhas

Ao nível do trabalhador, o trabalho é organizado por:

- Estações de trabalho, que executam as operações prescritas de tocar os processos e produzir os produtos.
- Estações de controle, que são orientadas para a qualidade e executam as etapas restantes dentro da alça de *feedback*.

Na situação ideal, a estação de controle é idêntica à estação de ▲ trabalho, isto é, os trabalhadores que realizam as operações também efetuam os controles de qualidade. Porém, operação e controle são *funções* diferentes. A diferença pode ser vista comparando-se as respectivas planilhas. Uma planilha genérica para operações é mostrada na Figura 11-6.

Na Figura 11-6, as linhas horizontais mostram as etapas (tarefas etc.) da operação a serem executadas e a sequência a ser seguida. As colunas contêm informações pertinentes à execução das operações: especificações a serem cumpridas; procedimentos a serem seguidos; equipamentos, ferramentas e instrumentos a serem utilizados; e assim por diante.

Uma planilha genérica para controle de qualidade é mostrada na Figura 11-7.

Na Figura 11-7, as linhas horizontais são os "objetos de controle" – várias características de produtos e processos para as quais foram estabelecidas metas de qualidade. As colunas contêm informações relativas aos elementos da alça de *feedback*: as metas de qualidade, as unidades de medida, os tipos de sensores, o plano de medição (por exemplo, tamanho da amostra, frequência de amostragem, dados a serem registrados e analisados) e critérios para julgar a conformidade (para um exemplo específico, ver Capítulo 8, Figura 8-4).

396 A QUALIDADE DESDE O PROJETO

SEQUÊNCIA DAS OPERAÇÕES	ESPECIFICAÇÃO DE PRODUTO	ESPECIFICAÇÃO DE PROJETO	PROCEDIMENTOS, PRECAUÇÕES	EQUIPAMENTO, INSTALAÇÕES	FERRAMENTAS	INSTRUMENTOS	EXIGÊNCIA DE DADOS	CRITÁRIOS DE DECISÃO
1.								
2.								
3.								
4.								
5.								
6.								

Figura 11-6 – Planilha para o planejamento de operações.

ASSUNTOS DE CONTROLE	METAS DE QUALIDADE	UNIDADES DE MEDIDA	SENSORES	EQUIPAMENTO, INSTALAÇÕES	TAMANHO DA AMOSTRA	FREQUÊNCIA DE AMOSTRA	EXIGÊNCIA DE DADOS	CRITÁRIOS DE DECISÃO
1.								
2.								
3.								
4.								
5.								
6.								

Figura 11-7 – Planilha genérica para o controle de qualidade.

TRABALHADORES E O PAPEL TRIPLO

Ao nível do trabalhador, o modelo básico de planejamento da qualidade é o diagrama TRIPROL, Figura 1-12, reproduzido por conveniência como Figura 11-2.

Cada trabalhador desempenha todos os papéis do modelo TRIPROL: cliente, processador e fornecedor. Porém, em muitas situações de trabalho, os trabalhadores não pensaram em seus trabalhos como consistindo nesses três papéis.

- Uma pesquisa interna, conduzida por uma empresa de serviços públicos, constatou que somente 25% dos trabalhadores reconheciam o fato de que eles tinham clientes,

Constatações como essa são de se esperar em situações nas quais o planejamento foi completamente separado das operações. É comum, em tais casos, que os trabalhadores considerem seu papel como uma questão de seguir procedimentos e cumprir metas. Com essa percepção, é compreensível os trabalhadores concluírem que:

- Os insumos (procedimentos, metas, instalações, dados, materiais) são determinados e fixados durante o planejamento.
- O papel do trabalhador é conduzir o processo em conformidade com os procedimentos e as metas especificadas.
- O produto é a "conformidade".
  O cliente é o supervisor/a empresa.

Se redesenharmos o diagrama TRIPROL de acordo com essas percepções, o resultado será algo como a Figura 11-8.

A Figura 11-8 mostra que os planejadores são vistos como os principais fornecedores dos insumos de planejamento, consistindo em especificações, procedimentos e metas de qualidade. Esses mesmos insumos de planejamento são considerados rígidos e sagrados – somente os planejadores podem mudá-los. Outros fornecedores proveem insumos subsequentes e continuados: os dados, materiais etc., que passam a ser a matéria-prima para o processamento. Esses insumos variam e os trabalhadores têm, até certo ponto, a responsabilidade de lidar com essas variações, bem como com as variações inerentes à instalação de processamento.

Olhando para o lado dos resultados na Figura 11-8, vemos que o produto é percebido como consistindo na "conformidade" com aquelas especificações, procedimentos e metas de qualidade. O cliente é o supervisor e/ou a empresa, não estando incluídos os usuários subsequentes. Essas percepções serão reforçadas se os trabalhadores forem mantidos fora do fluxo principal de *feedback* dos clientes para o processo. E serão ainda mais reforçadas se eles forem mantidos fora do fluxo principal de *feedback* do processo para os fornecedores.

Algumas empresas dão, aos trabalhadores, oportunidades para *feedback* direto dos clientes. Quando estes visitam a empresa, são encorajados a conversar com os trabalhadores que fazem os produtos. Em outros casos, os trabalhadores são enviados para visitar as instalações dos clientes e conversar com os usuários dos produtos (Peters, 1987, p. 166)

Fornecedores	Insumos	Processo	Resultados	*Clientes Visíveis* *Outros*
Planejadores	Metas Procedimentos Especificações	Trabalhador	Conformidade com: metas, procedimentos, especificações	Supervisor Empresa
Outros fornecedores	Instalações Materiais etc.			

Figura 11-8 – Diagrama TRIPROL pela Percepção de Alguns Trabalhadores.

METODOLOGIA PARA PARTICIPAÇÃO NO PLANEJAMENTO

A participação dos trabalhadores no planejamento da qualidade requer a criação de uma metodologia, bem como da oportunidade. Esse tem sido o padrão nos outros processos da Trilogia:

- No caso do controle de qualidade, o movimento de Controle Estatístico do Processo (CEP) tem treinado muitos trabalhadores em como aplicar ferramentas estatísticas básicas para fortalecer os controles de qualidade.
- No caso do melhoramento da qualidade, o conceito do Círculo de Controle de Qualidade tem capacitado muitas equipes de trabalhadores para a realização de melhoramentos em assuntos ligados ao serviço.

A opção de reprojetar o trabalho

Outra abordagem à participação do trabalhador no planejamento da qualidade é reprojetar o trabalho, de forma a aproximar o trabalhador do *status* de artesão. O artesão está solidamente envolvido no planejamento da qualidade, através de (a) exposição direta às necessidades de

PLANEJAMENTO DEPARTAMENTAL DA QUALIDADE **399**

vários clientes e (b) sendo seu próprio cliente repetidas vezes. A oportunidade para esse replanejamento do trabalho deve-se, em grande parte, à elevação aos níveis educacionais desde os dias de Frederick W. Taylor.

Na maior parte dos casos, não é possível se chegar plenamente ao conceito de artesão; os danos a parâmetros como custo e produtividade são excessivos. Assim, existem muitas tentativas e alguma experimentação. Os projetos de trabalho que estão sendo testados incluem:

AMPLIAÇÃO DO TRABALHO – HORIZONTAL. Sob este conceito, os trabalhos contidos em um ciclo curto e repetitivo são convertidos em trabalhos de escopo mais amplo. Uma linha de montagem é reprojetada para permitir que cada trabalhador execute várias tarefas – até mesmo montar completamente unidades do produto. Ampliações semelhantes têm sido realizadas em escritórios.

- No caso das listas telefônicas, o trabalho era executado como uma procissão de 21 diferentes tarefas de ciclos curtos. Depois do reprojeto, cada trabalhador realizava todas as 21 tarefas para produzir uma lista completa. Nesses reprojetos os trabalhadores tornam-se, cada vez mais, seus próprios clientes, levando a uma identificação mais fácil das deficiências no planejamento da qualidade.

AMPLIAÇÃO DO TRABALHO – VERTICAL. Nesta abordagem o trabalhador recebe várias *funções*. Por exemplo, um trabalhador da produção pode se tornar responsável pelo suprimento de materiais, pela manutenção das ferramentas, pelo julgamento da conformidade do produto e assim por diante. Esses projetos trazem o trabalhador para o planejamento da qualidade de natureza multifuncional.

Em uma empresa (Peters, 1987, p. 291), as responsabilidades dos trabalhadores da produção incluem muitas funções, com o planejamento associado de:

Controle de qualidade	Segurança
Preparação do orçamento	Planejamento do quadro de pessoal
Apontamento	Recrutamento
Administração interna	Dispensas de pessoal
Manutenção	Liderança de equipes de trabalho
Propostas para equipamentos	Solução de problemas

EQUIPES DE AUTOSSUPERVISÃO. Esta é uma forma de ampliação horizontal e vertical do trabalho. Uma importante característica adicional é que as equipes são, em grande parte, autossupervisionadas. A equipe decide quais trabalhadores devem executar quais operações.

400 A QUALIDADE DESDE O PROJETO

Ela também assume várias funções. A necessidade de planejamento da qualidade é grande e a equipe participa ativamente do mesmo.

- Dois exemplos de equipes autossupervisionadas foram mostrados no Capítulo 7, sob o título" A Anatomia dos Processos: Correções na Anatomia do Processo". Em cada caso, o processo de preparação de apólices de seguros foi reprojetado para que fosse executado por equipes autossupervisionadas de trabalhadores. Em ambos houve aumentos dramáticos de produtividade e grande redução no tempo necessário para a emissão de apólices (ver Bowen, 1986 e Hoerr, 1988).

"Novos sistemas de trabalho"

A expressão "novos sistemas de trabalho" é usada em algumas empresas para descrever uma abordagem ao planejamento que focaliza a criação de sistemas de trabalho autorregulados, envolvendo pouca ou nenhuma gerência e muito poucos especialistas. Por este conceito, os trabalhadores são pagos de acordo com as qualificações alcançadas e não pela classificação do cargo ou pela antiguidade. Os trabalhadores nesses sistemas programam seus próprios horários de trabalho, mudam suas atribuições e programam suas férias.

Dentro desses sistemas há equipes permanentes, que revisam a estrutura social e também a tecnologia.

Por exemplo, em uma empresa de produtos químicos uma "equipe de projetos" de 16 trabalhadores, de um departamento de 180 pessoas, reunia-se semanalmente para projetar novos sistemas de produção, ou aperfeiçoar os já existentes. Sua revisão técnica cobria dez processos chave da unidade (microprocessos). A equipe identificou 72 possíveis variações naquelas áreas e construiu uma matriz de impacto, para determinar o efeito dessas variações sobre as etapas subsequentes. Foram desenvolvidos fluxogramas e árvores de decisões para o controle das variações chave. Tudo isso resultou em 12 recomendações para mudanças na tecnologia de fabricação.

A revisão social envolveu questionários e entrevistas para cada um dos 180 funcionários. Estes resultaram em cinco recomendações de mudanças em projetos de trabalho ou organizacionais.

Obstáculos à participação do trabalhador no planejamento da qualidade

Os obstáculos à participação ativa dos trabalhadores no processo de planejamento da qualidade são semelhantes àqueles mostrados a seguir, sob o título "Planejamento e Melhoramento da Qualidade pelos Círculos de CQ: Interesses Investidos". A superação desses obstáculos não é feita simplesmente por raciocínio lógico. São decisivos os resultados obtidos durante os testes práticos do conceito da participação do trabalhador no planejamento da qualidade.

PLANEJAMENTO E MELHORAMENTO DA QUALIDADE POR CÍRCULOS DE CQ

Um Círculo de CQ é um grupo voluntário de trabalhadores que receberam treinamento para a solução de problemas relacionados ao trabalho.

O planejamento da qualidade por trabalhadores tem sido feito, em grande parte, através do uso dos Círculos de CQ. Muitos desses círculos desenvolveram projetos de replanejamento de processos departamentais. Esses projetos têm demonstrado que a maioria dos trabalhadores possui educação, conhecimento do trabalho e criatividade para poder contribuir para o planejamento da qualidade, desde que haja oportunidade.

Para resolver os problemas relacionados ao trabalho, os Círculos de CQ empregam a mesma abordagem projeto a projeto usada pelas equipes de projetos gerenciais. Existem, porém, diferenças importantes, as quais estão resumidas na Figura 11-9.

Característica	Círculos de CQ	Equipes de Melhoramento da Qualidade
Resultado primário	Melhorar relações humanas	Melhorar qualidade
Resultado secundário	Melhorar qualidade	Melhorar participação
Escopo do projeto	Dentro de um só departamento	Multidepartamental
Porte do projeto	Um dos muitos e úteis	Um dos poucos mas vitais
Participantes	De um só departamento	De vários departamentos
Base de participação	Voluntária	Obrigatória
Posição hierárquica dos membros	Tipicamente da força de trabalho	Tipicamente gerencial ou profissional
Continuidade	O círculo permanece intacto , projeto após projeto	A equipe é *ad hoc,* sendo desfeita depois que o projeto é concluído

Figura 11-9 – Contraste: Círculos de cQ e Equipes de Projetos.

O contraste: Japão e Estados Unidos

Os padrões de crescimento dos Círculos de CQ no Japão e nos Estados Unidos apresentam diferenças notáveis e muito pode ser aprendido com as razões que estão por trás dessas diferenças. As Figuras 11-10a e 11-10b mostram esses padrões contrastantes.

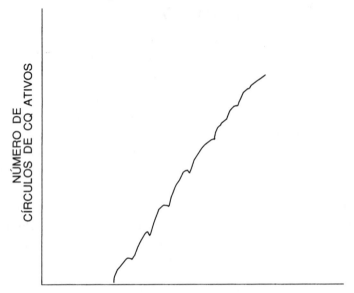

Figura 11-10a – Círculos de CA, Tendência no Japão.

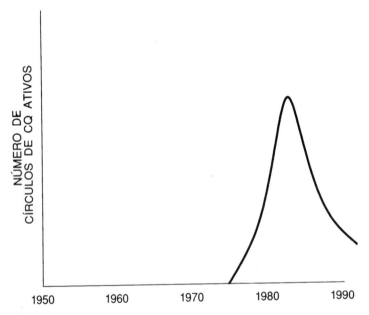

Figura 11-10b – Círculos de CQ, Tendência nos Estados Unidos.

PLANEJAMENTO DEPARTAMENTAL DA QUALIDADE **403**

No Japão, os Círculos de CQ começaram em 1962. Desde então os números têm crescido: círculos, trabalhadores e projetos concluídos. Nos Estados Unidos, os círculos começaram no final dos anos 1970, passaram por um crescimento explosivo e declinaram com a mesma rapidez. A diferença entre esses padrões de crescimento parece ser atribuível a três fatores principais (Juran 1987):

1. *A abordagem conceitual.* No Japão, o conceito do Círculo de CQ era considerado uma extensão dos esforços feitos nos anos 1950 para melhorara qualidade por meios gerenciais. Em 1962, parecia lógico estender o treinamento em CQ aos trabalhadores e usar equipes formadas por eles para a obtenção de novos melhoramentos, bem como ampliar a participação dos trabalhadores nos negócios da empresa.

Nos Estados Unidos, o conceito do Círculo de CQ não era visto como uma extensão de atividades gerenciais anteriores. Em vez disso, ele era visto como uma entidade separada com finalidades próprias: (a) melhorar relações humanas através de uma nova forma de participação dos trabalhadores e (b) resolver os problemas de qualidade das empresas. (Naqueles dias, muitos altos gerentes acreditavam que a causa principal da má qualidade eram os trabalhadores.)

O aspecto da participação mostrou ser atraente para a mídia. Foi dada muita notoriedade ao conceito do Círculo de CQ e isso estimulou um rápido crescimento.

2. *Treinamento prévio dos gerentes.* A crise japonesa de qualidade tornou-se evidente no final dos anos 1940. Seguiu-se mais de uma década de treinamento em massa da hierarquia gerencial japonesa em como gerenciar para a qualidade. Em 1962, quando foi lançado o movimento dos Círculos de CQ, os gerentes e supervisores japoneses estavam qualificados para dirigi-los aos canais produtivos. Eles não delegaram essa direção a "facilitadores" ou elementos externos.

Em contraste, a maior parte das empresas nos Estados Unidos não enfrentou uma crise de qualidade até meados dos anos 1970. Naquela ocasião, os gerentes americanos ainda não haviam passado por um treinamento extenso em gerência de qualidade. O conceito dos Círculos de CQ os atraía, mas eles careciam de treinamento necessário para guiar o movimento e optaram por delegar a direção a facilitadores e consultores. Essa delegação passava por cima da estrutura de supervisão, levando a muitas confusões e ressentimentos.

3. *Coordenação e orientação*. No Japão o movimento foi coordenado, desde o início, pela Japanese Union of Scientists and Engineers (JUSE). Esta preparou os materiais de treinamento, providenciou os cursos seminais, forneceu assistência consultiva, organizou conferências, publicou os principais estudos, estabeleceu o sistema de premiação e assim por diante.

Nos Estados Unidos, durante os anos formativos, havia pouca coordenação e orientação centrais. A ausência delas foi, provavelmente, um fator para e subsequente declínio do movimento.

Metodologia do círculo de CQ

Muita experiência tem sido acumulada com respeito à operação dos Círculos de CQ:

- A participação dos trabalhadores nos Círculos de CQ é voluntária. São providenciados facilitadores/treinadores para assistir as equipes.
- O treinamento é dado aos supervisores e facilitadores, assim como aos membros das equipes.
- As sugestões para projetos podem vir dos trabalhadores ou dos gerentes.
- A escolha dos projetos é uma questão de acordo entre o Círculo de CQ e a gerência.
- Os projetos são selecionados de forma a serem intimamente relacionados com o trabalho regular dos membros do círculo (os trabalhadores são considerados peritos em seu trabalho).
- O treinamento e o trabalho no projeto têm lugar durante o horário normal.
- As recomendações da equipe precisam ser aceitas pela gerência antes de serem tornadas efetivas.

Círculos de CQ e métodos à prova de erros

Os Círculos de CQ têm sido muito eficazes na eliminação de defeitos de baixa incidência através do replanejamento do processo, para torná-lo à prova de erros. Os projetos para eliminação desses defeitos de baixa incidência raramente recebem a prioridade necessária para que sejam designados a uma equipe de gerentes e engenheiros. Entretanto, muitos desses projetos têm sido empreendidos com sucesso pelos círculos de CQ.

Em uma tarefa que exigia o aperto de 18 parafusos, os trabalhadores ocasionalmente deixavam de acertar um ou mais parafusos. Um Círculo de CQ surgiu com um conceito de capacitar o processo para contar o número de parafusos apertados e soar o alarme caso algum tivesse sido esquecido.

Alguns desses projetos à prova de erros exigem alterações nas instalações (como no caso de apertar os parafusos). Nesses casos, o Círculo necessita da assistência dos gerentes. O elo de comunicação pode ser o supervisor do departamento ou o facilitador.

- Os defeitos de baixa incidência também ocorrem nos escritórios. Um exemplo óbvio são os erros de ortografia. A taxa global de erros, normalmente, é baixa e pode se espalhar por muitas palavras diferentes. Apesar disso, as mentes humanas encontraram uma solução: uma memória de computador que pode ser usada para verificar a escrita correta de palavras em textos de tamanhos consideráveis.

(Para mais detalhes sobre métodos à prova de erros, ver o Capítulo 7 sob o título "Projetar para Reduzir Erros Humanos". Ver também Nakajo e Kume, 1985.)

Interesses investidos

Muito já foi aprendido a respeito dos principais interesses investidos subjacentes à resistência cultural ao uso dos Círculos de CQ:

- Os *gerentes* ficam preocupados com a perda de "prerrogativas" e com o valor relativo do tempo dos funcionários gasto em projetos *versus* o tempo gasto produzindo o produto.
- Os *especialistas da assessoria* enfrentam concorrência em planejamento e análise – uma ameaça ao quase monopólio que detinham sob o sistema de Taylor.
- Os *trabalhadores* estão preocupados com ameaças à segurança dos seus empregos e com prêmios extras pelo trabalho do projeto.
- Os *sindicatos* temem que a lealdade dos funcionários passe deles para a empresa.

Prognóstico

A atual tendência é claramente de se treinar todos os gerentes em como gerenciar para a qualidade. Levará no mínimo uma década para que a maioria dos gerentes nas empresas receba esse treinamento e adquira experiência em seu uso. Como subproduto, essa mesma tendência irá qualificar os gerentes para que orientem as aplicações dos Círculos de CQ em suas empresas. À medida em que tudo isso prosseguir, será muito provável que ocorra o renascimento do interesse pelos Círculos de CQ.

TRABALHADORES E MELHORAMENTO DA QUALIDADE

Como é aqui usado, "melhoramento" é definido como uma criação organizada de mudanças benéficas, ou o atingimento de níveis de desempenho sem procedentes. A abordagem geral ao melhoramento da qualidade é descrita nas listas de referências listadas para este capítulo.

O melhoramento da qualidade está intimamente ligado ao planejamento da qualidade. (Ver o Capítulo 1, sob "Trilogia de Juran" e "Planejamento da Qualidade Distinto do Melhoramento da mesma". As ferramentas de análise têm muito em comum. Para muitos projetos de melhoramento da qualidade, a solução consiste em replanejar o produto/processo. Em essência:

- O melhoramento da qualidade preocupa-se com a solução dos problemas crônicos de qualidade já existentes, enquanto o planejamento da qualidade preocupa-se com o fechamento da incubadora que cria esses problemas.

Formas de participação dos trabalhadores

Pelo sistema de Taylor, os trabalhadores não tinham a responsabilidade de contribuir para o melhoramento da qualidade, nem para o melhoramento de qualquer outra coisa. Melhoramentos voluntários podem beneficiar a empresa, mas não necessariamente os trabalhadores, podendo até mesmo prejudicá-los em algumas ocasiões. Ao longo das décadas, essa falta de responsabilidade transformou-se em tradição.

- Por exemplo, um trabalhador em fundição tinha a tarefa de limar uma saliência que estava presente em todas as peças fundidas – a mesma saliência, no mesmo lugar, em cada peça. O trabalho dele era de controle. O desejo da peça não mostrava nenhuma saliência, portanto, aquela tinha que ser removida.
  A certa altura, alguém levantou a pergunta: Para começar, por que essa saliência está aí? Por que não mudar o padrão de moldagem, para que a saliência seja eliminada? Essas perguntas conduziram a mudanças, no padrão, à eliminação da saliência nas peças fundidas e da operação de limar.

Note que, do ponto de vista do trabalhador, uma iniciativa para questionar a razão da presença da saliência pode conduzir aos seguintes resultados:

- Uma redução de custo para a empresa
- Uma ameaça à segurança de emprego do trabalhador.

Ao longo deste século as empresas têm testado várias maneiras de obter melhoramento de qualidade dos trabalhadores. Algumas delas são:

RECOMPENSAS E PENALIDADES. Por esta abordagem a remuneração do trabalhador é diretamente afetada, para cima ou para baixo, pela qualidade do trabalho produzido. No início do século, este método era usado, em algumas fábricas, como um suplemento aos sistemas de pagamento por peça produzida. O método provocou críticas, sob a alegação de que muitos defeitos estavam fora do controle dos trabalhadores. Depois da aprovação do National Labor Relations Act (Wagner), que proibiu qualquer interferência dos empregadores na formação e operação de sindicatos, esses métodos de recompensas e penalidades foram abolidos e não foram restabelecidos.

PRESSÕES, EXORTAÇÕES, CARTÕES DE COMPROMISSO. Essas abordagens eram amplamente usadas nas últimas décadas, no esforço para induzir os trabalhadores a produzir qualidade mais alta. Uma importante premissa subjacente era que os trabalhadores estavam em estado de autocontrole. Quando essa premissa era falsa, como ocorria normalmente, o esforço podia conduzir a uma atmosfera de culpa injustificada. A tendência mais recente é no sentido de abordagens baseadas em análises factuais.

AMPLIAÇÃO DO TRABALHO. (Ver anteriormente, sob o título "Metodologia para Participação no Planejamento: A Opção de Reprojetar o Trabalho".)

SISTEMAS DE SUGESTÕES. Nesta abordagem bem conhecida, os trabalhadores são solicitados a propor melhoramentos de todos os tipos, inclusive de qualidade. O sistema sempre proporciona reconhecimento e recompensas.

A administração de um sistema de sugestões requer muito trabalho. A maior parte das sugestões é de importância limitada; contudo, elas devem ser investigadas e respondidas. Como resultado, muitos sistemas de sugestões têm sido abandonados como ineficazes em termos de custos. Em algumas empresas, porém, esses sistemas continuam a prosperar. Seus defensores alegam que os sistemas de sugestões têm méritos intrínsecos, porque dão aos trabalhadores a oportunidade de participar de atividades criativas. Eles também alegam que os sistemas, se bem gerenciados, são eficazes em termos de custos.

MELHORAMENTO PROJETO A PROJETO. Ao nível do trabalhador, o melhoramento projeto a projeto tem sido realizado em grande parte através dos Círculos de CQ. (Ver anterormente, sob "Planejamento e Melhoramento da Qualidade por Círculos de CQ".) Para informações a respeito de como introduzir o melhoramento projeto a projeto em uma empresa em funcionamento, e da metodologia e ferramentas, ver referências para este capítulo.

Papéis potenciais

Os trabalhadores têm considerável potencial para auxiliar nas várias tarefas do processo de melhoramento da qualidade. A extensão desse auxílio varia de acordo com a tarefa. Ela também depende do escopo do projeto estar em um só departamento ao ser multidepartamental. A Figura 11-11 lista alguns passos do processo de melhoramento da qualidade, juntamente com a contribuição potencial usual da força de trabalho.

A RESPEITO DO CAPÍTULO 12

O Capítulo 12 trata de vários tópicos que são críticos a todo planejamento: base de dados, motivação e treinamento.

Extensão da Contribuição para Projetos de Melhoramento da Qualidade		
Natureza da Contribuição	*Departamental*	*Interdepartamental*
Identificar problemas	+	+
Descrever sintomas	+	+
Teorizar sobre causas	+	+
Testar teorias pela coleta e análise de dados	+	
Identificar causa	+	
Propor solução	+	+
Projetar solução	+	
Instalar solução	+	
Testar solução	+	+
Estabelecer controles	+	+
Forte ++ Moderado +		

Figura 11-11 – Contribuição da Força de Trabalho a Projetos de Melhoramento da Qualidade.

LISTA DE PONTOS ALTOS

No ponto de vista de Frederick W. Taylor, os supervisores e trabalhadores do seu tempo careciam da educação necessária para planejar como o trabalho deveria ser feito. A solução de Taylor foi separar o planejamento da execução.

- O sistema de Taylor foi, provavelmente, a razão principal para a ascensão dos Estados Unidos à posição de líder mundial em produtividade.
- A criação de departamentos de inspeção independentes (posteriormente departamentos de Controle de Qualidade) estimulou uma crença generalizada de que a responsabilidade pela qualidade estava com o Departamento de Qualidade.
- O Sistema de Taylor ficou tão obsoleto que precisa ser substituído, mas não existe um acordo a respeito do que deve substituí-lo.
- Os microprocessos são tão numerosos que os altos gerentes não podem seenvolver com cada um deles individualmente.
- O conceito do triplo papel é aplicável a qualquer organização.
- O replanejamento dos microprocessos raramente resolve os maiores problemas do macroprocesso.
- Está em andamento um movimento maciço para corrigir o sistema de separação entre planejamento e execução.
- Esse movimento é irreversível.
- A falta de participação na análise de microprocessos reduz a disposição dos supervisores de linha para apoiar as recomendações resultantes.
- A responsabilidade dominante dos trabalhadores com respeito à qualidade tem sido em operação e controle.
- A extensão da delegação de controle a um trabalhador depende da extensão até a qual ele está plenamente em estado de autocontrole.
- O *feedback* mais curto ocorre quando o trabalhador pode escolher tanto a alça de controle do processo como a alça de controle do produto.
- Do ponto de vista de consecução da qualidade, o arranjo ideal é um processo autônomo.
- Na situação ideal, a estação de controle é idêntica àquela de trabalho.

TAREFAS PARA OS ALTOS GERENTES

- Os altos gerentes devem enfrentar a questão de tomar ou não providências positivas para substituir o Sistema de Taylor.
- Os altos gerentes devem determinar se tomam ou não a iniciativa de prover os supervisores com uma abordagem estruturada para a análise dos microprocessos.

410 A QUALIDADE DESDE O PROJETO

ANÁLISE DE ATIVIDADE DE DEPARTAMENTO página 1

Nome função	Controle de produção	
Nome departamento	Recebimento administração, pedidos	Dept. nº

DESCRIÇÃO GERAL DE TRABALHO EXECUTADO DENTRO DESSE DEPARTAMENTO (LISTA DAS PRINCIPAIS ATIVIDADES)

Perfuração

Triagem de transações

Recebimento de peças de compra/venda

Atividade exigida/crédito

Relatório das atividades diárias

Preencher pedidos

Datilografar cartas

Descartar carregamento

Controle ROM

Recebimento distribuição

Relações ZA

Transferência positiva e negativa

Assinatura do gerente	Data	Extensão

PLANEJAMENTO DEPARTAMENTAL DA QUALIDADE 411

ANÁLISE DE ATIVIDADE DE DEPARTAMENTO página 2

Nome função	
	Controle de produção

Nome departamento		Dept. nº
	Recebimento administração, pedidos	

Atividade:		Data	Preparado por:
	Perfuração		

ENTRADA

O quê:	**Estoque não designado: o grosso dos pedidos preenchidos (+) (-) delta adj transações de refugo, novo fornecedor, mudanças pedidos de crédito, pedidos**
	planejados ROM, não produtivo, cartões de programa, cartões de contagem, loc. mudanças, listras cinzas, transferências + & -, recibos de estocagem
De:	**Montagem, área de sequência, coordenadores, recebimento, cartões acabados, zonais**

VALOR ADICIONADO-TRABALHO REALIZADO EM DETALHES

Por que fazer:	**Sistema é atualizado pela entrada de cartões perfurados. Atualiza nosso estoque e estoques dos vendedores**
Valor adicionado:	**As perfurações apropriadas nos campos adequados em cada cartão - necessário para atualizar o sistema**
Impacto se não feito:	
	Perda de controle: estoque físico, estoques não designados

SAÍDA

O quê:	**Transações escolhidas por cartões enviados diariamente através de triagem**
Para:	**Recebimento, montagem**

412 A QUALIDADE DESDE O PROJETO

ANÁLISE DE ATIVIDADE DE DEPARTAMENTO   página 3

Nome função	Controle de produção	
Nome departamento	Recebimento administração, pedidos	Dept. nº

Atividade: Perfuração	Data	Preparado por:

Quais são as exigências de entrada que você e seu fornecedor combinaram?
Corrija cartões usados para vários tipos de atividades

Todos os campos de entrada preenchidos corretamente (zero defeito)

Sem informações faltantes

Todos os cronogramas para a entrada de dados rigorosamente seguidos

Quais são as exigências de saída que você e seu fornecedor combinaram?
Todas as transações perfuradas com zero erros

Todos os cronogramas de saída de dados rigorosamente respeitados

Todas as transações têm códigos TX adequados

Quais são as medições de qualidade que surgirão se seus resultados seguirem as exigências?
Seguir... Cronograma falta

Perfurações defeituosas

Erros de transações

Tempo de rotatividade

Quantas horas por semana são gastas nessa atividade? Trinta e cinco horas por semana
COQ pode ser ainda classificado em prevenção, avaliação e fracasso. Quais são?

Prevenção_____ horas/semana
Avaliação_____ horas/semana
Fracasso _____ horas/semana
Total COQ _____ horas/semana

12 | BASE DE DADOS, MOTIVAÇÃO E TREINAMENTO

PROPÓSITO DESTE CAPÍTULO

O propósito deste capítulo é explicar vários assuntos que são essenciais à colocação do planejamento da qualidade em bases estruturadas e participativas:

- Montagem da *base de dados* para os planejadores
- *Motivação* do pessoal para que adote formas modemas de planejamento da qualidade
- *Treinamento* do pessoal em como planejar para a qualidade

Esses assuntos críticos são comuns a todas as etapas do mapa de planejamento da qualidade, a todas as funções e todos os níveis hierárquicos.

A BASE DE DADOS

Uma base de dados é um corpo de informações derivadas dos ciclos anteriores de atividades e organizado para ajudar na condução dos ciclos futuros.

Uma boa base de dados é um recurso importante para os planejadores. A necessidade desse recurso é tão grande, que os planejadores, em todas as situações, dedicam parte do seu tempo à construção da sua basede dados. A tabela a seguir mostra alguns exemplos de bases de dados.

Planejador	Base de Dados
Dona de casa	Arquivo de receitas
Motorista	Mapas
Preparador de propostas de preços	Arquivo de custos padrão para módulos de trabalho
Programador	Horários; dados sobre desempenho passado
Gerente de compras	Banco de dados sobre desempenho dos fornecedores
Projetista de produtos	Tabelas de propriedades de materiais
Projetista de processos	Tabelas de capacidades de processos

As bases de dados são o resultado de *lições aprendidas com a experiência humana*. As lições aprendidas são então armazenadas em memórias, para serem usadas conforme as necessidades.

Lições aprendidas e análise retrospectiva

Lições aprendidas é uma expressão abrangente para descrever aquilo que foi aprendido com a experiência. Em graus variados, todas as espécies animais armazenam suas experiências na memória. Os seres humanos vão muito mais longe. Eles ampliam suas memórias através de registros e bibliotecas. Alguns *analisam as experiências em conjunto,* para descobrir padrões ocultos de significado. Eles tomam os conhecimentos resultantes facilmente disponíveis às futuras gerações através de escritos e ensinamentos, assim como através de sistemas de crenças, rituais e tabus. Esse extenso uso humano do conceito de lições aprendidas tem sido decisivo para o domínio humano sobre todas as outras espécies animais. É um resultado terrível e também uma antevisão do papel potencial que as lições aprendidas podem desempenhar durante a competição no mercado.

A base de lições aprendidas é a experiência, que por sua vez é composta por eventos históricos anteriores. Os eventos históricos somente se transformam em lições aprendidas depois de passarem pela *análise retrospectiva*. É essa análise que converte aqueles eventos espalhados em conhecimentos úteis. Para os gerentes, um uso importante desses conhecimentos é para melhorar a tomada de decisões.

Fontes de bases de dados

Todas as bases de dados são construídas a partir de conhecimentos derivados de eventos anteriores. Entretanto, as abordagens usadas na aquisição desses conhecimentos e na sua conversão em uma forma utilizável diferem amplamente, dependendo de:

a) se a base de dados é um subproduto das operações; ou
b) a base de dados é uma meta em si mesma.

A alternativa (a) é muito comum. Qualquer pessoa que executa vários ciclos de atividades repetitivas enfrenta obstáculos aqui e ali. Alguns deles são superados; outros não. A experiência registra aquiloque funciona e aquilo que não funciona. *Essa experiência é um subproduto*, que passa a fazer parte da base de dados da pessoa.

A alternativa (b) é muito diferente. Ela envolve atividades nas quais *a finalidade é criar uma base de dados*.

A Figura 12-1 mostra os aspectos críticos da construção e do uso de bases de dados e as respectivas consequências das duas alternativas.

Aspectos da Base de Dados	A Base de Dados é um Subproduto	A Base de Dados é uma Meta
Adquirir informações sobre ciclos anteriores de atividades	A aquisição é secundária em relação a outras finalidades	A aquisição tem a finalidade de construir uma base de dados
Análise para descobrir pontos comuns e outras relações utilizáveis	Baseada em memórias falíveis e métodos empíricos	Análise estruturada e metódica; feita com ferramentas científicas
Validade das conclusões	Limitada pela falta de participação e de questionamentos	Provavelmente válida devido à abordagem científica, à participação e aos questionamentos
Conversão em guias úteis para tomada de decisões	Limitada pela falta de um plano de disseminação	Provavelmente, convertida em formas úteis, para atender às metas de disseminação
Disseminação	Limitada; não é uma meta	A disseminação através de publicação, treinamento etc., é parte da meta original
Extensão de uso	Limitada pela falta de disseminação e pelas dúvidas quanto à sua validade	Provavelmente, será usada devido ao consenso prévio quanto a necessidades, métodos etc.

Figura 12-1 – Base de Dados: Subproduto ou Meta?

O estudo Santayana

Precisamos de um nome curto para o processo de estudo da história para extrair lições aprendidas como uma base para a tomada de decisões. Os autores propõem que esse processo seja chamado *"Estudo Santayana"*. O filósofo George Santayana observou certa vez:

> Aqueles que não lembram o passado estão condenados a repeti-lo.

Esta é uma expressão sucinta e precisa do conceito de lições aprendidas através da análise retrospectiva. Nossa definição fica sendo:

- O Estudo Santayana é o processo de extração de lições aprendidas da análise dos eventos históricos, para melhorar a tomada de decisões.

INFLUÊNCIA DA DURAÇÃO E DA FREQUÊNCIA DO CICLO

A extensão do uso do Estudo Santayana depende, em grande parte:

- Da duração do ciclo dos eventos históricos.
- Da frequência desses mesmos eventos a qual está intimamente ligada à duração do seu ciclo.

A influência desses dois fatores, duração e frequência do ciclo, é melhor compreendida através de alguns exemplos.

Aplicação a ciclos de alta frequência

Os eventos de alta frequência são abundantes em todos os tipos de empresas. Os processos associados são de natureza de produção em massa e processam vários produtos:

Indústria	Processamento em massa de:
Bancos	Cheques
Serviços públicos	Faturas
Fábricas	Bens
Todas	Cheques de pagamento dos funcionários

Os números dos ciclos resultantes podem chegar a milhões e mesmo bilhões anuais. Mesmo assim, muitas empresas conseguem operar esses processos com baixos níveis de erros. Para fazê-lo, elas *estudam amostras* dos processos para descobrir as causas de erros, a capacidade inerente ao processo e assim por diante. Já vimos alguns exemplos neste livro:

- *Erros em faturas.* Uma empresa de serviços de eletricidade produzia milhões de faturas por ano. A cada ano, 60 mil estavam erradas. Fazendo o acompanhamento de uma amostra dos erros, a empresa identificou as causas principais. Ações corretivas (basicamente replanejamento) reduziram os erros a cerca de 5.000 por ano.
- *Fabricação em massa.* Algumas empresas de fabricação produzem bens em milhões de unidades anuais. Através da medição de relativamente poucas amostras, elas conseguem avaliar a capacidade do processo e usam essa avaliação como dado de entrada para o planejamento da qualidade.

É fácil aplicar o Estudo Santayana em casos de produção em massa. ▲ Há dados disponíveis em grande quantidade – é necessária uma amostragem para evitar um afogamento em dados. Com frequência a análise dos dados é simples o suficiente para ser feita localmente por pessoal treinado em estatística básica. O esforço envolvido é modesto; portanto, raramente há necessidade de obtenção de aprovação prévia dos níveis superiores. Como resultado, o Estudo Santayana é largamente aplicado. É claro, que aqueles que o aplicam raramente consideram que estão empenhados em um estudo de eventos históricos anteriores. Contudo, é exatamente isso que estão fazendo.

Aplicação a ciclos de frequência intermediária

Como é aqui usado, "frequência intermediária" é uma ordem de grandeza de dezenas ou centenas de ciclos por ano – alguns por mês ou por semana. Os exemplos dentro desta gama de frequência incluem:

RECRUTAMENTO DE FUNCIONÁRIOS. Muitas empresas gostariam de reduzir o tempo necessário ao recrutamento de novos funcionários. Algumas têm tido sucesso. Elas o fazem replanejando o processo de recrutamento através da análise de ciclos de recrutamento anteriores.

PROPOSTAS PARA CONTRATOS. Muitas empresas precisam garantir suas vendas através da participação em concorrências. Em algumas indústrias, a proporção de propostas bem-sucedidas fica abaixo de 10%. É possível analisar os ciclos anteriores de propostas (bem e mal sucedidas) para elevar a proporção de propostas bem-sucedidas.

COMPRAS DE FORNECEDORES. Muitas empresas mantêm sistemas de dados sobre a qualidade dos produtos recebidos durante ciclos anteriores de compras de fornecedores externos. Os resumos resultantes tornam-se, então, parte da base de dados para as futuras decisões de compras.

418 A QUALIDADE DESDE O PROJETO

As aplicações do Estudo Santayana a ciclos de frequência intermediária são comparativamente poucas. Essa limitada aplicação pode ser atribuída a algumas realidades sobre o Estudo Santayana com relação aos ciclos de frequência intermediária:

- A aplicação é para um processo multifuncional, exigindo normalmente um esforço em equipe.
- Ela pode exigir muito trabalho agora, em nome de benefícios que virão depois, e não há como computar o retorno sobre o investimento.
- Raramente existe uma responsabilidade clara pela execução do trabalho.
- A motivação para fazer o trabalho voluntariamente é mínima, uma vez que o melhoramento irá beneficiar a organização como um todo, mas não necessariamente o departamento da pessoa voluntária.

As realidades anteriores não impedem a aplicação do Estudo Santayana aos ciclos de alta frequência, porque ela se dá ao nível de microprocessos, o volume de trabalho é pequeno e existe a motivação para o trabalho voluntário, já que os resultados irão beneficiar o departamento do voluntário.

Aplicação a ciclos de baixa frequência

Como é aqui usado, "baixa frequência" refere-se a uma gama de vários ciclos por ano até um ciclo a cada vários anos. Os exemplos de uma programação anual incluem a previsão de vendas e o orçamento. Os exemplos de uma programação irregular incluem os lançamentos de novos produtos, grandes projetos de construção e aquisições.

A aplicação do Estudo Santayana a ciclos de baixa frequência é rara. Cada ciclo desses é um evento de porte; alguns são maciços. Uma revisão de vários ciclos torna-se um empreendimento de porte correspondente.

> Um exemplo são as revisoes históricas conduzidas por uma equipe de historiadores na British Petroleum Company. Essa equipe conduz revisões de grandes empreendimentos: *joint ventures*, aquisições, grandes projetos de construção. As revisões preocupam-se com assuntos de estratégia de negócios, ao invés de conformidade com metas funcionais. Cada revisão consome meses e requer cerca de 40 entrevistas para suprir aquilo que não está documentado. As conclusões e recomendações resumidas são apresentadas aos gerentes de níveis mais altos (Gulliver, 1987).

Um processo comum de baixa frequência que necessita desesperadamente da aplicação do Estudo Santayana é o lançamento de novos produtos. Esses lançamentos são realizados através de um macroprocesso. Cada produto lançado tem um grau de singularidade, mas o macroprocesso é bastante semelhante de um ciclo para outro. Nesse caso, é possível aplicar o Estudo Santayana.

Grande parte do tempo necessário ao ciclo de lançamento é gasto refazendo-se aquilo que foi feito anteriormente. É imposto trabalho extra a clientes internos e externos. A extensão e o custo desses atrasos pode ser estimado a partir de um estudo de ciclos anteriores. A análise retrospectiva pode revelar o que funcionou e o que não funcionou, podendo, assim, melhorar a tomada de decisões.

Note que a maior parte desses atrasos e custos *não* ocorre dentro do departamento de desenvolvimento de produtos. A seguir está o exemplo do produto X, que incorreu em despesas conforme mostra a tabela (em $ milhões):

Pesquisa de mercado	0,5
Desenvolvimento do produto	6,0
Processos de fabricação	22,0
Planejamento de marketing	2,0
Total	30,5

Tudo isso foi perdido, porque um concorrente capturou o mercado introduzindo um produto similar dois anos antes do lançamento do produto X. O grosso do prejuízo – 80% – teve lugar *fora* do departamento de desenvolvimento de produtos.

CRIAÇÃO DE NOVAS ABORDAGENS CONCEITUAIS

O macroprocesso ótimo não pode ser atingido exclusivamente pelo refinamento dos microprocessos componentes; o conceito básico do macroprocesso em si precisa ser sólido. As mais importantes contribuições ao planejamento da qualidade ocorreram através de macroprocessos novos ou corrigidos. Examinemos alguns exemplos de contribuições importantes, para deles extrair lições aprendidas.

Os antigos observadores do céu e seus calendários

Uma das mais surpreendentes realizações das civilizações antigas foi o desenvolvimento de calendários precisos. Esses calendários eram derivados de numerosas observações dos movimentos dos corpos celestes, ciclo após ciclo. Alguns desses ciclos tinham duração de muitos anos. As

420 A QUALIDADE DESDE O PROJETO

lições aprendidas resultantes eram vitais para a sobrevivência daquelas sociedades, por exemplo para saber quando plantar.

O instituto de pesquisa do príncipe Henrique

Na época das viagens de descobrimento, nos séculos XV e XVI, os navegadores portugueses firmaram-se como líderes na condução de navios até seu destino e em trazê-los de volta em segurança. Como resultado, os navegadores portugueses eram preferidos e exigidos por proprietários de navios, governos e seguradores. A fonte dessa superioridade foi uma iniciativa de um príncipe português – o príncipe Henrique, o Navegador (1394-1460).

No início do século XV, o príncipe estabeleceu em Sagres, Portugal, um centro de navegação marítima – um instituto de pesquisa único e sem precedentes. As instalações incluíam um observatório astronômico, uma fortaleza, uma escola de navegação, alojamentos, um hospital e uma capela. Para aquele centro o príncipe levou cartógrafos, fabricantes de instrumentos, astrônomos, matemáticos, construtores navais e desenhistas. Ele também estabeleceu um banco de dados – um depositário de livros de bordo de viagens marítimas descrevendo os ventos predominantes, as correntes oceânicas, marcos, e assim por diante. As lições aprendidas com aqueles diários de bordo foram ensinadas aos navegadores portugueses. Essas mesmas lições contribuíram para os sucessos dos portugueses durante as viagens de descobrimento ao redor da costa da África, através do oceano Índico e do Atlântico.

As Cartas de Navegação de Mathew Maury

Mathew Maury era um tenente da Marinha dos Estados Unidos que, em 1842, foi designado para o Depósito de Cartas e Instrumentos. Uma das funções do depósito era a custódia dos diários de bordo de viagens navais – milhares delas. Cada diário registrava as condições encontradas pelo navio durante sua viagem: velocidades e profundidades das correntes, profundidades e temperaturas da água, direções e forças dos ventos. Aqueles diários haviam ficado acumulando poeira dos arquivos do depósito. Maury tomou a iniciativa de organizar as informações e analisá-las. Depois, ele entrou com os resultados em cartas de navegação, usando sinais gráficos e termos padronizados. Por exemplo, a direção do vento era mostrada por uma seta apontando a favor do vento; o comprimento da seta indicava a força do vento.

BASE DE DADOS, MOTIVAÇÃO E TREINAMENTO **421**

- Um dos primeiros navios a usar as cartas de Maury foi o famoso Flying Cloud. Em 1851, ele velejou de Nova York a São Francisco. O recorde anterior era de 119 dias. O Flying Cloud fez a viagem em 89 dias (Whipple, 1964). Esse recorde durou 138 anos!

Pesquisa de desastres recorrentes

Alguns desastres individuais são tão notórios que o clarão da publicidade resultante força a criação de uma comissão formal de inquérito. Entretanto, a maior parte dos danos é feita por desastres repetitivos que, apesar de menos notórios individualmente, adquirem notoriedade quando vistos em conjunto. Todos os anos, pessoas adoecem e morrem. Muitas outras morrem em acidentes. Todos os anos, edifícios se incendeiam. Cada um desses incidentes atrai um pouco de atenção local: primeiros socorros, o corpo de bombeiros, a ambulância, o hospital, o necrotério.

Algumas instituições da sociedade existem para estudar esses desastres *em conjunto*. Essas instituições têm contribuído enormemente para as guerras contra as doenças, para a redução do número de acidentes e para tomar os edifícios à prova de incêndios. Um exemplo fascinante é um estudo multinacional para lançar luz sobre a relação entre a dieta e o câncer. A correlação resultante é mostrada na Figura 12-2 (Cohen, 1987).

Merecimento de crédito baseado no histórico

As organizações de negócios estão sempre expandindo o crédito. No passado, as previsões de merecimento de crédito eram feitas empiricamente. O novo conceito foi a criação de um banco de dados formal, por exemplo, Dun & Bradstrest (ver o Capítulo 7, sob "Capacidade do Processo – o Conceito"; "Atingimento do Alvo").

Note que esses bancos de dados não são o resultado de experiências incidentais. Eles resultam de uma iniciativa – um processo intencional e estruturado de coleta e compilação de dados de múltiplas fontes.

O dr. Paul Dudley White e o longo acompanhamento

O Dr. Paul Dudley era um grande cardiologista. (Ele ganhou atenção pública como o médico escolhido para tratar do presidente Eisenhower depois que este sofreu um ataque cardíaco.) Uma importante contribuição para a liderança do Dr. Dudley foi o sistema de lançamento de dados que ele criou no início de sua carreira. Ver o Capítulo 5, sob "Sensores Humanos: Falta de Técnica". Ver também White (1971).

422 A QUALIDADE DESDE O PROJETO

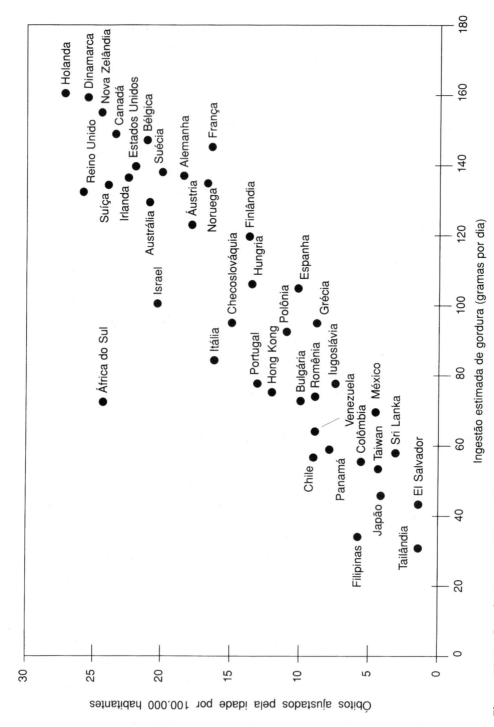

Figura 12-2 – Correlação entre Dieta e Câncer.

Artilharia naval

Até quase o final do século passado, a artilharia naval era extremamente imprecisa. Durante a Guerra Hispano-Americana, foram dados 9.500 tiros a várias curtas distâncias, resultando em 121 acertos, pouco mais de 1%.

Um grande avanço em precisão ocorreu em 1898. Um oficial britânico, o Almirante Sir Percy Scott, preocupava-se com os esforços para aperfeiçoar a ciência da artilharia. Um dia, quando seu navio estava praticando em alvos, ele observou numerosas salvas sendo disparadas por vários artilheiros. Ele notou que um artilheiro era significativamente mais preciso que os outros. Sir Percy também descobriu por quê. Aquele artilheiro manipulava o mecanismo de elevação do canhão, para compensar o balanço previsto do navio.

Sir Percy decidiu então elevar todos os artilheiros ao nível do melhor. Ele também acrescentou algumas mudanças essenciais na tecnologia. Nenhuma delas era invenção sua, mas ele foi o primeiro a combiná-las. Em conjunto, suas mudanças tomaram possível um assim chamado fogo com mira contínua. Isso revolucionou a precisão de tiro, como mostra a comparação abaixo, de disparos feitos a 1.500 metros:

	1898	*1905*
Alvo	Um casco de navio farol	Uma área de 22 x 8 m
Tiros disparados por	Cinco navios	Um artilheiro
Duração do fogo	15 minutos	Um minuto
Acertos	2	15

Um aumento de precisão foi da ordem de 3.000% (Morison, 1966).

PONTOS COMUNS

Os casos anteriores, a despeito da sua diversidade, apresentam certos pontos comuns. O mais notável é o próprio Estudo Santayana – o conceito de se analisar a história para extrair lições aprendidas como base para a tomada de decisões.

O conceito

Em cada caso *havia uma análise intencional* de ciclos anteriores de atividade para descobrir lições aprendidas. A Figura 12-3 mostra quem eram os analistas e quais ciclos anteriores de atividade eles analisaram.

Os Analistas	Os Ciclos Anteriores de Atividades
Antigos observadores do céu	Movimentos de corpos celestes
Navegadores do príncipe Henrique	Viagens navais anteriores
Mathew Maury	Viagens navais anteriores
Vários pesquisadores	Desastres repetidos
Editores de avaliações de crédito	Histórico de pagamento de dívidas dos candidatos a empréstimos
Dr. Paul Dudley White	Histórico clínico dos pacientes
Sir Percy Scott	Salvas disparadas por artilheiros navais

Figura 12-3 – Os Analistas e as Atividades Estudadas.

Iniciativas positivas

Em cada um dos exemplos anteriores, *seres humanos tomaram a iniciativa* de adquirir as lições aprendidas. O tenente Maury, o Dr. White e Sir Percy foram movidos pela necessidade de melhorar desempenhos nos quais tinham grande interesse. Outros queriam tomar a tomada de decisões mais objetiva. Outros ainda tinham a responsabilidade de evitar a repetição de desastres. O que nenhum deles fez foi esperar que as lições aprendidas surgissem naturalmente.

Papéis chave

Em cada um desses exemplos, podemos identificar dois papéis chave que foram desempenhados:

- O patrocinador do Estudo Santayana;
- O historiador.

A Figura 12-4 mostra aqueles que desempenharam (ou imagina-se que) os papéis chave. Ela revela dois pontos comuns em organizações. Em cada caso:

- O patrocinador tomou a iniciativa em resposta a uma oportunidade ou ameaça percebida.
- Em contraste, os historiadores agiram como resultado da direção vinda dos patrocinadores.

Exemplo	Patrocinador(es)	Historiador(es)
Estudo dos céus	O sumo sacerdote; astrônomos autodesignados	Observador(es) do céu
Instituto de pesquisa do príncipe Henrique	Príncipe Henrique	Subordinados
Revisão de diários de bordo de viagens navais	Mathew Maury	Subordinados
Pesquisas sobre desastres	Várias agências	Vários pesquisadores
Relatórios sobre merecimento de crédito	Uma companhia empreendedora	Investigadores financeiros
Artilharia naval	Sir Percy Scott	Sir Percy Scott

Figura 12-4 – Papéis Chave durante o Estudo Santayana.

Obtenção dos dados

Em cada caso foi necessário obter os dados, os quais puderam, então, ser processados para se tomarem lições aprendidas. No caso de Mathew Maury, os dados já existiam nos diários de bordo. Em outros casos, foi necessária a criação de dados novos pela persistente observação dos céus, noite após noite; pelas entradas nas planilhas do Dr. White, e assim por diante.

Análise dos dados

Em cada um desses exemplos, foi necessária a realização de alguma análise de dados: resumir, identificar as principais variáveis e estabelecer relações de causa e efeito. Tudo isso exigia uma metodologia apropriada. Os patrocinadores precisaram, de algum modo, prover a metodologia essencial.

O resultado final

O resultado final do Estudo Santayana são lições aprendidas. Essas lições devem, então, ser convertidas em formas que possam ajudar na tomada de decisões. A Figura 12-5 mostra, para nossos exemplos, os resultados finais dessas conversões.

426 A QUALIDADE DESDE O PROJETO

Assunto	Resultado Final
Movimentos de corpos celestes	Um calendário
Aperfeiçoamento da navegação marítima	Navegadores portugueses treinados
Rotas ótimas para veleiros	Cartas de navegação corrigidas
Desastres	Recomendações para nova legislação, novos procedimentos etc.
Merecimento de crédito	Um banco de dados formal
Prática da medicina	Uma disposição conveniente de dados
Artilharia naval	Equipamentos e procedimentos revistos

Figura 12-5 – O resultado final do Estudo Santayana.

Transferir para operações

Em cada exemplo, *o resultado final foi transferido às forças operacionais* e tornou-se parte do processo de condução das operações.

A transferência também exigiu que as forças operacionais fossem treinadas no uso dos novos métodos.

A transferência para operações é facilitada se o patrocinador também está no comando das operações, como no caso do Dr. White. Caso contrário, a transferência poderá ser retardada e mesmo bloqueada pela resistência cultural.

- Um oficial da Marinha dos Estados Unidos, o tenente William S. Sims, aprendeu, em 1900, tudo a respeito das descobertas de Sir Percy com o próprio Sir Percy. Então, o tenente Sims decidiu transferir aqueles novos métodos à marinha do seu país. Ele enfrentou um volume espantoso de resistência cultural. Entretanto, oito turbulentos anos depois, ele foi universalmente aclamado como "o homem que nos ensinou a atirar" (Morison, 1966).

Fluxograma para o Estudo Santayana

A Figura 12-6 mostra o fluxograma para o Estudo Santayana.

CONDUÇÃO DO ESTUDO SANTAYANA

Embora o fluxograma seja universal, os detalhes da execução de um projeto variam, sendo a frequência do ciclo uma variável importante.

BASE DE DADOS, MOTIVAÇÃO E TREINAMENTO **427**

Reconhecimento da necessidade; seleção do projeto
Definição da missão
Designação de responsabilidade:
Para o(s) patrocinador(es)
Para o(s) historiador(es)
Revisão dos ciclos anteriores de atividades
Análise e resumo
Conversão em uma forma utilizável
Transferir a operação

Figura 12-6 – Fluxograma para o Estudo Santayana.

Seleção do projeto

Para ciclos de alta frequência, o reconhecimento da necessidade está, tipicamente, nos níveis departamentais. A seleção do projeto é normalmente local. O trabalho subsequente, em geral, é feito por voluntários.

Para ciclos de baixa frequência, o reconhecimento da necessidade tem lugar nos níveis superiores. A seleção do projeto é feita pelos altos gerentes, por exemplo o Conselho de Qualidade. O processo de seleção é bastante semelhante àquele seguido na escolha de grandes projetos de melhoramento da qualidade. Os projetos são altamente multifuncionais e muito exigentes com respeito a tempo e recursos. O trabalho subsequente é designado sob uma estrutura organizacional formal.

Em projetos departamentais, a organização é altamente informal. O patrocinador e o historiador são frequentemente a mesma pessoa. Em projetos multifuncionais é necessário ser mais formal. O patrocinador, muitas vezes, é uma equipe multifuncional, que prepara uma declaração de missão para garantir que houve um encontro de mentes.

Papel do patrocinador

O patrocinador tem responsabilidades que podem ser assim generalizadas:

- Definir os limites do projeto.
- Identificar as perguntas para as quais se necessita de respostas.
- Nomear o(s) historiador(es).
- Prover os recursos necessários.
- Monitorar o progresso.
- Aplicar as descobertas.

Papel do historiador

As funções do(s) historiador(es) também podem ser generalizadas. Elas incluem as seguintes:

428 A QUALIDADE DESDE O PROJETO

- Buscar dados pertinentes já existentes.
- Preparar um plano para a coleta dos dados suplementares necessários.
- Coletar e analisar os dados, existentes e suplementares.
- Relatar as conclusões de forma digerível.

Até agora a profissão de historiador é uma espécie rara na indústria. Mesmo assim, muitos funcionários passam parte ou quase todo o seu tempo analisando história, principalmente na forma de ciclos de alta frequência. Eles incluem analistas de pesquisas de mercado, engenheiros de controle de qualidade, engenheiros industriais e analistas de produtividade.

Não foram treinados como historiadores, mas seu treinamento em análises de dados é um ativo evidente. A maior armadilha costuma ser o registro escrito, que é incompleto. Ele também contém distorções de todos os tipos, até mesmo contradições insanas. (A culpa ou inocência de Sacco e Vanzetti ainda está sendo debatida.)

O produto final

As descobertas dos historiadores são apresentadas de forma facilmente assimilável, tal como:

IDENTIFICAÇÃO DAS VARIÁVEIS CRÍTICAS. No caso da British Petroleum, uma das revisões envolvia duas refinarias construídas para converter gás natural em um componente da gasolina. Uma das refinarias foi construída na Austrália. Ela entrou em operação dentro do prazo e abaixo do orçamento. A outra, construída na Holanda, estourou o prazo e o orçamento. Apesar disso, os resultados da refinaria holandesa eram superiores. A razão era que as provisões quanto ao mercado para seus produtos mostraram ser válidas. Com isso, a refinaria podia operar com uma alta porcentagem da capacidade. No caso da refinaria australiana, a previsão do mercado não se mostrou válida e assim a refinaria operava a uma baixa porcentagem da sua capacidade. A principal lição aprendida foi que, nos projetos daquele tipo, a variável mais crítica era a previsão do mercado.

ESTABELECIMENTO DE RELAÇÕES DE CAUSA E EFEITO. Um exemplo foi dado na Figura 6-15 do Capítulo 6, sob "Interação: Desenvolvimento e Marketing do Produto". Lá o Estudo Santayana, aplicado a 41 diferentes produtos alimentícios, estabeleceu algumas novas e úteis relações entre as preferências dos consumidores e a participação de mercado (Juran, 1959).

BASE DE DADOS, MOTIVAÇÃO E TREINAMENTO **429**

Um segundo exemplo é um estudo feito para testar várias teorias sobre as razões pelas quais novos produtos estavam experimentando uma taxa irregular de sucesso no mercado. Foram estudados nove ciclos de lançamentos anteriores, levando a um consenso a respeito das causas e à respectiva ação corretiva (Gust, 1985).

Um terceiro exemplo é um estudo de 20 ciclos de propostas malsucedidas em concorrências. (Ver Figura 6-13 no Capítulo 6, e a respectiva discussão sob "Comportamento dos Clientes".)

Um exemplo em escala multinacional é a correlação entre dieta e câncer, descrita na Figura 12-2.

O BANCO DE DADOS. O banco de dados é uma coleção de numerosas entradas, especialmente organizadas para facilitar a recuperação de informações e a tomada de decisões. São exemplos as listas preparadas para classificar dados de entrada para uso dos responsáveis pelas decisões:

Listas	Responsáveis por Decisões que usam essas Listas
Motoristas propensos a acidentes	Empresas de transportes, companhias de seguros
Fontes aprovadas de suprimento	Gerentes de compras
Componentes aprovados	Engenheiros de projetos
Clientes merecedores de crédito	Gerentes de crédito

A LISTA DE VERIFICAÇÃO. Um auxílio à memória humana, a lista de verificação é um lembrete do que fazer e do que não fazer. Ela é largamente usada no treinamento de novos funcionários.

A CONTAGEM REGRESSIVA. Esta é uma lista de ações a serem executadas de uma forma predeterminada. Uma das mais conhecidas é a elaborada contagem regressiva usada no lançamento de um veículo espacial.

Algumas características comuns

Uma vez disponíveis, as formas anteriores de lições aprendidas apresentam algumas características úteis nelas embutidas:

- Elas põem à disposição de qualquer usuário a experiência coletiva e as memórias de numerosos indivíduos, organizadas de forma que permite pronta recuperação.
- Elas são de natureza repetitiva. Podem ser usadas para um número indefinido de ciclos de planejamento.

- Elas são impessoais. Evitam os problemas criados quando uma pessoa dá ordens a outra.

Em alguns projetos, as descobertas podem incluir um plano geral de ação, o qual pode reduzir grandemente o trabalho de tomada de decisões.

- Uma empresa que emite quantidades enormes de cartões de crédito analisou os históricos de crédito de uma amostra de clientes. Foi feita, para essa amostra, a correlação entre a presença (ou ausência) de certos atributos dos clientes e seus históricos de pagamento de contas. Essa correlação possibilitou à empresa criar um modelo que utiliza um sistema de contagem de pontos e um computador para efetuar uma filtragem imediata de cada solicitação de um cartão de crédito. Se a solicitação é rejeitada pela montagem de pontos, nada de cartão. Se ela sobrevive à contagem, então é feita uma verificação de crédito, por meio de vários serviços locais.

O ESTUDO SANTAYANA E O MAPA DE PLANEJAMENTO DA QUALIDADE

O Estudo Santayana produz lições aprendidas. Essas lições são aplicáveis a todos os processos da Trilogia Juran. Para o processo de planejamento da qualidade, as lições aprendidas são convertidas em base de dados de planejamento da qualidade. Essa base de dados torna-se um dos principais meios para se aperfeiçoar o planejamento da qualidade.

A relação entre essa base de dados e o mapa de planejamento da qualidade é mostrada graficamente na Figura 12-7.

A figura mostra que a base de dados pode ser aplicada a todas as etapas do mapa de planejamento da qualidade. O mesmo acontece com a medição, que também é aplicável a todas as etapas do mapa.

COMENTÁRIO FINAL SOBRE O ESTUDO SANTAYANA

As potencialidades do Estudo Santayana têm sido amplamente demonstradas no caso de atividades de ciclo curto e alta frequência. Como resultado, ele é largamente aplicado a esses casos e com bons efeitos.

As oportunidades para sua aplicação às atividades de ciclo longo e baixa frequência são amplas. Porém, as aplicações reais têm sido relativamente poucas, devido a algumas realidades duras:

- O patrocínio exige um consenso entre vários gerentes, ao invés da iniciativa de um gerente.
- O trabalho associado (do historiador) é normalmente extenso e invade o tempo de outras pessoas.
- As lições aprendidas resultantes não beneficiam as operações correntes.

BASE DE DADOS, MOTIVAÇÃO E TREINAMENTO 431

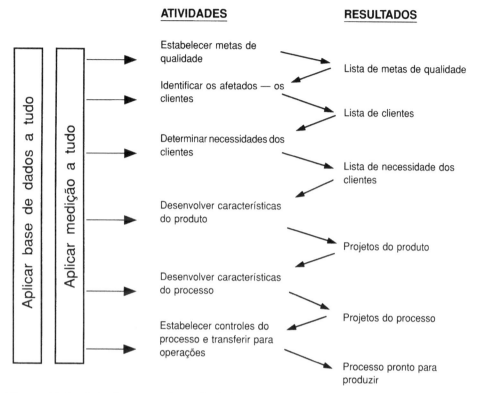

Figura 12-7 – Relação entre a base de dados de planejamento da qualidade e o mapa de planejamento da qualidade.

- Os benefícios aplicam-se às futuras operações.
- Os resultados não necessariamente beneficiam o desempenho departamental dos gerentes participantes.
- Não existe uma forma conhecida para computar o retorno sobre o investimento.

É compreensível que os projetos que enfrentam essas realidades enfrentem problemas na obtenção de prioridades. Da maneira que estão as coisas, é necessária uma iniciativa da alta gerência para aplicar o Estudo Santayana às atividades de ciclo longo e baixa frequência. Até hoje essas iniciativas foram poucas. Os trabalhos publicados são raros. O trabalho de Gulliver, relativo à experiência na British Petroleum, é decididamente uma exceção.

Será que o ritmo de aplicação irá se acelerar? Os autores duvidam. Nosso prognóstico é que o ritmo permanecerá evolucionário, até que algum resultado espetacular seja alcançado e amplamente divulgado. É uma previsão desanimadora, ainda mais quando relemos as palavras do filósofo cujo nome escolhemos para o processo:

432 A QUALIDADE DESDE O PROJETO

Aqueles que não podem lembrar o passado estão condenados a repeti-lo.

Para discussões adicionais e referências, ver Juran (1988), páginas 6.28 a 6.30; 16.47 e 16.48; e 31.19 e 31.20.

MOTIVAÇÃO NO PLANEJAMENTO DA QUALIDADE

A motivação é um elemento essencial para se alcançar a qualidade, especialmente para se alcançar a liderança em qualidade. O assunto é amplo, uma vez que envolve todos os processos da trilogia Juran, vários níveis na hierarquia e ainda outras variáveis. Neste livro, o tratamento está limitado àqueles aspectos da motivação relacionados com o planejamento da qualidade. Para conhecer o tratamento relativo a outros aspectos da gerência para a qualidade, consultar também o livro *Juranna Liderança pela Qualidade* (Pioneira, 1990).

As ações necessárias

A década de 1990 irá exigir amplas mudanças com relação ao planejamento da qualidade. A força motriz é a necessidade de permanecer competitivo e responder às exigências da sociedade por desempenho isento de falhas. A mudança básica é dar prioridade máxima à qualidade. A realização dessa mudança exige certas ações muito específicas. Essas ações e as razões que estão por trás delas devem ser totalmente, compreendidas antes de se tentar formular a abordagem à motivação. *É preciso haver antes uma resposta à pergunta: Motivação para fazer o quê?*

As ações necessárias e as razões por trás delas já foram discutidas neste livro. Por conveniência, aqui está um breve resumo:

As Ações Necessárias	*As Razões*
Trazer o planejamento para a qualidade para o plano estratégico de negócios.	Qualquer coisa que tenha prioridade máxima pertence ao plano estratégico de negócios.
Treinar os planejadores em metodologia relacionada à qualidade.	A maior parte do planejamento da qualidade tem sido feita por amadores.
Prover participação a todos aqueles que são afetados.	A falta de participação tem resultado em planos que deixam de atender às necessidades dos clientes.
Prover uma abordagem estruturada ao planejamento da qualidade.	A abordagem empírica não é mais competitiva.
Ampliar a base de dados dos planejadores.	A base de dados tem sido inadequada.

BASE DE DADOS, MOTIVAÇÃO E TREINAMENTO **433**

Essas ações (e outras) somam-se para causar uma profunda mudança na cultura da empresa. Qualquer discussão de motivação deve focalizar o impacto dessas ações sobre os processos gerenciais e sobre o pessoal.

Os obstáculos são altamente previsíveis

Nos anos 1960 muitas empresas tentaram executar a lista de ações anteriores. Em todos os casos elas enfrentaram vários obstáculos, alguns dos quais poderiam ter sido evitados através de motivação. Vale a pena examinar os mais frequentes desses obstáculos. Eles incluem:

Inconsciência. As pessoas não têm consciência de que estão criando problemas de qualidade.

Até certo ponto, a conscientização pode ser suprida por meio de demonstrações, propaganda, exortação e assim por diante. Mais eficaz é a participação no processo de planejamento, para que se compreenda como o trabalho de uma pessoa afeta os vários clientes, internos e externos. *A execução dos atos cria a consciência, e não o contrário.* ▲

Competição em prioridades. As pessoas não conseguem dar prioridade máxima à qualidade porque outras metas têm, de fato, prioridade maior.

Na percepção dos níveis médio e baixo em muitas empresas, as práticas gerenciais predominantes *não* contribuem para dar máxima prioridade à qualidade. Além disso, um decreto gerencial dando, doravante, prioridade máxima à qualidade, teria pouco efeito, a menos que ocorram certas outras ações, em especial uma mudança no sistema de premiação.

Subotimização. A realização local da qualidade impede a qualidade global.

Mais uma vez, a solução é prover participação aos clientes afetados, externos e internos. Em algumas situações, o planejamento conjunto é ainda melhor.

Alguns profissionais acham que muitos sistemas de premiação são projetados intrinsecamente para a subotimização, porque enfatizam o desempenho departamental ao invés das metas globais. Essa argumentação tem seu mérito. Segue-se que aqueles que projetam sistemas de premiação devem entender claramente como a ênfase sobre os desempenhos departamentais afeta o desempenho global (ver, neste capítulo, "Motivação Através do Sistema de Premiação").

"Aí vem mais um". As iniciativas malsucedidas anteriores resultam em uma reação clínica a qualquer nova iniciativa, inclusive os esforços para dar prioridade máxima à qualidade.

434 A QUALIDADE DESDE O PROJETO

A maior parte das empresas realiza periodicamente esforços (programas, movimentos etc.) para melhoramentos em várias direções: produtividade, segurança, relações humanas etc. Cada um desses esforços passa por um ciclo de lançamento, ampliação da escala, maturidade, decadência e retirada. Esses esforços são, frequentemente, dirigidos a todo o pessoal – gerencial ou não. (Aqueles não diretamente envolvidos são, de qualquer forma, espectadores interessados.) Todos eles, a partir das suas percepções, tiram conclusões quanto aos méritos e deficiências em relação aos ciclos anteriores. Essas conclusões irão obviamente influenciar a recepção que o pessoal irá dar a uma iniciativa de planejamento da qualidade.

Mitos gerenciais como obstáculos

Alguns gerentes sustentam certas opiniões, com referência à qualidade, que têm pouca base factual. Esses "mitos" são obstáculos aos esforços construtivos para se alcançar a liderança em qualidade. As mais frequentes dessas opiniões incluem:

1. *A força de trabalho é a principal responsável* pelos problemas de qualidade da empresa. Na verdade, pesquisadores objetivos têm demonstrado regularmente que de 80% a 90% dos danos provocados pela baixa qualidade são atribuíveis a ações gerenciais.

2. Os trabalhadores poderiam fazer um trabalho de boa qualidade, mas eles *carecem de motivação* para fazê-lo. Os fatos são que muitos trabalhadores não estão em estado de autocontrole e, portanto, nem sempre podem produzir um bom trabalho; eles somente podem evitar um mau trabalho interrompendo o processo e pedindo ajuda.

3. *A qualidade terá prioridade máxima se os altos gerentes assim decretarem.* A realidade é que a qualidade recebe prioridade máxima somente se os altos gerentes levarem até o fim um plano de ação: estabelecer metas, determinar as ações necessárias para atingi-las, prover recursos, medir o desempenho, rever os progressos, corrigir o sistema de premiação e assim por diante.

4. *Para se mudar o comportamento das pessoas, é preciso antes mudar suas atitudes.* Existe alguma validade nisso, mas *na maior parte dos casos ocorre o oposto* – se mudarmos antes o comportamento das pessoas, isso irá mudar suas atitudes. Por exemplo, os gerentes que foram designados para servir em equipes de melhoramento da qualida-

de (uma mudança de comportamento decretada) demonstram uma receptividade muito maior à participação no melhoramento da qualidade do que os gerentes que foram simplesmente solicitados a mudar de atitude.

(Os trabalhadores também mantêm certas crenças que têm pouca sustentação factual. Ver, neste capítulo, "Impacto sobre os Valores Culturais dos Trabalhadores: Mitos dos Trabalhadores".)

Uso de pesquisas internas

A identificação dos obstáculos pode ser ajudada pela condução de uma pesquisa interna, para se descobrir a natureza e a extensão das crenças predominantes. Essa pesquisa deve estender-se a todas as categorias de pessoal: altos e médios gerentes, supervisores, especialistas, trabalhadores. As perguntas a serem respondidas por essa pesquisa devem ser adaptadas às necessidades especiais de cada empresa. Algumas perguntas típicas são:

- Qual é sua percepção da qualidade da empresa, quando comparada com aquela dos concorrentes: Superior? Igual? Inferior? Não sabe?
- Quem você vê como seu cliente: Os clientes da empresa? O departamento seguinte? O patrão? Outra pessoa? As especificações? Os procedimentos? Nenhum cliente? Não sabe?
- Como você avalia a qualidade dos produtos que está entregando: Alta? Adequada? Baixa? Não sabe?
- Se você avalia a qualidade dos seus produtos como sendo baixa, quais acha que são os obstáculos que estão entre você e fazer produtos de alta qualidade? Cite até três obstáculos.
- Quando seu supervisor julga seu desempenho, que elemento do mesmo recebe maior peso: Cumprir o orçamento? Cumprir o padrão de custo? Produtividade? Qualidade? Segurança? Cumprir os prazos? Outros?

Em uma pesquisa conduzida por uma grande empresa, uma das perguntas era: Quais são os principais inibidores da qualidade na sua área? A esmagadora resposta número um foi "falta de medição, de reconhecimento e de premiação pelo melhoramento da qualidade".

COMPORTAMENTO HUMANO E VALORES CULTURAIS

A motivação diz respeito ao comportamento humano. Uma força importante nesse comportamento é o assim chamado *padrão cultural*. O padrão cultural é um corpo de crenças, hábitos, práticas etc., que uma sociedade humana desenvolve para lidar com seus problemas percebidos. Cada padrão cultural, pelo fato de ser uma resposta lógica para esses problemas percebidos, é altamente valorizado pela sua sociedade de origem. Em consequência disso, os padrões são perpetuados – os novos membros que entram para uma sociedade precisam adaptar-se ao padrão. Além disso, qualquer ameaça percebida a esses valores culturais enfrenta resistência dos membros da sociedade: eles exibem "resistência cultural".

Toda empresa também é uma sociedade humana. Nas grandes empresas há várias sociedades: as várias funções, os níveis hierárquicos, as disciplinas profissionais e assim por diante. Essas sociedades diferem em suas percepções e, portanto, desenvolvem padrões culturais diferentes entre si. No entanto, todos eles exigem resistência cultural às ameaças aos seus valores culturais.

Consequências sociais das mudanças pretendidas

As ações necessárias para dar prioridade máxima à qualidade envolvem mudanças que afetam todas as sociedades existentes na empresa. A julgar pelas aparências, essas mudanças são meras correções em processos gerenciais ou tecnológicos. Entretanto, qualquer mudança pretendida consiste, na verdade, em duas mudanças:

1. A *mudança pretendida*.
2. A *consequência social da mudança pretendida* (Esta é uma espécie de hóspede indesejável que vem com a mudança pretendida).

A consequência social é a causadora de problemas. O problema nasce de um choque de duas culturas: (1) a dos defensores da mudança e (b) a da sociedade receptora. Esta sociedade sempre examina a mudança proposta do seguinte ponto de vista: Que ameaças esta mudança representa para os valores culturais desta sociedade? Para a sociedade receptora, essa pergunta tem importância crítica. Com frequência os valores culturais têm precedência sobre as regras da empresa.

As ameaças aos valores culturais podem ser identificadas para cada uma das sociedades da empresa. Por exemplo:

- Os altos gerentes enfrentam cargas de trabalho adicionais, se a empresa acrescenta o planejamento da qualidade ao plano estratégico de negócios. Muitos altos gerentes preferem delegar esse trabalho aos níveis inferiores.

  Alguns gerentes de linha demonstram resistência cultural à mudança nas prioridades. Eles obtiveram, através da experiência, competência a respeito da prioridade máxima anterior, por exemplo, cumprir os prazos.Uma mudança para dar prioridade máxima à qualidade também é uma mudança no jogo que está sendo jogado. Os campeões do jogo antigo não sabem se também serão campeões no novo jogo. É mais seguro continuar com o jogo antigo.

Os cabeças funcionais também demonstram resistência cultural. Eles têm, normalmente, monopólios ou quase monopólios na tomada de decisões a respeito de assuntos funcionais. Dar prioridade máxima à qualidade pode constituir uma invasão a esses monopólios. A perda de *status* também é significativa – eles são empurrados para fora do centro do palco.

Duas outras sociedades são especialmente afetadas pelas tendências de se planejar a qualidade. Elas são (a) os planejadores e (b) os trabalhadores. Os efeitos sobre seus valores culturais merecem um exame mais detalhado.

OS PLANEJADORES E O PLANEJAMENTO ESTRUTURADO DA QUALIDADE

Os planejadores experimentados tendem a demonstrar resistência cultural a uma abordagem estruturada, *pois ela reduz seu* status. Esses planejadores obtiveram conhecimentos úteis com seu trabalho em ciclos de planejamento anteriores. Esses conhecimentos dão a eles um *status* de que os planejadores experimentados podem ser treinados nos novos métodos e assim manter uma vantagem em relação aos seus colegas mais jovens. Entretanto, são criadas novas reações negativas. Os mais jovens parecem aprender mais depressa a metodologia estruturada. Também existe um ressentimento não declarado a respeito da injustiça de qualquer situação na qual os jovens conseguem tomar um atalho até um *status* que anteriormente exigia longos anos de experiência.

Os planejadores experimentados também demonstram resistência cultural ao aumento de participação, mais uma vez por razões declaradas e não declaradas:

- *A participação atrasa o processo de planejamento.* Os fatos apoiam essa reação. As reuniões de revisão consomem tempo. Também leva tempo responder aos comentários que emergem das reuniões de revisão.
- *A participação prejudica os monopólios anteriores.* Esses monopólios são uma fonte de status e podem, por essa razão, ser ferozmente defendidos.

Os planejadores experimentados também resistem ao treinamento obrigatório em planejamento da qualidade, argumentando que este não é essencial para eles. Uma razão não declarada é a implicação de ignorância anterior. O treinamento obrigatório também pode implicar em uso obrigatório daí em diante, o que conflita com o antigo conceito: "Digame o resultado que deseja, mas não como produzi-lo".

IMPACTO SOBRE OS VALORES CULTURAIS DOS TRABALHADORES

O envolvimento da força de trabalho no planejamento da qualidade foi discutido no Capítulo 11 sob vários títulos:

- "Análise do Microprocesso: Por quem?"
- "Trabalhadores e o Planejamento da Qualidade".
- "Trabalhadores e a Alça de *Feedback*".
- "Trabalhadores e o Triplo Papel".

O presente tópico é o impacto do moderno planejamento da qualidade sobre os valores culturais dos trabalhadores. A natureza desse impacto depende, em grande parte, da extensão até a qual a empresa pretende fazer uso desse importante ativo subutilizado, a educação, experiência e criatividade dos trabalhadores.

Efeitos da atribuição de prioridade máxima à qualidade

Ao nível do trabalhador, os efeitos da atribuição de prioridade máxima à qualidade podem ser amplos. Aqui estão algumas mudanças que podem ser necessárias:

- Política de concepção de cargos, por exemplo, tomar os cargos interessantes e estabelecer um estado de autocontrole (a separação entre planejamento e execução, isto é, o sistema de Taylor, é em si uma fraca motivação para a qualidade).
- Critérios de recrutamento – levar em consideração a habilidade e a disposição para cumprir os padrões de qualidade.
- Procedimento de indução – dar ênfase adequada à qualidade.
- Treinamento – explicar o porquê e também o como fazer um trabalho de qualidade.
- Supervisão – estabelecer bons exemplos através das decisões e ações relativas à qualidade.
- Disposições especiais – certificar trabalhadores (para tarefas críticas) ou oferecer oportunidades para participação no trabalho de projetos.

Possibilitar que os trabalhadores deem prioridade máxima à qualidade também requer o aumento da comunicação de informações sobre qualidade. A maior prioridade exige que os gerentes:

- Forneçam meios positivos para que os trabalhadores comuniquem seus pontos de vista e ideias.
- Avaliem o desempenho dos trabalhadores com respeito à qualidade e forneçam *feedback* de formas comparáveis com aquelas fornecidas com respeito a outros parâmetros.
- Comuniquem-se com os trabalhadores para explicar aquelas ações gerenciais que, a julgar pelas aparências, são contrárias à qualidade. (Se a comunicação for incompleta, será fácil que os gerentes e a força de trabalho cheguem a conclusões diferentes a partir dos mesmos fatos básicos.)

Uma outra necessidade é de melhorar o clima naqueles casos em que a atmosfera predominante é de culpa. A nova ênfase deve ser sobre a análise das causas, ao invés da busca de alguém a quem culpar; deve ser no fornecimento de respostas para a pergunta: O que devo fazer de diferente daquilo que tenho feito?

Mitos dos trabalhadores

Os trabalhadores (como todo mundo) mantêm certas crenças que possuem pouca base factual. Uma dessas crenças tem sido especialmente problemática para os gerentes: a crença de que a segurança do emprego pode ser conseguida pelo estabelecimento de direitos monopolistas sobre certas tarefas – na verdade, a propriedade do emprego. Essa crença foi reforçada por certos eventos nos Estados Unidos, onde muitos sindicatos, durante décadas, foram capazes de estabelecer esses monopólios juntamente com as respectivas regras restritivas de trabalho. (Desde os anos 1930 os sindicatos estão isentos das leis antitruste.)

Os esforços da gerência para evitar os altos custos resultantes contribuiu para uma relação adversária. Muitos desses monopólios acumulados têm sido cobrados por uma inundação de bens importados. Aquilo que parecia ser uma crença bem fundamentada acabou mostrando ser um mito.

Para se lidar com as apreensões e mitos da força de trabalho, é aconselhável conduzir uma pesquisa do tipo discutido anteriormente, sob o título "Motivação no Planejamento da Qualidade: Mitos Gerenciais como Obstáculos".

LIDANDO COM A RESISTÊNCIA CULTURAL

Os estilos gerenciais variam, resultando em várias formas de se lidar com a resistência cultural. Uma dessas formas é decretar as mudanças necessárias, sem preocupações com a resistência cultural. Um decreto desses cria um choque entre as duas culturas, em sua forma mais adversária. Se os danos aos valores culturais forem substanciais, os membros da cultura irão achar meios para retaliar. Eles poderão recusar-se a cooperar, recorrer a "operações tartaruga" e utilizar outras formas sutis de tomar as mudanças pouco atraentes. O baixo moral resultante é um dos preços pagos pelos gerentes que optam por ignorar as consequências sociais das mudanças pretendidas.

É mais comum os gerentes tentarem prever a natureza da resistência cultural e tomarem providências em resposta a ela. Esses gerentes devem estudar as "regras de trânsito" para lidar com a resistência cultural. Essas regras, desenvolvidas por cientistas comportamentais e gerentes experimentados, têm se mostrado aplicáveis a uma ampla variedade de sociedades humanas. Essas regras são mostradas a seguir.

Regras de trânsito

Prover participação para a sociedade receptora, durante o planejamento e a execução das mudanças. Essa participação estabelece um elo de comunicação entre as culturas e facilita a criação de um senso de propriedade pela sociedade receptora.

Nada de surpresas. Um importante benefício do padrão cultural é a previsibilidade. A surpresa é perturbadora da paz. (Prover a participação é uma maneira de minimizar as surpresas.)

Prover tempo suficiente para que a sociedade receptora:

- Avalie os méritos da mudança *versus* a ameaça aos seus valores culturais
- Encontre uma acomodação com os defensores das mudanças

Começar pequeno e manter a fluidez. A proposta para um experimento provoca menos apreensões. O uso de um local de testes reduz os riscos para os defensores e também para a sociedade e envolve providências para correções durante o curso.

Criar um clima social favorável. Se os altos gerentes derem o exemplo, servindo em conselhos de qualidade e em equipes de projetos, ele transmitirá um sinal ao restante da hierarquia. As correções no sistema de reconhecimento e premiação também podem ajudar a criar um clima favorável.

Inserir a mudança em uma parte existente e aceitável do padrão cultural. Um exemplo é inserir o planejamento da qualidade no plano estratégico de negócios.

Prover flexibilidade. Uma proposta de obrigatoriedade de um determinado treinamento para profissionais pode incluir uma cláusula tornando o treinamento opcional para as pessoas com grande experiência.

Responder positivamente. Respostas positivas a problemas levantados pela sociedade contribuem para uma atmosfera construtiva.

Trabalhar com a liderança reconhecida da cultura. A cultura é melhor compreendida pelos seus membros. Eles têm sua própria liderança, que frequentemente é informal. Convencer a liderança é um passo importante para a aceitação da mudança.

Tratar as pessoas com dignidade. O exemplo clássico é aquele das montadoras de relês nos "experimentos Hawthome". A produtividade delas continuava subindo, sob iluminação boa ou fraca, porque no "laboratório" elas estavam sendo tratadas com dignidade.

Ser construtivo. As propostas de mudanças devem enfatizar benefícios e soluções, não deficiências ou culpas anteriores. Uma atmosfera de culpa é fatal para comunicações essenciais.

Para mais detalhes sobre o assunto de lidar com a resistência cultural, ver Juran (1964). O trabalho mais importante é de Mead (1951).

MOTIVAÇÃO ATRAVÉS DO RECONHECIMENTO

A abordagem à motivação, desenvolvida por gerentes na prática, focaliza, nos Estados Unidos, o "reconhecimento" e sistemas de premiação.

"Reconhecimento" é aqui usado no sentido de agradecimento público pelo trabalho bem feito. No caso do planejamento da qualidade, esse trabalho refere-se a assuntos como:

- Adaptar-se a uma abordagem estruturada ao planejamento da qualidade
- Receber treinamento em modernas metodologias de planejamento da qualidade
- Providenciar a participação daqueles que serão afetados
- Adotar o conceito do Q Grande
- Trabalhar em equipes de projetos de planejamento da qualidade

Formas de reconhecimento

Quando as empresas tratam do problema do reconhecimento, elas normalmente recrutam o talento coletivo daqueles que possuem habilidades especiais em comunicação (Relações Humanas, Marketing, Propaganda), assim como dos gerentes de linha. As inúmeras formas de reconhecimento refletem esse talento:

- Certificados, placas e assemelhados são concedidos pela conclusão de cursos de treinamento, pelo serviço como facilitador e em equipes de projetos.

442 A QUALIDADE DESDE O PROJETO

- As equipes de projetos apresentam seus relatórios finais no escritório do gerente local mais graduado.
- Os resumos dos relatórios sobre projetos concluídos são publicados nos veículos noticiosos da empresa, juntamente com fotos das equipes.
- Algumas empresas criam suplementos especiais ou boletins especiais dedicados à qualidade.
- São promovidos jantares para homenagear equipes de projetos.
- São concedidos prêmios às equipes que concluíram os "melhores" projetos durante um período determinado.

Os relatos publicados de projetos bem-sucedidos não servem apenas para prestar reconhecimento; eles também servem como materiais de treinamento e poderosos estimuladores para todos.

Comunicação

A comunicação associada ao reconhecimento pode contribuir grandemente para a clareza e a credibilidade da mensagem da gerência. As histórias de interesse humano tratam dos indivíduos que estão por trás dos projetos, das suas famílias e do seu ambiente de trabalho. Os relatos bem feitos de projetos bem-sucedidos proporcionam um toque de realidade às questões anteriormente defendidas pela gerência e às promessas feitas nos materiais de treinamento.

MOTIVAÇÃO ATRAVÉS DO SISTEMA DE PREMIAÇÃO

Como é aqui usado, o termo "sistema de premiação " refere-se a aumentos salariais, bônus, promoções e assim por diante, os quais estão mais ou menos ligados ao desempenho no trabalho. A maior parte das empresas adota revisões anuais de desempenho e prêmios anuais. Aqui nosso foco está sobre aqueles prêmios que estão ligados ao desempenho referente ao planejamento da qualidade.

É necessário inicialmente distinguir entre trabalho obrigatório e voluntário. Trabalho obrigatório é o escopo do serviço "regular". A maior parte das empresas premia o trabalho obrigatório através do sistema de premiação, por ocasião das revisões periódicas de desempenho. O trabalho voluntário (em Círculos de CQ ou no Sistema de Sugestões) costuma ser premiado caso a caso, dependendo normalmente dos resultados obtidos.

O "desempenho" consiste, na verdade, no desempenho em numerosos parâmetros: produtividade, pontualidade nas entregas, custos etc., bem como em qualidade. Em vista disso, *os altos gerentes têm geralmente*

BASE DE DADOS, MOTIVAÇÃO E TREINAMENTO **443**

concluído que prêmios orientados para a qualidade devem ser embutidos no siste- ▲
ma global de premiação. As descrições de cargos quase invariavelmente incluem a responsabilidade pelo cumprimento de metas de qualidade. Os sistemas de avaliação de desempenho quase invariavelmente incluem avaliações de desempenho em relação às metas de qualidade.

A elevação da prioridade dada à qualidade tem exigido algumas correções no sistema de premiação. Algumas empresas fazem essas correções simplesmente alterando o peso dado ao parâmetro qualidade na avaliação global de desempenho.

- Durante anos os fabricantes de automóveis haviam avaliado o desempenho dos seus revendedores com respeito a vários parâmetros, inclusive a qualidade da assistência aos compradores de automóveis. Nos anos 1980, os fabricantes exigiram melhor qualidade de assistência. Uma estratégia empregada por um dos fabricantes foi de elevar o peso dado à qualidade de assistência a um total de 50%, isto é, a qualidade recebia tanto peso quanto todos os outros parâmetros combinados.

Um problema diferente se apresenta quando as pessoas recebem responsabilidades adicionais (como servir em equipes de planejamento) ou são solicitadas a fazer revisões radicais nas práticas (como o uso de metologias estruturadas de planejamento). A inovação requer novas medidas para a avaliação do desempenho relativo às novas ou alteradas responsabilidades. Outra área que requer novas medidas é o planeja- ▲ mento e operações de macroprocessos. Veja, a este respeito, o Capítulo 5, sob o título "Medidas para Processos Operacionais".

A avaliação do desempenho relativo a novos parâmetros sempre requer um período de experimentação e ineficácia para a obtenção de experiência. Durante esse período, a prática usual é deixar ao critério dos supervisores a avaliação do desempenho em relação às metas.

Por exemplo, muitos projetos exigem esforços *em equipe* para sua conclusão. Entretanto, os sistemas de premiação exigem a avaliação dos esforços de *indivíduos*. Como resultado, o critério do supervisor precisa ser usado na avaliação do desempenho dos indivíduos durante os projetos em equipe.

Os esforços para ajudar os supervisores a fazer seus julgamentos incluem a preparação de uma série graduada de declarações, indo da falta total de desempenho até o desempenho completo. O supervisor então julga qual das declarações chega mais perto de expressar o desempenho real em questão. Para um exemplo, ver McGrath (1986).

444 A QUALIDADE DESDE O PROJETO

Uma forma especial de motivação está emergindo, com respeito ao treinamento em planejamento da qualidade. Algumas empresas sentem que um determinado tipo de treinamento ligado à qualidade tornou-se essencial para certos trabalhos de planejamento. Contudo, as empresas relutam em tomar o treinamento obrigatório, uma vez que existe forte resistência cultural por parte de alguns funcionários. Uma solução tem sido tornar o treinamento voluntário, ao invés de obrigatório. Porém, também é deixado claro que *o treinamento é um pré-requisito para o progresso na empresa.*

Note que, em alguns casos, os prêmios são inerentes em esforços voluntários para replanejar processos. Um replanejamento bem-sucedido de um microprocesso frequentemente melhora o desempenho departamental do supervisor que realizou o projeto. Esse aspecto de benefício pessoal tem estimulado muitos supervisores de microprocessos a realizar voluntariamente melhoramentos de qualidade.

No caso de macroprocessos, a situação motivacional é bastante diferente. Agora o processo é de natureza multidepartamental, portanto, é necessário uma equipe multidepartamental para a realização de um projeto de replanejamento. Caso o projeto tenha sucesso, haverá um benefício para a empresa, mas não necessariamente para o desempenho departamental de qualquer membro da equipe.

TREINAMENTO EM PLANEJAMENTO DA QUALIDADE

Os capítulos precedentes deixaram claro que a adoção de métodos modernos de planejamento da qualidade requer alguns rompimentos com a tradição – virtualmente uma mudança de cultura. Uma mudança dessa magnitude requer algumas mudanças correspondentes na área de treinamento – treinamento em como planejar a qualidade.

Nos Estados Unidos, a tradição tem sido de se concentrar o treinamento em planejamento da qualidade no Departamento de Qualidade. A nova necessidade é de estender esse treinamento a toda a organização – a todas as funções e todos os níveis. Essa extensão é necessária à transformação dos amadores em profissionais.

O currículo de treinamento

O planejamento da qualidade é multidimensional. Uma dimensão cuida de *conceitos* fundamentais: a definição de qualidade, o papel da qualidade na missão da empresa e assim por diante. Uma segunda dimensão é o *nível hierárquico* de quem recebe o treinamento. Uma terceira dimensão são as *várias funções* da organização: finanças, marketing, desenvolvimento de produtos etc. Uma outra dimensão são as numerosas *ferramentas e técnicas*.

Em face desse conteúdo multidimensional, a empresa precisa estabelecer um *currículo* de treinamento. Esse currículo é uma lista de cursos de treinamento (módulos, pacotes) os quais, em conjunto, podem atender às necessidades de treinamento para todas aquelas dimensões. O projeto desse currículo é feito tendo-se em mente as necessidades de treinamento das categorias de pessoal da empresa. O resultado final do planejamento do currículo deve ser uma matriz que mostre a lista de cursos e também indique que categorias de pessoal devem fazer quais cursos. Um exemplo desse tipo de matriz é mostrado na Figura 12-8.

O conteúdo do currículo sempre reflete a experiência e as inclinações daqueles que receberam a tarefa de projetá-lo. Como resultado, esse conteúdo varia consideravelmente de uma empresa para outra. Em vista dessa variação, a escolha de quem irá definir o currículo torna-se crítica. Existem várias opções e elas foram amplamente testadas no campo.

Uso de uma força-tarefa de base ampla

Uma das opções de maior sucesso tem sido usar uma força-tarefa de base ampla para o projeto do currículo. Sob este conceito, o Conselho de Qualidade cria uma força tarefa (equipe de projeto etc.), cuja missão é desenvolver um plano para o treinamento em planejamento da qualidade.

A força-tarefa é composta por gerentes de alto nível, inclusive o gerente de qualidade e o de treinamento, juntamente com representantes dos principais departamentos operacionais e de assessoria.

Mais especificamente, a missão da força tarefa é:

- Identificar as necessidades de treinamento em planejamento da qualidade da empresa.
- Propor um currículo de cursos que possam atender a essas necessidades.
- Identificar que categorias de pessoal devem fazer quais cursos.
- Identificar as fontes dos materiais de treinamento necessários, a serem desenvolvidos internamente ou adquiridos de fornecedores.
- Identificar as necessidades de líderes: treinadores, facilitadores etc.
- Propor um cronograma.
- Estimar o orçamento.

Na experiência dos autores, os planos de treinamento desenvolvidos por essas forças tarefas são decididamente superiores àqueles desenvolvidos através de outras opções. O desenvolvimento do plano de

446 A QUALIDADE DESDE O PROJETO

Cursos		Programa Gerentes de Qualidade	Gerência Executiva	Gerência Média e de Primeira Linha	Funcionários não Gerenciais
Sistema de Gerência da Qualidade II	(1)	X	X		
• Conceitos de gerência da Qualidade					
• Conceitos de Custo da Qualidade					
• Inovação Gerencial					
• Estatística Elementar					
Alta Gerência e Treinamento	(2)	X	X		
Treinamento em Consciência da Qualidade	(3)		X	X	X
Treinamento em Implementação da Qualidade	(3)		X	X	Selecionado
• Conceitos de Gerência da Qualidade					
• Seminário de Análise de Departamento/ Tarefa					
• Seminário de Análise de Problemas					
• Estatística Elementar					
• Seleção de Questões Vitais					
Estatística de Manuseio de Dados	(1)	X			
Estatística Básica	(3)			Planejado	Planejado

(Continua)

(Continuação)

Cursos		Programa Gerentes de Qualidade	Gerência Executiva	Gerência Média e de Primeira Linha	Funcionários não Gerenciais
Juran no Melhoramento da Qualidade	(2)	X			
• Programa em Vídeo					
Nota: Aulas/ Sessões dadas por:					
(1) IBM Quality Institute					
(2) Juran Institute, Inc.					
(3) IBM/NMD Program Managers of Quality					

Figura 12-8 – Exemplo de Matriz para Treinamento em Qualidade.

Fonte: Extraída de Nickell (1985)

treinamento em geral leva mais tempo, mas o resultado atende melhor às necessidades da empresa. Essa experiência sugere que:

> Os altos gerentes devem estabelecer uma força tarefa de base ampla, para planejar a abordagem da empresa ao treinamento em planejamento da qualidade. ★

Obrigatório ou voluntário?

As oportunidades para os gerentes e especialistas adquirirem treinamento em planejamento da qualidade tornaram-se amplamente disponíveis durante os anos 1980. À medida em que a década progredia, cada vez mais empresas começaram a insistir para que seu pessoal fizesse esse treinamento. Em alguns casos, o treinamento tornou-se obrigatório. Nos casos em que essa obrigatoriedade encontrou forte resistência cultural, as empresas adotaram estratégias alternativas. Por exemplo, a posse de determinado treinamento foi transformada em pré-requisito para o progresso profissional (por exemplo, a nomeação para um trabalho mais graduado), quase como uma licença para a prática de uma profissão.

Na opinião dos autores, uma vez determinado que o treinamento universal em planejamento da qualidade é essencial para o cumprimen-

448 A QUALIDADE DESDE O PROJETO

to das metas de qualidade da empresa, então, esse treinamento não deve ser voluntário. Em vez disso, os altos gerentes devem tomar obrigatório o treinamento em planejamento da qualidade.

Ao nível do trabalhador, o treinamento em planejamento da qualidade geralmente é voluntário. Porém, vários incentivos são oferecidos na forma de oportunidades para a participação em projetos ou a qualificação para categorias mais elevadas.

Em que sequência?

As empresas têm testado várias sequências em sua abordagem ao treinamento em todos os níveis da hierarquia. Os resultados dessas experiências apontam para uma "lição aprendida": os altos gerentes devem ser os primeiros a receber o novo treinamento. As razões são bastante persuasivas:

- Sendo os primeiros, os altos gerentes tornam-se mas bem qualificados para revisar as propostas feitas para o treinamento do restante da organização.
- Dando o exemplo, os altos gerentes modificam um elemento da cultura corporativa, isto é, eles criam uma percepção de que receber o novo treinamento é fazer aquilo que foi feito em círculos respeitados.
- Para alguns propósitos, os próprios altos gerentes devem servir como treinadores. Para isso, é necessário que passem antes pelo treinamento.

Diretrizes políticas

Algumas perguntas relativas ao treinamento são suficientemente amplas para merecer diretrizes políticas da alta gerência. Elas incluem:

PROJETO CORPORATIVO OU NÃO? A prática varia. Algumas empresas muito grandes têm deixado que cada divisão elabore seu próprio plano de abordagem, com uma coordenação limitada da sede central. As empresas menores tendem a fazer o planejamento em base corporativa, com participação das divisões (ou regiões, fábricas etc.)

Nas empresas em que é usado o planejamento corporativo amplo, ele tende a concentrar-se em assuntos amplos:

- Coordenação com outros programas ativos (por exemplo, melhoramento da produtividade, gerência participativa).
- Desenvolvimento de materiais de treinamento que sejam aplicáveis a várias divisões.
- Desenvolvimento de líderes/facilitadores para os cursos seminais

BASE DE DADOS, MOTIVAÇÃO E TREINAMENTO 449

AUTOSSUFICIÊNCIA OU NÃO? As grandes empresas tendem a ser autossuficientes com respeito ao treinamento. A rotatividade de funcionários cria uma necessidade permanente de treinamento. O mesmo se dá com o crescimento, a criação de novos produtos, novos processos e assim por diante. Um recurso interno pode conduzir o treinamento com conhecimento da cultura da empresa e ser também de baixo custo. Esse recurso inclui tanto os treinadores como os materiais de treinamento.(Mesmo quando os materiais de treinamento são comprados, eles são revisados e adaptados para a cultura.)

A questão de política levantada é se se deve estender o conceito de autossuficiência ao treinamento para a qualidade.

SOB MEDIDA OU PRONTO? Uma questão relacionada à anterior é a extensão até a qual os materiais de treinamento devem ser feitos sob medida para a cultura específica da empresa. Algumas empresas compram materiais de treinamento e os adaptam aos seus dialetos e à sua cultura. Elas corrigem certas partes da linguagem. Introduzem exemplos de casos locais. Essas adaptações simplificam o trabalho dos treinadores e também facilitam o relacionamento dos participantes com o treinamento.

EDUCAÇÃO OU AÇÃO? É uma prática comum a realização do treinamento em qualidade puramente como um processo educacional. Por exemplo, muitos gerentes foram treinados no processo de melhoramento da qualidade, mas nunca realizaram um projeto de melhoramento da qualidade. Da mesma forma, muitos supervisores e membros da força de trabalho receberam treinamento em ferramentas estatísticas básicas, mas não as aplicaram a situações reais de trabalho.

Na opinião dos autores, essa prática erra na colocação da ênfase. O *propósito básico do treinamento deve ser garantir uma mudança de comportamento:* replanejar um plano existente; executar um projeto de melhoramento. O propósito do treinamento deve ser auxiliar os participantes a efetuar a mudança de comportamento. Normalmente é possível projetar o treinamento de modo a fornecer, aos participantes, os meios para aplicá-lo a situações reais de trabalho. Na opinião dos autores:

> Os altos gerentes devem decretar que o treinamento em planejamento da qualidade seja projetado de forma a exigir que os treinadores apliquem os novos conhecimentos em seus próprios trabalhos.

EXPERIÊNCIA NECESSÁRIA. Existe uma distinção sutil, porém crítica, a ser feita com relação à experiência possuída pelos treinadores. Ela é, na verdade, uma combinação de experiência:

450 A QUALIDADE DESDE O PROJETO

- No assunto em questão.
- Nas técnicas de como treinar.

A importância relativa dessas duas espécies de experiência varia de pendendo de (a) qual é o assunto em questão e (b) quem recebe o treinamento.

Para ilustrar, no ensino de assuntos simples (ler, escrever, aritmética) a crianças, a mais importante qualificação para o professor é a posse das habilidades de como ensinar. Em contraste, para o ensino de assuntos em nível de pós-graduação, a mais importante qualificação para o professor é o domínio do assunto – para ser capaz de responder as perguntas. Esse mesmo princípio é aplicável ao treinamento em vários assuntos ligados à qualidade:

- No treinamento de trabalhadores em ferramentas estatísticas básicas, a qualificação mais importante dos treinadores é o conhecimento de como ensinar. Eles adquirem esse conhecimento sendo especialmente treinados em como ensinar o assunto e com o auxílio de guias do treinador elaborados por peritos no processo de ensino.
- No treinamento de engenheiros no uso de metodologias estatísticas avançadas, a qualificação mais importante dos treinadores é o domínio do assunto. As crises surgem quando os treinandos levantam questões que o treinador não é capaz de responder (se o treinador for também um bom professor, tanto melhor).
- No treinamento de gerentes em como ampliar o planejamento estratégico de negócios, para incluir o planejamento da qualidade, a qualificação mais importante do treinador é o conhecimento específico do assunto. O treinador deve ser capaz de responder as perguntas dos gerentes.

Esses requisitos de conhecimentos específicos sugerem que aqueles que estão planejando a abordagem ao treinamento devem especificar que os treinadores possuam os conhecimentos necessários no assunto, bem como as técnicas de como treinar.

TREINAMENTO DE NÃO FUNCIONÁRIOS. Algumas empresas têm concluído que o treinamento orientado para a qualidade deve ser estendido a não funcionários. A mais comum dessas extensões tem sido aos fornecedores. Por exemplo, no início dos anos 1980, vários grandes fabricantes de equipamentos originais (FEO) empreenderam o treinamento em larga escala dos seus supervisores e trabalhadores em ferramentas estatísticas básicas, ou controle estatístico de processos (CEP). A seguir, alguns desses FEOs estenderam esse treinamento aos seus fornecedores. Isso foi feito em parte pela oferta de cursos de treinamento que os fornecedores podiam frequentar gratuitamente e em parte pela imposição de novos critérios a serem satisfeitos pelos fornecedores – um uso obrigatório do CEQ na condução das suas operações.

Uma empresa deve testar antes com seus próprios funcionários qualquer treinamento que se proponha a estender a não funcionários. Uma vez constatado o valor do treinamento, surge uma questão de política: A empresa deve providenciar sua extensão a não funcionários? Se isso deve ser feito através de persuasão ou imposição é uma outra questão.

TREINAMENTO PARA OS ALTOS GERENTES

O treinamento em obtenção da qualidade deve incluir toda a hierarquia da empresa, *começando do alto*. Até os anos 1980, essa proposta raramente era bem recebida pelos altos gerentes nos Estados Unidos. Eles acreditavam instintivamente que já sabiam o que precisava ser feito e que o treinamento era para os outros – os gerentes de nível médio, os engenheiros, os trabalhadores. Os eventos dos anos 1980 forçaram um reexame das suas crenças.

> No Japão, os eventos seguiram um curso diferente. A crise japonesa de qualidade surgiu logo depois da Segunda Guerra Mundial e foi mais séria que a crise subsequente no Ocidente. Essa crise estimulou os gerentes japoneses a adotarem o treinamento em gerência para a qualidade, começando de cima. Os outros seminais tiveram lugar em 1954 e foram dados por um dos autores (Juran).

O assunto

A experiência na condução de numerosos cursos de treinamento para altos gerentes, sobre o assunto do planejamento para a qualidade, desenvolveu um corpo de assuntos mais ou menos assim:

- *Alguns fundamentos:* as definições básicas. Q Grande e Q Pequeno; a Trilogia Juran.
- *Gerência estratégica da qualidade:* desenvolvimento de uma estratégia de qualidade; políticas de qualidade; fixação de metas; desdobramento de metas; provisão de recursos; estabelecimento de medidas; correção do sistema de premiação.
- *Planejamento da qualidade:* Uso do mapa de planejamento da qualidade no planejamento/replanejamento de um produto/processo; planejamento para macroprocessos.
- *Auditorias de qualidade* como meio para revisar a posição da empresa com respeito ao planejamento da qualidade.

Algumas realidades

Os altos gerentes têm demonstrado algumas preferências distintas com relação ao treinamento em gerência para a qualidade:

- Eles se consideram gerentes de negócios. Assim, o treinamento deve estabelecer uma clara ligação com as metas de negócios.
- Eles são orientados para resultados – são medidos por resultados de negócios. Portanto, o treinamento deve ser orientado para resultados e não para técnicas ou ferramentas.
- Normalmente, eles estão conscientes de que podem ser uma parte do problema. Assim, buscam respostas para a pergunta: O que eu deveria estar fazendo de diferente daquilo que estou fazendo agora?
- Eles preferem decididamente participar de reuniões de treinamento com outros altos gerentes. Eles acham que mais ninguém compreende os problemas enfrentados pelos altos gerentes.
- Eles preferem um local de treinamento fora do escritório, por exemplo, uma "reunião no bosque".

Em consequência do que foi dito anteriormente, os altos gerentes relutam em aceitar funcionários da empresa como treinadores. Eles preferem, em vez disso, ouvir pessoas de fora, especialmente altos gerentes de empresas bem gerenciadas. Estão dispostos a visitar empresas que tenham se destacado por sua qualidade. Também estão dispostos a ouvir consultores que gozem de reconhecimento público e pareçam ser:

- Bem informados a respeito de assuntos orientados para a qualidade.
- Capazes de transmitir esses conhecimentos de maneiras diretamente relacionadas às realidades de negócios enfrentadas pelos altos gerentes.
- Capazes de prover respostas para a pergunta: O que eu deveria estar fazendo de diferente daquilo que estou fazendo agora?

Esse padrão de comportamento dos altos gerentes oferece diretrizes para aqueles que têm a responsabilidade de planejar reuniões nas quais os altos gerentes receberão treinamento.

PROJETO ESPECÍFICO DO CONTEÚDO DO CURSO DE TREINAMENTO

É possível projetar os cursos de treinamento com base em qualquer combinação de dimensões do assunto: nível hierárquico, função da organização, ferramentas e técnicas e ainda outras. A prática real varia amplamente.

BASE DE DADOS, MOTIVAÇÃO E TREINAMENTO   453

As listas que vêm a seguir mostram alguns projetos específicos de cursos de treinamento como eles são conduzidos em várias empresas, mas com alguma edição feita pelos autores. Em geral, os altos gerentes não se envolvem com os detalhes desses projetos.

Conteúdos de cursos para planejamento da qualidade

Este livro é em si um curso de planejamento da qualidade. Os tópicos e subtópicos são tão numerosos, que somente os mais importantes podem aparecer em uma lista de "conteúdo de curso". Os conteúdos reais irão variar de acordo com as necessidades especiais das empresas. A Figura12-9 é um exemplo de conteúdo para um curso de planejamento de qualidade.

Os conteúdos dos cursos mostrados na Figura 12-9 são amplamente aplicáveis. Porém, podemos esperar uma evolução de cursos especializados em planejamento da qualidade. Alguns deles serão orientados para indústrias específicas. Outros irão focalizar funções específicas, tais como desenvolvimento de produtos (ver a seguir). Outros ainda serão relacionados com processos específicos, como macroprocessos.

> O primeiro curso conduzido no Japão sob o patrocínio da Japanese Union of Scientists and Engineers teve lugar em 1949. Nos anos 1980, a JUSE estava oferecendo mais de 40 tipos de cursos. Porém, cinco tipos respondiam por mais de 70% das matrículas.

Conteúdos de cursos para desenvolvimento de produtos

Um exemplo de curso orientado para a função é o de desenvolvimento de produtos. A concorrência no desenvolvimento de novos produtos tornou-se intensa, tanto para a provisão de novas características dos produtos como para redução do ciclo. Essa concorrência estimulou o aumento do número de cursos de treinamento orientado para a qualidade para aqueles gerentes, engenheiros e outros que atuam no processo de desenvolvimento de produtos. O assunto, normalmente, inclui uma seleção tirada da lista mostrada na Figura 12-10.

Os cursos sobre desenvolvimento de produtos geralmente consideram "produto" e "processo" no sentido de "Q Pequeno" – bens físicos e processos de fabricação. Alguns desses cursos focalizam a porção de "pesquisa e desenvolvimento" do ciclo de novos produtos; portanto, sua orientação é para a tecnologia: projeto de produtos, engenharia de confiabilidade, engenharia de processo e assim por diante. Outros cursos focalizam o uso detalhado de planilhas e a otimização do efeito de múltiplas variáveis (Sullivan, 1986).

Definições de termos chave
Conceitos básicos: Q Grande e Q Pequeno; a Trilogia Juran; o conceito TRIPROL
Gerência estratégica da qualidade – colocação da qualidade no plano de negócios
Políticas de qualidade
Metas de qualidade; desdobramento de metas
O mapa de planejamento da qualidade
Clientes: externos e internos
Identificação de clientes; o fluxograma
Descobrindo as necessidades dos clientes
Medidas de qualidade
Planejamento de macroprocessos
Planejamento de microprocessos
Projeto de produtos; a planilha de projeto de produtos
Projeto de processos; capacidade do processo; planilha de projeto de processos
Planejar para o controle do processo; a alça de *feedback*; a planilha de controle do processo
Transferência a operações
Lições aprendidas; o Estudo Santayana; a base de dados de planejamento da qualidade
Ferramentas para planejadores

Figura 12-9 – Conteúdos de cursos para planejamento da qualidade.

Conteúdos de cursos – outros

Há muito tempo existe treinamento disponível para especialistas como engenheiros de qualidade e engenheiros de confiabilidade. O livro texto mais usado tem sido Juran e Gryna (1980).

Durante os anos 1980, houve um dramático crescimento do treinamento em metodologia estatística básica para supervisores de primeira linha e trabalhadores. Os principais textos consistem em derivações do popular manual japonês de treinamento (Ishikawa, 1972).

TREINADORES

As diversidades de assuntos e públicos têm exigido uma correspondente diversidade de treinadores. Numerosas abordagens foram testadas nos anos 1980. As informações extraídas desses testes estão refletidas nos comentários que se seguem.

Definições de qualidade; cliente, necessidades dos clientes etc.
O mapa de planejamento da qualidade
Desenvolvimento de produtos – as fases
Medidas de qualidade
Modelos e sistemas de dados para avaliação e predição da confiabilidade e da facilidade de manutenção do produto
Modelos e sistemas de dados para análises relativas a caráter crítico, vendabilidade propensão a falhas, transporte de projetos anteriores etc.
Estudos de capacidade do processo para avaliação e predição da produtividade
Projeto de experimentos para descobrir o resultado ótimo atingível a partir de múltiplas variáveis convergentes.
Planilhas para reunir numerosos dados inter-relacionados em formas condensadas e fáceis de se entender
Fluxogramas, árvores de decisão, e ainda outros auxílios à análise da qualidade e à tomada de decisões
Métodos de proteção contra erros humanos

Figura 12-10 – Conteúdos de Cursos para Desenvolvimento de Produtos.

Altos gerentes como treinadores

Os altos gerentes devem participar do treinamento dos níveis subalternos. Nesse papel de treinadores, os altos gerentes devem concentrar-se naquelas áreas nas quais possuem mais ampla experiência e são fontes altamente autorizadas. Com respeito a essas áreas, os altos gerentes podem trazer para os treinandos:

- Uma explicação daquilo que a empresa está tentando realizar e do porquê.
- Informações sobre políticas, metas, resultados, posição competitiva e prognóstico sobre o futuro.
- Respostas a perguntas problemáticas.

É claramente desejável que os treinandos recebam essas informações diretamente da fonte mais autorizada.

Os altos gerentes que se tornam treinadores devem ter em mente que, para os subordinados, o treinador também é o chefe. É muito fácil os papéis serem confundidos, tanto pelo treinador como pelos treinandos.

Treinadores para gerentes de nível médio

Como os altos gerentes, os gerentes de nível médio são orientados para resultados. Porém, eles têm responsabilidades funcionais e departa-

456 A QUALIDADE DESDE O PROJETO

mentais. Nas grandes empresas, essas responsabilidades departamentais podem dominar a atenção dos gerentes de nível médio, isto é, eles são julgados com base em medidas de desempenho departamental. Esse mesmo domínio influencia a sua resposta a programas de treinamento de amplo espectro. Nos programas desse tipo, esses gerentes de nível médio demonstram clara preferência por exemplos de casos em sua especialidade funcional.

Os gerentes de nível médio não oferecem resistência ao treinamento ministrado por funcionários da empresa ou mesmo por subordinados, desde que os treinadores tenham experiência no assunto e possuam as necessárias habilidades para ensinar.

Treinadores para supervisores de primeira linha

Nas grandes empresas, os números de supervisores de primeira linha também são grandes. Esses números exigem o desenvolvimento interno de treinadores e "facilitadores" (ver a seguir, sob "Uso de facilitadores". Os cursos seminais podem ser dados por elementos externos, assim como o treinamento daqueles que serão os treinadores internos. Daí em diante, o pessoal interno assume.

Neste nível, parte do treinamento terá relação com a organização da empresa, seus mercados, tecnologias, sistemas, procedimentos, relações humanas e assim por diante. Em muitas empresas, os especialistas do Departamento de Treinamento estão qualificados para conduzir treinamento interno nesses assuntos. Da mesma forma, quando o assunto requer interação dos treinandos (como em equipes de projetos para planejamento da qualidade), pode haver necessidade de se prover treinamento em dinâmica de grupo. Esse treinamento é normalmente feito internamente, através do uso de facilitadores.

Uma área importante de treinamento é em ferramentas e técnicas. As ferramentas mais usadas são bastante simples. Os treinadores no uso dessas ferramentas podem ser desenvolvidos internamente, com pessoal do Departamento de Qualidade ou de Treinamento.

Uso de facilitadores

▲ Nos casos em que o treinamento é construído ao redor da execução de projetos, a maior parte das empresas utiliza "facilitadores" para assistir as equipes de projetos, especialmente aqueles que estão trabalhando em seu primeiro projeto. Os facilitadores são, normalmente, supervisores ou especialistas que receberam treinamento especial para esse fim.

BASE DE DADOS, MOTIVAÇÃO E TREINAMENTO **457**

Na maior parte dos casos, seu papel como facilitadores é uma atribuição de tempo parcial, além e acima do seu trabalho "regular".

Os papéis usuais de facilitadores consistem em uma seleção dos se guintes:

EXPLICAR AS INTENÇÕES DA EMPRESA. O facilitador normalmente participou de sessões de instruções, nas quais houve explicações sobre aquilo que a empresa está tentando realizar. Grande parte disso é de interesse para as equipes de projetos.

ASSISTIR NA FORMAÇÃO DE EQUIPES. Nesse papel, o facilitador ajuda os treinandos a aprender a agir como membros de uma equipe: a se comunicarem uns com os outros, contribuir com teorias, questionar as teorias dos outros, partilhar experiências e propor linhas de investigação.

AUXILIAR NO TREINAMENTO. Normalmente, o facilitador passou pelo curso de treinamento e já orientou outras equipes em seus primeiros projetos. Essas experiências possibilitam que ele desempenhe um papel de ensino: fornecer visões antecipadas daquilo que está por vir e liderar a discussão relativa ao conteúdo dos materiais de treinamento.

RELATAR EXPERIÊNCIAS COM OUTROS PROJETOS. O facilitador dispõe de várias fontes nas quais pode buscar essas experiências:

- Equipes de projetos que assistiu anteriormente.
- Reuniões de facilitadores, nas quais eles narram as experiências das respectivas equipes de projetos.
- Relatórios finais de equipes de projetos, desde que divulgadas internamente.
- Projetos relatados na literatura.

ASSISTIR NO REDIRECIONAMENTO DO PROJETO. O facilitador tem, normalmente, uma visão imparcial, que pode ajudá-lo a sentir quando a equipe está se atolando e a guiá-la a um redirecionamento do projeto.

ASSISTIR O LÍDER NA EQUIPE DE PROJETOS. O facilitador pode ajudar o líder da equipe de várias formas, como estimular o comparecimento às reuniões ou melhorar as relações humanas entre os membros.

RELATAR OS PROGRESSOS AOS CONSELHOS. Neste papel, o facilitador faz parte do processo de relato dos progressos conjuntos dos projetos. Cada equipe de projeto prepara minutas das suas reuniões. No devido momento, cada equipe também prepara seu relatório final. Entretanto, os relatórios dos projetos em conjunto precisam ser elaborados de outras maneiras. Os facilitadores com frequência fazem parte desse processo de relato.

Note que os papéis dos facilitadores anteriormente citados são necessários especialmente durante a fase inicial. À medida em que as equipes e seus membros adquirem treinamento e experiência, diminui a necessidade do apoio do facilitador.

Treinamento para especialistas

O termo "especialistas" refere-se a categorias profissionais como analistas de sistemas, projetistas de produtos e engenheiros de processos. Os cursos de treinamento para essas categorias são construídos ao redor de feramentas de uso geral e metologias especificamente aplicáveis à especialidade, por exemplo, modelagem e quantificação da confiabilidade para projetistas de produtos.

Em algumas grandes empresas, existem treinadores disponíveis na forma de consultores internos de departamentos de serviços corporativos como o de Garantia de Qualidade corporativa. Esses departamentos têm sido uma importante fonte de materiais e experiência de treinamento para uso interno.

Nas empresas que não dispõem de fontes internas, é necessário recorrer inicialmente a fontes externas. Os treinadores em potencial podem ser escolhidos e enviados a cursos externos. Como alternativa, treinadores externos são trazidos para conduzir os cursos seminais. (Alguns materiais de treinamento são especialmente projetados para simplificar seu uso pelos treinadores internos.)

Em pequenas empresas, raramente é econômico desenvolver treinamento interno a esse nível. Assim, são utilizadas fontes externas, como cursos externos ou consultores.

Treinadores para os trabalhadores

A principal forma de treinamento dos trabalhadores é através dos Círculos de Controle de Qualidade. O treinamento consiste no estudo de ferramentas para a solução de problemas, seguido pela aplicação dessas ferramentas à solução de problemas ligados à qualidade.

Uma abordagem largamente usada é trazer consultantes especializados no treinamento em Círculos de CQ. Esses consultores conduzem os cursos seminais para líderes, facilitadores e mesmo para os membros do Círculo pioneiro.

Treinamento para treinadores

A abordagem ao treinamento de treinadores inclui:

1. O uso de consultores.
2. O uso de cursos externos de treinamento.
3. Líder treina líder. Durante cada curso, o líder identifica os treinandos que podem ser bons candidatos a líderes de futuros cursos.
4. *Aprender com os treinandos.* Os treinandos possuem ampla experiência nas realidades do assunto. Eles levantam casos para discussão. Fazem perguntas pertinentes. Questionam os materiais do curso e as afirmações do treinador. Tudo isso contribui para melhorar o conteúdo dos materiais de treinamento e o *know-how* do líder. Dessa maneira, um curso de treinamento pode ser lançado com a consciência de que será aperfeiçoado com o auxílio dos treinandos.

Exames, certificação

As empresas têm, até agora, evitado o uso de exames e certificados com respeito aos cursos para altos e médios gerentes. De fato, é difícil redigir questões de exames sobre assuntos gerenciais, isto é, garantir objetividade nas perguntas ou nas respostas. Além disso, os gerentes demonstram considerável resistência cultural aos exames. Eles preferem ser julgados pelos seus resultados no trabalho.

Nos níveis mais baixos (especialistas, supervisores de primeira linha, trabalhadores), grande parte do conteúdo dos cursos consiste em técnicas e ferramentas. Estas permitem objetividade em perguntas e respostas. Além disso, a resistência cultural é menor. Assim, as empresas realizam exames com as seguintes finalidades:

- Avaliar a eficácia dos treinadores
- Avaliar a compreensão do assunto pelos treinandos
- Prover uma base para reconhecimento e/ou certificação

POR QUE O TREINAMENTO FRACASSA

O treinamento em planejamento da qualidade pode fracassar por uma série de razões um tanto convencionais: inadequação das instalações, dos materiais de treinamento, instrutores, orçamentos. Essas inadequações são, em geral, óbvias o suficiente para gerar sinais de alarme àqueles que dirigem o treinamento.

460 A QUALIDADE DESDE O PROJETO

As razões mais sutis de fracassos são também as mais sérias, uma vez que podem gerar somente sinais de alarme sutis, ou simplesmente nenhum sinal.

Falta de participação prévia pelos gerentes de linha

▲ Os gerentes de linha devem participar do planejamento do treinamento. Se isso não ocorrer, existe o risco real do treinamento tornar-se orientado para técnicas ao invés de para resultados, isto é, a ênfase será sobre as ferramentas e não sobre os resultados operacionais. Essa ênfase é, então, transportada à avaliação do progresso, que passa a ser medido em função de quantas pessoas foram treinadas, quantos quadros de controle estão em uso, quantos cartões de compromisso foram assinados e assim por diante.

Uma base demasiado estreita

As décadas que se seguiram à Segunda Guerra Mundial geraram uma série de ondas de interesse e publicidade em relação a várias ferramentas orientadas para a qualidade, métodos estatísticos, consciência da qualidade, análise do custo da qualidade, Círculos de CQ e assim por diante. Cada uma dessas ferramentas tem mérito potencial para as empresas. Contudo, nenhuma delas é ampla o suficiente para servir como base para se levar uma empresa até a liderança em qualidade.

A principal salvaguarda contra "uma base demasiado estreita" é, mais uma vez, incluir os gerentes de linha na equipe que planeja os currículos de treinamento. O planejamento não deve ser deixado exclusivamente para os especialistas orientados para ferramentas. Com muita frequência, suas propostas são centradas na sua especialidade.

Incapacidade para mudar o comportamento

O treinamento em planejamento da qualidade deve ser centrado na criação de uma mudança no comportamento. O foco deve estar sobre o planejamento/replanejamento real de um produto/processo, através do uso de mapa de planejamento da qualidade, de se prover a participação dos clientes e assim por diante. O propósito do treinamento deve ser de auxiliar os participantes a realizar aquela mudança de comportamento.

▲ Se não houver provisões para a mudança de comportamento, o treinamento provavelmente não "pegará". Ele não será posto em uso e logo será esquecido.

Um papel para os altos gerentes

Os altos gerentes têm um papel a desempenhar, para evitar os fracassos de programas de treinamento. Esse papel consiste em formular as diretrizes já discutidas sob o título "Diretrizes Políticas". Com referência a evitar fracassos em treinamento, aquelas diretrizes incluíam:

- Os altos gerentes devem estabelecer uma força tarefa de base ampla para planejar a abordagem da empresa ao planejamento da qualidade.
- O treinamento relativo à qualidade deve exigir que os treinandos façam aplicações dos novos conhecimentos em seus trabalhos.

AS DISCIPLINAS DA QUALIDADE: FERRAMENTAS E METODOLOGIA

"Disciplinas da Qualidade" é um nome dado à gama de ferramentas e metodologias que, em conjunto, constituem nosso *know-how* relativo à qualidade. Essas ferramentas são tanto gerenciais como tecnológicas. Durante os anos 1980 havia um desequilíbrio no treinamento relativo a ferramentas e metodologias. Era dada muita ênfase às ferramentas estatísticas, com prejuízo das ferramentas gerenciais. Esse desequilíbrio deve ser corrigido nos anos 1990. Ambos os tipos de ferramentas são necessários. Nenhum é suficiente.

As listas a seguir, de ferramentas e metodologias, são amplamente usadas para o planejamento da qualidade. Existem listas adicionais, relativas a melhoramento da qualidade, controle da qualidade, funções específicas etc. (Ver *Juran na Liderança pela Qualidade,* sob "Ferramentas e Metodologia", páginas 349-54. Ver também *Juran's Quality Control Handbook,* páginas 9.3, 11.3 e 11.4. Ver também o curso do Juran Institute sobre Ferramentas para Melhoramento da Qualidade.)

Ferramentas gerenciais amplamente aplicáveis

- Definições básicas: qualidade, cliente, produto, processo; Q Grande etc.
- A Trilogia Juran: planejamento da qualidade, controle de qualidade, melhoramento da qualidade.
- A planilha, um auxílio universal para o arranjo ordenado de massas de detalhes.
- A matriz de responsabilidade, uma tabela que lista as decisões e ações necessárias e identifica quem faz o quê.
- A Espiral do Progresso em Qualidade, que mostra a sequência "do conceito até o cliente" para atividades relativas a novos produtos.

462 A QUALIDADE DESDE O PROJETO

- A alça de *feedback*, básica para todo controle de qualidade.
- A sequência do grande avanço, básica para todo melhoramento de qualidade.
- Alerta antecipado – o conceito de se descobrir, antes do fato, os efeitos prováveis das ações pretendidas.
- A abordagem factual – o uso de fatos (ao invés de opiniões) como base para a tomada de decisões.
- Projeto de questionários; técnica de entrevistas.
- Participação – o processo de obtenção de contribuições daqueles que serão afetados por uma ação pretendida.
- Regras de trânsito para lidar com a resistência cultural.
- *Brainstorming*, uma técnica para a obtenção de ideias durante uma reunião de vários participantes.
- Técnica de grupo nominal, um processo para conseguir um consenso entrevários participantes.
- Análise do campo de forças, um processo para a identificação das forças motrizes e restritivas como auxílio à solução de problemas.
- *Storyboarding*, um método de análise de problemas que destaca o acúmulo incremental de informações de entrada.
- Padronização.
- Glossários.
- Ferramentas para treinamento.
- Ferramentas para motivação.

Ferramentas gerenciais orientadas para planejamento

O mapa de planejamento da qualidade, que generaliza a abordagem à satisfação das necessidades dos clientes:

- O fluxograma, um meio gráfico para descrever as etapas em um processo; também um auxílio universal para identificar quem são os clientes.
- A planilha (aplicada ao planejamento da qualidade), um arranjo ordenado de informações de planejamento consistindo (normalmente) em (a) linhas horizontais para apresentar os elementos que estão passando pelo planejamento e (b) colunas para mostrar as respostas resultantes no produto/processo.
- Símbolos padrão para fluxogramas.
- O conceito de triplo papel de fornecedor, processador e cliente, que se aplica a cada pessoa e organização.
- Planilhas de planejamento da qualidade; símbolos padrão.
- Pesquisa de mercado.
- Simulação de uso.

- O sistema de desenvolvimento do produto em fases; Do Conceito ao Cliente.
- Planejamento simultâneo.
- Revisão de projeto.
- O conceito de participação; planejamento conjunto.
- Capacidade do processo.
- Estudo do custo da má qualidade.
- Determinação do custo do ciclo de vida.
- Estudo Santayana; lições aprendidas.
- Bancos de dados, listas de verificação.
- Análise do caráter crítico, da competitividade, da vendabilidade, do valor.
- Análise do modo e efeito da falha; análise da árvore de falhas.
- Análise de confiabilidade: modelagem, quantificação, predição, divisão, demonstração, análise de Weibull.
- Garantias de qualidade.

As "sete ferramentas gerenciais de controle de qualidade" japonesas

Em 1972, um comitê da Japanese Union of Scientists and Engineers (JUSE) foi designado para o "desenvolvimento de ferramentas de Controle de Qualidade". Esse comitê fez suas recomendações em 1977. Suas propostas foram então submetidas a testes de campo e discussões posteriores. Um relatório especial (Nayatani, 1986) descreve as "Sete Ferramentas Gerenciais para CQ". Elas são as seguintes:

1. *Diagrama de Afinidade.* É um método para converter conceitos vagos em específicos, através do uso de linguagens e diagramas. Trata-se essencialmente de uma generalização do conceito de projeto de "caixa-preta", para torná-lo aplicável a qualquer conceito amplo.

2. *Diagrama de Relações.* É um método gráfico de ilustrar as numerosas relações de causa e efeito dentro de um problema complexo. Ele mapeia as várias ligações de causa e efeito. Também identifica as inter-relações, isto é, um efeito dentro de uma ligação torna-se uma causa dentro de outra ligação. Além disso, identifica as causas principais.

3. *Diagrama da Árvore.* Este generaliza uma ferramenta bem conhecida e largamente usada em formas tais como análise da árvore de falhas. Ele se inicia com um resultado final a ser alcançado ou

evitado. Em seguida, identifica os contribuintes potenciais para aquele resultado. Cada contribuinte pode ser ele mesmo um sub resultado, que tem seus subcontribuintes. O diagrama pode ser estendido a vários níveis de análise.

4. *Diagrama de Matriz.* Este generaliza a amplamente usada matriz com linhas, colunas e suas interseções. As planilhas de planejamento da qualidade são exemplos conhecidos.

5. *Análise de Dados da Matriz.* Este método generaliza as disposições de dados (horizontais e verticais) que são muito usadas para facilitar a avaliação de relações compostas.

6. QPDP (Quadro do Programa de Decisão do Processo). Este é semelhante ao conhecido fluxograma, mas modificado para incluir resultados *imprevisíveis* e, assim, auxiliar na antecipação de eventos futuros. (O fluxograma convencional lida apenas com eventos previsíveis.)

7. *Diagrama de Flechas.* Esta ferramenta é bastante semelhante ao gráfico de Gantt, muito usado para programação, juntamente com a técnica de caminho crítico ou PERT (Técnica de Avaliação e Revisão de Programas).

Ferramentas estatísticas

As modernas origens das ferramentas estatísticas orientadas para a qualidade podem ser atribuídas aos trabalhos realizados no Bell System nos anos 1920. Naquela época, o foco principal era sobre:

- Tabelas de inspeção por amostragem
- O quadro de controle de Shewhart
- Avaliação da qualidade do produto fabricado

O interesse industrial cresceu durante os anos 1940 e 1950, sob o estímulo de numerosos cursos patrocinados pelo Conselho de Produção de Guerra durante a Segunda Guerra Mundial. Os especialistas em qualidade que surgiram desenvolveram novas ferramentas, bem como variações da metodologia anterior.

Um desenvolvimento paralelo ocorreu no Japão, resultando na difusão do treinamento de supervisores e membros dos Círculos de CQ nas "Sete Ferramentas do CQ". A publicidade dada aos Círculos de CQ japoneses levou, então, ao amplo uso dessas mesmas ferramentas como base para cursos de treinamento nos Estados Unidos. Essas sete ferramentas são:

BASE DE DADOS, MOTIVAÇÃO E TREINAMENTO **465**

- *Folha de verificação.* Pode ser qualquer formulário em branco, usado para registrar dados sobre qualidade.
- *Histograma.* É uma distribuição de frequência de forma irregular.
- *Diagrama de causa e efeito.* É o "diagrama em espinha de peixe" do prof. Ishikawa para listar teorias de causas.
- *Princípio de Pareto.* Este é o fenômeno pelo qual em qualquer população que contribui para um efeito comum, um número relativamente pequeno de contribuintes responde pelo grosso do efeito.
- *Quadro de controle.* Este é o quadro de W. A. Shewhart para teste continuado de significância estatística. (Ver Capítulo 8, Figura 8-3, e respectiva explicação.)
- *Diagrama de dispersão.* Este é uma representação gráfica da inter-relação das variáveis. A Figura 12-2 é um exemplo.
- *Gráficos.* São representações ilustradas em várias formas: gráficos de barras, gráficos setoriais, gráficos de série temporal etc.

Além dessas ferramentas estatísticas "clássicas", existem numerosas outras em uso. A Figura 12-11 lista algumas das ferramentas mais usadas e indica as principais áreas de uso.

As listas de ferramentas nunca são completas. Novas variações estão sendo constantemente inventadas. A maior parte da terminologia ainda não foi padronizada.

O QUE FAREI QUANDO VOLTAR?

Esta pergunta está na mente de cada participante de cada curso de treinamento. Responderemos esta pergunta no Epílogo deste livro, sob o mesmo título: "O Que Farei Quando Voltar?"

LISTA DE PONTOS ALTOS

- As bases de dados são o resultado de lições aprendidas a partir da experiência humana.
- Os eventos históricos transformam-se em lições aprendidas somente depois de passarem por uma análise retrospectiva.
- É relativamente fácil aplicar o Estudo Santayana a ciclos de alta frequência.
- Um processo comum de alta frequência, que necessita desesperadamente da aplicação do Estudo Santayana, é o lançamento de novos produtos.
- O resultado final do Estudo Santayana são lições aprendidas.
- Para ciclos de alta frequência, o reconhecimento da necessidade se dá normalmente nos níveis departamentais.

Figura 12-11 – Ferramentas estatísticas e áreas de aplicação.

	Estimativa da avaliação da qualidade	Predição da qualidade	Diagnóstico	Planejamento da qualidade	Controle da qualidade	Melhoramento da qualidade
Tabelas de amostragem	X				X	
Lot plots	X				X	
Box plots	X				X	
Papel de probabilidade		X	X	X		
Análise de capacidade do processo			X		X	X
Teste de hipóteses	X	X	X	X		
Limites de confiança	X		X			
Significância estatística	X		X			X
Controle PRE						X
Tolerâncias estatísticas				X		X
Delineamento de experimentos			X	X		X
Análise de variância			X	X		X
Arranjos ortogonais			X	X		X
Análise de regressão			X	X		X
Operações evolucionárias			X	X		X
Metodologia de superfície de resposta			X	X		
Quantificação da confiabilidade		X		X		
Predição da confiabilidade		X		X		
Divisão da confiabilidade				X		
Análise de Weibull		X	X	X		
Análise de manutenibilidade		X	X	X		
Dissecação do processo			X	X		X
Análise de estratificação			X	X		X
Análise de fluxo a fluxo			X			X
Análise de tempo a tempo			X			X
Análise atuarial		X	X			X
Análise de concentração			X			X

- Para ciclos de baixa frequência, o reconhecimento da necessidade tem lugar em níveis elevados.
- Para se garantir a motivação, é preciso que antes haja uma resposta à pergunta: Motivação para fazer o quê?
- A execução dos atos cria a consciência, e não o contrário.
- Uma força importante no comportamento humano é o padrão cultural.
- Qualquer mudança pretendida consiste em duas mudanças:
  1. A mudança pretendida.
  2. A consequência social.
- Na comunicação com os trabalhadores, a nova ênfase deve ser sobre a análise das causas, ao invés da busca da culpa.
- Ao lidar com resistência cultural, os gerentes devem estudar as "regras de trânsito".
- Para se motivar através do sistema de premiação, é necessário distinguir inicialmente entre trabalho obrigatório e voluntário.
- As recompensas orientadas para a qualidade devem estar inseridas no sistema global de premiação.
- O caráter de novidade das recompensas pela qualidade requer nova "métrica" para a avaliação de desempenho.
- É necessário estender o treinamento em gerência para a qualidade a toda a organização, para que os amadores transformem-se em profissionais.
- O resultado final do planejamento do currículo de treinamento deve ser uma matriz que mostre a linha de cursos e também que categorias de pessoal devem fazer quais cursos.
- Os altos gerentes devem ser os primeiros a passar pelo novo treinamento.
- A finalidade básica do treinamento deve ser a obtenção de uma mudança de comportamento.
- Aqueles que estão planejando a abordagem ao treinamento devem especificar que os treinadores possuam a necessária experiência no assunto, bem como habilidade para ensinar.
- A maior parte das empresas faz uso de "facilitadores" para assistir as equipes de projetos.
- Os gerentes de linha devem participar do planejamento do treinamento.
- O planejamento do treinamento não deve ser deixado exclusivamente comos especialistas orientados para ferramentas.
- Durante os anos 1980, havia um desequilíbrio no treinamento entre ferramentas e metodologia. Havia muita ênfase nas ferramentas estatísticas e poucas nas ferramentas gerenciais. Esse desequilíbrio deve ser solucionado nos anos 1990.

TAREFAS PARA OS ALTOS GERENTES

- Os altos gerentes devem tomar a iniciativa, caso o Estudo Santayana vá ser aplicado a atividades de ciclo longo e baixa frequência.
- Os altos gerentes devem criar um plano de ação antes de dar prioridade máxima à qualidade.
- Os altos gerentes devem estabelecer uma força tarefa de base ampla para planejar a abordagem da empresa ao treinamento em planejamento para aqualidade.
- Os altos gerentes devem tornar obrigatório o treinamento em planejamento para a qualidade.
- Os altos gerentes devem decretar que o treinamento em planejamento para a qualidade seja projetado de forma a exigir que os treinandos efetuem aplicações dos novos conhecimentos em seu próprio trabalho.
- Os altos gerentes devem participar do treinamento dos níveis subalternos.

13 | PLANEJAMENTO DA QUALIDADE PARA O TAURUS:
Caso Exemplo

O planejamento da Ford Motor Company para o modelo Taurus é um bom exemplo de obediência ao mapa de planejamento da qualidade (Veraldi, 1985).

A meta principal: o melhor em sua classe

No início dos anos 1980, a empresa começou a planejar um novo modelo Ford – um carro de tamanho médio, com tração dianteira, para ser produzido no final da década. O futuro da empresa exigia que esse modelo fosse um sucesso. A Ford vinha perdendo participação de mercado para os concorrentes estrangeiros. Suas operações nos Estados Unidos haviam incorrido em pesados prejuízos durante vários anos. O modelo foi chamado Taurus. (Um modelo semelhante, a ser planejado para a linha Mercury, recebeu o nome de Sable.)

Com respeito à qualidade, os altos gerentes concluíram que o Taurus deveria ser "O melhor em sua classe": a qualidade deveria ser igual ou superior àquela de qualquer modelo concorrente na "classe", nacional ou importado. Esse decreto tornou-se a meta estratégia de qualidade.

Estrutura da organização

A Ford usava, tradicionalmente, a estrutura funcional convencional para planejar novos modelos. O planejamento era feito de forma sequencial.

Cada função (pesquisa de mercado, projeto do produto etc.) executava sua função e, então, "transferia" o resultado à função seguinte. Para o Taurus, a Ford adotou uma nova abordagem, uma forma orientada para o projeto chamada Equipe Taurus. A Figura 13-1 mostra a organização convencional. A Figura 13-2 mostra a forma da Equipe Taurus.

Todas as funções associadas ao lançamento do novo modelo foram incorporadas à Equipe Taurus. A finalidade era realizar todas as funções de planejamento de forma simultânea ao invés de sequencial e, ao mesmo tempo, ampliar a participação de todos aqueles que seriam afetados pelo projeto.

Quem são os clientes?

A Ford examinou cuidadosamente os clientes – aqueles que seriam afetados pelo projeto. Esse exame estimulou-a a identificar e atender às necessidades dos clientes com uma precisão sem precedentes.

- Por exemplo, as companhias de seguros são afetadas por qualquer novo modelo. Elas pagam pelos reparos dos carros danificados em acidentes e procuram maneiras para reduzir os custos dos reparos. Esses custos dependem, em parte, de como os carros são projetados. A Equipe Taurus foi capaz de ajudar esses clientes afetados – as companhias de seguros provendo o Taurus com características que facilitavam o alinhamento da carroceria durante o reparo de carros danificados.
- O Departamento de Transportes é afetado de forma semelhante: Ele administra as leis que governam a segurança nas estradas. A Ford soube que a agência estava pensando em tornar obrigatória a instalação de luzes de freio em "montagens altas" nos futuros novos modelos. A Ford fez planos para essa contingência, apesar da obrigatoriedade ainda não existir. Com isso, ela minimizou o custo futuro de conformidade. (De fato, a montagem alta das luzes de freio foi tomada obrigatória pouco tempo depois).

Figura 13-1 – Organização funcional para planejamento.

PLANEJAMENTO DA QUALIDADE PARA O TAURUS: CASO EXEMPLO   471

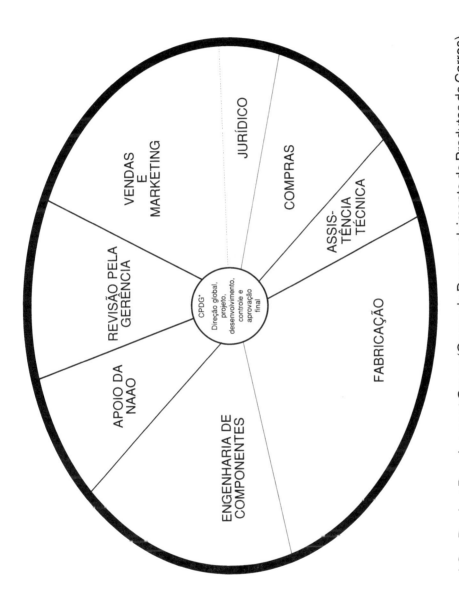

* Car Product Development Group (Grupo de Desenvolvimento de Produtos de Carros)
Figura 13-2 – Organização da Equipe Taurus.
Fonte: Ford Motor Company.

Por que comprar o Taurus? Necessidades dos clientes: características do produto

É claro que o principal cliente é o comprador dos carros. A Ford foi fundo na pergunta: Por que comprar o Taurus? Que características específicas do produto são decisivas na decisão do cliente a respeito de que carro comprar? Existem literalmente dezenas de milhares de características de qualidade que entram no projeto, na fabricação, na venda e na assistência técnica dos automóveis. Quais delas são as poucas, mas vitais – aquelas que podem ser sentidas pelos clientes e são, portanto, influentes na decisão de compra? A Ford suplementou sua pesquisa de mercado obtendo as opiniões de peritos, além de contribuições de clientes e de muitas funções da empresa. Das numerosas sugestões resultantes, a Ford selecionou aquelas poucas, mas vitais características que impactavam diretamente os sentidos daqueles principais clientes. As poucas, mas vitais acabavam sendo mais de 400 características! Alguns exemplos:

- Esforço necessário para erguer o capô
- Altura útil do porta-malas.
- Distância de frenagem.
- "Sensação" do volante de direção.
- Ruído do vento.

Efeito do conceito de melhor em sua classe

Em resposta ao decreto de "O melhor em sua classe", a Equipe Taurus adquiriu amostras dos modelos concorrentes para descobrir qual era o melhor na classe para cada uma daquelas mais de 400 características. A seguir veio a tarefa de igualar ou exceder os melhores (ou obter uma licença). Essa tarefa consistiu em mais de 400 projetos, cada um deles exigindo:

- Uma meta de qualidade.
- Uma organização com responsabilidade para alcançar a meta.
- Um orçamento.
- Um cronograma.

O investimento necessário era enorme. Revelações subsequentes da Ford indicam que a meta do melhor em sua classe foi atingida para a maior parte daquelas mais de 400 características. Para muitas das restantes, houve concessões conscientes para evitar a subotimização.

Tradução e medição

No início, aquelas mais de 400 características estavam expressas na linguagem dos clientes, que é normalmente em termos qualitativos. Os engenheiros precisaram traduzir tudo para termos tecnológicos e mensuráveis: temperatura em graus, distância em metros, tempo em minutos, ruído em decibéis. Essa tradução sempre fizera parte do processo de planejamento da qualidade, mas tornou-se aguda devido às muitas qualidades sensoriais que constavam da lista.

Desenvolvimento do processo

Muito foi feito, dentro da Ford, para a obtenção de ideias da fábrica sobre o desenvolvimento do processo. Foram solicitadas sugestões a todos os funcionários das áreas de fabricação e montagem. Mais de 1.400 "necessidades" foram identificadas e avaliadas para potencial incorporação ao projeto do Taurus. Quanto aos fornecedores externos, a Equipe Taurus deu alguns passos importantes no sentido da implementação do novo impulso da empresa para "parcerias com os fornecedores". Os protótipos de peças foram encomendados às mesmas empresas queiriam fornecer as peças para a produção, resultando em peças de qualidade mais cedo e aumentando a oportunidade para utilizar a perícia dos fornecedores no refinamento dos processos de fabricação. A Ford cita o exemplo da Masland Carpet Company, que cortou as várias partes do tapete do piso da perua de forma que os pelos ficassem todos na mesma direção, dando assim um melhor efeito de cor.

Uma série de fatores ajudou a garantir que os processos fossem capazes de alcançar as metas do projeto de engenharia. Inicialmente, como acontece com a fabricação de qualquer produto já estabelecido, muitos processos com uma longa história e capacidade bem conhecida foram trazidos do passado. O planejamento conjunto proporcionou aviso-prévio sobre problemas de capacidade em potencial, possibilitando ações para evitá-los. A disponibilidade mais cedo de protótipos completos permitiu refinamentos de última hora em projetos e processos. Os sistemas existentes na Ford, de controle estatístico de processos e qualificação de fornecedores, também contribuíram para garantir a capacidade dos processos.

Transferência a operações

O conceito da equipe taurus resultou em uma melhor transferência, graças a todo aquele planejamento conjunto, à coordenação das equipes e ao envolvimento dos engenheiros e gerentes em todo o ciclo.

Os resultados globais

O Taurus tornou-se um formidável sucesso no mercado. A lucratividade da Ford passou a ser a mais alta de toda a indústria automotiva nacional e o Taurus contribuiu muito para esse resultado. A imagem da Ford como líder nacional em qualidade foi também elevada. Além disso, o uso de um planejamento inovador proporcionou à Ford lições aprendidas que serão valiosas durante o lançamento de futuros modelos. Essas lições incluem alguns conceitos de natureza estrategicamente superior:

- Liderança da alta gerência
- Foco sobre os clientes
- O conceito de melhor em sua classe
- Equipes transfuncionais
- A abordagem ao projeto
- Planejamento simultâneo ao invés de sequencial.

14 DECISÕES PARA O ÍNDICE DE PREÇOS AO CONSUMIDOR: Caso Exemplo

ANTECEDENTES

O Índice de Preços ao Consumidor (IPC) é preparado pelo United States Bureau of Labor Statistics (BLS) como a medida de mudanças nos preços pagos pelos consumidores. Além do seu amplo uso como indicador econômico e variável para decisões, ele é largamente aplicado como coeficiente para ajuste de salários, pagamentos de transferências e impostos. Os pagamentos do governo federal para programas de seguridade social, aposentadoria, refeições escolares e muitos outros são ajustados pelas mudanças no IPC. Essas aplicações são tão amplas que, em 1986, cada ponto porcentual de elevação no IPC gerava um adicional de $ 2,8 bilhões nas despesas federais. E o que é mais, como as faixas do imposto de renda para pessoas físicas também eram corrigidas pelo IPC, cada ponto porcentual de aumento no índice reduzia as receitas fiscais em cerca de $ 1,8 bilhão.

Uma das características importantes do IPC é que ele apreça *exatamente* o mesmo conjunto de bens e serviços de um mês para outro. O conjunto de itens apreçados é atualizado periodicamente, mas as *mudanças* de preços devem ser sempre entre conjuntos de itens idênticos.

É claro que, na prática, bens e serviços sofrem modificações e nem sempre se pode apreçar exatamente o mesmo item. Os itens desaparecem por muitas razões. Os fabricantes de automóveis lançam novos modelos que diferem dos modelos do ano anterior. Os estilos das roupas mudam. Uma lei federal elimina a gasolina com chumbo. As condições

476 A QUALIDADE DESDE O PROJETO

para a compra de uma passagem aérea com desconto se modificam. Uma empresa de ônibus altera os horários nos quais são concedidos descontos para passageiros idosos, ou um estado institui um depósito obrigatório para garrafas, eliminando assim as garrafas "sem depósito".

ANTECEDENTES DO PROCESSO

O IPC é preparado todos os meses a partir de cerca de 100 mil preços, que são coletados a cada mês por mais de 350 representantes de campo, localizados em todo o país. Esses representantes registram os preços e outras informações em formulários, que são enviados à sede central em Washington, D.C. Lá os formulários são revisados e codificados em uma base de dados. Os dados são, então, submetidos a edições por computador e verificações por funcionários.

Entre os grupos especializados que realizam o trabalho do IPC estão cerca de 60 economistas, cada um dos quais especializados em um conjunto específico de bens ou serviços afins. Uma das suas muitas tarefas é a revisão dos dados de preços coletados. Além de uma revisão geral das suas atribuições específicas, eles normalmente devem analisar cerca de 10% dos preços individuais coletados. Essa análise dos dados de preços coletados era o processo a ser replanejado.

O PROCESSO

A Figura 14-1 dá uma visão altamente simplificada da análise. O primeiro passo é verificar se os dados estão corretos e corrigir aqueles que não estão. Pelo menos 90% de todos os preços são validados com sucesso através do computador e de revisões pelos funcionários. Os casos altamente incomuns e aqueles casos a respeito dos quais os representantes de campo levantaram dúvidas precisam ainda ser revisados e validados pelo economista correspondente.

Ainda mais importante, porém, é o segundo ponto de decisão, que identifica os casos nos quais foi impossível apreçar exatamente o mesmo item que foi apreçado no mês anterior. Todas as vezes em que exatamente o mesmo bem ou serviço não pode ser apreçado no mesmo ponto de venda, o representante de campo seleciona o item disponível mais parecido como "substituto". Este substituto é minuciosamente descrito e apreçado. O economista responsável precisa, então, avaliar as diferenças entre o item original e o substituto. O modelo geral para essa avaliação é o seguinte:

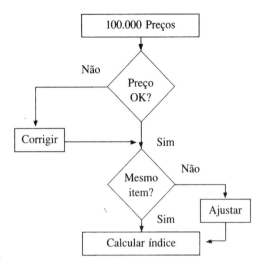

Figura 14-1 – Índice de Preços ao Consumidor.

Mudança Pura de Preço = Mudança de Preço Observada − Mudança de Qualidade

A mudança pura de preço é a mudança a ser usada no índice. A mudança de preço observada é a diferença' entre os preços registrados para os itens original e substituto. A mudança de qualidade é o valor de mercado das diferenças em características entre os dois itens. Algumas vezes, o valor dessa mudança de qualidade é igual a zero. Outras vezes, pode-se estimar um valor positivo ou negativo. E, em ainda outras vezes, o valor não pode ser estimado com precisão suficiente para uso no IPC. Nestes últimos casos, a comparação simplesmente não poder ser feita e aquele item não é usado no índice naquele mês.

Como se pode imaginar, essa avaliação de uma mudança de qualidade é uma complexa tarefa técnica que requer treinamento, habilidade e experiência profissional. Como em muitos desses processos profissionais, a documentação era limitada a princípios gerais e procedimentos, e havia uma forte dependência do critério profissional.

SELEÇÃO DO PROJETO

A revisão e análise de dados mensais por economistas especializados em *commodities* havia sido identificada, pela gerência do BLS, como um possível processo para melhoramento de qualidade. Tratava-se de um processo' chave que ainda não tinha sido alvo de esforços de melhoramento. Porém, como na maior parte dos processos profissionais, havia muito poucas informações diretas disponíveis sobre o desempenho daquele processo. Como prelúdio ao mapeamento de uma série de projetos de melhoramento da qualidade, algumas informações preliminares foram desenvolvidas a partir dos dados existentes. Um dos estudos preliminares mais importantes examinou a decisão crítica a respeito do item original e o substituto serem ou não economicamente comparáveis entre si. Foram construídos gráficos semelhantes à Figura 14-2 para cada classificação de produto no IPC. Esses gráficos mostraram a proporção de itens substitutos que eram considerados não comparáveis a cada mês, durante um período de 30 meses. Não pode haver um padrão para essa proporção, porque ela é determinada, em grande parte, pelas forças de mercado. Contudo, seria de se esperar que, para uma determinada área de produtos, normalmente, não houvesse oscilações súbitas e sustentadas na proporção, como aquela ocorrida depois de abril de 1984 na Figura14-2. Naquele caso, as oscilações nos resultados do processo estavam diretamente relacionadas à mudança do economista responsável pelo produto. Para cerca de metade dos produtos, foram idenficadas oscilações semelhantes no processo que poderiam ser associadas a mudanças operacionais internas, tais como alterações na equipe. Essa constatação sugeriu que não havia somente um processo em funcionamento. Havia, na verdade, uma série de processos individuais que não eram reproduzíveis. A extensão e o grau dessas avaliações, associadas à limitada quantidade de documentação do processo, indicaram que um completo replanejamento do processo valeria o esforço.

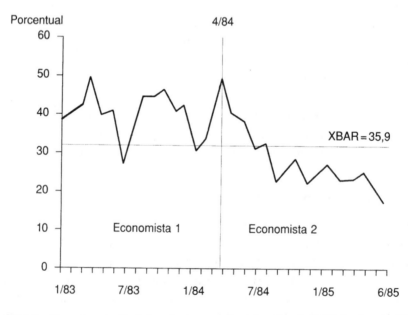

Figura 14-2 – Taxa de substituição não comparável, janeiro de 1983-junho de 1985.

A EQUIPE

A equipe designada para esse projeto de planejamento da qualidade era composta por um economista graduado de cada um dos quatro principais grupos de produtos no IPC, um membro da assessoria de Garantia de Qualidade, um representante do processamento de dados do IPC e um representante das operações de campo. Estes dois últimos são os principais clientes do processo. Embora na sua maioria não fossem supervisores ou gerentes, todos eram profissionais experimentados, que entendiam perfeitamente os objetivos do processo. Além disso, a equipe sempre teve acesso direto e imediato à alta gerência, à qual reportava frequentemente seus progressos. O Gerente de Garantia da Qualidade servia como facilitador. Os parágrafos a seguir destacam alguns dos resultados de cada uma das etapas do Mapa de Planejamento da Qualidade. Devido à grande complexidade do processo, são dados apenas alguns exemplos. A descrição também é, até certo ponto, idealizada, porque os progressos nem sempre eram tão lineares como a apresentação pode levar a crer. A equipe, às vezes, ficava atolada em uma etapa e decidia passar à equipe seguinte, para evitar a paralisação. Por exemplo, como o "produto" que estava sendo projetado era um serviço técnico, ficava difícil manter o processo que cria o serviço diferenciado do serviço em si. No final, a equipe conseguiu separar tudo, mas foi importante manter a flexibilidade e estar preparada tanto para pressionar para diante como para retomar a etapas anteriores quando ficava evidente alguma omissão.

IDENTIFICAR O CLIENTE

A equipe identificou dois clientes internos principais fora o próprio escritório: o pessoal de operações de processamento de dados e o pessoal de operações de campo. No próprio escritório, os clientes incluíam os supervisores economistas e os proprios economistas de produtos, que usavam os resultados daquele processo microanalítico em outros aspectos do seu próprio trabalho. E finalmente havia os muitos usuários do IPC – aqueles que usavam-no para análises econômicas, relatórios de processos, indexação, política pública e assim por diante.

Cliente: Usuário do IPC		
Necessidades		
Primárias	*Secundárias*	*Terciárias*
Obedecer a estrutura teórica	Cesta fixa de mercado Mudança pura de preço	– Eliminar toda mudança de qualidade
Erro mínimo* dentro do orçamento	Minimizar erros acumulados* Erros sistemáticos* Minimizar erros fortuitos*	Capturar todas as mudanças puras de preços
* O termo "erro" relaciona-se aqui a características estatísticas das estimativas e *não* a *enganos*.		

Cliente: Assessoria de Processamento de Dados		
Necessidades		
Primárias	*Secundárias*	
Oportunidade	Todas as revisões concluídas no prazo Trabalho entregue de forma contínua	
Cliente: Supervisor		
Necessidades		
Primárias	*Secundárias*	*Terciárias*
Cobertura das ausências	Conhecer situação	Trabalho concluído Entrar com processo para incompletos
	Conhecer procedimentos únicos para o item do índice	Trabalho não iniciado Quais são eles? O que significam? Como usá-los?

DESCOBRIR AS NECESSIDADES DOS CLIENTES

Todos os principais clientes internos do processo estavam representados na equipe ou eram contatados diretamente em função das suas necessidades do processo. Não foi iniciada nenhuma nova coleta de informações para os clientes externos. Em vez disso, a equipe utilizou a orientação sumária que já havia sido desenvolvida por comitês consultivos e a partir de conferências técnicas patrocinadas pelo BLS.

DECISÕES PARA O ÍNDICE DE PREÇOS AO CONSUMIDOR: CASO EXEMPLO **481**

Não é possível, neste espaço, descrever todos ou mesmo uma grande parte dos resultados deste complexo projeto. Mas alguns *exemplos* dessas necessidades estão a seguir.

TRADUZIR AS NECESSIDADES DOS CLIENTES

A maior parte das necessidades dos clientes internos exigiu pouca tradução, em parte porque a presença de clientes internos na equipe criava traduções quase inconscientes durante a primeira etapa. Mas a verificação da tradução necessária era importante e produziu uma série de classificações. Dois exemplos estão a seguir.

Necessidade	Tradução
Trabalho entregue de forma contínua	Todas as alterações referentes a cotações de preços ou pontos de venda devem estar na base de dados dentro de um prazo determinado, após estarem disponíveis
Minimizar erros sistemáticos	Minimizar inclinações

ESTABELECER UNIDADES DE MEDIDA E SENSORES

A seguir estão as unidades de medida e respectivos sensores para as necessidades anteriormente traduzidas.

Necessidade traduzida	Unidade de medida	Sensor
Todas as alterações referentes a preços ou pontos de venda devem estar na base de dados dentro de um prazo determinado após sua disponibilidade	Dias úteis	Tabulação na base de dados
Minimizar erros devido a inclinações na: substituição tabulação	% de substitutos comparados; % de substitutos com a qualidade ajustada	Base de dados
Conhecer procedimentos para itens do índice	Existência da informação	Lista de verificação do supervisor
Quais são eles? Onde estão eles? Como você as usa?	Armazenagem designada de informações O supervisor compreende (Sim/Não)	Lista de verificação do supervisar Supervisar

CARACTERÍSTICAS E METAS DO PRODUTO

Como a equipe estava reprojetando a prestação de um serviço e não um bem físico, havia alguma dificuldade na separação da etapa de planejamento para as características do *produto* daquela de planejamento para as características do processo. Em retrospecto, porém, é possível ver a distinção; assim, o que se segue é uma reconstrução mais ordenada daquilo que aconteceu, para que os resultados sejam mais úteis.

Se o produto que uma equipe está projetando é um serviço, este ainda possui *características* que são analiticamente distintas do processo que produz o serviço.

Usando um exemplo simplificado, se uma pessoa está projetando um serviço de entregas da noite para o dia, o prazo de entrega é uma característica do *produto* com uma meta associada de, digamos, 10:00 A.M. O processo para se fazer essa entrega irá consistir em uma sequência de separações de pacotes e etapas de entrega, as quais constituem o *processo*.

Uma forma de distinguir entre as características do produto serviço e as características do processo que produz esse serviço é pensar nas características do produto como sendo o *quê*. O que realiza o serviço? As características do processo são o *como*. Elas são os métodos usados para se chegar ao *quê*.

A seguir estão exemplos de características de produtos e suas metas, que são fortemente associadas às necessidades anteriormente traduzidas.

Necessidade traduzida:	Todas as alterações referentes a preços ou pontos de venda devem estar na base de dados dentro de um prazo determinado, após sua disponibilidade
Característica do produto:	Porcentagem de cotações e pontos de venda concluído dentro de um prazo especificado
Meta do produto:	99,99%
Necessidade traduzida:	Minimizar inclinações na substituição
Característica do produto:	Escolha comparável
Meta:	Valor esperado do ajuste implícito da qualidade igual a zero
Necessidade traduzida:	Conhecer procedimentos para item do índice
Característica do produto:	Procedimentos padronizados de ajuste formal da substituição
Meta:	Existe para todos os itens do IPC ao nível de entrada

DECISÕES PARA O ÍNDICE DE PREÇOS AO CONSUMIDOR: CASO EXEMPLO   483

Um resumo de informações e decisões ligando as necessidades dos clientes às características e metas do produto pode ser visto na planilha de projeto do produto, Figura 14-3.

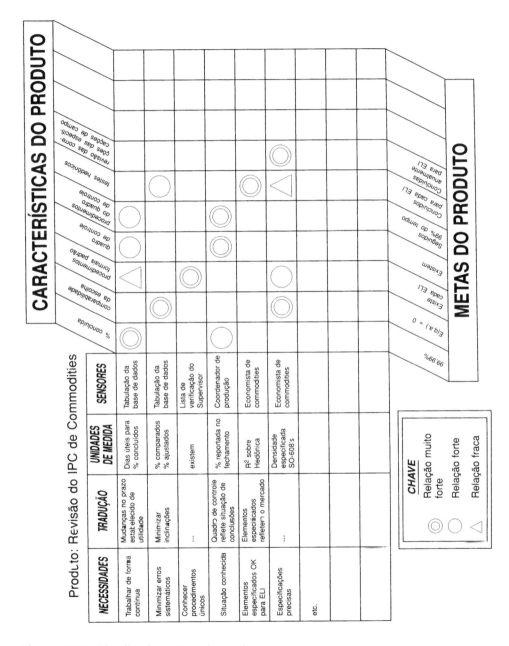

Figura 14-3 – Planilha de projeto de produto.

CARACTERÍSTICAS E METAS DO PRODUTO

São necessárias múltiplas características do processo para algumas características do produto, e uma única característica do processo pode afetar mais de uma característica do produto. A seguir estão três características do processo e suas metas, que se relacionam de forma significativa com as características do produto anterior.

Característica do projeto:	Posição automatizada e relatório das ações necessárias enviado a cada economista
Metas:	Sempre precisas. Apresentadas a cada entrada
Característica do processo:	Obediência a um conjunto hedônico formal, baseado em regressão, de estimativas para orientar as decisões sobre comparabilidade
Metas:	Concluir para cada item ao nível de entrada até dezembro de 1989. (Este subprocesso foi objeto de outro esforço de planejamento da qualidade.)
Característica do processo:	Documento padronizado para os procedimentos sobre cada item
Meta:	Apresentar, para todos os itens, até dezembro de 1987

Deve-se notar que algumas características do processo, nesta planilha, exigem o desenvolvimento de alguns subprocessos. Estes, por sua vez, foram projetados por outras equipes.

Um resumo das informações e decisões que ligam as características e metas do produto às características e metas do processo pode ser visto na planilha de projeto do processo, Figura 14-4.

CONTROLE DA QUALIDADE DO PROJETO

Devido à complexidade técnica e ao caráter inédito dos procedimentos padronizados, muitos dos mecanismos de controle continuaram dependendo de sensores humanos. Mas foram feitos alguns melhoramentos importantes no controle, como mostra o exemplo a seguir.

Característica do processo:	Obediência a um conjunto hedônico formal, baseado em regressão, de estimativas para orientar as decisões sobre comparabilidade
Sensor:	Tabulações rotineiras de frequência a partir da base de dados

DECISÕES PARA O ÍNDICE DE PREÇOS AO CONSUMIDOR: CASO EXEMPLO

Critério:	Mudar limites externos históricos ou determinados pela pesquisa
Designado para:	Chefe de Seção para um conjunto de itens

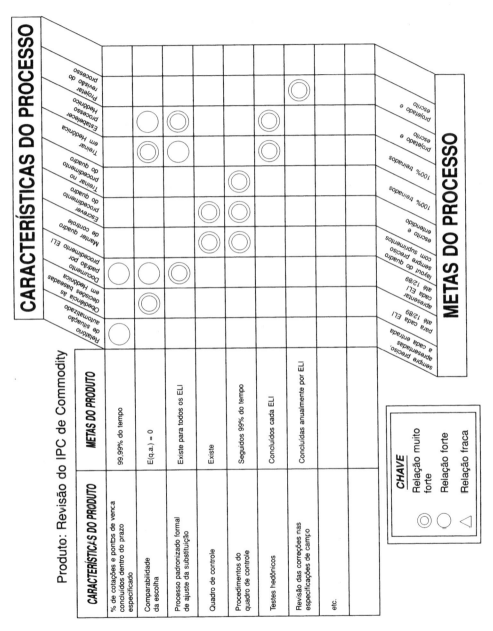

Figura 14-4 – Planilha de projeto de processo.

486 A QUALIDADE DESDE O PROJETO

Um resumo das informações e decisões que ligam as característica se metas do processo aos controles do mesmo pode ser visto na planilha de controle do processo, Figura 14-5.

PROVAR A CAPACIDADE DO PROCESSO

O estudo deste processo com métodos formais de capacidade de processos não parecia possível na ocasião, mas o processo replanejado foi implementado para alguns itens de cada vez e os resultados foram avaliados. Também foi feito um plano para programar projetos específicos de pesquisa e análise, para otimizar as características do processo que não foram bem compreendidas.

Características do processo	Metas do processo	Sensores	Critérios	Designado para:
Obedecer decisões hedônicas	para cada EU até 12/89	Tabulações de frequência a partir da base de dados	mudança em relação aos limites históricos ou da pesquisa	Chefe da seção
Documentação do procedimento padrão	para cada EU até 12/89	Lista de verificação de EU	completar lista de verificação	Chefe da seção
Manter quadro de controle	*layout* e fornecedor sempre precisos	Lista de verificação	suprimentos prontos e completos	Coordenador do quadro
Procedimentos do quadro de controle	por escrito e entendidos	Revisões dos chefes de seção	eles aceitam	Coordenador do controle de produção
Treinado em procedimentos do quadro	100% treinado		tudo verificado	Chefes de seção
Treinado em hedônica	100% treinado		tudo verificado	Chefe de escritório
Estabelecer procedimento hedônico etc.	projetado e escrito	Relatório da equipe	seguir planejamento da qualidade	Conselho de qualidade

Figura 14-5 – Planilha de Controle do Processo.

RESULTADO

Havia evidências consideráveis da eficácia do novo processo, embora um certo número de projetos de melhoramento da qualidade, concluídos durante o mesmo período, também houvessem contribuído para os resultados globais. De tempos em tempos, um erro operacional é encontrado no IPC. No início dos anos 1980, era necessário publicar uma correção de dados anteriormente pequenos e nunca chegaram a afetar um índice nacional importante. Elas eram, em sua maioria, correções de dados locais. Como resultado deste e de outros projetos, até mesmo esses erros foram eliminados. Para os dois anos terminados em dezembro de 1988, não houve correções.

Os novos procedimentos também reduziram em cerca de 10% o tempo gasto pelos economistas para revisar os dados correntes. Esse alívio lhes deu mais tempo para conduzir projetos de pesquisa a prazos mais longos, focalizados no melhoramento da qualidade do IPC.

15 | REPLANEJANDO O PROCESSO DE DESENVOLVIMENTO DE PRODUTOS: Caso Exemplo

ANTECEDENTES

A Perkin-Elmer é a maior fabricante mundial de instrumentos analíticos. Esses instrumentos, que incluem espectrofotômetros, cromatógrafos, além de analisadores térmicos e elementares, são usados em uma ampla variedade de aplicações na indústria, no governo e nas escolas, para analisar sólidos, líquidos e gases. A Divisão de Instrumentos é responsável pelo projeto, desenvolvimento e fabricação desses instrumentos nos Estados Unidos.

Em 1984, como parte do esforço da Perkin-Elmer para melhorar a qualidade dos seus produtos e serviços, o Grupo de Instrumentos desenvolveu seu Plano de Negócios de Qualidade. Um dos elementos desse plano exigia o envolvimento antecipado de todos os departamentos no processo de desenvolvimento de produtos. Por coincidência, quando o replanejamento do processo de desenvolvimento de produtos começou, o primeiro rascunho do livro *Juran Planejando para a Qualidade* ficou pronto para os testes de campo. O Juran Institute solicitou que a Perkin Elmer fosse um dos locais de teste. Este caso apresenta as experiências do Grupo de Instrumentos no uso das etapas de planejamento da qualidade de Juran para replanejar o processo de desenvolvimento de produtos em sua organização.

Como em muitas organizações nos Estados Unidos, o desenvolvimento de produtos na Divisão de Instrumentos sofria, até certo ponto, da síndrome do "por cima do muro". O Departamento de Produtos

490 A QUALIDADE DESDE O PROJETO

(marketing) passava as especificações à Engenharia. Esta projetava o produto e jogava-o "por cima do muro" para a Fabricação. Esta produzia o produto e jogava-o "por cima do muro" para a Garantia de Qualidade testá-lo, depois que as primeiras unidades eram produzidas (e *depois* que o produto havia se tornado parte do plano financeiro e anunciado para venda). Essa abordagem ao desenvolvimento de produtos era muito ineficiente e tinha grande potencial para produzir produtos caros e de baixa qualidade. Para permanecer competitiva contra a emergente concorrência japonesa, a Divisão sentiu que era imperativo melhorar em três aspectos: atender às necessidades dos clientes, tanto internos como externos; atingir níveis de qualidade competitivos; e responder rapidamente às solicitações do mercado. O replanejamento do processo de desenvolvimento de produtos era a chave para aquele melhoramento.

Surgiu uma oportunidade única, que encorajou o replanejamento do processo de desenvolvimento. Antes de 1985 havia divisões separadas, cada uma responsável pelo desenvolvimento e fabricação de uma linha de instrumentos analíticos. Em 1985 as divisões de instrumentos nos Estados Unidos foram reorganizadas em uma grande Divisão de Instrumentos, responsável pelo desenvolvimento de todos os tipos de instrumentos. Estando sob uma só gerência, a Divisão poderia efetuar uma mudança que anteriormente teria sido difícil.

SELEÇÃO DO PROJETO

A missão do projeto era desenvolver um novo processo de desenvolvimento de produtos que envolveria todos os departamentos no início do projeto dos produtos, para descobrir e corrigir os problemas de qualidade antes do produto ser liberado para fabricação. A primeira etapa era examinar o processo existente.

ANTECEDENTES DO PROCESSO

Para manter a tarefa em mãos administrável, o replanejamento concentrou-se nas atividades dentro da Divisão. A equipe definiu da seguinte maneira o processo a ser replanejado:

Nome do processo:	Processo de Desenvolvimento de Produtos
Insumos:	Informações de pesquisas de mercado
Resultados:	Um primeiro lote de produção, entregue e instalado

Primeira etapa:	Estabelecer o conceito de produto no departamento de produtos (onde fica a responsabilidade pelo marketing)
Últimas etapas:	Entregar e instalar o primeiro lote de produção rotineira

O processo incluía atividades tradicionais como: especificação do produto; determinação, exequibilídade por meio da construção de um modelo experimental; construção e teste de instrumentos protótipos; liberação de desenhos classe A; fabricação de instrumentos de pré-produção; testes de qualidade; e entrega e instalação dos instrumentos aos clientes.

Ao estabelecer esses limites, a equipe optou por não examinar o processo de pesquisa de mercado, nem o processo pelo qual o instrumento recém-projetado seria promovido e vendido. Os processos orientados para o marketing provêm oportunidades adicionais para replanejamento.

A EQUIPE DO PROJETO

A equipe incluiu representantes de todos os departamentos envolvidos no desenvolvimento de produtos: Vice-presidente, Diretor de P&D; dois gerentes de P&D, de duas linhas diferentes de produtos; Diretor de Fabricação; Diretor de Engenharia de Fabricação; Gerente de Engenharia de Confiabilidade; Gerente de Apoio de Serviços; e Diretor de Garantiade Qualidade. O Gerente de Planejamento da Qualidade desempenhava o papel de facilitador e treinador. O Vice-presidente de P&D era o líder da equipe.

IDENTIFICAR OS CLIENTES

A equipe começou a identificar os clientes do processo revisando os processos de desenvolvimento de produtos em uso para as linhas de produtos c, a seguir, identificando as etapas que eram essenciais ao desenvolvimento de um produto (Figura 15-1). Cada um dos blocos dentro da figura é considerado uma unidade de processo. Dentro de cada unidade de processo, cada departamento é visto como um cliente de insumos de outras unidades, um processador desses insumos para gerar um produto e um fornecedor de produtos aos seus clientes.

No desenvolvimento do fluxograma, cada bloco foi completado pela sua definição e pela resposta às perguntas:

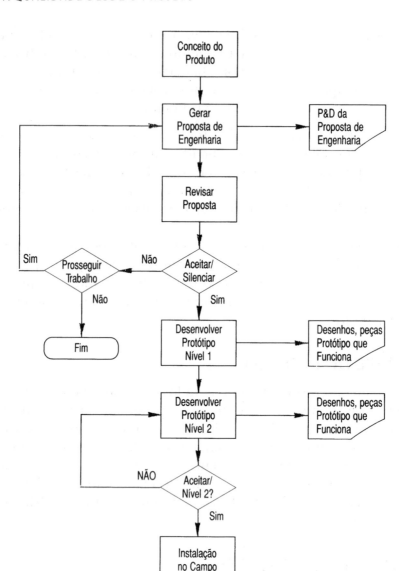

Figura 15-1 – Altos níveis do fluxograma do processo de desenvolvimento do produto.

- Quem são seus clientes?
- Quais são suas necessidades de qualidade?
- O que deve ser feito para atender às suas necessidades?
- O que a unidade requer como insumo?

Para a maior parte das etapas do processo analisadas, os clientes eram departamentos dentro da organização.

A tarefa seguinte era de prover uma descrição detalhada das atividades para cada bloco do fluxograma. Foi aí que a equipe tropeçou.

Embora a Divisão tivesse sido reoganizada recentemente, os membros da equipe, em sua maioria, já haviam trabalhado juntos em um ou outro setor por bastante tempo. Contudo, foi descoberto que diferentes departamentos tinham significados diferentes para as mesmas palavras que descreviam os estágios de desenvolvimento. Essa foi uma constatação valiosa, pois sabia-se que esses termos tinham que ser definidos com precisão, para que o produto acabado e o processo de desenvolvimento de produtos pudessem ser usados por pessoas não pertencentes à equipe.

DESCOBRIR AS NECESSIDADES DOS CLIENTES

Depois de definir cuidadosamente cada bloco do fluxograma, a equipe passou a identificar as necessidades de cada departamento envolvido em cada um dos blocos. Essa atividade revelou aspectos de cada bloco que causaram a mudança da sua descrição. Foi uma surpresa descobrir quantas necessidades existiam, das quais outros departamentos não estavam conscientes. Uma vez reveladas essas necessidades, foi fácil saber como satisfazê-las. As declarações de necessidades foram completas ao ponto de serem ligeiramente redundantes.

TRADUZIR AS NECESSIDADES DOS CLIENTES

Nesse projeto, as necessidades geralmente estavam relacionadas a informações que um departamento solicitava de outro, para poder executar as tarefas a ele designadas. Depois que a equipe havia completado cada bloco do fluxograma, iniciou a tarefa de traduzir as necessidades em características de qualidade. Estas eram aspectos específicos daquelas informações, enunciadas na linguagem que o departamento fornecedor podia compreender e entregar. Um exemplo dos resultados é mostrado na planilha simplificada de planejamento da qualidade, na Figura 15-2.

ESTABELECER UNIDADES DE MEDIDA E SENSORES

Dois conceitos inicialmente difíceis de entender eram a "unidade de medida" e o "sensor", quando aplicados a características de qualidade que não eram bens. A Figura 15-2 mostra vários exemplos; as estimativas de custos e necessidades de usinagem são dois deles. A equipe superou essa dificuldade descrevendo, em termos amplos, as espécies de unidades disponíveis. Os sensores eram os relatórios, bases de dados, e assemelhados, nos quais podiam ser encontradas informações de medições. Os membros da equipe sentiam que as discussões seriam úteis em estágios posteriores do projeto, quando eles precisariam ser mais específicos a respeito de medições aplicadas a partes específicas do processo. Esse tratamento das medições possibilitou a obtenção de resultados úteis e racionais.

Projeto da Equipe: Desenvolver Protótipo Nível 1				
Necessidades	Informações de diferentes funções para possibilitar que P&D crie um protótipo Nível 1 aceitável			
Características de Qualidade	Estrutura do produto	Estimativa de custo	Necessidades de ferramental	Avaliação dos componentes selecionados
Unidade de medida	Qualquer informação da árvore genealógica de EDB a MFG	Qualquer informação sobre custos	Informações sobre ferramental e estimativas do seu custo	Qualquer informação sobre componentes defeituosos
Sensor	EDB	Relatórios, EDB	Relatórios, reuniões	Relatório de Garantia de Qualidade
Meta	Entender níveis de montagem	Verificar se as abordagens ao projeto são consistentes com as metas de custos	Entender ferramental especial	Eliminação de componentes defeituosos e/ou daqueles que não satisfazem os códigos aplicáveis
Fornecedor	Fabricação	Fabricação fornecedor externo	Fabricação fornecedores externos	Garantia de Qualidade
Resultado	Nível 1 Protótipo	Nível 1 Protótipo	Nível 1 Protótipo	Nível 1 Protótipo

Figura 15-2 – Planilha de Planejamento da Qualidade.

A meio caminho da conclusão da planilha de qualidade, a equipe reconheceu a necessidade de prover informações adicionais. Era particularmente importante identificar quem iria fornecer o material para atender a cada uma das necessidades. Também era importante identificar o produto resultante de cada subprocesso. Essas duas informações estão contidas nas linhas "Fornecedor" e "Resultado" da planilha e são uma adição descrita pelo processo Juran de planejamento.

CARACTERÍSTICAS E METAS DO PRODUTO

A análise detalhada das necessidades dos clientes indicou que faltava uma nova abordagem para o desenvolvimento de instrumentos analíticos de alta qualidade e a gerência de todo o projeto, do conceito do produto até os primeiros embarques. Como resultado, uma característica do novo processo de desenvolvimento de produtos foi a criação de Equipes de Envolvimento Antecipado. A composição de cada equipe depende da natureza do projeto, mas, em geral, inclui cinco ou seis representantes da Fabricação, Qualidade, Serviços, Marketing de Produtos e P&D. Essa equipe gerencia o projeto, garante que as necessidades dos respectivos departamentos sejam atendidas e obtém os recursos necessários dos departamentos para realizar as tarefas.

Outra característica desenvolvida foi a criação de quatro amplas fases de desenvolvimento de produtos, como mostra a Figura 15-3. A primeira fase consiste em definir o produto, determinar a exequibilidade e planejar o desenvolvimento restante. A segunda fase envolve o projeto e construção de uma série de protótipos. A terceira fase centraliza-se no desenvolvimento do processo de fabricação e culmina com uma produção piloto. A última fase trata da introdução no mercado, dos primeiros embarques e do *feedback* do campo sobre a qualidade e a aceitação do produto. Embora uma área funcional possa dominar as atividades em uma determinada fase (por exemplo, P&D no desenvolvimento do protótipo e fabricação no desenvolvimento do processo de produção), todos os departamentos desempenham papéis importantes em cada uma das quatro fases. Além disso, algumas das atividades que eram tradicionalmente feitas nos estágios posteriores do processo de desenvolvimento do produto foram trazidas para as fases iniciais, como confiabilidade e durabilidade.

Uma análise das necessidades de cada departamento no processo de desenvolvimento de produtos mostrou que havia vantagens em se fazer mais trabalho antes do desenvolvimento de um protótipo. Embora a primeira fase fique mais longa, o *feedback* fica menos difícil e custos o de implantar. Essa atividade inicial também dá uma descrição clarado produto que está sendo desenvolvido.

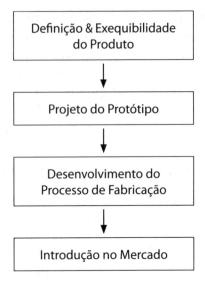

Figura 15-3 – Fases Amplas.

Essas atividades de "envolvimento antecipado" no desenvolvimento de produtos se iniciam quando o departamento de marketing de produtos, com informações do campo, gera um documento de conceito de produto. Uma definição do produto é então delineada por P&D; nela estão descritos o *hardware* e o *software* do produto. Nesse ponto são iniciados os estudos de exequibilidade. Esses estudos vão além da tradicional viabilidade do projeto:

- O Departamento de Qualidade determina se as metas de confiabilidade podem ser alcançadas.
- A Fabricação examina o conceito do projeto para determinar se são necessários novos processos e novas tecnologias de fabricação.
- O Departamento de Serviços explora abordagens à instalação e manutenção do novo instrumento.

Quando essas atividades estão concluídas, a equipe do projeto prepara uma proposta de desenvolvimento de produto, que inclui especificações completas, um cronograma de desenvolvimento e um plano de recursos. É feita uma apresentação desses planos à gerência, para aprovação.

CARACTERÍSTICAS E METAS DO PROCESSO

Algumas atividades na abordagem de "envolvimento antecipado" eram novas. Elas focalizam as novas características do processo de desenvolvimento de produtos, que envolvem o trabalho de outros departamentos com o Departamento de P&D em atividades relacionadas ao projeto

REPLANEJANDO O PROCESSO DE DESENVOLVIMENTO DE PRODUTOS: CASO EXEMPLO 497

para conseguir produtos de alta qualidade. Revisões históricas, o plano de teste do *software*, o plano para análise da possibilidade de fabricação e os estudos de confiabilidade são exemplos de características que foram acrescentadas aos estágios iniciais de desenvolvimento de produtos.

Durante os estudos de exequibilidade, os departamentos de Qualidade e de P&D conduzem revisões conjuntas de produtos anteriores de instrumentos que são relevantes para o novo produto, para expor todos os problemas importantes a eles associados. Os registros de assistência técnica são pesquisados, para identificação de problemas no uso. Os arquivos de reposição e de reclamações de clientes são examinados, para determinação de problemas relacionados à aceitação dos clientes e ao marketing inadequado de um produto, isto é, vender um produto para uma aplicação para a qual ele não foi concebido. Os registros da fabricação são revisados, para se determinar onde houve dificuldades na produção de produtos anteriores. Tendo exposto os problemas associados aos projetos de produtos anteriores, a equipe do projeto examina o projeto do novo produto para assegurar-se de que esses mesmos problemas não estão nele embutidos. Uma das experiências mais frustrantes que a gerência geral pode ter é o fato de um novo produto apresentar as mesmas deficiências de um produto anterior, porque alguns dos projetos foram levados adiante sem um exame crítico. Essas revisões históricas são feitas para evitar que isso ocorra.

Ao gerar um plano de teste de *software*, existe a necessidade de um projeto de *software* de alto nível no início do processo, para se determinar a viabilidade e estimar os recursos para o desenvolvimento do software exigido. No passado era desenvolvido um plano de testes *ad hoc* depois que a fase de codificação do *software* estava concluída, o que ocorria muito mais tarde no processo. A cada nova liberação de software, surgiam perguntas a respeito de quanta retestagem seria necessária. Com um projeto de *software* disponível mais cedo, P&D e o departamento de produtos podem chegar a um acordo sobre os pontos lógicos para novas liberações e sobre que módulos precisam ser testados (ou retestados) a cada liberação. Com a otimização do processo de testes, pode-se alocar tempo suficiente para a correção de imperfeições do *software*, o que pode melhorar muito a qualidade do produto acabado. Além disso, o tempo global de desenvolvimento pode ser reduzido.

As revisões históricas e os planos de testes do *software* começam e terminam em pontos definidos do ciclo de desenvolvimento. Aquelas envolvem uma série de revisões e estes a geração de um plano de testes. Entretanto, a análise de fabricabilidade permeia todo o processo de projeto. O pessoal da fabricação, durante o estágio de exequibilidade, revisa a abordagem proposta em busca de dificuldades em potencial que podem surgir na produção. O projeto é revisto até ser encontrada uma solução satisfatória. Quando os protótipos estão sendo desenhados, são realizadas várias revisões formais, nas quais são apresentados os resultados de um desenho para análise de montagem. Essa análise é feita usando-se a metodologia e o *software* de Boothroyd e Dewhurst, por P&D com o auxílio de engenheiros da fabricação, que estão familiarizados com os processos de produção.

Com o uso desse sistema de *software*, um projeto pode exigir várias interações até ser aceitável. Os projetistas logo reconhecem as abordagens que produzem os melhores resultados. A tentativa contínua de reduzir o número de partes e tornar a montagem mais fácil, durante todo o processo de projeto, tanto quando novos projetos são iniciados como quando aqueles já existentes são modificados, ajuda a melhorar os tempos de montagem e a qualidade do produto.

Os estudos de confiabilidade também permeiam todo o processo de desenvolvimento e são feitas em conjunto pelos departamentos de Qualidade e de P&D. Anteriormente, todos os novos instrumentos da Perkin Elmer eram submetidos a rigorosos testes de resistência antes da sua introdução no mercado e seu envio aos clientes. Porém, qualquer problema revelado naquele estágio era de correção dispendiosa, porque ocorria pouco antes do embarque. Os projetos precisavam ser modificados sob a pressão dos prazos; muitas vezes, a solução mais econômica não podia ser implantada. As repetições dos testes causavam atrasos adicionais. As novas partes e o novo *software*, necessários à implantação da solução, tinham que ser apresentados, como algum risco para a qualidade. Pelo novo procedimento de desenvolvimento, os estudos de confiabilidade são feitos durante todo o ciclo de projeto. Durante o desenvolvimento dos protótipos, os departamentos de Qualidade e de P&D trabalham em conjunto para identificar os componentes e montagens críticos. São criados testes para determinar a confiabilidade dessas partes críticas e seu efeito sobre o desempenho do instrumento. Os desenhos recebem as modificações necessárias. Embora não haja a intenção de se eliminar os testes de pré-introdução, os testes anteriores são hoje indicadores mais precisos da subsequente confiabilidade no uso.

PROVAR A CAPACIDADE DO PROCESSO

Uma parte importante do replanejamento de qualquer processo é testar sua capacidade. Para a primeira prova do novo processo de desenvolvimento de produtos, foram escolhidas duas equipes de projetos para testar a abordagem. Uma delas desenvolveu um *software* de produto; a

REPLANEJANDO O PROCESSO DE DESENVOLVIMENTO DE PRODUTOS: CASO EXEMPLO   **499**

outra desenvolveu um *hardware*. Os problemas enfrentados pelas equipes na implantação da nova abordagem foram tão importantes quanto os resultados que conseguiram em seus esforços de desenvolvimento de produtos. Como resultado dos dois projetos, a metodologia foi refinada e a capacidade do processo determinada.

Todos os novos projetos iniciados desde o primeiro programa piloto estão usando a nova metodologia. As contribuições para a Equipe do Processo de Desenvolvimento de Projetos, extraídas daqueles projetos, são encorajadas. Muitos dos projetos que estavam em andamento quando foi introduzida a nova metodologia adotaram as partes relevantes da mesma.

A partir do *feedback* das equipes envolvidas nos testes iniciais e daquelas equipes que se juntaram a elas ao longo do caminho, ficou claro que as planilhas de qualidade, mais alguns documentos suplementares, eram inadequadas para descrever o novo processo. Havia um grande número de perguntas e alguma confusão. Logo ficou óbvio que era necessário um guia abrangente para nosso novo processo de desenvolvimento de produtos. O documento final tomou a forma de um guia de desenvolvimento de produtos.

O aperfeiçoamento da capacidade do processo não parou com a saída da primeira edição do guia. A equipe original de replanejamento reúne-se regularmente, para estudar as recomendações de mudanças feitas pelos usuários. Por exemplo, está sendo preparado agora um conjunto completo de apêndices. Eles descrevem, com ilustrações, os muitos documentos citados no guia. Outro exemplo dos tipos de mudanças que estão sendo incorporadas é a expansão da introdução, para comunicar melhor a filosofia por trás do novo processo e dar, aos gerentes, os elementos para que tomem as decisões corretas no dia a dia. O documento está sob controle formal de mudanças, portanto, essas revisões são tratadas de forma semelhante às notificações de mudanças de engenharia.

TRANSFERIR A OPERAÇÕES

Um evento importante, em 1986, foi a apresentação do novo processo à organização. Os altos gerentes da divisão e do grupo operacional haviam sido cientificados informalmente a respeito de novos progressos desde o início do projeto. Não havia muita necessidade de se fazer uma apresentação a eles. Contudo, era importante fazer uma apresentação formal a todos os gerentes dos departamentos afetados pelo novo processo. Estes incluíam Fabricação, Qualidade, Serviços, Marketing, Contabilidade e P&D. Essa apresentação formal foi marcada para antes de ficar pronto o Guia de Desenvolvimento de Produtos, que era o documento explicativodo novo processo.

A alta gerência achou que seria vital ouvir as preocupações dos afetados antes da emissão de um procedimento acabado.

Em uma reunião de aproximadamente 100 pessoas, o novo processo foi apresentado. A apresentação focalizou a filosofia por trás do processo revisado e como a equipe o realizou, ao invés dos detalhes das etapas do novo processo. Ela foi planejada para solicitar contribuições e apoio dos gerentes que teriam que fazer o novo sistema funcionar. A recepção foi extremamente positiva.

Depois da bem-sucedida apresentação aos gerentes, foi conduzida uma série de apresentações para os engenheiros, supervisores e outras funções técnicas e de fabricação em todos os departamentos, que fazem parte do processo de desenvolvimento do produto. Os gerentes que haviam participado da primeira reunião foram solicitados a comparecer a estas apresentações ao segundo nível, para emprestar seu apoio à adoção do novo processo. O Guia de Desenvolvimento de Produtos foi enviado a todos os participantes bem antes das apresentações. Foi pedido que eles o lessem com atenção e levassem suas perguntas à apresentação. Esta era mais elaborada que a primeira e incluía gráficos para prender a atenção dos presentes. Foi considerado importante que ela fosse feita por apresentadores dos departamentos representados na reunião. Isso ajudou a deixar claro, para os participantes, que a gerência já apoiava o novo processo. Houve muitas perguntas. Todas foram respondidas pelos apresentadores, com o apoio dos altos gerentes presentes à reunião.

RESULTADOS

Uma pergunta óbvia é como foi aceita a mudança. Embora houvesse algum ceticismo inicial entre os engenheiros, a respeito dos projetos levarem mais tempo, as reações foram em geral positivas. Aqueles que foram expostos à mudança estão entusiasmados, porque a metodologia provê respostas a recentes dilemas do desenvolvimento de produtos:

- Ela indica como a qualidade pode ser projetada no produto desde o início, ao invés de se fazer correções em etapas posteriores do ciclo.
- Ela mostra aos engenheiros e projetistas como atender às necessidades de fabricação, qualidade, assistência e marketing, sem tornar mais lento o processo de desenvolvimento.
- Ela incentiva a comunicação entre os diferentes grupos, melhorando assim o ambiente geral de trabalho.

REPLANEJANDO O PROCESSO DE DESENVOLVIMENTO DE PRODUTOS: CASO EXEMPLO **501**

A melhor maneira de avaliar o ganho em termos quantitativos é comparar o desempenho do processo no desenvolvimento de projetos conduzido com o novo processo com projetos desenvolvidos pelo antigo processo. A seguir está uma comparação de três projetos com aproximadamente o mesmo nível de complexidade técnica e a mesma duração de desenvolvimento. Cada um deles beneficiou-se, até certo ponto, com o novo processo de envolvimento antecipado. Os projetos A, B e C foram iniciados nessa ordem. Somente o projeto C começou depois do estabelecimento formal do novo processo; B e A foram menos afetados pelas atividades de envolvimento antecipado.

Uma importante medida de sucesso é o número de noticiações de mudanças de engenharia (NMEs) que são geradas durante o desenvolvimento e o início da produção de um novo produto. A Figura 15-4 mostra o número acumulado de NMEs em relação ao tempo para os três projetos. Os gráficos foram alinhados para que o início da fase de protótipo para cada projeto fique na origem, com tempo = 0,0 projeto C, aquele com pleno envolvimento antecipado, tem 75% menos NMEs que o projeto A e 50% menos que o B.

Outra medida de sucesso é o tempo necessário para se chegar à produção plena. A Figura 15-5 compara os índices de produção para os três projetos. A data do primeiro embarque é a origem. O projeto C atingiu a produção plena alguns meses antes de A ou B. (A queda, seguida por um salto, no final do gráfico de C, corresponde à mudança da sua linha de produção de uma fábrica para outra, em Connecticut.)

Ainda outra medida de sucesso é a porcentagem de sistemas instalados sem nenhum problema sério. C deu os melhores resultados; B deu resultados aceitáveis e A apresentou dificuldades.

Finalmente, no início de 1989, existem resultados encorajadores de projetos em andamento que foram inteiramente beneficiados pelo processo de envolvimento antecipado:

- Reduções no número de partes de 50%.
- Reduções nos custos de fabricação de 25% a 55%.
- Relação de materiais mais simples, facilitando a incorporação da fabricação just on time.

502 A QUALIDADE DESDE O PROJETO

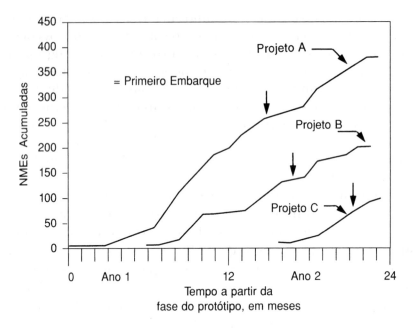

Figura 15-4 – Número de notificações de mudanças de engenharia depois do início da fase de protótipo.

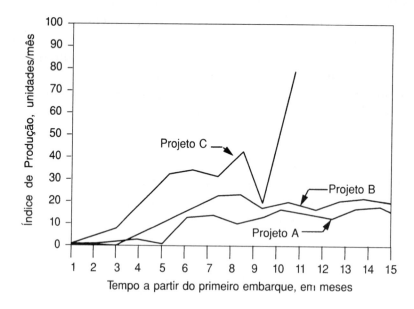

Figura 15-5 – Tempo necessário para atingir o índice de produção plena.

UMA NOTA FINAL

Em uma palestra à Conference Board, o dr. Daniel Pisano, que liderou o replanejamento do Processo de Desenvolvimento de Produtos, fez as seguintes observações:

- Não foi fácil chegar onde chegamos. Como vocês já viram, isso nos custou mais de quatro anos. Quando começamos, nossos engenheiros de fabricação, assim como aqueles de outros departamentos, não tinham modelos a seguir para o envolvimento antecipado. Nosso guia de desenvolvimento de produtos deu a eles algumas ideias daquilo que era esperado, mas eles tinham que fazê-las funcionar na vida real.

  Uma das maiores barreiras era o conceito de que o envolvimento antecipado representava uma ameaça ao poder da organização de P&D. Daí em diante, ela teria que dividir com outros a responsabilidade pelos projetos. Para muitos, isso era difícil de aceitar.

  Como resultado desses fatos, pensamos que é imperativo contar com lideranças fortes em P&D e em Fabricação quando for tentada uma mudança de tal amplitude.

Em resumo (das observações para a Conference Board):
- O estabelecimento de ligações entre P&D e Fabricação leva tempo.
- Essas ligações são alcançadas através de pessoas.
- É muito útil contar com meios para aferir a eficácia das ligações.
- E, ao menos em nosso caso, constatamos que essas ligações resultaram em melhores produtos e processos mais regulares. Este último ponto é um fator importante no melhoramento da qualidade de vida profissional, tanto para P&T como para a Fabricação.

LEITURAS ADICIONAIS

Huizenga, T. P.; K. Liepins; e D. J. Pisano, Jr. "Early Involvement". Reproduzido de *IMPRO* 87, *Juran Institute's Annual Conference on Quality Improvement*.

Pisano. D. J., Jr. "Replanning the Product Development Process". Reproduzido de *IMPRO* 86, *Juran Institute's Annual Conference on Quality Improvement*.

_____."Quality Planning – One Year Later". Reproduzido de *IMPRO 87, Juran Institute's Annual Conference on Quality Improvement*.

_____. "Better Quality Through Stronger R&D/Manufacturing Links". Palestra na conferência da Conference Board, "Key Issues for Management 1989: R&D Technology", março de 1989.

EPÍLOGO:
O que faço a seguir?

OS ALTOS GERENTES E O PLANO DE AÇÃO

A resposta ideal a "o que faço a seguir" é *"Criar um plano de ação"*. Na opinião dos autores, os altos gerentes devem aqui seguir o conselho de um famoso líder político: "Não faça planos pequenos".

O plano de ação deve ser orientado para as metas inerentes ao planejamento da qualidade: *produtos vendáveis e desperdício mínimo*. Os meios para se atingir essas metas foram mostrados nos vários capítulos deste livro. Eles são principalmente:

- Prover liderança pessoal, através da participação no Conselho de Qualidade.
- Adotar o conceito do Q Grande.
- Treinar os gerentes e especialistas, em todos os níveis, em como planejar para a qualidade. Aqui a meta é treinar os amadores, para que se tornem profissionais.
- Incluir as metas de qualidade no plano estratégico de negócios. Criar uma revolução em qualidade exige a fixação de "metas forçadas", que não podem ser alcançadas por meios comuns, exigindo, portanto, meios extraordinários.
- Replanejar processos e produtos existentes selecionados.
- Decretar a participação das pessoas afetadas no planejamento da qualidade.
- Decretar o uso do planejamento estruturado da qualidade, em substituição ao empirismo.

Os ingredientes do plano de ação serão únicos para cada empresa. Um fator importante será a posição corrente da empresa com respeito à lista anterior. Por exemplo, uma empresa estava nos estágios iniciais de passagem para uma abordagem estruturada à gerência para a qualidade. Ela promoveu um seminário interno sobre o tema "Fazendo a

506 A QUALIDADE DESDE O PROJETO

Qualidade Acontecer". No final do seminário, o CEO empreendeu as seguintes ações:

- Anunciou a criação de um Conselho de Qualidade. Ele nomeou os membros e auto designou-se presidente do conselho.
- Estabeleceu a data para a primeira reunião do Conselho, duas semanas depois.
- Nomeou o gerente de qualidade secretário do Conselho de Qualidade.
- Pediu a cada presente que sugerisse duas metas de qualidade a serem incluídas no plano de negócios e que as sugestões fossem passadas aos gerentes de qualidade dentro de uma semana.
- Pediu ao gerente de qualidade que consolidasse as sugestões em uma agenda para a primeira reunião do Conselho de Qualidade.

Através dessas ações a empresa deu um salto à frente, ganhando provavelmente vários meses em relação às abordagens mais convencionais.

Implementando o plano de ação

A natureza da "implementação" irá variar de empresa para empresa, dependendo, mais uma vez, dos passos que já tiverem sido dados.

"Implementar" envolve muitos itens específicos, que já foram discutidos nos primeiros capítulos. Os itens mais críticos incluem:

- Desdobrar as metas estratégicas de qualidade aos níveis inferiores da hierarquia, de forma a identificar claramente os projetos a serem executados e os recursos necessários.
- Prover os recursos.
- Designar responsabilidades claras pela execução desses projetos. (Essas designações são normalmente feitas a equipes.)
- Treinar as equipes nas disciplinas de qualidade e em como trabalhar em equipe.
- Estabelecer medidas de progresso e revisá-lo regularmente.
- Corrigir o sistema de premiação, para que reflita as novas prioridades dadas à qualidade e inclua as novas responsabilidades de ajudar as equipes a concluir seus projetos.

Os principais exemplos mostrados nos capítulos precedentes também incluem a discussão de como foi feita a implementação. Esses mesmos exemplos refletem as realidades enfrentadas pelos gerentes na prática, merecendo, portanto, um estudo cuidadoso. Porém, como cada empresa é "diferente" a implementação irá normalmente exigir um certo grau de adaptação e inovação.

Os detalhes adicionais de implementação contêm itens específicos como:

- Desdobrar as metas e chegar até os projetos a serem executados.
- Seleção e organização da equipe.
- Provisão de materiais de treinamento.
- Treinamento de facilitadores/treinadores.
- Treinamento de equipes.
- Medição e relato dos progressos.
- Provisão de reconhecimento.
- Correção do sistema de premiação.

Alguns dos detalhes de implementação foram discutidos nos capítulos deste livro. Mais detalhes estão à disposição em materiais de treinamento como aqueles citados a seguir, sob "Treinamento de Diretores e Insumos para Programas de Treinamento".

GERENTES DE QUALIDADE E INSUMOS PARA PROPOSTAS

Algumas empresas esperam que os gerentes de qualidade (e outros especialistas funcionais) preparem propostas para planos de ação ou, no mínimo, forneçam os insumos para os planos de ação necessários. Os participantes que estão nessa categoria devem, igualmente, pensar em termos de "não fazer planos pequenos". Essa abordagem requer, logo no início, a aceitação sincera do conceito do Q Grande, que é em si um importante rompimento com a tradição.

Ao se preparar as propostas para a aprovação dos altos gerentes, é importante prover para a participação das unidades organizacionais que serão afetadas. Essa participação amplia a base de contribuições e também despersonaliza a proposta resultante.

Uma estratégia útil para a obtenção de contribuições é solicitar sugestões das unidades interessadas. Essas sugestões podem ser estimuladas pela colocação de perguntas pertinentes aos gerentes, tais como:

- Em sua opinião, quais são os três problemas de qualidade mais importantes e não resolvidos da empresa?
- Que espécie de plano de ação é necessária para resolvê-los?
- Quais são os maiores obstáculos ao melhoramento da sua qualidade?

Essas perguntas podem ser levantadas em sessões de *brainstorming* especialmente organizadas. Como alternativa o gerente de qualidade "faz a ronda", isto é, senta-se para conversar com um gerente chave de cada vez, para obter os insumos. Estes ajudam a moldar o plano de ação de forma que ele responda às realidades enfrentadas pelos gerentes afetados.

O próprio fato de obter sugestões daqueles que serão afetados confere uma divisão de responsabilidade e significa o trabalho de vender o plano de ação. Essas mesmas sugestões podem ajudar a identificar os locais de testes mais prováveis e antecipar a natureza da resistência cultural.

Idealmente, o plano de ação deve:

- Estabelecer uma ligação entre as propostas e a missão da empresa. No caso de empresas comerciais, a proposta deve deixar claro qual será o efeito sobre a vendabilidade do produto, a assistência aos clientes, a redução de desperdício e assim por diante. Para entidades não comerciais, a missão é diferente: defesa nacional, proteção ambiental etc. Em cada caso, a proposta deve relacionar-se claramente à missão.
- Mostrar a relação entre as propostas e os problemas e resultados. Evite dar prioridade a métodos e ferramentas.
- Definir os papéis dos altos gerentes – o que eles devem fazer de diferente daquilo que têm feito.
- Adotar a linguagem mais amplamente usada pelos altos gerentes. Em empresas comerciais, a principal linguagem é o dinheiro. Isso não acontece necessariamente em outros tipos de empreendimentos.
- Assegurar que as propostas são compatíveis com as responsabilidades e aspirações pessoais dos altos gerentes. (Em sua maioria, eles veem a si mesmos como gerentes de negócios e não gerentes funcionais.)

Qualquer proposta de plano de ação também deve tentar antecipar as perguntas que serão levantadas pelos altos gerentes. As perguntas mais frequentes têm sido:

- Quais são os recursos necessários imediatamente, para se levar a cabo o plano de ação?
- Qual será o retomo desses recursos?
- Quanto tempo levará?
- Quais são as etapas organizacionais necessárias?
- Como faço para começar?
- O que eu pessoalmente devo fazer de diferente daquilo que tenho feito?

A proposta para um plano de ação deve prover respostas para essas perguntas.

TREINAMENTO DE DIRETORES E INSUMOS PARA PROGRAMAS DE TREINAMENTO

A extensão do treinamento necessário estará ligada à amplitude do plano de ação. Além disso, o treinamento será feito em fases que estão ligadas ao cronograma do plano de ação.

Muitas empresas se defrontam com a necessidade de fazer um volume substancial de treinamento. Elas também precisam estabelecer um plano amplo de treinamento: determinar quem deve ser treinado no quê, planejar o currículo e assim por diante. Existem numerosas opções para se preparar um plano assim amplo. Uma das opções de maior sucesso foi mostrada no Capítulo 12 e é repetida aqui por conveniência:

Uso de uma força tarefa de base ampla

Uma das opções de maior sucesso tem sido o uso de uma força tarefa de base ampla para a finalidade de planejar o currículo. Por esse conceito, o Conselho de Qualidade cria uma força tarefa (equipe de projeto etc.), cuja missão é desenvolver um plano para treinamento em planejamento para a qualidade. A força tarefa é composta por gerentes de alto nível, inclusive o gerente de qualidade e o de treinamento, bem como por representantes dos principais departamentos operacionais e de assessoria.

Mais especificamente, a missão da força tarefa é:

- Identificar as necessidades de treinamento e planejamento para a qualidade da empresa.
- Propor um currículo de cursos que atendam a essas necessidades.
- Identificar as categorias de pessoal que devem fazer quais cursos.
- Identificar as fontes dos materiais de treinamento necessários, seja para desenvolvimento interno ou aquisição de fornecedores.
- Identificar as necessidades de líderes: facilitadores, treinadores etc.
- Propor um cronograma.
- Estimar o orçamento.

Na experiência dos autores, os planos de treinamento desenvolvidos por essas forças tarefas têm sido decididamente superiores àqueles desenvolvidos através de outras opções. Em geral, o plano de treinamento leva mais tempo para ser desenvolvido, mas o resultado responde melhor às necessidades da empresa. Esta experiência sugere que:

Os altos gerentes devem estabelecer uma força tarefa de base ampla para planejar a abordagem da empresa ao treinamento em planejamento para a qualidade. (Fim da citação do Capítulo 12.)

Embora a abordagem citada sugira que os altos gerentes estabeleçam a força tarefa, normalmente é possível o Departamento de Treinamento elaborar uma proposta, utilizando, se necessário, uma força tarefa informal. Caso a empresa opte pela ampla autossuficiência, ela precisará:

- Preparar materiais de treinamento, inclusive manuais para o treinamento de facilitadores/treinadores

510 A QUALIDADE DESDE O PROJETO

- Desenvolver facilitadores/treinadores qualificados
- Preparar materiais de casos locais como suplementos
- Designar projetos relacionados às operações da empresa
- Estabelecer a infraestrutura necessária para a administração das atividades de treinamento

GLOSSÁRIO

Note que muitos desses termos têm vários significados. As definições dadas a seguir refletem os significados como foram aplicados no texto.

Abordagem factual – O uso de fatos (ao invés de opiniões) como base para a tomada de decisões.

Ação corretiva – Uma mudança que restabelece um estado de conformidade com as metas de qualidade.

Adequação ao uso – Uma definição curta de qualidade, com intenção de incluir características de produto assim como ausência de deficiências.

Alça de feedback – Uma série sistemática de etapas para manter conformidade com metas de qualidade ao retroceder informações sobre desempenho para atuadores corretivos.

Altos gerentes (também alta gerência) – A expressão sempre inclui os chefes corporativos. Em grandes empresas, "altos gerentes" inclui os gerentes gerais de divisão e seus subordinados. Em organizações muito grandes, algumas instalações individuais podem também ser muito grandes, por exemplo, um escritório, uma fábrica. Em qualquer desses casos, o gerente local e seus subordinados são os altos gerentes dos empregados na instalação.

Análise competitiva – Análise de características de produto e processos e de desempenho em relação aos produtos e processos concorrentes.

Análise de criticabilidade – Os processos de identificar características de produto que podem ser críticas por várias razões, como: essencial à segurança humana, imposições legais, essencial à vendabilidade,

Análise de campo de forças – Um processo para a identificação das forças motrizes e restritivas como auxílio à solução de problemas.

Anatomia de processos – A conexão estrutural das múltiplas operações (tarefas, etapas, processos unitários etc.) que, em conjunto, produzem o produto.

512 A QUALIDADE DESDE O PROJETO

Análise de valor – Um processo para a avaliação das relações entre (a) as funções desempenhadas pelas características do produto e (b) os custos associados.

Análise de vendabilidade – Avaliação da vendabilidade do produto, geralmente com base em um estudo do comportamento do cliente, de percepções e opiniões, e em diferenças de produtos concorrentes.

Análise retrospectiva – Análise com base no *feedback* de informações a partir de operações anteriores.

Árbitro – O agente (humano ou tecnológico) na alça de *feedback* que julga a conformidade com as metas.

Artesão – Uma categoria de trabalhador qualificado por treinamento e experiência para executar uma especialidade de trabalho.

Árvores de montagem – Uma forma de processo no qual as entradas de vários fornecedores convergem em submontagens e montagens.

Assunto de controle – Qualquer característica de produto ou processo para a qual existe uma meta de qualidade. O centro ao redor do qual a alça de *feedback* é feita.

Atingimento do alvo – A capacidade de um processo para cumprir as metas de qualidade do produto.

Auditoria de qualidade – Um estudo independente do desempenho da qualidade.

Auditoria de qualidade do presidente – Uma forma de auditoria conduzida por uma equipe de altos gerentes sob a liderança do presidente.

Autocontrole – (para um trabalhador individual) Um estado no qual o trabalhador possui: (1) os meios de saber qual é a meta de qualidade, (2) os meios de saber qual é o desempenho real da qualidade e (3) os meios de alterar o desempenho na eventualidade de não conformidade.

Autoinspeção – Um estado no qual o trabalhador decide se o trabalho produzido está ou não de conformidade com a meta da qualidade.

Autópsia – Análise de produtos para determinar as causas de deficiências literalmente, ver com os próprios olhos.

Aviso antecipado – Notificação prévia de problemas futuros, provenientes (geralmente) da participação dos clientes no planejamento do fornecedor. "Se você fizer assim, eis o problema que enfrentarei".

Banco de dados – Uma compilação de numerosas entradas especialmente organizadas para facilitar a consulta. Uma forma de "lições aprendidas".

Base de dados – Uma massa de informações derivadas de ciclos anteriores de atividade, organizada especialmente para ajudar na condução de futuros ciclos.

Bens – Coisas físicas: lápis, aparelhos de televisão a cores.

Brainstorming – Um processo para se obter ideias durante uma reunião de várias pessoas.

Capacidade do processo – (1) A capacidade intrínseca de um processo para reproduzir seus resultados de forma consistente, durante ciclos múltiplos de operação; (2) Os resultados que um processo poderia alcançar, se removêssemos as causas importantes de mau desempenho; (3) Seis desvios padrão.

Característica do processo – As propriedades ou atributos que, em conjunto, definem o processo.

Característica de produto – Uma propriedade possuída por um produto cujo objetivo é atender a certas necessidades dos clientes.

Causa – Uma razão comprovada para uma deficiência de qualidade.

CEP – Veja Controle estatístico do processo.

CEQ – Veja Controle estatístico da qualidade.

Círculo de controle de qualidade – Um grupo voluntário de membros da mão de obra que se submeteram a treinamento com propósito de resolver problemas relacionados ao trabalho.

Cliente – Qualquer um que é afetado pelo produto ou processo. Clientes podem ser externos como internos.

Clientes externos – Os que são afetados pelo produto mas não pertencem à empresa na qual o produto é feito.

Clientes internos – Aqueles que são afetados pelo produto, e também são integrantes da companhia que produz o produto.

Clonagem – A aplicação de remédios, derivados de projetos de melhoramento da qualidade completados, para problemas semelhantes na empresa.

CMQ – Custo da má qualidade.

Combate a incêndios – A atividade de livrar-se de problemas esporádicos de qualidade e restaurar o *status quo*.

Comerciante – Quem compra para revenda.

Compromisso – Um meio para resolver diferenças no qual cada uma das partes alcança algumas metas desejadas ao preço de algumas ações indesejadas.

Conceito ao cliente – Uma expressão usada pela Ford Motor Company para designar a progressão de eventos para a criação de um novo modelo e sua colocação no mercado.

Confiabilidade – A probabilidade de que o produto irá executar sua função planejada sob condições especificadas e por um período de tempo especificado.

Conflito construtivo – Termo de Follett para uma abordagem em equipe para descobrir o ponto ótimo.

Conformidade – Um estado de concordância entre a qualidade real e a qualidade alvo.

Conselho da qualidade – Uma comissão de altos gerentes que têm a responsabilidade de estabelecer, coordenar e fiscalizar o gerenciamento para a qualidade.

Consumidor – Um indivíduo que compra para uso próprio.

514 A QUALIDADE DESDE O PROJETO

Contagem regressiva – Uma lista de ações a serem feitas, em uma sequência predeterminada.

Controlabilidade – O quanto um processo segue os critérios de autocontrole, permitindo aos trabalhadores detectarem e corrigirem não conformidades.

Controlável pela gerência – Um estado no qual os critérios para o autocontrole não foram satisfeitos ao nível do trabalhador *(Ver* Autocontrole).

Controlável pelo trabalhador – Um estado no qual os critérios para autocontrole foram satisfeitos ao nível do trabalhador.

Controle – O processo regulador através do qual medimos o desempenho real, comparamos com os padrões e agimos a respeito da diferença.

Controle de instalações – Uma forma de controle de processos que prevê a manutenção das instalações físicas – equipamentos, ferramentas, instrumentos.

Controle de partida – Uma forma de controle do processo, cujo resultado final é a decisão de "apertar ou não o botão de partida".

Controle de qualidade – Um processo gerencial que consiste das seguintes etapas: (1) avaliação do desempenho real da qualidade, (2) comparação do desempenho real com as metas de qualidade e (3) ação em função da diferença.

Controle de operação – Uma forma de controle de processo que ocorre periodicamente durante a operação do processo, com a finalidade de permitir a decisão de "segue ou para".

Controle de processos – A avaliação sistemática do desempenho de um processo, e a tomada de medidas corretivas na eventualidade de não conformidade.

Controle do produto – A atividade de decidir se o produto está em conformidade com as suas metas de qualidade.

Controle estatístico da qualidade – Uma expressão usada durante as décadas de 1950 e 1960 para descrever o conceito de utilização de ferramentas estatísticas para auxiliar no controle da qualidade de processos operacionais.

Controle estatístico do processo – Uma expressão usada durante a década de 1980 para descrever o conceito de utilização de ferramentas estatísticaspara auxiliar no controle da qualidade de processos operacionais.

Corporação – Uma organização de artesãos cujos propósitos incluem a proteção da qualidade produzida por seus membros.

Custo da qualidade – Um termo difícil de definir porque não é possível distinguir o custo de fornecer características ao produto do custo da má qualidade.

Custo da má qualidade – Os custos que desapareceriam se todos os produtos e processos fossem perfeitos – sem deficiências.

Deficiência – Veja *Deficiência do produto.*

GLOSSÁRIO 515

Deficiência do produto – Uma falha de produto que resulta em insatisfação com o produto.

Departamento – Qualquer unidade organizacional que é intermediária entre uma divisão (ou seja, um centro de lucros) e a mão de obra não supervisional.

Departamento autônomo – Uma forma de processo que recebe várias entradas e converte-as em bens e serviços acabados, tudo dentro de departamentos autônomos.

Desdobramento – O processo de enviar metas amplas de qualidade para níveis subordinados para obter a identificação das ações e recursos necessários para atingir essas metas amplas.

Desempenho do processo – O resultado real obtido a partir da condução das operações de processamento.

Desenvolvimento do processo – Um termo genérico que inclui as atividades de estudo do projeto do produto, escolha do processo, projeto do processo, provisão de instalações, provisão de *software* (métodos, procedimentos, precauções), entre outras coisas.

Desenvolvimento do produto – A atividade de determinar as características do produto que respondem às necessidades do cliente.

Desperdício crônico – A perda devido a deficiências de qualidade contínuas, intrínsecas ao sistema.

Desvio padrão – Uma medida estatística de variabilidade largamente utilizada.

Detecção – Um conceito de gerenciamento para a qualidade com base na inspeção e testagem para detecção e remoção de defeitos, anteriores ao envio aos clientes.

Diagnóstico – A atividade de descobrir a causa ou causas de deficiências de qualidade.

Diagrama de causa e efeito – O "diagrama em espinha de peixe" do professor Ishikawa para arrolar as teorias das causas.

Diagrama de dispersão – Uma representação gráfica da interrelação das variáveis.

Diagrama TRIPROL.™ – Um diagrama de entrada e saída que ilustra a tripla atuação de clientes, processador e fornecedor.

Disciplinas da qualidade – O corpo de metodologias, habilidades e ferramentas necessárias para se gerenciar para a qualidade.

Dissimulação – Uma distorção deliberada de dados sentidos por um ser humano, para uma variedade de finalidades (geralmente) em proveito próprio.

Distribuição de frequência – A relação matemática entre o valor de uma variável e a frequência relativa com a qual esse valor ocorre; também a representação gráfica da relação.

Domínio – Um método de resolução de diferenças no qual uma parte impõe seus termos à outra.

516 A QUALIDADE DESDE O PROJETO

Eliminação de problemas – A atividade de eliminar problemas esporádicos de qualidade e de restabelecer o *status quo*.

Empresa – Qualquer entidade organizada que produz produtos (bens ou serviços) podendo ou não ser para venda, podendo ou não visar ao lucro.

Engenharia de confiabilidade – Uma especialidade de engenharia que dá grande enfoque à minimização de falhas de campo através da modelagem, quantificação, bancos de dados e assim por diante.

Engenharia de qualidade – Uma especialidade de engenharia que dá grande enfoque no planejamento e análise da qualidade para bens e serviços.

Ensaio – Um método para proporcionar, às forças operacionais, experiência antes do início das operações.

Equipe de projeto – Um grupo de pessoas designadas para executar um projeto de melhoramento de qualidade.

Equipe processadora – Qualquer unidade organizacional (de uma ou mais pessoas) que executa um processo prescrito.

Erro de técnica – Uma espécie de erro humano que é traçável à falta de conhecimento de algum "macete" essencial.

Erros conscientes – Não conformes a metas de qualidade resultantes de ações praticadas deliberadamente.

Erros de inadvertência – Erros humanos originados na falta de atenção não intencional.

Espiral do processo em qualidade – Um gráfico que mostra a progressão típica de atividades para colocar um produto no mercado.

Estação de controle – Uma atividade dirigida à qualidade para a execução de uma ou mais etapas da alça de *feedback*.

Estação de trabalho – Um centro de atividade para executar as operações prescritas, operar os processos e produzir as características de produto.

Estatuto da equipe de projeto – A lista de atividades a serem executadas por cada equipe de projeto.

Estudo de Santayana – O processo de tirar lições aprendidas a partir da análise retrospectiva – conclusões retiradas dos dados de ciclos repetitivos de atividade anterior.

Estudo do projeto – Um processo participativo para garantir aviso antecipado sobre o impacto de um projeto proposto nas funções subsequentes.

Exatidão (de um sensor) – O grau até o qual o sensor diz a verdade; a extensão até a qual sua avaliação de um fenômeno está de acordo com o valor "verdadeiro", julgado por um padrão aceito.

Facilitador – Uma pessoa especialmente treinada para auxiliar equipes de projeto na execução de seus projetos.

Falhas internas – Falhas que ocorrem antes do produto ser entregue a clientes externos.

Feedback – Comunicação de dados sobre o desempenho em qualidade a fontes que podem tomar medidas apropriadas.

Fluxograma – Uma maneira gráfica de ilustrar as etapas em um processo.

Folha de verificação – Qualquer formulário em branco usado para registro de dados de qualidade.

Foolproofing – Incorporação de mecanismos de defesa à tecnologia de um processo que reduz erros humanos de inadvertência.

Fornecedor – Qualquer um que forneça entradas a um processo.

Garantia de qualidade – Uma avaliação independente do desempenho relacionada à qualidade, conduzida primordialmente para as pessoas que precisam conhecê-lo, não estando diretamente envolvidas com a condução das operações.

Gerenciamento da qualidade – O conjunto de maneiras de se obter qualidade. O gerenciamento da qualidade inclui todos os três processos da trilogia da qualidade: planejamento da qualidade, controle da qualidade e melhoramento da qualidade.

GEQ – Veja Gerenciamento estratégico da qualidade.

Gerenciamento estratégico da qualidade (GEQ) – Uma abordagem sistemática para se estabelecer o atendimento de metas de qualidade pela companhia.

Glossário – Uma lista de termos e suas definições.

Gráficos – Representações ilustradas de dados.

Histograma – Uma distribuição irregular de frequência.

IMPRO® – Conferência anual do Juran Institute sobre melhoramento da qualidade.

Índice de capacidade do processo – A relação entre a amplitude de tolerância do produto e a capacidade do processo.

Inovação – Veja *Melhoramento da qualidade.*

Insatisfação com o produto – O efeito das falhas e deficiências do produto sobre os clientes.

Insatisfação do cliente – Um resultado alcançado quando as deficiências afetam de forma adversa os clientes.

Insumos – Todos os meios empregados por um processo para produzir seu produto.

Inteligência de campo – Qualquer informação referente ao desempenho do produto e ao seu impacto sobre os clientes.

Interface chave – O principal canal de interação entre cliente e fornecedor.

Jornada diagnóstica – As atividades do processo de melhoramento de qualidade que começam com os sintomas iniciais de um problema de qualidade e terminam com a determinação da ou das causas.

Jornada remediadora – As atividades do processo de melhoramento da qualidade que começam com a causa ou as causas conhecidas e terminam com um remédio efetivo empregado.

518 A QUALIDADE DESDE O PROJETO

Lições aprendidas – Uma expressão que se refere a tudo o que já se aprendeu com a experiência.

Lista de verificação – Um auxílio para a memória humana – um lembrete do que fazer e do que não fazer. Uma forma de lições aprendidas.

Má interpretação – Uma forma de erro humano devida, principalmente, à comunicação imprecisa.

Macroprocesso – Um sistema operacional envolvendo numerosas tarefas, geralmente conduzido em vários departamentos funcionais.

Manutenção de características – A utilização de características de projeto de um produto (ou processo) existente como elementos de novos produtos (ou processos).

Mão de obra – Todos os empregados exceto a hierarquia gerencial e os especialistas "profissionais". (A linha divisória não é precisa, e existem casos fronteiriços).

Matriz de responsabilidades – Uma tabela que arrola as decisões e ações necessárias, e identifica quem faz o quê.

Melhoramento – A criação organizada de mudanças benéficas; a obtenção de níveis sem precedência de desempenho. Um sinônimo é "inovação".

Melhoramento da qualidade – A criação organizada de mudanças benéficas; melhoramento do desempenho a um nível sem precedentes.

Meta – Um alvo visado – uma realização pela qual se despende esforços.

Meta de qualidade – Um alvo de qualidade que se tem em mira.

Meta do produto – Uma expressão quantificada dos valores visados (tolerâncias do produto, confiabilidade, e assim por diante) exigidos para responder às necessidades dos clientes.

Microprocessos – Um sistema operacional que envolve poucas tarefas, geralmente executado dentro de um único departamento funcional.

Missão do projeto – O uso final intencionado de um projeto.

Monopólio – O direito exclusivo de se tomar certas decisões ou certas ações.

Muitos e úteis – De acordo com o princípio de Pareto, uma maioria da população que, todavia, conta por ser apenas uma pequena parcela do efeito total.

Necessidades culturais – Necessidades por segurança de emprego, auto respeito, respeito aos outros, continuidade de padrões de hábitos e ainda outros elementos do que geralmente se chama de valores culturais.

Necessidades dos clientes – Os desejos de clientes que podem ser atendidos pelas características de produto dos bens e serviços.

Necessidades formuladas – Necessidades vistas sob o ponto de vista dos clientes, e na linguagem deles.

Necessidades percebidas – Necessidades dos clientes com base em suas percepções.

Necessidades reais – As necessidades fundamentais que motivam o cliente à ação, como, por exemplo, a necessidade real de um comprador de carro é transporte.

GLOSSÁRIO **519**

Operação – Uma tarefa de abrangência limitada.

Operações – (1) A atividade geral de executar processos planejados; (2) organizações que executam processos planejados.

Opiniões dos clientes – Declarações dos clientes, baseadas principalmente em seus julgamentos.

Organização matricial – Uma forma de estrutura de equipe superposta em uma hierarquia funcional.

Ótimo – Um resultado planejado que atende às necessidades tanto do cliente como do fornecedor e minimiza seus custos combinados.

Pacote de qualidade – Um pacote de relatórios que sumaria aos altos gerentes o desempenho em relação à qualidade.

Padrão cultural – Um corpo de crenças, hábitos, práticas etc., que a população humana desenvolveu para lidar com problemas percebidos.

Participação – O processo de se obter entradas a partir daqueles que serão afetados por uma ação intencional.

Patrono – Um gerente designado para manter um amplo patrulhamento sobre projetos específicos de melhoramento da qualidade, e para ajudar equipes de projeto em caso de impasse.

Percepções dos clientes – Conclusões dos clientes, derivadas, principalmente, do uso do produto.

Pesquisa de mercado – Pesquisa para descobrir as necessidades de qualidade dos clientes.

Planejador de qualidade – Qualquer pessoa na ocasião em que está empenhada no planejamento da qualidade.

Planejamento conjunto – Conceito em que o planejamento é feito por uma equipe de clientes e fornecedores.

Planejamento da qualidade – A atividade de (1) determinar as necessidades dos clientes e (2) desenvolver os produtos e processos necessários para suprir essas necessidades.

Planilha – Um arranjo ordenado de informações de planejamento que consiste (geralmente) de (I) linhas horizontais para mostrar elementos sendo planejados e (2) colunas verticais para mostrar as respostas de produto/processo/controle.

Plano de qualidade – O resultado final do estabelecimento de metas de qualidade e do desenvolvimento dos produtos e processos necessários ao cumprimento daquelas metas.

Política – Um guia para a ação gerencial.

Ponto ideal – Um resultado planejado que atende tanto às necessidades dos clientes quanto às dos fornecedores, e minimiza os custos combinados.

Poucos mas vitais – Sob o princípio de Pareto, uma pequena minoria da população que, entretanto, representa a maior parte do efeito.

Precisão (de um sensor) – Uma medida da capacidade do sensor para reproduzir seus resultados em testes repetidos.

520 A QUALIDADE DESDE O PROJETO

Preparo – A ação de reunir as informações, materiais, equipamentos etc., necessários para começar as operações e organizá-las em um estado de prontidão para produzir.

Princípio de Pareto – O fenômeno que, em qualquer população que contribui para um efeito comum, relativamente poucos dos contribuidores representam o grosso do efeito.

Problemas de qualidade esporádicos – Problemas originados em causas súbitas, não planejadas.

Processadores – Aqueles que tocam o processo; também os clientes que empregam nosso produto em seus processos.

Processamento – A atividade de conduzir operações – operar o processo e produzir o produto.

Processo – Uma série sistemática de ações direcionadas para alcançar uma meta.

Processo biológico – Uma forma de anatomia de processo na qual uma células e divide em várias células, todas elas coordenadas por um sistema nervoso. (Uma empresa criada por um só fundador e, então, "franqueada" segue um processo semelhante de crescimento.)

Processo Coonley-Agnew – Um processo para resolver diferenças nas quais aspartes devem (1) identificar suas áreas de acordo e de desacordo, (2) concordar a respeito daquilo em que discordam e (3) decidir o que farão a esse respeito.

Processo empresarial – Geralmente, um processo de escritório, distinto do processo fabril (há uma grande área em comum).

Processos críticos – Processos que representam perigos sérios para a vida humana, e ao ambiente, ou que colocam em risco a perda de quantidades muito grandes de dinheiro.

Procissão – Uma forma de anatomia de processo na qual o produto progride sequencialmente através de vários departamentos, cada um deles executando alguma operação que contribui para o resultado final.

Produto – A saída de qualquer processo.

Profissional – Uma pessoa especialmente qualificada através de educação, treinamento e experiência para executar funções relacionadas com as qualidades essenciais. As categorias mais numerosas são os engenheiros de qualidade e engenheiros de confiabilidade.

Projeto – Um problema com solução programada – uma missão programada para ser executada.

Projeto de produto – A atividade de definir as características de produto exigidas para atender as necessidades do cliente.

Projeto do processo – A atividade de definir os meios específicos a serem usados pelas forças operacionais para se obter as metas do produto.

GLOSSÁRIO 521

Proliferação – O crescimento, em números, de necessidades de clientes, características de produto, e assim por diante, resultante do crescimento de atividades tecnológicas no volume e complexidade.

Proprietário assumido – O gerente da função dominante dentro de um macroprocesso.

Proprietário designado – Uma pessoa ou equipe designada especificamente como proprietária de um macroprocesso, a despeito da falta de comando sobre todos os microprocessos componentes.

Público – Os membros da sociedade geral – um cliente externo.

Q grande – Uma expressão usada para designar um conceito amplo de qualidade no qual os "clientes" incluem todos os que são afetados; "produto" inclui bens e serviços; "processos" inclui negócios e processos de apoio. Para comparar, veja Q *pequeno*.

Q pequeno – Uma expressão usada para designar uma abrangência pequena de qualidade, limitada aos clientes, bens de fábrica e processos fabris. Para contrastar, veja Q *grande*.

Quadro de controle – O quadro de W. A. Shewhart para o teste contínuo de significância estatística.

Qualidade – A palavra tem dois significados principais: (1) as características de produto que respondem às necessidades dos clientes e (2) ausência de deficiências. Um termo genérico para cobrir os dois significados é "adequação ao uso".

Recompensa – Aumentos nos salários, bônus, promoções e assim por diante, que são mais ou menos ligados ao desempenho do trabalho.

Reconhecimento – Reconhecimento público de trabalho bem feito.

Reprojeto de processo – O trabalho feito para prover os meios para alcançar metas de qualidade inalteradas do produto.

Resistência cultural – Uma forma de resistência a mudanças com base na oposição às possíveis consequências sociais.

Revisão de projeto – Um processo participativo para a obtenção de um alerta antecipado do impacto de um projeto proposto sobre as funções subsequentes.

Roteiro de planejamento da qualidade – Uma série universal de etapas de entrada e saída que conjuntamente constituem um planejamento da qualidade.

Satisfação com o produto – O resultado obtido quando as características do produto respondem às necessidades dos clientes.

Satisfação do cliente – Veja *Satisfação com o produto*.

Senso r – Um mecanismo de detecção especializado para reconhecer a presença e intensidade de certos fenômenos, e converter esse conhecimento em "informações".

Serviço – O trabalho desempenhado para outra pessoa. Serviço também inclui trabalho desempenhado para outros *dentro* de companhias. Por

522 A QUALIDADE DESDE O PROJETO

exemplo, preparação da folha de pagamento, recrutamento de novos empregados, manutenção da fábrica. Esses serviços são frequentemente chamados serviços de apoio.

Significância estatística – Uma expressão usada para distinguir mudanças reais de alarmes falsos. Uma mudança é estatisticamente significante se for muito improvável que se deva a variações aleatórias.

Simulação – Uma forma de planejamento que usa modelos matemáticos pessoas envolvidas em atividades funcionais experiência antes da condução das operações.

Sintoma – A evidência externa de uma deficiência de qualidade.

Sistema de fases – Uma divisão da progressão do conceito até o cliente em segmentos definíveis ou fases, com previsão para decisões empresariais a intervalos lógicos.

Sistema imunológico – Uma característica de organizações que, da mesma maneira que sistemas imunológicos biológicos, tende a rejeitar a introdução de novos conceitos.

Sistema Taylor – Um sistema de gerenciamento com base na separação do planejamento da execução.

Software – O termo tem vários sentidos: (I) programas de instrução para computadores e (2) informações em geral: relatórios, planos, instruções, conselhos, comandos etc.

Subdivisão do produto – Uma separação hierárquica de um produto, a partir do nível de sistema, em subsistemas, componentes, partes etc.

Subotimização – Busca de metas locais em detrimento do benefício global.

Sucessão – Uma forma de processo em que o produto progride sequencialmente através de vários departamentos, cada um desempenhando alguma operação que contribui para o resultado final.

Teoria – Uma afirmação não comprovada sobre a causa de uma deficiência.

Teste de equipamento – Um teste de um processo, sob condições operacionais.

Teste piloto – Um teste de capacidade de processos com base em um redimensionamento maior, intermediário entre a fase de planejamento e as operações em grande escala.

Teste seco – Teste de um processo, conduzido sob condições operacionais. Métodos à prova de erros. Inclusão de salvaguardas na tecnologia de um processo, para reduzir erros humanos inadvertidos.

Trabalhadores – Funcionários não supervisores em categorias de trabalho não qualificadas.

Tradução – O processo de converter a declaração das necessidades dos clientes – da linguagem dos clientes para a linguagem dos fornecedores.

Transferência a operações – A mudança de responsabilidade dos planejadores para as forças operacionais.

Transporte – O uso de características do projeto de um produto (ou processo) existente como elementos de novos produtos (ou processos).

Trilogia Juran® – Os três processos gerenciais usados no gerenciamento para a qualidade: planejamento da qualidade, controle da qualidade e melhoramento da qualidade.

Tripla atuação – As atuações de cliente, processador e fornecedor, executadas por todas as equipes processadoras.

TRIPROL™ – Veja *Tripla atuação.*

Unidade de medida – Uma quantidade definida de alguma característica que permite a avaliação dessa característica em números.

Usuário – Um cliente que executa ações positivas em relação ao produto; por exemplo, processamento ulterior ou uso final.

Usuário final – A destinação final do produto.

Validação do processo – Uma análise documentada para prover um alto grau de garantia de que um processo específico irá produzir, com consistência, produtos em conformidade.

Variabilidade – A dispersão apresentada por avaliações de eventos sucessivos resultantes de um processo comum, por exemplo, a medição de unidades sucessivas de produto que saem de um processo.

Variável dominante – A mais importante das variáveis que exigem controle do processo.

Vendabilidade – A extensão até a qual as características do produto estimulam os clientes a "comprar" o produto; aplica-se a clientes internos e externos.

Vida atrás dos muros da qualidade – Uma expressão usada para descrever como a vida nas sociedades industriais exige alta qualidade para manter a continuidade de serviços e proteger-se contra desastres.

Zero defeitos – (1) Um termo significando produto isento de defeitos; (2) um *slogan* usado durante "movimentos" para exortar os trabalhadores a melhorar a qualidade.

REFERÊNCIAS BIBLIOGRÁFICAS

1. COMO PENSAR A RESPEITO DO PLANEJAMENTODA QUALIDADE

Juran, 1. M. "Product Quality: A Prescription for the West". *The Management Review,* junho e julho de 1981; apresentado pela primeira vez na 25ª Conferência da Organização Europeia para Controle de Qualidade, Paris, junho de 1981.

_____. "A Prescription for the West: Four Years Later". Organização Europeia para Controle de Qualidade, 29ª Conferência Anual, 1985. Reproduzido em *The Juran Report n° 5,* Verão de 1985, Juran Institute, Inc.

_____."The Quality Trilogy: A Universal Approach to Managing for Quality". *Quality Progress,* agosto de 1986, pp. 19-24.

2. ESTABELECER METAS DE QUALIDADE

Branco, George J., e Robert S. Willoughby, "Extending Quality Improvement to Suppliers". *Minutas* da Quarta Conferência Anual sobre Melhoramento da Qualidade (IMPRO 86), Juran Institute, Inc., Wilton, Conn., 1987.

Brunetti, Wayne. "Policy Deployment: A Corporate Roadmap". *Minutas* da Quarta Conferência Anual sobre Melhoramento da Qualidade (IMPRO 86), pp. 20-29. Juran Institute, Inc., Wilton, Conn., 1987.

Camp, Robert C. "Benchmarking: The Search for Best Practices that Lead to Superior Performance". *Quality Progress,* janeiro a maio de 1989.

Kegarise, Ronald J., e George D. Miller, "An Alcoa-Kodak Joint Team".

Minutas da Terceira Conferência Anual sobre Melhoramento da Qualidade(IMPRO 85), pp. 29-34. Juran Institute Inc., Wilton, Conn., 1986.

Pisano, Daniel J., Jr. "Replanning the Product Development Process". *Minutas* da Quarta Conferência Anual sobre Melhoramento da Qualidade (IMPRO 86), pp. 260-64. Juran Institute, Inc., Wilton, Conn., 1987.

526 A QUALIDADE DESDE O PROJETO

Veraldi, L. C. "The Team Taurus Story". MIT Conference Paper, Chicago, 22 de agosto de 1985, Centro para Estudos Avançados de Engenharia, MIT, Cambridge, Mass., 1985.

Wolf, John D. "Quality Improvement: The Continuing Operational Phase". Segunda Conferência Anual sobre Melhoramento da Qualidade (IMPRO 84), Juran Institute, Inc., Wilton, Conn., 1985.

3. IDENTIFICAR O CLIENTE

Business Week. "Campbell's Taste of the Japaneses Market is MM-Good", 28 de março de 1988.

Engle, David, e David Ball. "Improving Customer Service for Special Orders", *Minutas* da Conferência Anual sobre Melhoramento da Qualidade (IMPRO 85). Juran Institute, Inc., Wilton, Conn., 1986.

Juran, J. M. *Managerial Breakthrough.* Nova York: McGraw-Hill Book Co., 1964. Capítulo Quatro, "The Pareto Principie".

Olsson, John Ryding, e Per Rommer. "The Market-Leader Method: User Oriented Development". *30th EOQC Conference,* Estocolmo, 1986, pp. 59-68.

Tomkins, Calvin. "Colored Muds in a Sticky Substance". *The New Yorker,* 16 de março de 1987.

4. DETERMINAR AS NECESSIDADES DOS CLIENTES

Ackoff, Russell L. *The Art 01 Problem Solving Accompanied by Ackoffs Fables.* Nova York: John Wiley & Sons, 1978.

Becker, Franklin D., e Amy Hoogesteger. "Employee Adjustment to an Office Relocation". *Human Ecology Forum.* New York State College of Human Ecology, Cornell University, Outono de 1986.

Bennett, Amanda. "Once a Tool of Retail Marketers, Focus Groups Gain Wider Usage". *Wall Street Journal,* 3 de junho de 1986.

Business Week, "How Ford Hit the Bull's-Eye with Taurus". 30 de junho de 1986, pp. 69-70.

Centro para Alternativas de Política do MIT e Charles Stark Draper Laboratory, Inc. "The Productivity od Servicing Consumer Durable Products". Relatório 74-4, Cambridge, Mass., 1974.

Consumer Report Books. *l' II Buy That, 1986.*

Galante, Steven P. "Bookshop 'Superstore' Reflects the Latest Word in Retailing".
Wall Street Journal, 23 de fevereiro de 1987.

Heuestone, Mimi. "A Premature Taste of Old Age". *Age Street Journal,* 2 de dezembro de 1984.

Holusha, John. "Helping Driver Feel at Home". *Wall Street Journal,* 28 de fevereiro de 1985.

_____."Chrysler Odometer Compensation". *New York Times,* 2 de julho de 1987. Hughes, Kathleen, "Zowiel Newspapers Poll Readers on Comic Strips". *Wall Street Journal,* 15 de junho de 1988.

Juran, J. M. *Managerial Breakthrough.* Nova York: McGraw-Hill Book CO., 1964.

_____.*Juran's Quality Control Handbook.* 4. ed. Nova York: McGraw-Hill Book Co., 1988.

Kahn, Herbert L. "Looking Forward to the Casino Society". *New York Times,* 12 de julho de 1987.

Kegarise, Ronald J., e George D. Miller. "An Alcoa-Kodak Joint Team". *Minutas* da Terceira Conferência Anual sobre Melhoramento da Qualidade (lMPRO 85), pp. 29-34. Wilton, Conn.: Juran lnstitute, lnc.

Levine, Richard. "Breaking Routine: Voice of the Subway". *New York Times,* 15 de janeiro de 1987.

Levitt, Theodore. "Marketing Myopia". *Harvard Business Review,* setembro-outubro de 1975.

Reibstein, Larry. "A Finger on the Pulse: Companies Expand Use of Employee Surveys". *Wall Street Journal,* 27 de outubro de 1986.

Sellers, Patricia. "The ABC' s of Marketing to Kids". *Fortune,* 8 de maio de 1989, pp. 114-20.

United States Office of Consumer Affairs. *Update: Consumer Complaint Handlingin America – An Update Study.* Washington, D. C., 1985-86.

Veraldi, L. C. "The Team Taurus Story". MlT Conference Paper, Chicago, 22 de agosto de 1985. Também publicado em *EOQC Conference Proceedings,* 1986, pp. 62-63.

5 PROVER MEDiÇÕES

Aubrey, Charles A. *Quality Management in Financial Services.* Hitchcock, 1985. Becker, Richard A., *et al.* "Analysis of Data from the *Places Rated Alamanac". The American Statistician,* agosto de 1987, pp. 169-86.

Brainard, Edgar H. "Just How Good Are Vendor Surveys?" *Quality Assurance,* agosto de 1974, pp. 22-25.

Brunetti, Wayne. "Policy Deployment: A Corporate Roadmap". *Minutas* da Quarta Conferência Anual sobre Melhoramento da Qualidade (IMPRO 86), pp. 20-29. Wilton, Conn.: Juran Institute, Inc., 1987.

Carlzon, Jan. *Moments of Truth.* Cambridge, Mass.: Ballinger, 1987.

Dahl, Jonathan. "Danger Aloft: Evidence Suggests Many Near Misses Go Unreported". *Wall Street Journal,* 21 de julho de 1987.

Dumaine, Brian. "Corporate Spries Snoop to Conquer". *Fortune,* 7 de novembro de 1988.

528 A QUALIDADE DESDE O PROJETO

Hicks, Richard D. "American Express Practices". Shetty e Buehler, eds., *Quality and Productivity lmprovements: US and Foreign Company Experiences.* Chicago: IIT Manufacturing Productivity Center, 1983, pp. 209-14.

Hoggart, Simon. "Around Disney World in 80 Queues". *Punch,* 16 de setembrode 1988, pp. 42, 44.

Juran, J. M. *Managerial Breakthrough.* Nova York: McGraw-Hill Book CO., 1964.

_____.ed. *Juran's Quality Control Handbook.* 4. ed. Nova York: McGraw-Hill Book Co., 1988.

Kearns, David T. "Payment in Kind" (entrevista). *Quality Progress,* abril de 1988, pp. 16-20.

Louis Arthur M. "The Worst American City". *Harper's Magazine,* janeiro de 1975, pp. 67-71.

McGrath, James H. "Successful lnstitutionalized lmprovement in Manufacturing Areas". *Minutas* da Terceira Conferência Anual sobre Melhoramento da Qualidade (IMPRO 85). Wilton, Conn.: Juran lnstitute, lnc., 1986.

Molotsky, Irvin. "Detection Test Shows Airlines Didn't Find 20% of Weapon", *New York Times,* 18 de junho de 1987.

Nakajo, Takeshi, e Hitoshi Kume. "The PrincipIes of Foolproofing and Their Application in Manufacturing". *Reports of Statistical Application Research,* Japanese Union of Scientists and Engineers, 32, n° 2 (junho de 1985): 10-29. Também apresentado (em forma abreviada) na EOQC Annual Conference, Estocolmo, junho de 1986, *Proceeding,* pp. 221-28.

Onnias, Artuto, "The Quality Blue Book". *Minutas* da Terceira Conferência Anual sobre Melhoramento da Qualidade (IMPRO 85), pp. 127-3l. Wilton, Conn.: Juran lnstitute, Inc., 1986.

Sandberg-Diment, Erik, " 'Barcodes' Come into Their Own". *New York Times,* 24 de março de 1985.

Talley, D. J. "The Quest for Sustaining Quality Improvement". *Minutas* da Terceira Conferência Anual sobre Melhoramento da Qualidade (IMPRO 85), pp. 188-92. Wilton, Conn.: Juran lnstitute, Inc., 1986.

Utizig, Lawrence. "Quality Reputation: A Precious Asset". ASQC Technical Conference *Transactions,* Milwaukee, 1980, pp. 145-54.

White, Paul Dudley. *My Life and Medicine.* Boston: Cambit, lnc., 1971, pp. 195-96.

6. DESENVOLVER CARACTERÍSTICAS DOS PRODUTOS

Ackoff, Russell L. *The Art of Problem Solving Accompanied by Ackoff's Fables.* Nova York: John Wiley & Sons, 1978.

Argyris, Chris. *Strategy, Change and Defensive Routines.* Boston: Pitman, 1985.

REFERÊNCIAS BIBLIOGRÁFICAS 529

Boothroyd, Geoffrey, e Peter Dewhurst. *Product Design for Assembly Handbook*. Wakefield, R 1.: Boothroyd Dewhurst, Inc., 1987.

Coonley, Howard, e P. G. Agnew. *The Role of Standards in the System of Free Enterprise*. Washington, D. C.: American National Standards Institute, 1941, pp. 8-26.

Cushman, John H., Jr. "Making Arms Fighting Men Can Use". *New York Times*, 21 de junho de 1987.

Dodge, H. F.; B. J. Kinsburg; e M. K. Kruger. "The L3 Coaxial System: Quality Control Requirements". *Bell System Technical Journal*, 32 (julho de1953), pp. 943-1005.

Engle, David S., e David L. Ball. "Improving Customer Service for Special Orders". *Minutas* da Terceira Conferência Anual sobre Melhoramento da Qualidade (IMPRO 85), pp. 106-10. Wilton, Conn.: Juran Institute, Inc., 1986.

Fialka, John J. "Weapon of Choice". *Wall Stret Journal*, 15 de fevereiro de 1985

Ford Motor Company. *Continuous lmprovement: Batavia Transmission Planto 1981*.

Fosse, Chris J. "Quality Assurance Through Strategic Product Development". *Minutas* da Quinta Conferência Anual sobre Melhoramento da Qualidade(IMPRO 87), pp. 4B-5-12. Wilton, Conn.: Juran Institute, Inc., 1988.

Gryna, Frank. "How Engineering Can Improve Product Quality". *Machine Design*, 8 de maio de 1986, pp. 81-85.

Hays, Laurie. "DuPont's Difficulties in Selling Kevlar Shows Hurdles of Innovation". *Wall Street Journal*, 29 de setembro de 1987.

Hauser, John R, e Don Clausing. "The House of Quality". *Harvard Business Review*, maio-junho de 1988.

Iwahashi, Masaru. "Research Program on the New Product X Through Seven Management Tools for QC". *Reports of Statistical Application Research*, 33, n° 2 (Japanese Union of Scientists and Engineers, Tóquio, junho de 1986), pp.43-52.

Josephson, Matthew. *Edison*. Nova York: McGraw-Hill Book Co., 1959.

Juran, J. M. *Juran's Quality Control Handbook*. 1. ed. Nova York: McGraw-Hill Book Co., 1988.

Juran, J. M. *Managerial Breakthrough*. Nova York: McCraw Hill Book Co.,1964. Capítulo 9, "Resistance to Change: Cultural Patterns".

Kanter, R M. *The Change Masters*. Nova York: Simon & Schuster, 1983.

Kegarise, Ronald J., e George D. MilIer. "An Alcoa-Kodak Joint Team". *Minutas* da Terceira Conferência Anual sobre Melhoramento da Qualidade(IMPRO 85), pp. 29-34. Wilton, Conn.: Juran Institute, Inc., 1986.

Kotter, J. P. *Power and Influence*. Nova York: Free Press, 1985.

Kupfer, Andrew. "How to Be a Global Manager". *Fortune*, 14 de março de 1988, pp. 52-4, 58.

530 A QUALIDADE DESDE O PROJETO

Maczka, Walter 1. "GE Has 'Designs' on Assembly". *Assembly Engineering*, junho de 1984, pp. 16-8.

Mead, Margaret, ed. *Cultural Patterns and Technical Change.* Paris, UNESCO, 1951. Também publicado pela Mentor Books, New American Library, Nova York, 1955.

Metcalf, H. c., e L. Urwick, eds. *Dynamic Administration.* Nova York: Harper & Row, 1941. Citando Mary Parker Follett.

Morrell, Norman E. "Quality Function Deployment". Congresso Internacional da SAE, Detroit, fevereiro de 1987.

Morris, Betsy. "In This Taste Test, the Loser in the Taste Test". *Wall Street Journal,* 3 de junho de 1987.

Ross, Philip E. "Auto Industry Is Now Using Bar Codes". *New York Times,* 19 de agosto de 1987.

_____."2 U.S. Agencies Act to Impose Curbs on All-Terrain Vehicles". *New York Times,* 22 de dezembro de 1987.

Sanger, David E. "Chip Designers Seek Haste Without Waste". *New York Times,* 6 de janeiro de 1988.

Schmidek, Don. New Product Introduction Quality Processo N. p.: n.d.

Schoeffler, Sidney; Robert D. Buzzell; e Donald F. Heany, "Impact of Strategic Planning on Profit Performance". *Harvard Business Review,* março-abril de1974, pp. 137-45.

Schuon, Marshall. "Putting Consumers in the Driver's Seat". *New York Times,* 25 de maio de 1989, p. C13.

Sterling Michael. "Linking Manufacturing to Design". *Manufacturing Engineering,* outubro de 1984, pp. 67-9.

Stevenson, Richard W. "Shared Cash Machines Boom". *New York Times,* 11 de março de 1986.

Sullivan, L. P. "Quality Function Deployment". *Quality Progress,* junho de 1986, pp. 39-50.

Thomas, Paulette. "Texas Air's Rapid Growth Spurs Surge in Complaints About Service". *Wall Street Journal,* 26 de fevereiro de 1987.

Veraldi, L. C. "Ford Motor Company". MIT conference paper, Chicago, 22 de agosto de 1985. EOQC Conference, 1986, pp. 62, 63.

Withers, Sonia. *Funcional Cost Analysis: An Interdisciplinary Analytical Language.* Loughborough, Leicestershire: Centre for Extension Studies, University of Technology, LEU 3TU. Ensaio apresentado na Convenção da Primavera da Royal Areronautical Society, em maio de 1983.

7. DESENVOLVER CARACTERÍSTICAS DO PROCESSO

Anderson, Dave. "When '3' Meant 6". *New York Times,* 27 de dezembro de 1982, pp. C-l e C-5.

Bemesderfer, John L. "Approving a Process for Production". *Journal of Quality Technology,* 11, nº 1 (janeiro de 1979).

Bowen, William. "The Puny Payoff from Office Computers". *Fortune,* 26 de maio de 1986.

Copley, Frank: B. *Frederick W. Taylor, Father of Scientific Management.* Nova York: Harper & Row, 1923.

Dumaine, Brian. "How Managers Succeed Through Spped". *Fortune,* 13 de fevereiro de 1989, pp. 54-9.

Hoerr, John. "Work Teams Can Rev Up Paper-pushers, Too". *Business Week,* 28 de novembro de 1988.

Holusha, John. "New Presses Spur Detroit Productivity". *New York Times,* 25 de fevereiro de 1987.

Juran, J. M. "The Taylor System and Quality Control". Uma série de artigos em *Quality Progress,* de maio a dezembro de 1973, listada sob "Management Interface".

Juran, J. M. *Juran's Quality Control Handbook,* 4. ed. Nova York: McGraw-Hill Book Co., 1988.

Kane, Victor E. "Índices de Capacidade de Processos". *Journal of Quality Technology,* 18, nº 1, jan. 1986, pp. 44-52.

Main, Jeremy. "The Winning Organization". *Fortune,* 26 de setembro de 1988. p.56.

Markoff, John. "American Express Goes High-Tech". *New York Times,* 31 de julho de 1988.

Nakajo, Takeshi e Hitoshi Kume. "The Principles of Fool proofing and Their Application in Manufacturing". *Reports on Statistical Application Research,* 32, nº 2 (JUSE, junho de 1985): 10-29. Também apresentado (em forma abreviada) na EOQC Annual Conference, Estocolmo, junho de 1986, *Minutas,* pp. 221-28.

Stewart, James B., e Daniel Hertzberg. "How the Stock Market Almost Disintegrated a Day After the Crash" *Wall Street Journal,* 20 de novembro de 1987.

Wessel, David. "Computer Finds a Role in Buying and Selling, Reshaping-Business". *Wall Street Journal,* 18 de março de 1987.

8. DESENVOLVER CONTROLES DE PROCESSOS: TRANSFERIR PARA OPERAÇÕES

Bemesderfer, J ohn L., "Approving a Process for Production". *Journal of Quality Technology,* 11, nº 1, janeiro de 1979.

532 A QUALIDADE DESDE O PROJETO

Burgam, Patrick M. "Application: Reducing Foundry Waste". *Manufacturing Engineering,* março de 1985, p. 44.

Fisher, Lawrence, M. "A New Tool to Track That Noise". *New York Times,* 10 de fevereiro de 1988.

Juran, J. M. *Juran's Quality Control Handbook.* 4. ed. Nova York: McGraw-Hill Book Co., 1988.

White, Joseph B. "Auto Mechanics Struggle to Cope with Technology in Today's Cars". *Wall Street Journal,* 26 de julho de 1988, p. 37.

9. PLANEJAMENTO ESTRATÉGICO DA QUALIDADE

Brunetti, Wayne. "Policy Deployment: A Corporate Roadmap". *Minutas* da Quarta Conferência Anual sobre Melhoramento da Qualidade (IMPRO 86), pp. 20-29. Wilton. Conn.: Juran Institute, Inc., 1987.

Ishikawa, Kaoru. "The Quality Control Audit". *Quality Progress,* janeiro de 1987, pp. 39-41.

Juran, J. M., ed. *Juran's Quality Control Handbook.* 4. ed. Nova York: McGraw--Hill Book Co., 1988.

Kegarise, Ronald 1., e George D. Miller. "An Alcoa-Kodak Joint Team". *Minutas* da Conferência Anual sobre Melhoramento da Qualidade (IMPRO85), pp. 29-34. Wilton, Conn.: Juran Institute, inc., 1986.

Kondo, Yoshio. "Quality in Japan". Capo 35F em Juran (1988). Kondo provê uma discussão detalhada de auditorias de qualidade pelos altos gerentes japoneses, inclusive a auditoria do presidente.

Shimoyamada, Kaoru. "The President's Audit: QC Audits at Komatsu". *Quality Progress,* janeiro de 1987, pp. 44-9.

10. PLANEJAMENTO MULTIFUNCIONAL DA QUALIDADE

Juran, J. M. *Juran na Liderança pela Qualidade.* São Paulo: Pioneira, 1990. Kane, Edward J. "IBM's Quality Focus on the Business Process". *Quality Progress,* abril de 1986, pp. 24-32.

Nickell, Warren L., e J. Sylvia McNeil. "Process Management in a Marketing Environment". *Minutas* da Quarta Conferência Anual sobre Melhoramento da Qualidade (IMPRO 86). Wilton, Conn.: Juran Institute, Inc., 1987, pp. 71-8.

Paul, Gabriel A. *Quality Process Management.* Englewood Cliffs, N. J.: Prentice-Hall, 1987.

11. PLANEJAMENTO DEPARTAMENTAL DA QUALIDADE

Bowen, William. "The Puny Payoff from Office Computers". *Fortune,* 26 de maio de 1986.

REFERÊNCIAS BIBLIOGRÁFICAS **533**

Hoerr, John. "Work Teams Can Rev Up Paper-pushers, Too". *Business Week,* 28 de novembro de 1988.

Juran, 1. M. "QC Circles in the West". *Quality Progress,* setembro de 1987, pp. 60, 62.

Nakajo, Takeshi, e Hitoshi Kume. "The Principies of Foolproofing and their Application in Manufacturing". *Reports on Statistical Application Research.* JUSE, 32, nº 2 (junho de 1985): 10-29.

Parker, Kenneth T. "Departmental Activity Analysis: Management and Employees Working Together". *Minutas,* Conferência Anual de 1984, International Association of Quality Circles, pp. 20-2-07.

Peters, Thomas J. *Thriving on Chaos.* Nova York: Knopf, 1987. (Trad. *Prosperandono Caos.* São Paulo: Harbra, 1988.)

12. BASE DE DADOS, MOTIVAÇÃO E TREINAMENTO

Cohen, Leonard A. "Diet and Cancer". *Scientific American,* novembro de1987, pp. 42-48.

Gulliver, Frank R. "Post-project Appraisals Pay". *Harvard Business Review,* março-abril de 1987, pp. 128-32.

Gust, Lawrence J. "Nonmanufacturing Quality Improvement". *Minutas* da Segunda Conferência Anual sobre Melhoramento da Qualidade (lMPRO 84).Wilton, Conn.: Juran Institute, Inc., 1985, pp. 116-20.

Ishikawa, Kaoru. *Guide to Quality Controlo* Asian Productivity Organization, 1972. Detalhes das ferramentas ensinadas aos capatazes japoneses sobre Círculos de CQ, pela maior autoridade japonesa.

Juran, J. M. "A Note on Economics of Quality". *Industrial Quality Control,* fevereiro de 1959, pp. 20-23.

_____.*Managerial Breakthrough.* Nova York: McGraw-HilI Inc., 1964. O livro seminal sobre a criação de mudanças benéficas e prevenção contra mudanças adversas.

_____.*Making Quality Happen: Upper Management' s Role.* Wilton, Conn.:

Juran Institute, Inc., 1988. A quinta edição de notas de cursos de treinamento sobre aquilo que os altos gerentes devem fazer para gerenciar para a qualidade.

_____. *Juran na Liderança pela Qualidade.* São Paulo: Pioneira, 1990.

_____.ed. *Juran' s Quality Control Handbook.* 4. ed. Nova York: McGraw-Hill Book CO., 1988. A referência padrão internacional nesse campo.

_____.*Juran on Quality Improvement.* Wilton, Conn.: Juran Institute, lnc.,1981. Uma série de dezesseis fitas de vídeo sobre melhoramento da qualidade, com os materiais de treinamento associados.

Juran, 1. M. e F. M. Gryna. *Quality Planning and Analysis.* 2. ed. Nova York: McGraw-Hill Book Co., 1980.

534 A QUALIDADE DESDE O PROJETO

McGrath, James H. "Successful Institutionalized Improvement in Manufacturing Areas". *Minutas* da Conferência sobre Melhoramento da Qualidade (IMPRO 85). Wilton, Conn.: Juran Institute, Inc., 1986.

Mead, Margaret, ed. *Cultural Patterns and Technical Change.* Paris: UNESCO, 1951. Morison, Elting E. *Men, Machines and Modern Times.* Cambridge, Mass: MITPress, 1966. Capítulo Dois, "Artilharia no Mar".

Nickell, Warren L. "Quality Improvement in Marketing". *Minutas* da Conferência sobre Melhoramento da Qualidade (IMPRO 85), Wilton, Conn.: Juran Institute, Inc., 1985.

Nayatani, Yoshinobu. "Seven Management Tools for QC". *Reports of Statistical Application Research,* JUSE, 33, nº 2 (Tóquio, junho de 1986).

Sullivan, L. P. "Quality Function Deployment". *Quality Progress,* junho de 1986, pp. 39-50.

Whipple, A. B. C. "Stranded Navy Man Who Charted the World's Seas". *Smithsonian,* março de 1984, pp. 171-86.

White, Paul Didley. *My Life and Medicine.* Boston: Gambit, 1971, pp. 195-96.

13. PLANEJAMENTO DA QUALIDADE PARA O TAURUS

Veraldi, L. C. "Ford Motor Company". Texto para conferência do MIT, Chicago, 22 de agosto de 1985. EOQC Conference, 1986, pp. 62, 63.

ÍNDICE REMISSIVO

3M Corporation, 32

A

AB Electrolux, 311

Abordagem estruturada ao desenvolvimento de produtos, 167-70, 217

Absenteísmo, 90

Abstrações, unidades de medida para, 125

Ação corretiva, 282-84

Ackoff, Russell L., 190, 200, 213

Adequação para uso, 9, 294

Agnew, P. G., 211

Aid Association for Lutherans, 242

Alerta antecipado, 462

Alienação, 205-06

Altos gerentes
auditorias conduzidas por, 322, 363
como treinadores, 455
explicação do planejamento da qualidade aos, 13-4
Gerência Estratégica da Qualidade e os, 333-34, 336-37, 338
mapa de planejamento da qualidade, exposição ao, 66
necessidades dos, 102
papéis dos, 24, 113

plano de ação, criação de, 505-07

tarefas para, 26, 44, 68, 116, 163, 219, 277, 303, 338, 367, 409

treinamento e, 451-52

visitas a clientes e, 95

Alurninum Company of America (Alcoa), 205

Amadorismo, 3-4, 14, 20, 26, 174, 218, 225, 275, 355

Ambientes de uso, 229-30

American Express Company, 146

American Management Association, 71

Amostragem, 96, 111, 152

Amostragem telefônica, 95

Ampliação do cargo, 241, 243, 373, 398-99, 409

Análise comparativa, 128

Análise competitiva, 178-82, 199

Análise da Atividade do Departamento, 371, 413-14

Análise de confiabilidade, 193

Análise de correlação, 390

Análise de criticalidade, 177-80, 218

Análise de matriz, 464

Análise de valor, 195-98, 261

Análise de vendabilidade, 182-90, 199

536 A QUALIDADE DESDE O PROJETO

Análise econômica, 209-10
Análise retrospectiva, 139, 414, 423
Análise tecnológica, 210-11
Analogia do jacaré, 19-20, 26
Anatomia de processos, 238-44, 275
Anderson, Dave, 229
Árbitros, 280
tarefas para, 390-91
Argyris, Chris, 208
Artesão, 391
Artesão, lições do, 394
Árvore de montagem, 239-43
Árvores de decisões, 173
Assinatura de documentos, 201-2, 218
AT&T Company, 54, 163
Atendimento, 354-55
Atingir o alvo, 244-45, 255-56
Aubrey, Charles A., 148
Auditoria de qualidade do presidente, 322
Auditorias: *ver* Auditorias de qualidade
Auditorias de qualidade, 145, 297-98, 320-22, 337
de macroprocessos e funções, 361-63, 367
Autoinspeção, 389-90
Autocontrole, 288-90, 293, 303, 331, 346
trabalhadores e, 389-90, 408
Automação, 133, 238
Autonomia, redução em, 41-3, 318, 319
Autópsias, 283
Avaliação de crédito, 244
Avaliação do desempenho, 285-88
Gerência Estratégica da Qualidade (GEQ) e, 317-18, 337
Avaliação do produto, 330

B

Ball, David, 51, 186
Banco de dados, 35, 255-56, 429
Banco do Canadá, 78
Base de dados, 413-16, 465
Base de mercado das metas de qualidade, 34-37, 43-44
Base técnica das metas de qualidade, 34
Becker, Franklin D., 103
Becker, Richard A., 122
Becton, Dickinson & Company, 311
Bell System, 205-6
Bemesderfer, John L., 275, 301
Bennett, Amanda, 96
Bens, 162
definidos, 5
desempenho competitivo de, 151-52
qualidade dos, 10
Bens manufaturados, sensores para, 130
Bhopal, 2
Bluestone, Mimi, 103
Boothroyd, Geoffrey, 175, 198
Bowen, William, 233, 241, 400
Brainard, Edgar H., 155
Brainstorming, 52, 462
Branco, George J., 40
British Petroleum Company, 428
Brunetti, Wayne, 39, 143, 316
Bureau of Labor Statistics (BLS), 97, 152, 475, 477, 480
Business Week, 56, 104, 189

C

Café, 90
Caixas automáticos, 200

Camp, Robert C., 36
Capacidade de medição, 274
Capacidade do processo, 22, 173, 244-51, 276, 380
  avaliação de, 248-51, 276
  bancos de dados sobre, 255
  baseada em variabilidade, 24-50
  definidos, 246, 248, 250, 251
  processos que não são de fabricação e, 254
  prova de, 297-98
  quantificação de, 246-48, 274
  simulação para estimar, 257-58
Característica de qualidade, 217
Características de efeitos secundários, 290
Características do processo, 15, 16, 20, 21-23, 221-61; *ver também* Desenvolvimento de processos
  análise competitiva e, 181
  medição da qualidade e, 117
  metas para, 268-69
  planilha para, 269-70
Características do produto, 15, 16, 20, *22-3, 25, 141, 161-218; ver também* Desenvolvimento de produtos a Trilogia Juran e, 18
  análise competitiva e, 178-82
  análise da criticalidade e, 176-78, 218
  análise de valor e, 195-98
  análise de vendabilidade e, 182-85
  como definição de qualidade, 9
  como metas para os planejadores
  de processos, 213-15
  definida, 7
  hierarquias de, 176

medição da qualidade e, 117, 118, 121-23
  ótimo, conceito de, 172-73
  projetos anteriores, transporte de, 193-95, 218
  publicação de metas para, 216
Carlzon, Jan, 121
Cartões de compromisso, 407
"Casa de qualidade", 217
Centro para Alternativas de Política, 83
CEP: *ver* Controle Estatístico de Processos (CEP)
Chernobyl, 2
Chief Executive Officer (CEO), 222
Chrysler Corporation, 40, 82
Ciclo de lançamento de novos produtos, 40
Círculos de CQ, 403-4, 442, 460, 464
  interesses investidos e, 404-05
  metodologia, 404-405
  métodos à prova de erros e, 404
  padrões de crescimento no Japão e nos Estados Unidos, 398-401
  princípios de, 237
Clausing, Don, 217
Cliente, 376
  definido, 8
  no diagrama TRIPROL, 23
Clientes chave, 57, 58-61
Clientes externos, 8, 46, 52-4
Clientes internos, 9, 46, 51, 53-4, 66, 94, 96, 102
Coca-Cola, 189
Códigos de barras, 237
Cohen, Leonard A., 421
Coleta de dados, ferramentas de, 95, 96
Coloração, 136

538 A QUALIDADE DESDE O PROJETO

Combate a incêndios, 19
Comerciais de televisão, 185
Comerciantes, 59, 98
Comitê Governativo, 347
Companhias telefônicas, 205-8
Comparação de produtos, 283
Competitividade da qualidade, 310
Comportamento do cliente, 92-4, 118, 187-89
Comportamento passado dos clientes, 185, 218
Compradores misteriosos, 130
Compromisso, 211, 212
Computadores pessoais, 82
Comunicação
reconhecimento e, 441-42
nos dois sentidos como característica do processo de desdobramento, 38
Comunicações a longa distância, 189-90
Conceito de Q Pequeno, 10-13, 20, 26, 28-9, 323, 364
Conceito do Q Grande, 10, 20, 26, 28, 32, 40, 45, 94, 140, 147, 151, 154, 306, 325, 330, 349, 364, 441
Conceito do triplo papel, 23-24, 53, 374-77, 401-03, 411
Conceito do "elenco", 55-7, 68
Conceito para o cliente, 163, 166
Conchavos, 212
Concorrência, 104-05, 172
Condições de laboratório, 249, 252, 259, 260, 276
Condições operacionais, 227, 249, 252, 259, 260, 276
Confiabilidade, não atingimento de, 195
Confiança mútua, 293
Conflito construtivo, 211, 212-13

Conformidade, 11-3, 293-94, 303
Conformidade do produto, 293-94, 302
Conhecimento prévio, 225-27
Conselho de Qualidade, 308, 314, 315, 332, 336, 346, 363
Consequências econômicas da qualidade, medidas das, 141-43, 165
Consequências sociais das mudanças pretendidas, 436
Consolidação, 206, 207
Consumidores, 64, 99, 152, 228
Contagem regressiva, 281, 429
Contato com os clientes, 232
Continuidade de desempenho, 178
Controlabilidade, 288-300, 303
Controle: *ver* Controle de Qualidade
Controle de custos, 14
Controle de estoques, 183
Controle de instalações, 284, 303
Controle de operação, 281-82, 389
Controle de Processos, 15, 16, 223, 269, 273-77
autocontrole, 288-90, 303
avaliação de desempenho, 285-88
conceito de auditoria, 296, 297
dominância, conceito de, 290-303
estágios de, 285
estatístico, 285-87
objetos de controle, 290-91
planilha para, 287, 292
postos de controle, 291, 303
projeto para, 280
responsabilidade pelo projeto de, 295-96, 300

trabalhadores e, 389

transferir para operações, 297-302

Controle de qualidade, 15, 26

distinto do planejamento da qualidade, 19-20

etapas no, 15-18

para macroprocessos, 357-59, 366-367

Controle do produto, 282

trabalhadores e, 389-90

Controle estatístico de processos (CEP), 247, 252, 285-86, 398, 450

Controle financeiro, 14

Coonley, Howard, 211

Cooper-Hewitt Museum, Nova York, 80

Copiadora xerográfica (seca), 192, 194

Copley, Frank B., 244

Culpa, atmosfera de, 102, 134-35, 234

Cursos formais de treinamento, 301

Cushman, John H., Jr., 206

Custeio do ciclo de vida, 200, 209-10, 271

Custo da má qualidade (CMQ), 33, 36, 43, 120-21, 311

Custos da qualidade: ver Custo da má qualidade

Custos de avaliação, 121

Custos de falhas, 121

Custos de prevenção, 121

Custos, efeito da qualidade sobre os, 141, 161

D

Dahl, Jonathan, 135

Decisões de negócios, 165

Defesa, 135

Defesa, Departamento de, 299

Deficiência: ver Deficiência do produto

Deficiência do produto, 9, 26, 91

definida, 7

diagrama da Trilogia Juran e, 18

medição da qualidade e, 118-21, 162

Departamento autônomo, 238, 242

Departamento de Revisão de Pedidos, 112

Departamento de qualidade, 329-31

Departamento de Serviços Técnicos, 112

Departamento Federal de Transportes, 153

Departamentos independentes de inspeção, 370-72

Desdobramento da Função Qualidade, 62, 217

Desdobramento das metas de qualidade, 38-40, 43, 312-16, 333

Desdobramento de políticas, 39

Desempenho, 162, 178

de processos importantes, 33

diferença entre capacidade e, 250

Desempenho competitivo, 33

de bens, 151

de serviços, 151-52

Desempenho do produto, 33, 311

medidas de, 150-53

Desempenho dos gerentes, medição do, 148, 153-57, 159

Desempenho histórico como base das metas de qualidade, 34-37, 44

540 A QUALIDADE DESDE O PROJETO

Desenvolvimento de processos, 224; *ver também* Projeto de processos
    amadores e, 225, 275
    conhecimento anterior e, 224-25
    conhecimento das condições operacionais, 227-30, 275
    definido, 224
    revisão das metas de qualidade do produto, 224-25
Desenvolvimento de produtos, 3, 224
    abordagem planejada ao, 192-93, 218
    análise e, 174-76
    auditoria de qualidade do, 362-364
    conteúdo do curso para, 453-54
    definições, 162-63, 167
    disciplinas de qualidade e, 173
    documentação de, 215-16
    marketing e, 190-91
    medição do desempenho, 150
    necessidade de estrutura em, 167-70, 218
    relação entre planejamento da qualidade e, 161
    replanejamento, 489-93
    resistência à participação no planejamento, 207-8
Desperdício crônico, 17
Desregulamentação de indústria da aviação comercial, 206
Desvio-padrão, 252-54
Detecção como método à prova de erros, 237
Dewhurst, Peter, 175, 198
Diagnóstico, 282-83
Diagrama de afinidade, 463
Diagrama da árvore, 463

Diagrama de causa e efeito, 465
Diagrama de dispersão, 465
Diagrama de insumos e resultados
    para controles de processos, 279
    para desenvolvimento de características de processos, 222
    para desenvolvimento de características de produtos, 161
    para identificação de clientes, 43
    para necessidades dos clientes, 73
Diagrama de relações, 463
Diagrama espinha de peixe, 465
Diagrama matriz: *ver* Planilhas
Diagrama TRIPROL, 24, 374-75, 378, 397-98
Dialetos múltiplos, 110-111
Diferenças entre produtos, 183-84
Disciplinas de qualidade, 172-73, 218, 461-65
Dispersão, 245-46
Dissimulação, 135
Distorções, 136-38
Dodge, H. F., 214
Dominância, 211-12, 290-91, 303
Dumaine, Brian, 153, 267
DuPont de Nemours, E. I., & Company, 183
Duração do ciclo, 261-73, 276, 416-19, 465

E

Eastman Kodak Company (Kodak), 205
Edison, Thomas, 189
Educação, 243, 266, 276
Eliminação como método à prova de erros, 237

Empirismo, 34

Empreendedores, papel dos, 88-9

Empresas de serviços, 60, 163
medição da qualidade e, 122, 152-53
percepções dos clientes e, 75-78
qualidade das, 10
sensores para, 130
simulação, uso em, 103

Engenharia de processos: *ver* Desenvolvimento de processos

Engenheiros de confiabilidade, 4

Engenheiros de qualidade, 4

Engle, David, 51, 186

Entrevista de saída, 95

Equipe de planejamento, 357-59

Equipe processadora, 23
categorias de, 61-62
definida, 61, 377

Equipes, 39, 40, 50-1, 90, 199, 271, 277
autodirigidas, 242, 243, 244, 266
de projetos, 401, 404, 453, 454
de supervisores, 390
desdobramento das metas de qualidade para as, 316-17, 338
interdepartamental, 105
multidepartamentais, 101-02, 111
multifuncionais, 206-07, 328

Equipes autodirigidas, 241, 242, 265, 266

Equipes conjuntas, 97

Equipes de projetos, 401, 402, 456-57

Equipes de supervisores, 389

Equipes interdepartamentais, 105

Equipes multidepartamentais, 101, 111

Equipes multifuncionais, 206-07, 326-28

Erro Humano: *ver* Erros

Erros, 175, 251-52
classes de, 238
conscientes, 132, 133, 135-36
inadvertidos, 133-34
projetar para reduzir erros humanos, 234, 336, 377

Erros conscientes, 132, 133, 135-36

Erros de medicação, 138, 146

Erros inadvertidos, 133, 134

Especialistas, treinadores para, 458-59

Especificações do processo, 297-98

Especificações, 13

Espiral de Progresso em Qualidade, 164, 165, 199, 206

Estações de serviço, 190

Estações de trabalho, 395

Estaleiros de Kobe, 217

Estimativas, 121

Estresses, 230

Estudo Santayana, 139, 416, 424-32, 468

Ética, 177

"Eu Comprarei Isso: 50 Anos de Bens e Serviços" (mostra, Cooper-Hewitt Museum), 80

Exatidão dos sensores, 128-30, 159, 244

Exigências de "especiais", 186

Experiência para o planejamento da qualidade, 355

F

Fabricação' 'just in time", 81, 88, 271

Facilitação como método à prova de erros, 237

Facilitadores, 456-57, 467

Falhas dos produtos, análise para
evitar, 192-95, 218
Falhas no uso, 192
Falibilidade humana, 175
Falibilidade, 175
Faturas, 162
Favorável ao usuário, 81
Federal Aviation Administration,
133, 135
Feedback, 53, 233, 378
alça de, 90, 91, 140-41, 274, 280,
358, 382, 394-96
instantâneo, 234, 276
questionários, 95
Ferramentas estatísticas no
treinamento, 464
Ferramentas gerenciais em
treinamento, 461-63
Fialka, John J., 194
Fisher, Lawrence M., 301
Florida Power & Light Company,
32, 39, 48, 143, 311
Fluxograma, 173, 198, 376
identificação de clientes e, 47-
52, 64, 67
para o Estudo Santayana, 426
Fluxogramas ao nível macro, 47, 48
Fluxogramas ao nível micro, 47, 48
Folha de verificação, 465
Follett, Mary Parker, 211, 212
Food and Drug Administration
(FDA), 299
Ford Motor Company, 32, 56, 104,
163, 177, 181, 207, 311, 316,
469-75
Fornecedores, 375
como clientes externos, 52-3
necessidades de clientes como
metas dos, 29-30
no diagrama TRIPROL, 24

otimização relativa a
fornecedores externos, 271
Fornecedores externos, 35
Fornecedores internos, 35
Fosse, Chris, J., 170
Fontes de dados, 94
Frequência, 416-18, 467
Função de assistência aos clientes,
auditoria de qualidade da, 366
Função de finanças, 40-2
Função de marketing, auditoria da
qualidade da, 365
Função de produção, auditoria de
qualidade da, 365
Função gerência da qualidade,
auditoria de qualidade da, 363
Funcionários da linha de frente, 65
Funções, medidas para as, 148-49

G
Galante, Steven P., 103
Garantias, 82-86, 203
Garantias implícitas, 82
General Dynamics Corporation, 156
General Electric Corporation, 204
General Motors Corporation, 40,
63, 69
Gerência da qualidade: *ver*
Controle de qualidade;
Melhoramento da qualidade;
Planejamento da qualidade
Gerência estratégica da qualidade
(GEQ), 306-9
alta gerência e, 332-35, 338
auditorias de qualidade, 322-23,
338
avaliação de desempenho, 319-
20, 343
defesa da, 323
definida, 305

departamento de qualidade, 329-34

estabelecimento de, 308-09, 326-29, 338

estrutura de, 308-09

gerente de qualidade, 334

interferência corporativa, 317

metas, 311-12, 338

objeções a, 322

políticas, 308-09

recursos para, 316-17, 338

testes piloto de, 325, 330, 337

Gerência estratégica financeira, 307-09

Gerência Total da Qualidade: *ver* Gerência Estratégica da Qualidade (GEQ)

Gerente da qualidade, 332, 338, 505-08

Gerentes de confiabilidade, 350

Gerentes de nível médio

necessidades dos, 101

treinadores para, 456

Gerentes de produtos, 350

Gillette Company, 188

Glossários, 111, 115

Godfrey, A. Blanton, 392-93

Gráfico de Gantt, 464

Gráficos de controle de Shewhart, 128, 286, 464

Gráficos, 465

Grupos de foco, 97, 130

Gryna, F. M., 204, 454

Gulliver, Frank R., 431

H

Hábitos de assistir televisão, 92-93

Hábitos dos clientes, mudanças nos, 88

Hale, Merle, 70

Harris, levantamento de opinião, 189

Hauser, John R., 217

Hawthorne, experimentos, 441

Hays, Laurie, 183

Henrique o Navegador, Príncipe, 420

Hertzberg, Daniel, 233

Hicks, Richard D., 146

Hierarquias das metas de qualidade, 37-38

Histograma, 462

Hoerr, John, 242, 400

Hoggart, Simon, 152

Holusha, John, 82, 103

Hoogesteger, Amy, 103

Hughes, Kathleen, 93

I

IBM Corporation, 346

Identificação de fornecedores, 375

Identificação dos clientes, 15, 16, 21, 29, 43-68, 222-23, 375

clientes externos, 52-3

clientes internos, 54-5, 67

elenco, 55-7, 68

fluxogramas e, 47-52, 65, 67

incluir a pergunta na agenda, 66, 67

medição da qualidade e, 118

muitos e úteis, 63-5

planilhas e, 62, 63-64

poucos, mas vitais, 57, 59-61

usuários condutores, 57-9

Impactos significantes, 61

Importações, 1-2

Inadequação dos serviços disponíveis, 87

Inconsciência, soluções para, 433

Índice de capacidade: *ver* Índice de Capacidade do Processo

544 A QUALIDADE DESDE O PROJETO

Índice de Capacidade do Processo, 253-54

Índice de desempenho, 246

Índice de Preços ao Consumidor (lPC), 53, 97, 130, 152

Índices de falhas, 2, 25

Indústria automobilística, 81-2, 246, 252, 283: *ver também* Ford Taurus

Indústria de aviação comercial, 57, 153, 206

Indústria de *fast food,* 81, 88

Indústria farmacêutica, 175

Indústria hospitalar, 138, 146

Indústrias de fabricação, capacidade do processo e as, 25

Insatisfação com o produto, 25
  definida, 7
  necessidades dos clientes relacionadas a, 82-6
  origem da, 8

Insatisfação dos clientes, definida, 8

Instabilidade das características de produtos, 177

Instruções, 298

Insumos essenciais, 208

Inteligência de campo
  análise da disponível, 93
  auditoria de qualidade de, 363-64
  criação de novos, 94-6, 118
  responsabilidade pela obtenção de, 105

Interesses investidos, 57, 404-06

Interfaces chave, 60-1

Interfaces com clientes, 232

Interfaces entre microprocessos, coordenação de, 233, 276

Interferência da corporação, 41-42, 318

Internal Revenue Service (IRS), 52

Interrupção de serviços, 93

Inutilidade, senso de, 137-38

Investigador, 51

Ishikawa, Kaoru, 322, 454

Iwahashi, Masaru, 170, 171

J

Japanese Union of Scientists and Engineers (JUSE), 403, 453, 461, 463

Japão Círculos de CQ no, 401-05
  critérios para concessão do Prêmio Deming de Aplicação, 322
  revolução da qualidade no, 173-74
  vendabilidade dos produtos no, 18, 19

Josephson, Mathew, 189

Juran Institute, 15, 450, 461, 503

Juran, J., M., 6, 10, 15, 17, 18-9, 59, 69-71, 83, 88, 135, 138, 142, 152, 190, 193, 195, 204, 210, 253, 283, 285, 287, 323, 336, 361, 405, 432, 441, 453, 454, 461, 506

Juran na Liderança pela Qualidade, 6, 9, 432, 461

Juren' s Quality Control Handbook (Juran), 461

Jurisdição exclusiva, reivindicação de, 202-203

K

Kahn, Herbert L., 76

Kane, Victor E., 348

Kanter, R. M., 208

Kearns, David T., 154

Kegarise, Ronald J., 40, 95, 205, 315
Kemper Insurance, 241
Kevlar, 183
Kinsburg, B. J., 214
Kondo, Yoshio, 322
Kotter, J. P., 208
Kruger, M. K., 214
Kume, Hitoshi, 138, 238, 405
Kupfer, Andrew, 175

L
Lealdade à linha de produtos, 85
Lealdade à marca, 85
Levantamento de opiniões dos funcionários, 130
Levantamentos de mercado, 130
Levine, Richard, 86
Levitt, Theodore, 75
Lições aprendidas, 139, 198, 257, 379-82, 414, 420, 425, 430-31, 465
Limites de especificação, 215
Linguagem, necessidade de unidade de, 5-9
Linha de fluxo, 47
Linhas de montagem, 236
Lista de verificação, 429
Livro Azul da Qualidade (Texas Instruments), 156
Lorenz, M. O., 72
Louis, Arthur M., 122
Luddistas, 57

M
Má interpretação, 132
Macroprocesso como, 339, 341-42
Macroprocessos, 33, 39, 54, 222, 340-67
    anatomia dos, 340-41, 366
    auditoria de qualidade de, 361-66

chave, 345
controle de qualidade para, 357, 359-60
critérios para, 344, 367
desempenho dos, 312
gerência da qualidade, 352
medidas para, 147, 150
melhoramento da qualidade para, 360-61, 367
negligência anterior a respeito de, 343
organizações construídas ao redor de, 352
papéis dos, 339-40
planejamento da qualidade para, 353-57, 366
projeto de, 231-32
redução da duração dos ciclos, 265-67, 276
relações entre organizações funcionais e, 341-43, 353
replanejamento, 357-59
Maczka, Walter J., 204
Main, Jeremy, 268
Malcolm Baldrige Prêmio Nacional de Qualidade, 320
Marcos de referência, 35, 36
Markoff, John, 233
Maury, Mathew, 420, 424
McGrath, James H., 154, 443
McNei, J. Sylvia, 347
Mead, Margaret, 208, 437
Média Industrial Dow Jones, 130
Medição da qualidade
    consequências econômicas, 141-43
    consequências, 117-20
    de características do produto, 117, 118, 121-22

546 A QUALIDADE DESDE O PROJETO

do desempenho de produto, 150-51

do desempenho dos gerentes, 150, 153

do desenvolvimento de produtos, 150-51

em indústrias de serviços, 122, 152-54

necessidade de, 117-20

nos níveis mais altos, 143-47

para deficiências, 118-21

para funções, 148-53

para manutenção do controle, 140-41

para processos operacionais, 147-48

pirâmide de unidades de medida, 123

planilhas para, 157-58

sensores e: *ver* Sensores

unidades de medida na prática, 124-27

Medição da qualidade, 113, 117-59, 257, 285, 319, 331, 380-81

Medição por atributos, 124

Medição por variáveis, 124

Melhoramento da qualidade, 25, 32, 312

distinto do planejamento da qualidade, 19-21

equipes, 338

etapas no, 16

para macroprocessos, 360-62, 368

trabalhadores e, 405-06

Melhoramento financeiro, 14

Melhoramento projeto a projeto, 328-29, 362, 408

Metas de qualidade, 3, 5, 15, 16, 20, 27-44

baseadas na uniformidade do produto, 214-15

bases para a fixação de, 34-37,41

desdobramento das, 38-40, 43

estratégicas, 28, 30-34, 39-43, 307-12, 338

hierarquia de, 37-8

interferência corporativa e, 41-42

medição e, 117, 140, 141

natureza das, 27

necessidades dos clientes e, 29-30

nos níveis mais baixos, 42-3

origem das, 30

para características do processo, 268

para características do produto, 216

provisão de recursos, 40-41

revisão das, 227-28

táticas, 28, 34, 42, 43

Metas táticas de qualidade, 28-29, 30-4, 39-42, 312-17, 338

Metas táticas, 14, 308-09, 330, 337, 338

Metas financeiras, 15, 307-8, 329, 336

Metas guiadas pela tecnologia, 30

Metas guiadas pelo mercado, 30

Metas primárias, 37-8

Metas secundárias, 37-8

Metas táticas de qualidade, 28, 34, 42, 43

Metas terciárias, 37

Metcalf, H. C., 211

Metodologia de Superfície de Resposta, 274

Métodos à prova de erros, 133, 138, 276

Microprocessos, 148, 222, 373-80

análise de, 383-86

coordenação de interfaces, 227, 233-34, 275

definido, 371

legado do sistema de Taylor, 369-72

lições aprendidas com as abordagens das empresas, 379-82

medidas para, 148, 150

planejamento da qualidade para, 371-79

redução da duração dos ciclos, 265

trabalhadores e: *ver* Trabalhadores

Mídia, 53

Miller, George D., 40, 95, 205, 314

"Miopia em marketing" (Levitt), 75

Missão, 355, 367

Mitigação como método à prova de erros, 237

Mitos gerenciais, 434

Moda, 88

Modelos matemáticos, 258

Modismos, 88

Molotsky, lrvin, 133

Monopólios internos, 181, 182, 201-02, 212, 218

Morison, Elting E., 423, 426

Morrell, Norman E., 217

Morris, Betsy, 189

Motivação, 432-33, 467

através de reconhecimento, 441

através do sistema de premiação, 442-44, 467

comportamento humano e valores culturais, 435-36

inconsciência, remédios para, 433

mitos dos trabalhadores, 439

mitos gerenciais, 434-35

para o melhoramento da qualidade de macroprocessos, 361-62

resistência cultural, 436-37, 438-41

Motorola, 32

Mudanças pretendidas, consequências sociais das, 436-37

Muitos e úteis, 64-65, 265

Muitos e triviais, 69, 71, 72

N

Nakajo, Takeshi, 138, 238, 402

Não clientes, 98

National Labor Relations (Wagner) Act, 404

Nayatani, Yoshinobu, 463

Necessidades culturais, 77-8, 104, 115

Necessidades percebidas, 75-6, 116

Necessidades dos clientes, 15, 16, 73, 117, 172, 176, 222, 376

análise da inteligência de campo sobre, 94

atribuíveis a usos inesperados, 78

clientes internos, 101-03

comerciantes, 98

consumidores, 99

criação de nova inteligência de campo sobre, 94-6, 117, 119

culturais, 77-8, 115

declaradas e reais, 74-5, 115-116

em termos qualitativos, 213-14

estudo do comportamento do cliente e, 91

fontes de, 86-8
insatisfação com o produto e, 82-6
medições de qualidade e, 118
metas táticas de qualidade e, 28-30
métodos para descobrir, 89-93
mudanças, 103
não clientes, 98
organização sistemática de, 107-9, 118-20
percebidas, 75-7
poucos, mas vitais, 96-7
processadores, 98
público, 100-01
responsabilidade pela obtenção de inteligência de campo, 105
simulação de, 103-05
tradução, 108, 109-12
Necessidades dos fornecedores, 172
auditoria de qualidade de, 360, 361-62
Necessidades humanas, escopo das, 74-5
Necessidades percebidas, 75-7
Necessidades reais, 74-5, 115
New York Cash Exchange (NYCE), 200
Nickell, Warren L., 347, 349, 447
Novos sistemas de trabalho, 400

O
Objetos de controle, 290
Observação direta do comportamento do cliente, 92-3
Ofertas, 186
Office of Consumer Affairs, 83
Oldsmobile, 81
Olsson, John Ryding, 57

Onnias, Arturo, 144, 158
Opções, exigências de, 186
Operação evolucionária, 274
Opiniões de clientes, 93, 187, 190
Oportunidade do serviço, 149, 152
Orçamento, 13, 14
Organização funcional
influência da, 264
relação entre os macroprocessos e a, 340-43, 352
Organização matricial, 355
Orientação para o cliente, 75
Orientação para produtos, 76
Otimização, 161, 172-74, 208-10
através da participação, 203-08
impulso para subotimizar, 199-203
no projeto de processos, 269, 273
do projeto do produto, 199

P
Padrão cultural, 77-8, 208, 435, 465
Padrões de carreira, 352, 367
Padrões, conformidade com os, 11
Padronização, 81, 112, 267
Parcerias, 95
Pareto, Vilfredo, 69-71
Participação, 22, 34, 52, 68
otimização por meio da, 203-08
projeto de processos e, 243
resistência à, 207-08
Participação de mercado, 1-2, 105, 181
Participação prévia, 301
Pepsi Cola, 189
Percepções dos clientes, 183, 187-90, 218
Perícia especial, 203

Perícia funcional, 172, 174

Perkin-Elmer, 489-503

PERT (Program Evaluation and Review Technique), 464

Pesquisa de mercado, 93, 117, 190, 191

Pesquisas da opinião pública, 103-04

Pesquisas internas, 433-34

Peters, Thomas J., 399

Pisano, Daniel J. Jr., 40

Planejamento: *ver* Planejamento da qualidade

Planejamento conjunto, 22, 204-06, 273, 355

Planejamento da qualidade
  amadorismo e, 3-4, 14, 21, 25, 172, 218, 355
  Círculos de CQ: *ver* Círculos de CQ
  conteúdo do curso para, 453
  definido, 13, 25, 27
  departamental: *ver* Microprocessos
  distinto do controle de qualidade, 18-19
  distinto do melhoramento da qualidade, 20-22
  estruturado, 66
  explicando o planejamento da qualidade à alta gerência, 14
  forma simultânea de, 199, 206-7, 218
  inicial, 2-3, 25
  mapa, 21-23, 24, 25
  motivação no: *ver* Motivação
  multifuncional: *ver* Macroprocessos
  necessidade de, 1-2
  papéis dos altos gerentes no, 24

  para macroprocessos, 354, 357, 366-7
  planilhas, 21, 22, 23
  relação do planejamento da qualidade com o desenvolvimento de produtos e, 167
  trabalhadores e: *ver* Trabalhadores
  Trilogia: *ver* Trilogia Juran

Planejamento departamental da qualidade: *ver* Macroprocessos

Planejamento de processos, auditoria de qualidade de, 262-63

Planejamento estratégico, 28

Planejamento estratégico da qualidade, conceito de, 305

Planejamento estratégico de negócios, 41

Planejamento estruturado da qualidade, 66, 437

Planejamento financeiro, 14

Planejamento multifuncional da qualidade: *ver* Macroprocessos

Planejamento simultâneo, 22, 199, 206-07, 218, 232, 264, 266

Planilhas, 462
  análise do caráter crítico, 179-81
  análise de valor, 195-98
  "casa de qualidade", 217
  identificação de clientes e, 61-62, 65
  necessidades dos clientes e, 107-12, 113-15, 118
  para abordagem estruturada ao desenvolvimento de produtos, 167-70, 218
  para características de processos, 269-71

para controles de processos, 292
para medição da qualidade, 158
planejamento da qualidade, 21-
23, 170-73
Plano de ação, 505-10
Plano de negócios, 164
Políticas de qualidade, 310-11
Porcentagem de erros, 119
Postos de controle, 291, 303, 395
Poucos, mas vitais, 57-9, 68, 70, 71,
97, 98, 118, 265, 268
Precisão dos sensores, 128-31, 159,
244-45
Predições, 190
Prêmio de Aplicação Deming, 321
Pressões, 407
Presteza do serviço, 81
Princípio de Pareto, 39, 57, 59-61,
235, 465
Procedimentos, 13, 300
Processadores, 98, 375
cadeias de, 56
no diagrama TRIPROL, 23
Processo
anatomia do, 233, 260, 265, 276
critérios para, 224, 275
definidos, 221-22, 275
Processo biológico, 240, 242
Processo com dominância da
preparação, 290
Processo com dominância de
componentes, 291
Processo com dominância de
trabalhador, 291
Processo com dominância do
tempo, 291
Processo Coonley-Agnew, 210-11
Processo crítico, 233, 303
Processo empresarial, 163,
164,261-68

Processos de escritórios, 223-24
Processos fabris, 261
Processos funcionais, 222
Processo não capaz, 247-49,
260-61
Processos operacionais, medidas
para, 147-48
Procissão, 240
Produto
categorias de, 162-63
definido, 5, 162
Produtos não conformes,
destinação de, 294-5, 390
Produtos não vendidos, 46
Profit Impact of Market Strategies
(PIMS), 182
Projeto de Experimentos e Análises
de Variação, 210
Projeto de sistemas, 175
Projeto do local de trabalho, 103-04
Projeto de produtos, 104, 175
definido, 166
otimização, 199
Projeto para fabricação e
montagem (PFM), 198
Projetos à prova de falhas, 133, 238
Projetos de produtos anteriores,
transporte de, 193-95
Promoção de vendas, 233
Propaganda, 235
Proposta, 162
Proprietário assumido de
macroprocessos, 348-49
Proprietário designado de
macroprocesso, 349
Proprietários assessores, 350-51
Proteção ambiental, 53
Provisão de vendas, exatidão da,
40-1
Público, 64, 99-110

Q

Qantas Airways, 100
QPDP (Quadro do Programa de Decisão do Processo), 464
Quadro de controle, 126, 128, 286-87, 464
Qualidade, definições de, 9-13
Quality Control Handbook (Juran), 71, 73, 375
Quantificação da capacidade do processo, 244-46, 276
Queixas dos trabalhadores, 91
Questionários pelo correio, 95
Questionários, 95

R

Rank Xerox Limited, 178-80
Reagan, Ronald, 321
Receita de vendas, efeito da qualidade sobre a, 141-42, 162
Reclamações de clientes, 83-6
Recompensas, 406
  motivação por meio de, 441-44, 472
Reconhecimento, 334
  motivação por meio do, 441-42
Reconstrução da cronologia, 283
Recursos
  para a Gerência Estratégica da Qualidade (GEC), 316-17, 336
  provisão de, 40-41
Redundância, 133
Refrigerantes tipo Cola, 189
Reibstein, Larry, 102
Relação supervisor-subordinado, 102
Relacionamento adversário, 272
Relações de causa e efeito, 90

Reprojetar o trabalho, 398-400
Reprojeto de processos, 224, 261-62
Reprojeto do processo, 260
  anatomia de processos, 238-44, 276
  de macroprocessos, 231-33
  definidos, 224
  metas de qualidade do produto e, 226-27, 275
  otimização, 269, 271-72
  para reduzir o erro humano, 234-38, 275
  processos críticos, 233
  tarefas para projetistas, 273-75
  transporte de, 193-95, 218, 231, 242
Resistência cultural, 208-09, 319, 325-26, 436-37, 440-41, 467
Resolvendo diferenças, 208-213
Revisão de atividades departamentais, 162
Revisão do desempenho, 319
Revisão de projetos, 138, 204, 272, 357
Revisão formal de projetos, 354-5
Revisões de progressos, 334
Revlon, 88
Revson, Charles, 88
Robótica, 236, 237
Rommer, Per, 57
Ross, Philip E., 175, 183

S

Sandberg-Diment, Erik, 133
Sanger, David E., 194
Santayana, George, 416, 424, 425
Satisfação com o produto, 25
  definida, 7

552 A QUALIDADE DESDE O PROJETO

necessidades dos clientes
relativas à, 81-2
origem da, 8
Satisfação do cliente, definida, 7
Schick Company, 185, 188
Schmidek, Don, 164
Schuon, Marshall, 181
Scott, Almirante Sir Percy, 423, 424
Segurança humana, 80, 178, 233
Segurar a bola, 38
Sellers, Patricia, 93
Sensores, 118, 281
definidos, 159
humanos, 128-29, 131-38, 159, 276
para bens manufaturados, 130
para indústrias de serviços, 130-31
precisão e exatidão dos, 128-29, 159
tarefas para, 392-93
tempo de sensoreamento, 139
Sensores humanos, 128, 131-38, 159, 285
Serviço, definido, 7
Serviço postal, 204
Serviços de consultoria, 331
Serviços de apoio, 7
Shimoyamada, Kaoru, 322
Significância estatística, 126, 286, 391
Símbolo de atividade em fluxograma, 47
Símbolo de conector em fluxograma, 47
Símbolo de decisão em fluxogramas, 47
Símbolo de documento em fluxogramas, 47
Símbolo terminal no fluxograma, 47
Símbolos padronizados, 170-71

Sims, William S., 426
Simulação, 298
de necessidades dos clientes, 103-4
para estimar a capacidade do processo, 257-58
Síndrome do "Não Inventado Aqui", 78
Sistema de controle da qualidade operacional, 234, 276
Sistema de fases, 164-66, 198
Sistema de Taylor, 56, 243-44, 265, 276, 371, 409
Sistema L3 de transmissão coaxial, 215
Sistemas de barbear, comparação de, 188
Sistemas de sugestões, 407, 442
Sistemas que se autoverificam, 236
Software, definido, 7
Solução, 283-84
Status, 77-8, 207, 264, 288
Sterling, Michael, 205
Stevenson, Richard W., 200
Stewart, James B., 233
Subdivisão dos processos, 232-33
Subotimização, 199, 200-01
Substituição como método à prova de erros, replanejamento
de macroprocessos, 357-58, 382
de microprocessos, 383
Sullivan, L. P., 217
Supervisores de primeira linha, treinadores para, 458
Supervisores, necessidades dos, 101-03

T
Talley, D. J., 156

T

Taurus, automóvel, 32, 36, 40, 56, 104, 175, 177, 199, 207, 311, 316, 470-72

Taylor, Frederick W., 371-72, 409

Technical Assistance Research Programs Institute (TARP), 84-6

Técnica, falta de, 132, 134

Tecnologia
ameaça da, 56
influência da, 80
redução da duração do ciclo e a, 265-67

Tempo de conversão, 266

Tendências, interpretação de, 392

Terminologia vaga, 108, 109-110, 117-8

Termos chave, 23-24

Teste de aceitação, 298

Teste piloto, 298, 325-26, 326, 339

Teste seco, 298

Testes de barba, 136-37

Testes de comparação da qualidade do produto, 104

Texas Instruments (TI) Inc., 144-45, 156

Thomas, Paulette, 206

Tornkins, Calvin, 56

Toyota, 217

Trabalhos domésticos pesados, alívio de, 87

Trabalhadores, 64
alça de *feedback* e, 386, 387, 394
autoinspeção e os, 389, 390
autocontrole e os, 387-88, 394-96, 409
conceito do triplo papel e os, 397-8
controlabilidade e, 289
controle de processos e os, 388-89
controle do produto e os, 389-90
definidos, 389-91
em Círculos de CQ: *ver* Círculos de CQ
feedback para, 233, 276, 292
impacto sobre os valores culturais dos, 437-39
melhoramento da qualidade e os, 406
mitos dos, 439
necessidades dos, 102, 103-04
papéis dos, 386, 396
reprojeto de cargos, 398
treinadores para, 458

Transferência de *know-how*, 300-1

Transferir para operações, 297-302, 426

Transferências, 266

Transporte de projetos de processos, 193-95, 230-31, 276

Treinamento, 4, 35, 226, 293, 317, 337-38, 355, 382, 444-50
currículo, 444-47, 503-04
diretrizes políticas para, 448-49
exames e certificação, 459
ferramentas estatísticas, 448, 464
ferramentas gerenciais, 462
fontes de materiais e treinadores, 459
fracasso do, 459-60
obrigatório ou voluntário, 447
para altos gerentes, 451-52
projeto do conteúdo de cursos, 452
sequência de, 448
treinadores, 454

Treinamento dos altos gerentes no, 451

Treinamento no trabalho, 301

Trilogia Juran, 15-7, 307, 353, 386: *ver também* Controle de Qualidade; Melhoramento da Qualidade;
Turnover, 90

U
Unidade de medida ideal, 125-27
Unidades de medida
    criação de novas, 127
    definidas, 118, 158
    ideais, 125-27, 158
    na prática, 124-27
    para deficiências, 118-21, 158
Uniformidade do produto, metas baseadas na, 214-15
Uniformidade, 214-15, 245-6
Union Carbide Corporation, 102
Urwick, L., 211
Uso pretendido ou no uso real, necessidades atribuíveis ao, 79
Usuários condutores, 57-59
Usuários, compreensão do processo e, 227
Utzig, Lawrence, 151

V
Validação do processo, 298-99

Varaldi, L. C., 40, 104, 207
Variabilidade do processo, 251-52
Variabilidade, 245-46, 252-54
Variâncias, 14, 19
Veículos para todo terreno, 175
Vendabilidade do produto, 19
Vendas, efeito do atendimento das reclamações sobre as, 83-4
Verificação, 235
Vida por trás dos muros de qualidade, 2
Visitas a clientes, 95, 145, 233
Visões, 31, 43

W
Wessel, David, 267
Westem Electric Company, 70
Westinghouse Corporation, Divisão de Combustíveis Nucleares Comerciais, 145, 146
Whipple, A. B. C., 421
White, Joseph B., 285
White, Paul Dudley, 134, 421, 424, 425
Willoughby, Robert S., 40
Withers, Sorna, 196
Wolf, John D., 40

Impressão e Acabamento

Bartira
Gráfica
(011) 4393-2911